JN418844

가정의례 서식보감

관혼상제 가례서식
전통식
현대식

아이템북스

머 리 말

사회나 가정에서 예(禮)란 사람으로서 지켜야 할 마땅한 도리를 형식으로 나타낸 행동규범(倖動規範)이다. 그 근본정신은 공경하는 마음에 있다. 사람이 공경하는 마음을 지니면 교만하거나 난폭하지 않으며, 신중하고 성실하게 된다. 예절 바른 언행은 개인의 품격을 드러내어 전체의 질서속에 아름다운 조화를 이룬다.

이에 가정은 사랑과 이해로 충만되어 화목한 가풍(家風)이 서고, 사회는 안정과 의리기 넘치는 명랑한 분위기가 조성되어 법이 없어도 살 수 있는 미풍양속(美風良俗)의 복지사회가 이룩된다.

사회가 발달함에 따라 우리는 고유한 전통과 풍습이 무너져 없어지고, 혼란과 퇴폐만이 판을 치는 이른바 '가치가 전도된 사회'속에 살고 있는 셈이다. 그리하여 우리들은 무엇이 진정한 인간의 삶이며, 우리들이 추구하는 목표가 무엇인지조차 모른 채 혼탁한 서구 문명이 범람하는 혼돈의 세계 속에서 방황하고 있다.

우리들은 문화 민족이란 긍지와 전통 문화의 참된 계승과 발전을 통해 이를 더욱 굳건히 하여야 할 책무를 갖고 있다고 하겠다.

가정보감 대백과는 우리 민족의 미풍양속(美風良俗)과 예(禮)의 정신을 바탕으로 현대생활에 맞게 합리적으로 엮는 데 주력하였다. 또한 어렵고 이해하기 힘든 부분은 많은 예문과 그림을 넣어 보다 쉽게 이해가 되도록 구성하였다.

우리에게는 우리의 것을 제대로 알고 지켜 나가야 할 의무가 있는 것이다. 아울러 정확한 의식 절차와 규범을 이해함으로써 전통성을 지키고 독특한 예법과 상식들을 후손에게 물려 주는 것은 바로 우리의 책임이다.

부디 우리의 긍지인 문화 유산을 통해 건전한 가치관과 생활태도를 고양시키고 교양인으로서의 자질을 닦아 훌륭한 삶을 꾸려 나가기를 바라마지 않는다.

차 례

제3부 제 례(祭禮) 179

제4부 백일(百日)·돌·수연(壽宴) 235

제5부 풍수지리설(風水地理設)과 명당(明堂) 255

제6부 이름 짓는 법(法) 279

제7부 족보(族譜)및 성씨(姓氏)에 대한 상식 313

제1부

혼 례(婚禮)

1

혼례의 의의(意義)와 유래(由來)

(1) 혼례의 의의(意義)

혼인(婚姻)은 일정한 나이에 이른 한 남자와 한 여자가 짝을 지어 한 가정을 이루는 새로운 탄생(誕生)을 뜻하며, 여기에는 가정을 평안하고 화목(和睦)하게 이끌어가야 하는 공동의 책임과 노력이 따른다.

혼인은 남녀가 각각 속에 있는 두 가정의 결합을 뜻하기도 하는데, 새로 이룬 가정이 화목하지 못하면 혼인 전에 그들이 속해 있던 두 가정에도 마찬가지로 근심과 걱정을 끼치는 것이 된다.

유교의 경전으로 사서(四書) 중의 하나인 《중용(中庸)》에 '군자의 도리(道理)는 부부에서부터 시작된다.'는 말이 있다.

군자의 도리라는 것도 사실 알고 보면 지극히 평범한 부부 관계에서 비롯된다는 뜻이다.

이것은 결국 남녀가 혼인을 하여 부부가 되고 하나의 가정을 이루어 유지(維持)해 가는 데에는 많은 노력과 책임이 필요하다는 것을 잘 표현하고 있다. 혼인이란 이렇게 인간의 일생에서 가장 중대하다는 점에서 몇 가지 중요한 의의를 들 수가 있다.

그 중에서 첫째로서, 남녀가 혼인을 치름으로써 떳떳한 육체적인 관계를 맺게 된다. 성인이 된 남녀에게는 성적인 욕망(欲望)이 있게 되는데, 그렇다고 아무하고나 관계를 해서 욕망을 충족시킬 수는 없다.

그러므로 혼인이란 한 남자와 한 여자의 육체적인 관계가 정당하고 떳떳함을 인정(認定)해 주는 것이라고 할 수 있다.

둘째로는, 혼인이란 육체적인 관계뿐만 아니라 정신적인 관계도 갖게 되므로, 부부간에 서로 공경하며 사랑과 인내로 일생 동안 동고동락(同苦同樂)하는 데에 의의를 두고 있다. 또한, 혼인을 통하여 부부의 인연을 맺은 후에는 나이에 차이가 있더라도 서로가 평등(平等)하며, 남편이 소중하면 아내도 소중한 것이다.

셋째로는, 혼인이란 사회적 규범인 관습(慣習)이나 도덕, 법률(法律) 등과 같은 제도를 인정하고 이에 따라야 함을 뜻한다.

마지막으로는 혼인이란 가정이라는 공동체의 출발을 뜻한다. 사회 생활의 기본 단위는 바로 가정이며, 부부는 이 가정에서 자녀를 낳아 키우면서 가족(家族)을 이루어 함께 사회 생활을 해 나가는 것이다.

(2) 혼례의 유래(由來)

인류(人類)가 원시 생활을 했던 시대에는 남녀가 공동으로 생활을 하였고 자손도 공동으로 소유(所有)했다. 힘이 세고 용맹한 남자는 식량 공급과 가족을 보호하는 책임을 맡았고, 여자는 자녀를 출산하고 키우는 일을 맡았다.

이러한 것이 오랫동안의 습관이 되었고, 여기에서 원시적인 혼인 의식이 시작되었으며, 이것이 점점 변하여 오늘날의 혼인 의식으로까지 발전하게 되었다.

우리 나라의 문헌상에 기록된 최초의 혼인 제도는 기원전 1세기 때 부여(夫餘)에서 행하던 제도로서, 이 시대에는 일부 일처제(一夫一妻制)였으나 실제로는 일부 다처제(一夫多妻制)가 성행하였고, 투부(妬婦: 질투심이 많은 여자)나 간부(姦婦: 간통한 여자)는 죽이는 관습이 있었다.

그런가 하면, 옥저(沃沮)에서는 여자의 나이가 10세에 이르면 장래에 남편이 될 소년의 집으로 가서 그 곳에서 자란 후에 다시 자기 집으로 돌아와 일정한 금품(金品)을 받고 비로소 혼인하는 소위 매매혼(賣買婚)이 행해졌다.

또한, 고구려(高句麗)에서는 혼인이 결정되면 신부 집의 뒤편에 작은 집을 짓는데, 이를 서옥(瑞屋)이라 했으며 이 집에서 신랑과 함께 살다가 부부가 낳은 자식이 어느 정도 장성하면 그 때에야 비로소 신랑이 아내와 자식을 데리고 자기 집으로 돌아오는 모계 중심 사회(母系中心社會)의 풍습이 있었다.

그렇지만 이렇게 다양한 혼인 풍습이 조선 시대에 접어들면서부터는 유교(儒教)의 윤리관에 입각하여 제재를 받은 끝에 사례(四禮) 가운데 하나로 제자리를 찾아 전통례로서 자리잡게 되었다.

2

전통혼례식(傳統婚禮式)

옛날의 혼례 절차는 중국의 주(周)나라 때부터 행해졌으며 우리 나라에서는 어느 때부터 행해졌는지 분명히 알 수 없으나, 주나라의 혼례법이 우리 나라에서 행해지던 전통 혼례의 근본(根本)이 된 것만은 틀림없는 사실이다.

옛날의 전통 혼례는 육례(六禮)라 하여 격식과 절차가 매우 엄숙하고 까다로웠으나, 오늘날에는 옛날의 격식을 그대로 따르지 않고 지금의 실정에 알맞은 형식이나 방식을 약간 질충하여 행하고 있다.

육례란 납채(納采)·문명(問名)·납길(納吉)·납징(納徵)·청기(請期)·친영(親迎) 등 혼례의 모든 절차로서, 이러한 절차를 모두 거쳐야만 혼례를 치를 수 있었다.

그러나 육례는 너무 번거로워서 중국의 송(宋)나라 시대에 이르러서는 주자(朱子)가 이것을 의혼·납채·납폐·친영 등 사례(四禮)로 줄여서 마련했으며, 우리 나라에서도 이《주자가례(朱子家禮)》를 본받아 사례를 치르게 된 것이다.

(1) 의혼(議婚)

우리 나라에서는 남자의 나이 16세에서 30세, 여자의 나이 14세에서 20세가 되면 의혼을 할 수 있다고 하였다.

그러나 혼인할 당사자나 혼인을 주장하는 호주(戶主)가 기년(朞年): 만 1년) 이상의 상중(喪中)일 때는 혼인할 수가 없었다.

의혼이란 글자 그대로 혼인을 의논하는 것으로, 신랑과 신부의 양가에서 서로 사람을 보내어 상대방의 인물과 학식(學識)·형세(形勢)·가법(家法) 등을 조사하고 혼인 당사자의 궁합을 본 다음에 두 집이 합의 가 되면 혼인을 허락하는 것으로서 이를 면약(面約)이라고도 하였다.

[청혼 편지를 쓰는 법]

伏惟辰下
복 유 진 하

尊體候以時萬重 仰素區區之至 弟家兒親事 年及加冠
존 체 후 이 시 만 중 앙 소 구 구 지 지 제 가 아 친 사 연 급 가 관

尙無指合處 近聞某洞某氏家 閨養淑哲云 能其勸誘
상 무 지 합 처 근 문 모 동 모 씨 가 규 양 숙 철 운 능 기 권 유

使結秦晋之誼如何 餘不備禮謹拜上狀
사 결 진 진 지 의 여 하 여 불 비 례 근 배 상 장

某年 某月 某日 弟某拜
모년 모월 모일 제모배

[해설] 오랫동안 우러러 사모하옵는데 존체 대안하십니까. 저는 별고없이 지내고 있습니다. 제 자식이 혼인할 나이가 되었으나 아직 마땅한 곳이 없어서 혼인을 시키지 못하고 있습니다. 근래에 들으니 댁의 규수가 인품이 훌륭하고 현숙하다고 하기에 삼가 청혼합니다. 바라옵건대 귀하의 따님과 제 자식을 배필로 맺어 주심이 어떨는지요. 예를 다 갖추지 못하여 엎드려 절하며 삼가 글월을 올립니다.

1) 중매(中媒)

옛날에 우리 나라는 주로 중매 혼인으로서, 당사자의 뜻과는 달리 부모의 결정에 의하여 혼인이 이루어졌었다. 이 때 혼인을 성사시키지 위해서 중매인이 필요했는데, 중매인은 양가를 오가며 정보를 교환하였다.

2) 궁합(宮合)

이는 혼인할 당사자들의 사주(四柱: 태어난 연·월·일·시)를 오행(五行)에 맞추어 길흉을 점쳐보는 방법이다.

궁합에는 겉궁합과 속궁합이 있는데, 겉궁합은 나이에 따른 십이지(十二支)를 기준으로 혼인문에 따라 맞추어 보며, 속궁합은 혼인 당사자들의 생년월일시를 맞추어 보는 것이다.

[청혼서 봉투를 쓰는 법]

某郡某面某洞(里)
모군모리모동리
某生員 下執事
모생원 하집사
앞면

3) 허혼(許婚)

청혼을 한 다음에 양가 부모의 승낙이 있어야만 혼인이 이루어지므로, 당사자들은 서로를 알 수가 없으며, 양가의 부모들만이 상대방의 선을 본다.

이렇게 하여 신부의 부모가 혼인을 승락할 뜻이 있으면 다음과 같이 허혼 편지를 신랑측에게 보낸다.

[청혼 편지를 쓰는 법]

伏惟辰下
복유진하

尊體動止候萬重 仰慰區區之至 弟女兒親事 不鄙寒陋
존체동지후만중 앙위구구지지 제여아친사 불비한루

女是謹勸 敢不聽從 餘不備伏惟 尊照謹拜 上狀
여시근권 감불청종 여불비복유 존조근배 상장

某年 某月 某日 弟某拜上
모년 모월 모일 제모배상

[해설] 따뜻한 봄철(계절에 따라 다름)에 존체 안녕하오신지요. 저도 역시 귀하를 사모하던 차에 글을 받고 보니 참으로 영광이옵니다. 저의 미천한 여아를 마다하지 않으시고 청혼하여 주시니 어찌 귀하의 뜻에 따르지 않겠습니까. 글로 인사를 다 갖추지 못하며 삼가 엎드려 절하며 글월을 올리나이다.

(2) 납채(納采)

일단 혼인이 결정되면 신랑의 사주를 적어 신부의 집으로 보내고, 혼인 날짜가 정해지면 다시 신부의 집으로 혼서지(婚書紙)를 보내는데 이를 가리켜 납채라고 한다.

납채를 보낼 때는 아침 일찍 일어나 편지를 받들고 사당에 가서 아뢰고 자제를 시켜 신부의 집으로 보낸다.

그러면 신부의 집에서는 주인이 나와서 편지와 납채를 받아 가지고 사당에 가서 아뢴다. 그런 다음 편지의 답장을 써서 주고 음식을 대접하며, 답장을 받은 신랑측에서는 주인이 이 사실을 다시 사당에 아뢴다.

1) 사주(四柱)

양가의 부모가 혼인에 합의(合意)하면 신랑의 집에서 신부의 집으로 당사자의 사주를 적어 보내는데, 사주에는 신랑의 생년월일과 출생 시간을 쓴 다음에 왼쪽에서 오른쪽으로 8겹이 되게 접어서 흰 봉투에 넣는다.

이 때에 봉투는 풀 같은 것으로 봉하지 않고, 봉투의 길이보다 상하로 1cm정도 긴 싸리나무의 가지를 마련하여 위쪽으로 1cm정도 남기고 가른다.

이렇게 가른 싸리나무의 가지 사이에 사주 봉투를 끼우고 청홍(靑紅)의 실로 타래를 꼬아 싸리나무의 가지 끝에다 걸어 매듭이지지 않게 묶은 후 청실과 홍실로 나누어 나뭇가지 양쪽의 위쪽으로 올려 매듭이 지지 않게 묶는다.

그런 다음에 겉은 다홍색이고 안의 남색인 네모난 비단 겹보자기를 만들어 네 귀퉁이에 금전지(金箋紙)를 달아 만든 사주 보자기에 이것을 싸서 간지(簡紙)에 근봉(謹封)이라고 쓴 띠를 두른다.

신부가 될 사람의 집에 사주를 보낼 때에는 아침 일찍이 사당에 아뢴 후 신부의 집에 사주와 함께 편지를 써서 사람을 보낸다. 그러면 신부의 집에서는 의관을 갖추고 나와 공손히 소반(小盤) 위에 받아 가지고 사당에 아뢴 후에 편지의 답장을 써 주고 사주를 전달할 사람을 대접하면, 답장을 받은 신랑의 집에서는 이 사실을 사당에 아뢴다. 이렇게 사주를 보내는 뜻은 천간지지(天干地支)에 의하여 당사자의 궁합과 혼인 후의 길흉도 보고, 혼례 날짜를 정하는 택일(擇日)에도 편리하도록 하기 위함에서이다.

그러나 이것은 오직 형식을 갖추는 것에 지나지 않는데 그 까닭은 이미 청혼할 때에 당사자들의 생년월일시를 알아서 궁합을 맞추어 본 후에 서로 맞아야 비로소 허혼을 하기 때문이다.

2) 사주 봉투 쓰는 법

사주는 간지(簡紙)를 다섯 번 접어서 한가운데에 쓰며 안쪽의 파란색, 바깥쪽은 붉은색으로 만든 겹보에 싸서 보낸다.

간지는 창호지 등 백지로 하며 길이는 30 cm, 폭은 35cm정도로 하여 붓으로 쓴다.

사주는 육십갑자(六十甲子)에 따른 간지(干支)를 쓰며 사주를 쓴 종이를 왼쪽에서 오른쪽으로 접은 다음 봉투에 넣는다.

[사주 쓰는 법]

보기1

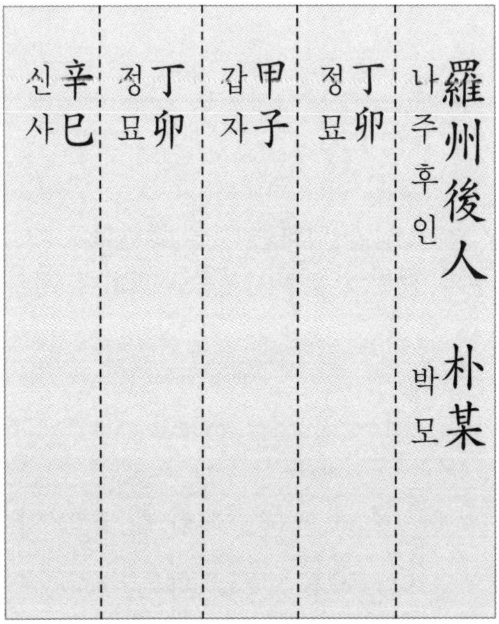

羅州後人 朴某 (나주후인 박모)
丁卯 (정묘)
甲子 (갑자)
丁卯 (정묘)
辛巳 (신사)

보기2

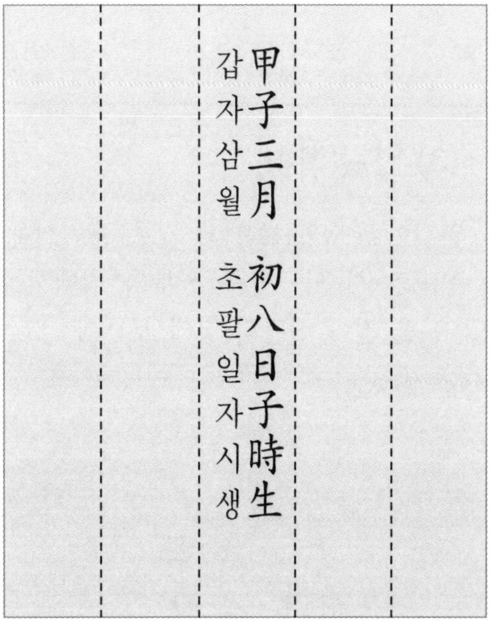

甲子三月 初八日子時生 (갑자삼월 초팔일자시생)

[사주 봉투 쓰는 법]

앞면

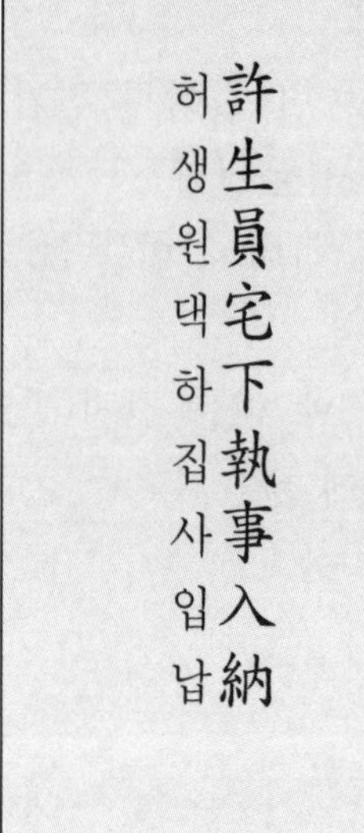

뒷면

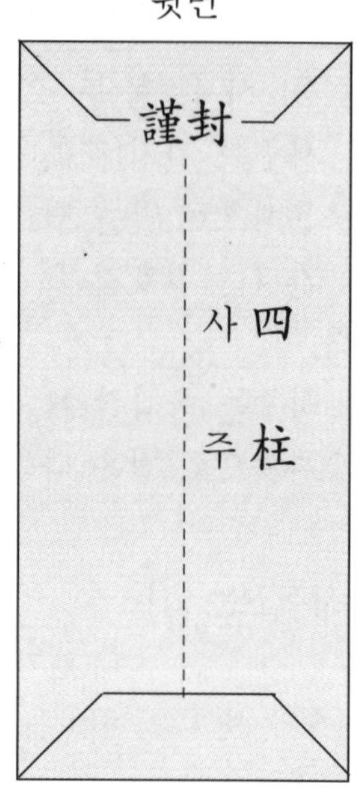

(3) 연길(涓吉)

연길이란 택일(擇日)과 같은 혼인식을 치를 좋은 날을 택하는 것을 말한다.

신랑의 사주를 받은 신부의 집에서는 신부의 생리일(生理日) 등을 피하여 길일(吉日)을 잡아 신랑의 집에 보낸다.

[연길 쓰는 법]

보기1

全州後人 李某
전주후인 이모

尊雁某年某月某日某時
존안모년모월모일모시

原
원

年 月 日
년 월 일

보기2

尊雁 宜癸卯四月初六日未時
존안 의계묘사월초육일미시

癸卯三月初五日
계묘삼월초오일

全州後人 李某
전주후인 이모

이때 연길 내용을 백지에 써서 사주 보자기에 싸서 근봉에 끼워 보내며, 사주와 함께 받은 서간문의 회답을 써서 함께 보낸다 신랑의 집에서 사주에 대한 회답을 받을 때에도 소반 위에 받고 주혼자(主婚者)는 정중하게 개봉하며, 봉투는 사주 때와 같이 연길이라고 쓴다. 연길을 보낼 때의 편지 내용은 다음과 같다.

[연길 예문1]

伏承華翰 하오니 感荷無量하오이다.
복승화한 감하무량

謹未審玆時에 尊體候萬重이 仰慰區區之至라
근미심자시 존체후만중 앙위구구지지

弟女兒親事는 旣承柱單하오니 寒門慶事라
제여아친사 기승주단 한문경사

涓吉錄呈하오니 章製回示하심이 如何오.
연길녹정 장제회시 여하

餘不備伏惟 尊照 謹拜 上狀
여불비복유 존조 근배 상장

年 月 日
년 월 일

全州後人 李某 再拜
전주후인 이모 재배

[해설] 편지를 받자오니 감사한 마음 한량이 없사옵니다. 근자에 존체 만안하시옵니까. 제 여아 혼사는 이미 사주 단자를 받자오니 저의 가문에 경사이옵니다. 혼사일을 가려 삼가 보내오니 신랑의 의복 치수를 알려 주심이 어떠하올는지요.

[연길 예문2]

全州 李某 再拜
전주 이모 재배

伏承
복승

華翰伏審
화 한 복 심

尊體震良 萬福慰溸矩矩 就親事 旣承柱單 實?願附
존 체 진 량 만 복 위 소 구 구 취 친 사 기 승 주 단 실 일 원 부

涓吉依敎仰呈 從速成禮如何 謹宣伏惟
연 길 의 교 앙 정 종 속 성 례 여 하 근 선 복 유

尊察 不備謝 上狀
존 찰 불 비 사 상 장

某年 某月 某日
모 년 모 월 모 일

[해설] 보낸 주신 서한은 잘 받아 보았습니다. 존체 만중하시고 만복이 깃드시기를 바라옵니다. 혼사에 관해서는 이미 사주 단자를 받았사옵기 실로 부끄러운 바이오나 길일이 정해진 대로 이에 따라 빨리 성례를 올림이 어떠하올는지요.

1) 의제(衣製)

연길 서장(涓吉書狀)을 받은 신랑의 집에서는 신랑의 의복 길이와 품의 치수를 적어서 신부측에 의제장(依製狀)을 보내어 알린다. 의제를 다른 말로는 의양(衣樣)이라고도 한다.

(4) 납폐(納弊)

납폐란 혼인의 허락에 대한 감사의 표시로 신랑의 집에서 신부의 집에 보내는 예물로, 신부용 혼수와 예장(禮狀): 혼서지) 및 물목(物目)을 넣은 혼수함을 보내는 것을 말한다. 신랑의 집이 가난하면 청단(靑緞)·홍단(紅緞)의 치마와 저고리감만을 넣으나 여유가 있는 집에서는 다른 옷감도 넣어 보낸다.

옛날에는 2단계로 나누어 납폐의 절차를 행하는 일이 많았다. 그 중 첫 번째 단

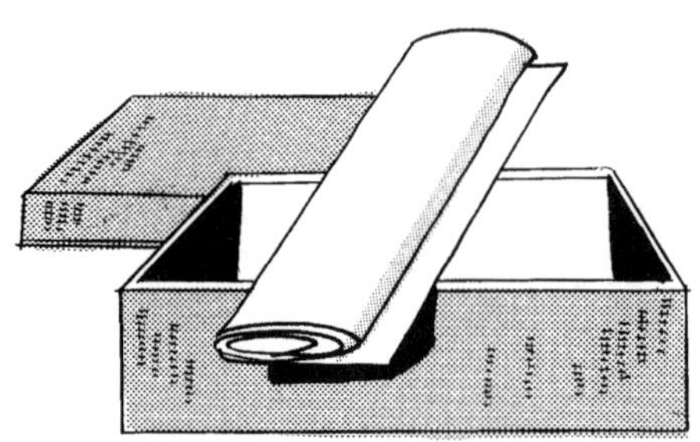

계로는 신랑의 집에서 가락지나 비녀 등 여러 가지 패물(佩物)과 신랑 신부의 옷감을 혼인을 치르기 한 달 전쯤에 보내면, 신부의 집에서는 그 옷감으로 신랑의 옷을 만들어 보낸다. 신부의 집이 가난한 경우에는 신랑의 집에서 혼례 비용을 따로 보내기도 하였는데 이를 조혼전(助婚錢)이라고 하였다.

두 번째 단계는 혼서(婚書)와 채단(采緞): 청단과 홍단)을 함께 보내는 것으로, 혼서는 신랑의 아버지가 직접 써서 사당에 고한 후 검정색 비단 겹보자기에 싸서 함에 넣어 보낸다. 신부는 이 혼서를 죽을 때에 관 속에 넣어 가지고 간다는데 이는 신부의 일부종사(一夫從事)를 뜻하는 것이다.

채단 중 청단은 붉은색 종이에 싸서 푸른색 명주 타래실로 동심결(同心結)을 하고, 홍단은 푸른색 종이에 싸서 붉은색 명주 타래실로 역시 동심결을 한다. 채단을 넣은 함은 다시 붉은 보자기에 싼 다음 함진아비가 무명끈으로 묶어 신부의 집에 메고 가서 전한다.

납폐를 할 때는 큰 함과 작은 함을 사용하는데, 큰 함에는 폐백(幣帛)을 담고 작은 함에는 예서(禮書), 즉 납폐 서장을 담는다.

[물목 쓰는 법]

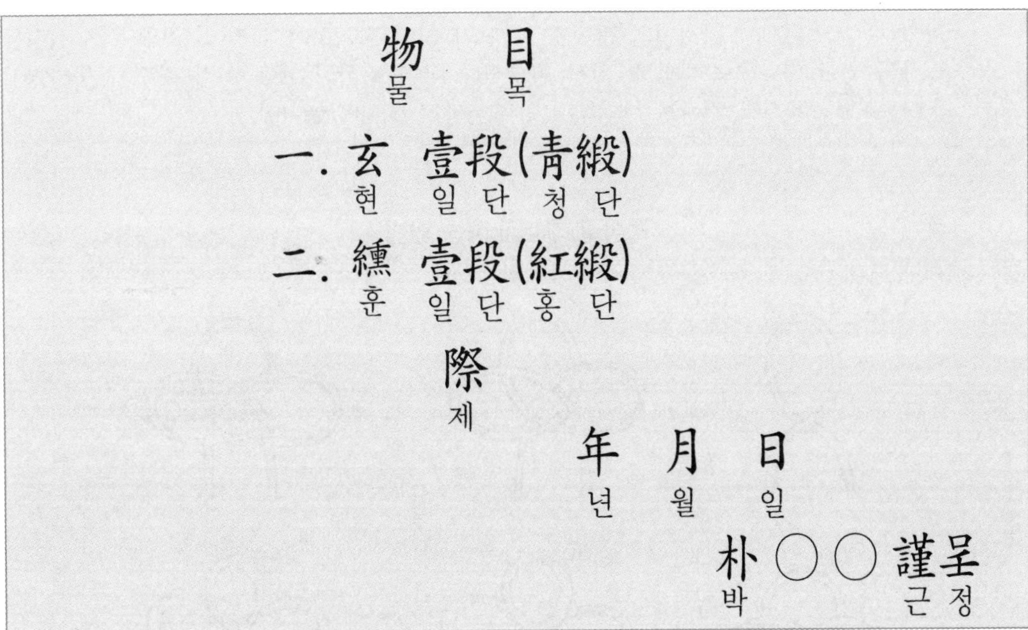

物 目
물 목

一. 玄 壹段(青緞)
현 일단청단

二. 纁 壹段(紅緞)
훈 일단홍단

際
제

年 月 日
년 월 일

朴 ○○ 謹呈
박 근정

※ 제일 밑은 신랑 아버지의 성명을 쓴다.

[납폐를 쓰는 법]

時維孟春
시 유 맹 춘

尊體百福 僕之長子 某 年旣長成 未有伉儷 伏蒙(承)
존체백복 복지장자 모 연기장성 미유항려 복몽 승

尊慈許以
존자허이

令愛貺室 慈有(用)先人之禮 謹行納幣之儀 不備伏惟
영애황실 자유용 선인지례 근행납폐지의 불비복유

尊照 謹拜 上狀
존조 근배 상장

某年 某月 某日
모년 모월 모일

金海後人 金某 再拜
김해후인 김모 재배

[해설] 때는 봄(계절에 따라 다르게 쓴다)이 한창 무르익은 계절이온데 존체 만복하십니까. 제 장자 ㅇㅇ(주혼자와 당사자의 관계를 쓴다)가 이미 장성하여 배필이 없더니 큰 사랑을 입사와 귀한 따님으로 배필을 삼게 해주시니 이에 조상의 예에 따라 갖추지 못하였사오나 삼가 납폐하는 의식을 치르오니 살펴 주시기를 바라옵나이다.

동심결(同心結) 매는 방법

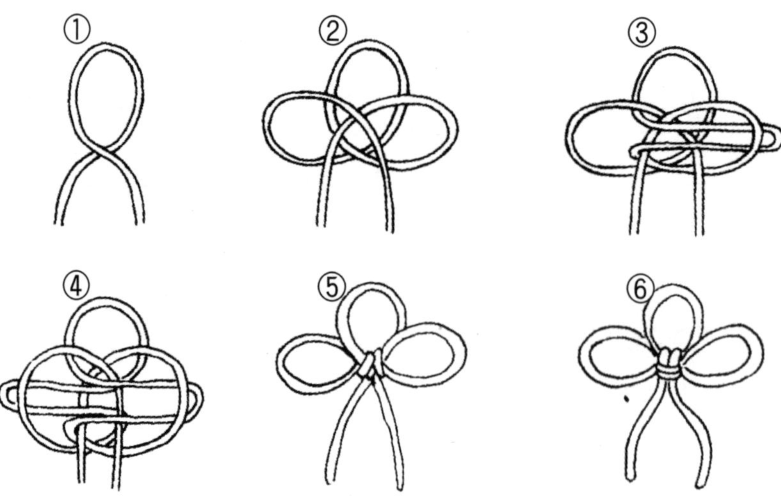

납폐할 때에도 편지(혼서)를 써서 신부의 집에 보내면 신부의 집에서는 납폐를 받은후에 회답을 써주고 납폐를 가지고 온사람에게 음식을 대접한다.

함 안에는 다홍색 겹보자기인 함 속보를 넣고 황낭(黃囊:혼인 때 신랑이 차는 노란색 두루 주머니)에는 씨가 박힌 목화 몇 개와 팥 몇알을 넣은 후에 주머니 끈을 매어서 넣고 함의 네 귀퉁이에 마분향을 넣어 홍청색 채단을 포개어서 넣고 보자기로 덮는다.

그 위에 검은색의 비단 겹보자기를 붉은색 금전지(金箋紙)를 귀퉁이에 매단 혼서보자기에 사서 근봉(謹封)의 혼서지를 올려 놓고 함의 뚜겅을 덮는다.

이 때 자물쇠는 잠그지 않고 그냥 끼워 놓은 채로 붉은색 보자기에 금전지를 매달아서 만든 함보자기로 싼 다음에 근봉을 끼운다.

함을 질 끈은 무명 여덟 자로 마련하여 석 자는 땅에 끌리게 하고 다섯 자로는 고리를 만들어 함을 지게 한다.

1) 함 보내는 때

예전에는 대게 신부의 혼수를 넣은 납폐는 혼인식을 거행하기 1개월 전쯤에 보내고, 혼서지와 채단은 혼인식 전날에 보냈었다. 그러나 요즘에는 함에 넣어 보낸 옷감으로 옷을 만들어 혼인식날 신부가 폐백을 드릴 때 입기 때문에 약 1주일 전쯤에 보내는 것이 좋다.

2) 함 보낼 때

신랑의 집에서 찹쌀 두 켜에 팥고물을 넣고 대추와 밤을 박아서 설지 않게 정성을 들여 찐다. 그런 다음 떡시루를 마루 위에 마련한 소반에 올려 놓고 그 위에 함을 올렸다가 지고 간다.

3) 함 지고 가기

함을 질 사람은 첫아들을 낳고 부부사이에 금슬(琴瑟)이 좋은 사람을 택하며, 주로 저녁때에 지고 가는데 한 사람이 횃불을 들고 함진아비를 인도한다.

4) 함을 받을 때

신부의 집에서도 신랑의 집과 마찬가지로 떡을 쪄서 소반 위에 올려놓고 함을 기다린다. 함이 도착하면 시루 위에 올려놓고 신부 아버지와 함진아비가 서로 인사한다. 그런 다음 함진아비에게 약간의 노자를 주고 신부 아버지가 함 속에서 혼서지를 꺼내어 사당에 고한다.

함을 받을 때 신부의 어머니는 친척 등 여러 사람들 앞에서 함 속에 든 채단을 꺼내어서 살펴본 다음에 본디의 위치에다 놓는다.

[신부의 집에서 사당에 고하는 축문]

維年號 幾年 歲次干支 幾月干支朔 幾日干支
유연호 기년 세차간지 기월간지삭 기일간지

孝玄孫 某
효현손 모

敢昭告于
감소고우

顯高祖考 某官府君 顯高祖妣 某封某氏 某之第幾女
현고조고 모관부군 현고조비 모봉모씨 모지제기녀

己許嫁某官某君 姓名之子 今日納采 不勝感愴
기허가모관모군 성명지자 금일납채 불승감창

謹以 酒果用伸 虔告謹告
근이 주과용신 건고근고

[해설] ○○년 ○월 효현손 ○○는 삼가 아뢰옵이다. ○○의 장녀가 나이 점점 들어가므로 ○○의 아들에게 혼인을 허락하였사온데 오늘 납체가 도착함에 마음에 느껴 사모함과 슬픔을 억제하지 못하여 삼가 술과 과일을 올리며 경건한 마음으로 아뢰옵니다.

[납폐문의 회답]

添親 某洞 姓某白 某洞某官 尊親執事 伏承
첨친 모동 성모백 모동모관 존친집사 복승

嘉名 委禽寒宗 顧惟弱息 教訓無素 切恐弗堪 玆
가명 위금한종 고유약식 교훈무소 절공불감 자

又蒙順先典 貺以重體 辭旣不獲 敢不重拜 伏惟
우몽순선전 황이중체 사기불획 감불중배 복유

尊玆特賜 鑑念不宣
존자특사 감념불선

某年 某月 某日
모년 모월 모일

添親 某再拜
첨친 모재배

[해설] 저희들의 집안 형편이 힘에 겹고 교훈도 변변치 못함에도 혼사를 기꺼이 승락하여 주시니 매우 두렵고 감당하기가 어려웠는데, 다시 선인의 예에 따라 납폐의 예를 베풀어 주신 딸을 보내는 입장에서 몸둘 바를 모르겠으며 무엇이라 말할 수가 없사옵니다. 높으신 사랑으로 특별히 내려 주신 예물 마음 속 깊이 느끼오나 다 표현하여 말씀드리지 못하옵나이다.

(5) 친영(親迎)

친영은 신랑이 신부의 집에 가서 혼인식을 거행하고 신부를 데려오는 의식으로 혼행(婚行)이라고도 한다. 친영을 치르기 위해 두 집안이 준비하는 순서는 다음과 같다.

1) 신부의 집에 사처(舍處) 마련

신부의 집에서는 신랑이 도착하면 잠깐 쉴 곳을 대문 밖의 서쪽에 마련하는데 이를 사처라고 한다.

2) 신랑의 성복(成服)

신랑은 사모관대에 관복을 입고 묵화(墨靴)를 신어 예장(禮裝)을 갖추는데, 이를 성복이라고 한다.

3) 신랑의 집 사당에 올리는 고사(告辭)

신랑은 성복한 차림으로 주혼자와 함께 사당에 가서 조상에게 고하는데, 내용은 다음과 같다.

[신랑의 집 사당에 올리는 고사]

維歲次丙寅四月乙未朔初三日癸酉 孝子 某
유세차병인사월을미삭초삼일계유 효자 모

敢昭告于
감소고우

顯祖考處士(學生 또는 某官)府君
현조고처사 학생 모관 부군

顯祖妣孺人 金海金氏 某之子 某 將以今日 親迎
현조비유인 김해김씨 모지자 모 장이금일 친영

于某郡 某氏 不勝感愴
우모군 모씨 불승감창

謹以 酒果用伸 虔告謹告
근이 주과용신 건고근고

[해설] 병인년 사월 초삼일에 효자 모는 아버님과 어머님께 삼가 고하옵나이다. 아들 모(이름)는 오늘 ○○군 ○(성씨) 댁에 장가를 들게 되었삽기에 서러운 마음 감당할 수 없사와 삼가 주과를 올리고 경건히 아뢰옵나이다.

4) 신랑 부모가 아들에게 하는 교훈(敎訓)

혼례를 치르기 며칠 전날 아버지는 아들을 불러 앉혀 놓고 혼인의 중대함과 부부간의 예의에 대해 교훈을 하고, 어머니는 또한 아들에게 여러 가지를 자세하게 일러 준다. 어머니는 이 때에 신부를 대하는 성(性)의 지식에 관해서도 가르쳐 주게 된다.

5) 혼행(婚行)

신랑이 말이나 나귀를 타고 신부의 집으로 가는 것을 말하는데, 오늘날에는 거의 사라지고 관광객을 대상으로 하는 특정한 곳에서나 가끔 볼 수 있다. 신랑이 신부의 집으로 갈 때에는 신랑의 존속친(尊屬親)의 한 사람이 혼행을 거느리고 가는데 보통은 백부나 숙부 중에서 정하며 존속친이 없을 경우에는 평상시 가까이 모시는 마을 어른으로 정해도 상관이 없다.

안부(雁夫:기럭아비)는 전안(奠雁)에 쓰는 산 기러기를 비단보에 싸서 들고 혼행에 앞에서 신랑을 인도하는데, 지금은 산 기러기 대신 목안(木雁:나무를 깎아 만든 기러기)을 사용한다.

6) 신부의 집에 도착

신부의 집에 닿으면 사처로 안내 받아 그 곳에서 혼례를 올리는 시간까지 기다린다. 본디 혼례는 해가 지고 나서 올리는 것이므로, 예날에는 시간을 맞추어 오는 혼행을 맞이하기 위해 초롱불을 든 신부집 하인들이 멀리까지 마중하러 나갔었다.

7) 신부의 집에서 사당에 올리는 글

신부의 집에서 사당에 올리는 고사(告辭)는 신랑의 집에서 올리는 절차와 같고 글의 내용만 다르다.

[신부의 집 사당에 올리는 고사]

維歲次丙寅四月乙未朔初三日癸酉 孝子 某
유세차병인사월을미삭초삼일계유 효자 모

敢昭告于
감소고우

顯祖考處士(學生 또는 某官)府君
현조고처사 학생 모관 부군

顯妣孺人 全州李氏 某之第幾女 某 將以今日 歸于某郡
현비유인 전주이씨 모지제기녀 모 장이금일 귀우모군

性某 姓名 不勝感愴 謹以 酒果用伸 虔告謹告
성모 성명 불승감창 근이 주과용신 건고근고

[해설] 병인년 사월 초삼일에 효자 모는 아버님과 어머님께 삼가 고하옵나이다. 모(주제관의 이름)의 몇째 딸이 오늘 어느 곳의 성씨 누구(신랑 이름)에게로 시집을 가게 되었사옵기에 아버님과 어머님을 생각하니 서러운 마음 한량없사옵니다. 이에 삼가 주과를 올리고 경건하게 아뢰옵나이다.

8) 신부의 성복(成服)

신부는 족두리를 쓰고 양쪽 볼에 연지를 찍으며 청색 저고리와 홍색 치마를 입은 후에 그 위에 활옷을 입는다. 그리고 눈에다 밀기름을 발라 뜨지 못하게 하여 수모

(手母)의 부축을 받아 서쪽에서 동쪽을 향해 앉아 있는 어머니의 옆 동쪽에 서서 술을 조금 맛보고 다시 수모의 부축을 받으며 동쪽에서 서쪽을 향해 앉아 있는 아버지에게로 간다.

9) 신부 부모의 교훈

딸이 오면 아버지는 딸에게 신부로서의 언행(言行)을 삼가고, 시부모의 말씀을 어기지말고 공경하며 남편을 하늘처럼 여겨 정성을 다하여 받들라는 훈계를 내린다. 또, 배우고 또 배워서 여자로서의 예를 지키라고 당부한다.

그 다음에는 어머니가 아버지와 비슷한 훈계를 하는데, 특히 첫날밤의 절차와 예법, 인사, 식사 등에 관하여 자세히 가르쳐 준 후에 신부를 서쪽 뜰로 내보내면 그곳에서 여러 가족들이 신부를 중문까지 인도하여 보낸다.

3

전안례(奠雁禮)·교배례(交拜禮)·합근례(合근禮

(1) 전안례

전안례는 혼례를 치르는 제일 처음의 절차로서 신부의 집에서 신랑을 맞아들이는 의식이라고 할 수 있다.

전안례의 유래는 천상의 자미성군(紫微聖君)이 인간의 수(壽)와 복을 맡은 천관(天官)이어서 혼례도 자미성군이 마련했다고 믿고 먼저 기러기를 선물로 예를 올리고 백년해로를 맹세하며 수와 복, 그리고 후손의 번영을 비는 의식이다.

이렇게 기러기를 혼례에 사용하는 까닭은 기러기가 신의(信義)를 지키는 새이며 일단 짝을 지은 한 쌍은 언제나 함께 붙어 살며 다른 상대와는 짝을 짓지 않기 때문이라고 한다.

옛날에는 생안(生雁: 산 기러기)을 가지고 혼례를 치렀으나, 산 기러기를 준비하는 일이 번거로워서 나무를 깎아 만든 목기러기에 색깔을 칠하거나 아니면 가끔 종

이로 만들어 사용하기도 한다.

(2) 전안례의 진행 순서

전안례는 다음과 같은 절차에 따라 행한다.

- 주인영서우문외(主人迎壻于門外) : 주인이 문 밖으로 나가 신랑을 맞이한다.
- 서읍양이입(壻揖讓以入) : 신랑이 읍을 하고 들어온다.
- 시자집안이종(侍者執雁以從) : 시자가 산 기러기나 목기러기를 들고 신랑을 자리로 안내한다.
- 서취석(壻就席) : 신랑이 자기 자리로 들어선다.
- 포안우좌기수(抱雁于左其手) : 신랑이 기러기의 머리가 왼쪽으로 향하도록 든다.
- 북향궤(北向跪) : 신랑이 북쪽을 향하여 무릎을 꿇고 앉는다.
- 치안우지(置雁于地) : 기러기를 소반 위에 올려놓는다.
- 면복흥(俛伏興) : 신랑이 일어난다.
- 소퇴재배(小退再拜) : 일어난 후 뒤로 조금 물러나서 두 번 절한다.
- 주인시자수지(主人侍者受之) : 주인이 시자가 기러기를 받아서 안고 안으로 들어간다.

(3) 교배례와 합근례

이 의식은 신랑과 신부가 처음으로 상면하여 백년해로를 서약하는 예식으로서 교배례와 합근례를 합쳐서 초례(草隷)라고 하는데, 합근례를 근배례(謹拜禮)라고도 한다.

예식을 치르는 식장은 대청이 넓으면 대청에다 마련해도 좋고, 마당에다 차일(遮日)을 치고 마련해도 괜찮다. 마당에다 차릴 때에는 교배상을 동서나 남북으로 편리에 따라 차리는데, 교배상을 동서로 차릴 경우에는 병풍을 남북으로 쳐야 하고 남북으로 차릴 경우에는 병풍을 동서로 친다.

교배상에는 촛대 한 쌍에다 불을 켜 놓고 송죽(松竹) 화병 한 쌍, 백비 두 그릇, 닭 암수 한 쌍을 마련하여 양쪽으로 나누어 놓는다. 또 세숫대야 속에 수건을 깔고 그 위에 물 두 종지를 놓아 둔다.

초례상의 진설(陳設)은 각 지방이나 가풍(家風)에 따라 틀리기 때문에 풍속대로 하는 것이 좋다.

초례상이 동서로 차려져 있을 때에는 신랑은 동쪽에 서고 신부는 서쪽에 서며,

남북으로 차려져 있을 때에는 신랑은 남쪽에 서고 신부는 북쪽에 서야 한다.

신랑이 먼저 초례상 앞에 서서 읍하고 있을 때 신부가 들어가는데, 신부가 먼저 재배하면 신랑은 답례로 한 번 절한다. 그러면 신부는 다시 재배한다.

이 때에는 신랑과 신부를 옆에서 부축하는 사람이 있어야 하고, 두 사람은 부축하는 사람의 지시에 따라 의식을 거행하게 된다.

이러한 절차가 끝나면 신랑은 신부에게 읍하여 꿇어앉고 신부도 따라서 꿇어앉는다. 이어서 준비했던 세숫대야를 신랑과 신부에게 차례로 돌리면 두 사람은 종지에

담겨 있는 물로 손을 씻는다.

교배례의 의식이 끝나면 다음에는 합근례의 의식을 치른다. 먼저 혼례를 진행하는 집사자가 합근분치서부지전(合卺分置壻婦之前)이라고 말하면 신랑과 신부의 시중을 드는 시자가 표주박 같은 술잔을 두 사람 앞에 갖다 놓는다.

이 때 집사자가 다시 시자짐주(侍者斟酒)라고 말하면 신랑 신부의 시자가 두 사람 앞에 놓여 있는 술잔에 술을 따른다.

술이 잔에 차면 집사자가 서읍부거음(壻揖婦擧飮)이라고 말한다. 그러면 신부측 시자인수모가 신부 앞에 놓여 있는 술잔을 들어 신부에게 주며, 신부는 술잔을 받았다가 다시 수모에게 건네준다. 수모는 그 술잔을 신랑의 시자에게 건네주며, 시자에게서 술잔을 건네받은 신랑은 술을 조금 마시고 다시 건네준다.

그러면 술잔을 받은 시자는 그것을 초례상 위에 올려놓고 다시 신랑 앞에 놓여 있는 술잔을 들어 신랑에게 준다. 신랑은 그 술잔을 받아 시자에게 주면 시자는 그것을 신부의 시자에게 건넨다.

신부의 시자는 술잔을 받아 신부에게 주고 신부는 술잔을 받아 한 모금 마시는 시늉만 하고는 시자에게 되돌려 주며, 시자는 신부에게서 술잔을 받아 초례상 위에 올려놓음으로써 신랑과 신부는 서로 술잔을 교환하는 것이 좋다.

이런 의식이 끝나면 집사자는 '진찬(進饌)' 하고 말하는데, 이 말이 끝나면 신랑과 신부의 시자들은 안주를 집어 두 사람에게 먹여 주며, 이 때 신랑과 신부는 안주를 먹어도 좋고 그것을 받아서 초례상 위에 놓아도 된다. 안주는 계속해서 세 번 집어 주어야 한다.

그 후에 축하객 중에서 축사가 있으면 읽게 하고, 이런 절차가 끝나면 집사자가 혼례가 끝났음을 알리기 위해 '예필(禮畢)' 이라고 말하며, 이어서 신랑은 시자의 아내를 받아 객실로 향하고 신부도 수모의 부축을 받아 자기 방으로 들어간다.

(4) 교배례와 합근례의 진행 순서

- 서지동석(壻至東席) : 신랑이 초례청 동쪽 자리로 들어선다.
- 모도부출(姆導婦出) : 하얀 천을 깔아 놓은 바닥을 밟으면서 신부의 시자가 신부를 부축하여 나온다.
- 서동부서(壻東婦西) : 신랑은 동쪽, 신부는 서쪽에서 초례상을 향하여 마주 선다.
- 진관진세서관우남부관우북(進盥進洗壻盥于南婦盥于北) : 신랑이 손을 씻을 물은 남쪽에 다 놓고, 신부가 손을 씻을 물을 뿍쪽에다 놓는다.
- 서부종자옥지(壻婦從者沃之) : 신랑과 신부는 각각 손을 씻고 수건으로 닦는다.
- 부선재배(婦先再拜) : 신부가 먼저 두 번 절한다.

- 서답일배(壻答一拜) : 신랑이 다시 두 번 절한다.
- 부우재배(婦又再拜) : 신부가 다시 두 번 절한다.
- 서우답일배(壻又答一拜) : 신랑이 답례로 다시 한 번 절한다.

다음은 합근례의 진행 순서이다.

- 서읍부각궤좌(壻揖婦各跪坐) : 신랑은 신부에게 읍한 후에 각각 꿇어앉는다.
- 시자진찬(侍者進饌) : 시자가 신랑과 신부에게 각각 술잔을 건넨다.
- 시자각짐주(侍者各斟酒) : 시자가 신랑과 신부의 술잔에 술을 따른다.
- 서읍부제주거효(壻揖婦祭酒擧肴) : 신랑은 읍하고 술을 땅에 조금 부은 후 젓가락으로 안주를 집어 초례상 위에 놓는다.
- 우짐주(又斟酒) : 시자가 신랑과 신부의 잔에 다시 술을 따른다.
- 서읍부거음부제무효(壻揖婦擧飮不祭無肴) : 신랑은 읍하고, 신부가 술을 마시되 안주는 먹지 않는다.
- 우취근서부지전(又取卺壻婦之前) : 표주박처럼 생긴 술잔을 신랑과 신부의 앞에 놓는다.
- 시자각짐주(侍者各斟酒) : 시자가 표주박 같은 잔에 술을 따른다.
- 거배상호서상부하(擧盃相互壻上婦下) : 표주박 같은 잔을 신랑과 신부가 서로 바꾼다. 이때 신랑의 잔은 위로, 신부의 잔은 아래로 해서 바꾼다.
- 각거음(各擧飮) : 신랑과 신부는 각각 술을 만신다.
- 예필철상(禮畢撤床) : 예를 끝내고 상을 치운다.
- 각종기소(各從其所) : 신랑과 신부가 각각 처소로 돌아간다.

(5) 초례상(醮禮床)의 진설

초례청에서 초례가 끝남과 함께 혼례식도 끝나는데, 각 지방마다 다른 초례상의 진설을 보면 다음과 같다.

[경기도 화성군의 초례상]

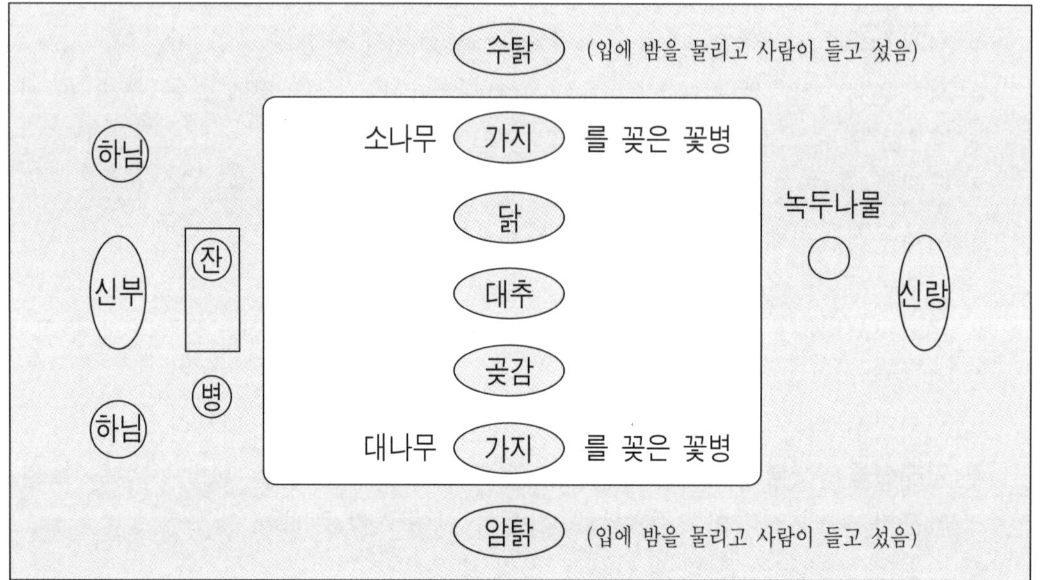

[강원도 명주군의 초례상]

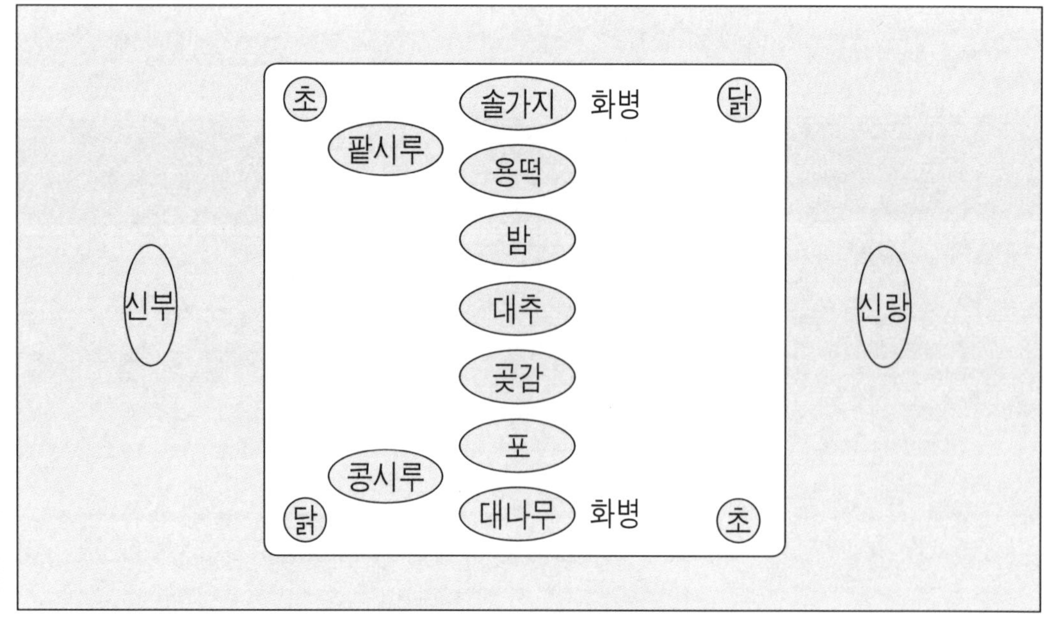

[충청남도 서산군의 초례상]

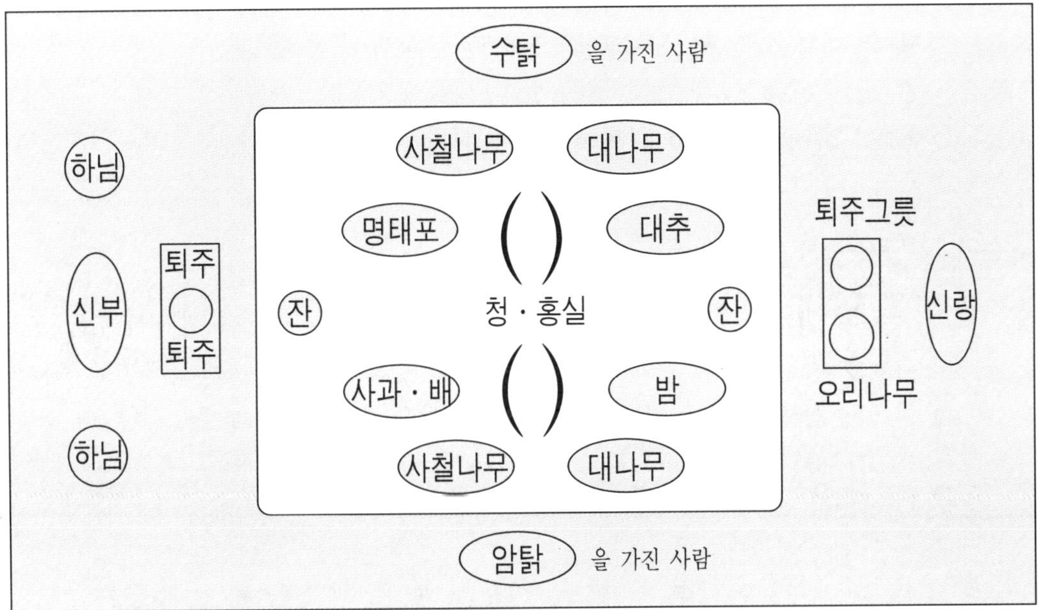

[충청북도 청원군의 초례상]

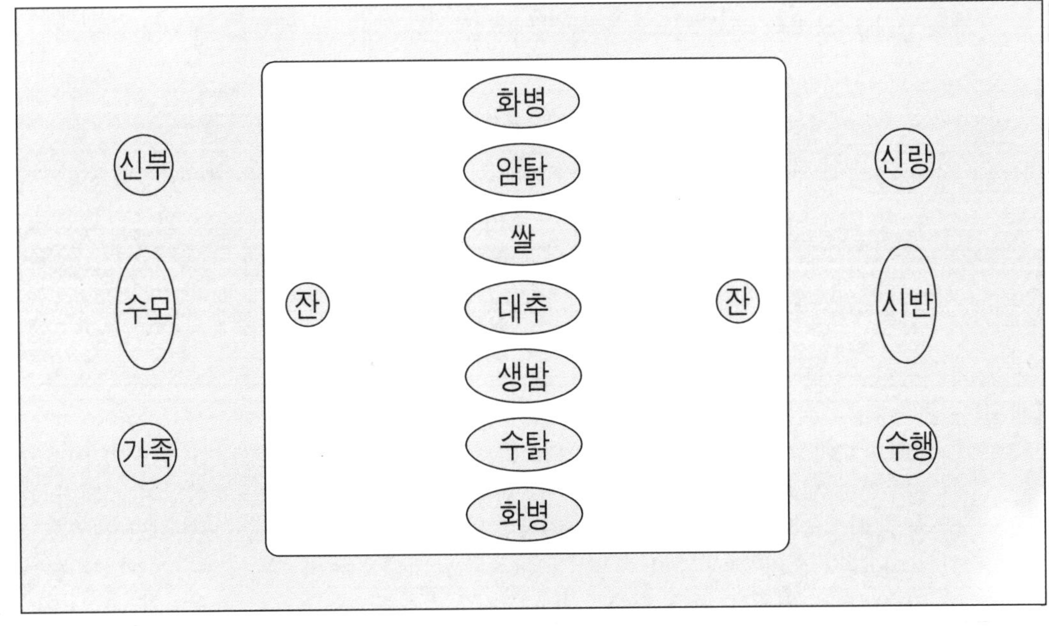

(6) 상수(床需)와 사돈지(査頓紙)

상수란 혼례가 끝나고 혼례식 때 사용했던 각종 음식물을 신부의 집에서 신랑의 집으로 보내는 것을 말한다.

흔히 혼례식을 치른 날이나 우귀(于歸) 때에 보내며 이 때에도 상수송서장(床需送書狀)과 물품 이름을 적은 물목(物目)을 함께 보내게 되어 있다.

물목은 육(肉)·어(魚)·주(酒)·과(果)·포(脯)의 순서로 적고, 이 때에 '사돈지'라 하여 신부의 어머니가 신랑의 어머니에게 편지를 써서 보낸다.

[신랑의 집으로 보내는 상수송서장]

醮筵奉晤에 暖如春春而遺香이 尙留塵榻하니 不能
초연봉오 난여춘중이유향 상유진탑 불능

帚焉이라 謹未審漢回에 返旆利稅仁而 庇鴻休否아
추언 근미심한회 반패이세인이 비홍휴부

區區所祝은 不非尋常이라 査弟 劣狀이 如此하니
구구소축 불비심상 사제 열상 여차

是可爲幸이리오 弟允郎은 清儀美範이 看看益奇하
시가위행 제윤랑 청의미범 간간익기

니 覺積德法之餘而法家之所敎라 實過所望에 自
진각적덕법지여이법가지소교 실과소망 자

不勝喜悅이나 然이나 所謂禮需는 未免存羊하니
불승희열 연 소위예수 미면존양

愧汗을 可極가 惟待恕罪耳라 餘不備伏惟 鑑察
괴한 가극 유대서죄이 여불비복유 감찰

年 月 日
년 월 일

査弟 ○○○ 拜上
사제 배상

[해설] 초례 의식을 행하던 날의 따뜻하고 향기로운 분위기는 아직도 그윽하옵니다. 이 때를 맞이하여 귀댁의 영광을 바라는 바이옵니다. 새 사위는 거동이 깔끔하고 용모가 비범하와 볼수록 기특하였사오니 이 모든 것이 덕을 쌓아 깨달은 결과일 것이오며 지체가 있는 가문의 가르침 때문이라고 할 것이옵니다. 실로 기대를 훨씬 넘은 일이오라 즐겁고 기쁜 마음을 스스로 가누기가 어렵사옵니다. 그렇지만 이른바 예수라는 것이 너무 볼품이 없으니 부끄러워서 땀을 멈추지 못하겠사오며 오직 죄를 용서해 주시기 바랄 따름이옵니다.

[참고] 사형(査兄)과 사제(査弟)는 사돈의 나이가 서로 비슷할 때에 쓰고, 사돈의 나이가 많을 때는 사소제(査小弟), 나이가 적을 때에는 사하(査下)라고 쓴다.

한편, 성례(成禮)한 후에 신부의 집에서 상수가 오면 신랑의 집에서는 이를 사당에 고하는데, 그 내용은 다음과 같다.

[성례를 사당에 고하는 축문]

維歲次乙丑三月壬午朔初五日丙寅 玄孫 某
유세차을축삼월임오삭초오일병인 현손 모
敢昭告于
감소고우
顯高組考某官府君(曾祖이하를 기록함)
현고조고모관부군 증조
顯高祖妣 某封某貫某氏 某之幾子 某 年旣長成
현고조비 모봉모관모씨 모지기자 모 연기장성
娶某郡某面某洞 某貫某之女 今月某日旣畢成娶之
취모군모면모동 모관모지녀 금월모일기필성취지
禮 需來臨 不勝感愴 謹以 酒果用伸 虔告謹告
례 수래임 불승감창 근이 주과용신 건고근고

[해설] 을축년 삼월 초오일 현손 모는 고조부님 양위께 감히 고하옵나이다. 저의 몇째 아들 모(장가를 든 사람의 이름)가 나이 들어 어느 곳 어느 성씨 누구(신부 아버지 이름)의 딸에게 금월 모일 이미 성취의 예를 치렀으며, 예수가 도착하였사옵니다. 이에 생각하오니 서러운 마음을 감당하기 어렵사와 삼가 주과를 올리며 경건히 아뢰옵니다.

(7) 우귀(于歸)와 현구례(見舅禮)

우귀란 혼례식을 마친 신부가 처음으로 신랑의 집, 즉 시집에 들어가는 의식이다. 옛날의 관습으로는 수개월이 걸리거나 수년이 지난 후에 우귀하는 예가 있었으며, 보통 2, 3일씩은 신부의 집에 머물렀고 첫날밤은 신부의 집에서 보냈다.

그러나 지금은 신부의 집에서 첫날밤을 보낸 다음날이나 또는 초례를 치른 그 날로 신랑의 집에 가는 경우가 많아졌고, 혼례식날에 예식장의 폐백실에서 폐백을 올려 우귀를 대신하는 것이 일반적인 사례로 통하고 있다.

신부가 시집으로 갈 때는 신부의 아버지나 친척 중에서 가까운 사람이 신부를 데리고 간다.

현구례는 시부모와 신랑의 친척에게 신부가 처음으로 인사를 하는 의식으로 우귀일에 한다. 이 때 신랑의 직계 존속(直系尊屬)에게는 절을 네 번 하고 술을 권하며, 그 밖의 사람에게는 절을 한 번만 한다.

우귀일에는 신랑의 집에서 대청에 자리를 마련하고 병풍을 쳐서 신부의 시아버지는 동쪽, 시어머니는 서쪽에 앉은 다음 주안상을 차려 놓고 며느리의 절을 받는다.

이 때, 시집의 조부모가 살아 있어도 시부모(媤父母)부터 먼저 만나고 시조부모를 만나게 되어 있으며, 그런 후에 촌수와 항렬의 순서에 따라 차례로 인사를 한다.

한편, 옛날의 우귀는 다음과 같이 행해졌다.

먼저, 신부가 시가로 떠날 때는 신부의 시중을 드는 수모(手母)가 신부를 인도하여 가마가 있는 곳으로 나오면, 신랑은 가마의 문을 열고 읍한 채로 기다리고 있어야 한다.

그러면 수모가, '배운 것이 모자라 예를 잃을까 염려된다.' 면서 신부가 가마 속으로 들어가는 것을 도와 준다.

이어서 말을 탄 신랑이 앞서고 신부가 탄 가마가 뒤를 따른다. 신랑의 집에 다다르면 신랑이 말에서 내려 가마 앞에 읍하고 서 있고, 신부는 가마에서 나와 미리 마련해 둔 방에 들어가서 쉰다.

그런 다음에 신랑은 부모를 뵙고 무사히 다녀왔다는 인사를 하게 된다.

4

폐백(幣帛)

혼례식을 마치고 신랑의 집이나 예식장의 폐백실에서 행하는 의식으로 신부가 신랑의 가족을 정식으로 처음 대면하는데, 이를 폐백이라 한다.

폐백에는 대추와 꿩을 쓰는데, 대추는 시아버지께 드리며 꿩은 시어머니께 드리게 된다. 이 때, 시아버지만 있으면 대추만 준비하고, 시어머니만 있으면 꿩을 준비하고, 시부모가 없으면 폐백을 드리지 않는다.

이처럼 시부모를 뵙는 것을 현구례라 하는데, 요즘에는 예식장의 폐백실을 많이 이용하고 있다.

이러한 절차를 끝냄으로써 우귀를 마치게 되며 신부는 비로소 시가 가족의 한 사람으로 행동할 수 있게 되는 것이다.

우귀를 마친 이튿날이 되면 신랑은 신부의 부모를 찾아가서 뵙고 인사를 드리는데, 이 때에 신부의 집에서 사위를 맞이했을 때는 마치 손님을 대하듯이 해야 한다.

사위 대접은 좋은 음식과 닭을 잡아 내놓는 것이 통례로 되어 있다.

(1) 폐백의 준비와 절차

1) 대추

대추 한 말을 사서 쓸모없는 것을 모두 추린 다음에 깨끗이 씻어서 청주 한 컵과 물 반컵을 타서 대추에 골고루 묻힌다.

이것을 뚜껑이 있는 그릇에 담아서 따뜻한 방 아랫목에 7시간 가량 놓아 두면 윤기가 나는데, 이 때 대추의 꼭지를 따고 실백잣을 끼워서 다홍색 실에 꿴다.

폐백 때 대추를 쓰는 것은, 대추는 신선의 선물로 장수(長壽)를 의미하고 며느리에게 대추를 던져 주는 것은 아들 낳기를 바라기 때문이다.

2) 편포(片脯)

우둔(牛臀: 소의 볼기짝 살)이나 살코기 열 근을 마련하여 곱게 다진 다음 소금

과 참기름, 후추에 재서 쟁반 길이에 맞추어 타원형으로 두 덩이를 만든다. 이것에 푸른 띠(청사지)와 붉은 띠(홍사지)를 감은 후에 폐백반에 받쳐서 쟁반에 담아 유지(油紙)로 덮어 금전지를 단 분홍 겹보자기에 싸서 보자기 위를 근봉(謹封)한다.

편포는 자칫 상할 염려가 있으므로 여름의 삼복(三伏) 때에는 삼가는 것이 좋다.

3) 포(脯)로 할 때

소의 볼기짝 살 열 근을 쟁반 크기에 맞추어 길고 넓게 저며서 소금과 후추에 주무르고 참기름을 발라 채반에 널어서 약간 마르면 뒤집는다.

이렇게 두서너 번 뒤집어 고루 펴서 말린 후에 포개어 보자기에 싸서 무거운 물건으로 눌러 놓으면 납작해지며, 이것을 예쁘게 오려 내고 다듬어서 여덟 쪽씩 두 묶음으로 나누어 포갠 다음에 홍사지와 청사지를 감아 두 겹으로 담아 유리를 덮어 보자기에 싼다.

이것은 더운 여름날의 복 중에 상할 걱정이 없어 많이 사용하며 시집이 멀리 떨어져 있을 때에는 겨울에도 이렇게 하는 경우가 많이 있다.

4) 꿩 또는 닭으로 할 때

건치(乾雉; 말린 꿩의 고기)로 폐백을 드릴 때는 두 마리의 꿩으로 하는데, 꿩의 대가리를 먼저 자른 뒤에 찜통에 넣고 찐 다음에 꺼내어 물기가 없이 말려 보자기에 싸서 잠깐 누른 후 두 마리를 포개어 다시 누른다.

그런 후에 두 마리의 다리를 각각 청사지와 홍사지로 묶고, 목에도 청사지와 홍사지를 감으며, 날개에는 여러 색의 종이로 각각 말아서 꿴다.

꿩이 마련되지 않았을 때에는 닭 한 마리로 대신하기도 했는데, 닭을 사용했을 때는 대가리를 자르지 않고 달걀의 흰자위와 노른자위를 따로 풀어서 번철에 얇게 지진 것(지단)과 실고추 등으로 닭의 등을 아름답게 꾸며 폐백 때 사용하기도 했다.

요즈음은 통닭은 사용하기도 하는데 각 지방마다 풍습이 다르기 때문에 여러 가지 형태로 행해지고 있다.

5) 폐백보

겉보와 속보를 마련하며, 겉보는 폐백상보로 사용되는 것으로 사방 1m의 홍겹보로 만들어 네 귀에 연둣빛 금전지(金箋紙)를 단다.

속보는 폐백마다 각각 싸게 되므로 시부모만 있을 때에는 2장, 시조부모까지 있을 때에는 4장을 준비한다.

폐백보도 각 가정의 풍습에 따라 빛깔도 여러 가지이고, 크기는 폐백의 분량에 따라 차이가 있으나 보통은 사방이 70cm정도면 된다.

6) 근봉(謹封)

빳빳한 장지(壯紙)를 둥글게 말아서 덧붙인 후 5cm 정도로 자른 다음에 '근봉'이라고 써서 보자기의 네 귀퉁이를 모아 근봉으로 끼운다.

그리고 근봉 위에 나온 술이 달린 네 귀를 젖혀서 아래로 늘어지게 하면 연꽃 모양처럼 되어 아름답다.

근봉의 목적은 잡아매는 데에 있으므로 반드시 질긴 종이를 써야 한다.

7) 입맷상

신부가 폐백을 드리러 와서 큰상을 내기 전에 미리 간단한 요기를 할 수 있게 하는 상을 말한다. 입맷상에는 국수장국에 수정과나 화채를 차려 주는데, 신부는 이 때에 간단히 시장기를 면하는 것이다. 왜냐하면 나중에 큰상을 받았어도 신부는 전혀 음식을 먹을 수가 없기 때문이다.

8) 폐백드리기

폐백을 드릴 때는 폐백상만 펴놓고 신부의 집에서 함께 간 수모가 신부를 시부모 앞으로 데리고 와서 큰절을 한 번 시키며, 이 때에 하님은 양쪽에서 신부의 어여머리(부인이 예장을 할 때 머리에 얹던 큰 머리)를 붙잡아 준다.

신부가 두 번째 절을 하기 위해 일어섰다가 앉으면 수모는 폐백을 가지고 와서 신부가 갖다 놓는 것처럼 신부 앞을 잠깐 거쳐 시부모의 폐백상에 놓는데, 먼저 대추부터 시아버지 앞에 놓고 절을 세 번 반 한다.

그런 다음 시어머니에게로 향하는데 이 때도 역시 하님이 양옆에서 어여머리를 붙잡고 수모는 신부에게 한 번 절을 시키고 앉게 한 뒤에 겨울이면 편포, 여름이면 포를 신부 앞을 거쳐서 시어머니 앞에 놓고 다시 절을 세 번 반 하도록 시킨다.

이런 절차가 끝나고 신부가 앉으면 시아버지가 대추를 집어 며느리 치마 앞에 던져 주는데, 수모가 그것을 받아 신부의 원삼(圓衫) 소매 안에 넣어 주면서 덕담(德談)을 한 후에 그 대추를 그릇에 옮겨 담아 신부의 방에 갖다 놓고 첫날밤에 두 사람이 먹도록 한다.

이 때에 시어머니는 포를 두드리며 어루만지는데 이것은 며느리의 흉허물을 덮어 달라는 뜻이며 대추를 며느리에게 던져 주지는 않는다.

만일의 경우 시아버지가 없고 시어머니만 있으면 편포나 포만 상 위에 놓고 폐백을 드리며, 사당에 고한 후에 시어머니가 대추 몇 알을 그릇에 담아 주면서 시아버지가 주는 것이라고 말한다.

폐백은 한쪽 부모만 살아 있어도 골고루 준비하는 것이 정도(正道))이며, 시아버지만 살아 있을 때에는 대추만 올린다.

이렇게 하여 폐백이 끝나면 수모가 폐백 물품을 치우고 빈 상만 놓아 둔 상태에게 일가 친척들에게 폐백을 드리게 된다.

폐백을 드릴 때 시조부모가 살아 있으면 두 사람의 폐백은 별도로 준비하며 절차는 시부모에게 폐백을 드리는 것과 똑같이 하면 된다.

시조부모와 시부모 외에는 폐백을 드리지 않아도 되며 백부모를 함께 앉게 하여 그들에게 각각 4배씩 8배를 하고, 시삼촌과 시고모 부부에게는 4배를 한다.

항렬이 같은 경우에는 손위 동서 부부에게 각각 큰절을 한 번씩 하며 이 때 손위 동서 부부도 맞절을 한다. 손아랫동서는 먼저 신부에게 절을 하고 신부는 답배(答拜)를 한다.

폐백절차가 모두 끝나면 신부는 시가에서 3일 동안 묵으며, 매일 아침 저녁으로 원삼을 입고 낭자와 족두리 차림으로 하님이나 유모의 부축을 받아 시부모 방에 가서 각각 큰절을 한 번씩 올린다.

이 때에는 이른 아침에 닭이 세 번 울면 일어나서 문안 준비를 갖춘 후에 안방에서 시부모의 기침 소리가 두 번 들리면 문안을 한다.

9) 풀보기

신부가 시가에서 3일을 지낸 후에 시부모의 허락이 떨어지면 며칠 동안 친정에 간다.

이 때에도 신부의 친정에서는 날마다 하님을 보내 사돈 댁에 문안을 드리게 하며, 신부가 시가로 돌아갈 때에는 신랑의 옷, 시부모에게 드릴 예물, 장롱, 자신이 평생 입을 옷가지를 가지고 간다.

신부가 시가에 갈 때에는 열두 하님이 동행하는데 이 중에서 시겟박 하님은 겉은 옻칠을 하여 붉고 속은 검은색으로 된 시겟박에 12첩 반상기(飯床器)를 담은 뒤에 안팎이 자줏빛인 솜보에 싸서 이고 간다. 또한 경대 하님은 경대를 다홍색 겹보에 싸서 이고, 요강은 대야에 담아 분홍색 겹보에 싸며, 청동 화로는 그대로 이고 간다.

그리고 큰하님들은 신부의 시부모가 먹을 약식, 족편 등의 음식물을 목판에 담아 보자기에 싸서 이고 간다.

10) 사당에 올리는 폐백

제사를 지내는 시가의 사당에서 행하는 폐백이다. 이 때는 먼저 시부모에게 폐백을 올린 뒤에 행해지며, 사당이 없는 경우에는 사진을 모셔 놓거나 지방을 써놓고 올린다.

폐백 물품은 신부가 마련해 간 것 중에서 쓰지 않은 것, 즉 시아버지뿐이라면 포, 시어머니뿐이라면 대추 한 가지와 시가에서 마련해 놓은 주과를 함께 올린다.

절은 네 번 반을 하며 신부의 수모와 하님 대신 동서와 시누이가 옆에서 도와 준다.

신부가 폐백을 드리면 시부모는 신부에게, 이제는 시가의 사람이 되었으니 시가의 가례(家禮)와 가법(家法)을 지키며 부모에게 효도하고 남편을 극진히 섬기면서 일가 친척과 화목하게 지내 가문을 빛내 달라고 당부한다. 그리고 아들과 딸을 낳아 시가의 가문을 더욱 번창하게 해 달라는 교훈을 한다.

한편, 교훈과 더불어 패물이나 비단 같은 예물을 주기도 하는데, 이 때에 조상 대대로 전해져 내려온 유물이나 그 밖에 기념할 만한 물건이 있으면 함께 주기도 한다.

5

혼례의 고유 술어와 풍습

(1) 혼삼재(婚三災)와 불혼법(不婚法)

1) 혼삼재(婚三災)

남녀가 서로 맞지 않은 띠끼리 만나면 혼삼재에 걸리게 되며, 이에 해당되면 부부가 생사이별(生死離別)하게 되고, 가산(家産)이 기울어져 가는 운수가 있다. 또 병과 재액(災厄)으로 고통을 받고 모든 일이 이루어지지 않게 된다.

- 호랑이·말·개(寅午戌)띠 해에 태어난 사람은 쥐·소·호랑이(子丑寅)띠를 만나면 삼재가 된다.
- 돼지·토끼·양(亥卯未)띠 해에 태어난 사람은 닭·개·돼지(酉戌亥)띠를 만나면 삼재가 된다.
- 뱀·닭·소(巳酉丑)띠 해에 태어난 사람은 토끼·용·뱀(卯辰巳)띠를 만나면 삼재가 된다.
- 잔나비(원숭이)·쥐·용(申子辰)띠 해에 태어난 사람은 말·양·잔나비(午未申)띠를 만나면 삼재에 든다.

2) 불혼법(不婚法)

불혼법은 두 사람의 출생한 달을 상대로 궁합(宮合)을 보게 되는데, 불혼법에 해당되면 부부가 이별을 하게 되고, 병과 재액이 있으며 집안에 풍파가 끊일 날이 없어서 불행하게 된다고 한다.

불혼법을 살펴보면 1월생 남자는 6월생 여자와 불혼, 2월생 남자는 3월생 여자와 불혼, 3월생 남자는 9월생 여자와 불혼, 4월생 남자는 5월생 여자와 불혼, 5월생 남자는 8월생 여자와 불혼, 6월생 남자는 5월·7월생 여자와 불혼다.

또 7월생 남자는 11월생 여자와 불혼, 8월생 남자는 12월생 여자와 불혼, 9월생 남자는 10월생 여자와 불혼, 10월생 남자는 5월·7월생 여자와 불혼, 11월생 남자는 2

월생 여자와 불혼, 12월생 남자는 5월생 여자와 불혼한다.

(2) 데릴사위

아들이 없이 딸만 있을 경우 딸을 시집으로 보내지 않고 그 대신 사위를 맞이하여 가사를 돌보게 하다가 성장하여 혼례를 치른 후에도 그대로 처가에 살기로 하고 삼는 사위다.

(3) 민며느리

10세 안팎의 어린 소녀를 데려다가 키운 다음 아들과 혼례를 치른 후 삼는 며느리이다. 보통 여자 쪽의 집안 형편이 어려워 자식들을 제대로 키울 수가 없을 때에 행해지던 풍습으로서 남자보다는 여자가 어린 경우가 많다.

(4) 보쌈

조선조 때, 과부의 재가 금지(再嫁禁止)와 과부의 재가에 대한 죄를 그 자손에게까지 미치도록 국법으로 정한 데서 발생한 악습이다.

보쌈은 일부 사대부의 집안에서 행해졌는데, 장차 과부가 될 사주를 타고난 처녀의 집에서 밤중에 하인들을 시켜 길을 가는 남자를 붙잡아 자루 속에 넣어 집으로 납치해서 처녀와 동침을 시킨 후 죽이던 일을 말한다.

이렇게 하면 그 처녀는 일단 과부와 같은 결과가 되므로 과부가 될 액운을 면했다고 믿어 좋은 곳으로 시집을 보낼 수가 있었다고 한다.

(5) 누이바꿈혼

두 남자가 각각 상대방의 누이와 혼인하는 것을 말한다. 이러한 풍습은 매우 드문 일이나 신라 시대 때 제52대 효공왕(孝恭王)이 제53대 신덕왕(神德王)의 누이를 비(妃)로 맞아들였고, 신덕왕은 효공왕의 누이를 비로 맞아들인 예가 있다. 이렇게 함으로써 두 사람이 인척 관계를 맺어 더욱 친밀한 사이가 되고자 함이었던 듯싶다.

(6) 반보기

오랫동안 만나지 못한 일가 친척의 부인들이나 갓 시집간 새색시들이 서로 만나보고 싶을 때 미리 날짜와 시간을 정한 후에 양가의 중간쯤에서 만나기로 한 후에 제각기 음식을 마련한다.

그런 다음에 약속 장소에서 서로 만나 회포를 푸는데, 이를 중로(中路)보기라고도 한다. 한편, 시집간 새색시가 친정 식구들을 만나 보기 위해서도 이 방법을 썼다.

(7) 방친영(房親迎)

나이 어린 신랑과 신부가 혼인 후 3일을 치를 때 신부가 신방에 들어가 얼마 동안 앉아 있다가 도로 나오는 것을 말한다.

(8) 관례벗김

초례(醮禮)를 치른 후에 신랑이 신부의 집에서 준비해 놓은 옷을 갈아 입는 것을 말한다. 혼인하기로 약속이 되면 신랑의 집에서 신부의 집으로 의양단자(衣樣單子: 신랑이나 신부의 옷의 치수를 적은 종이)를 보내면 신부의 집에서는 신랑의 옷 한 벌을 미리 준비해 두었다가 초례 뒤에 신랑에게 가랑 입힌다.

(9) 동상례(東床禮)

혼례가 끝난 후에 신랑이 신부의 집에서 벗들에게 음식을 대접하는 일을 말한다. 동상례에 대해서는 여러 가지 설이 있는데, 그 중 하나는 중국의 왕희지(王羲之)가 사위감을 물색하려고 사당을 돌아다니던 중 동상(東床)에서 누더기를 걸친 서생을 사위로 삼았으므로 이에서 비롯되었다고 한다.

(10) 대반(對盤)

전통 혼례식에서 신랑이나 신부, 또는 신랑·신부를 데리고 온 사람(후행) 옆에서 접대하는 사람을 말한다. 신랑의 대반은 나이가 비슷한 신부 집안의 젊은이가 맡고 신부 대반은 신랑 집안의 시누이나 처녀, 갓 시집온 새댁들이 맡는다.

그리고 후행 대반은 나이가 지긋하며 예의 범절에 모자람이 없는 사람이 맡게 한다.

(11) 서옥(壻屋)

이것은 고구려 때에 행해졌던 풍속의 하나로서 정혼(定婚)이 되면 신부의 집 뒤쪽에 조그마한 집을 마련하는데, 이를 서옥이라고 한다.

해가 질 무렵에 신랑될 사람이 신부될 사람의 집 밖에 와서 당사자와 동침(同寢)할 것을 청하면 신부 집 부모가 서옥으로 안내하여 딸과의 동침을 허락하고 같이 살게 한다.

이와 함께 신랑은 돈과 패물을 신부 부모에게 바치고, 두 사람 사이에 자식이 태어나면 그제아 비로소 신랑은 신부와 자식을 자기 집으로 데리고 가게 된다.

(12) 신방(新房) 엿보기

우리 나라에서만 볼 수 있는 특유한 풍속으로서, 혼례를 치른 첫날밤에 신랑과 신부가 잠자리에 들기를 기다려 신부 집의 친지들이 신방의 문을 손가락에 침으 묻혀 뚫고 방 안을 엿보는 것이다.

지금은 결혼식을 올리는 그 날로 신혼 여행을 떠나므로 도시에서는 볼 수 없으나, 종종 전통 혼례식을 치르는 곳에서는 볼 수 있는 낭만적인 모습이다. 신방 엿보기는 옛날에 조혼(早婚)으로 인한 신부 보호 목적의 뜻에서 비롯되었다고 한다.

(13) 고과살(考課煞)

고과살이란 두 남녀의 태어난 해를 대조하여 이 살에 걸리면 생사 이별수(生死離別數)가 있어 외롭고 과부가 되는 운수를 말한다.

- 해자축(亥子丑: 돼지 · 쥐 · 소)띠는 범[寅]띠와 만나면 고독살(孤獨煞)이 되고, 개[戌]띠를 만나면 과부살(寡婦煞)이 된다.
- 인묘진(寅卯辰: 호랑이 · 토끼 · 용)띠는 뱀[巳]띠와 만나면 고독살이 되고 소[丑]띠를 만나면 과부살이 된다.
- 사오미(巳午未: 뱀 · 말 · 양)띠는 원숭이(申]띠를 만나면 고독살이 되고, 용[辰]띠를 만나면 과부살이 된다.
- 시유술(申酉戌: 원숭이 · 닭 · 개)때는 돼지[亥]띠를 만나면 고독살이 되고 양[未]띠를 만나면 과부살이 된다.

이 밖에도 여러 살이 있으나 이러한 것은 옛날의 예에 의한 것이므로 현대를 사는 우리들이 여기에 구애받을 필요가 없을 것이다.

하지만, 이것이 수백 년 동안이나 전해져서 일반 서민 계층에 뿌리가 박힘으로 해서 오늘날 우리 주위에서 이로 인한 폐단이나 불행을 종종 볼 수가 있으나, 그렇지 않은 예도 있음을 부인할 수가 없다.

예를 들어, 서로 다른 띠끼리 만나서도 아무런 불편이 없이 서로 조화롭게 천신해서 잘 살고 있기 때문이다.

그러므로 이러한 모든 것에 집착하지 말고 자기가 바라는 사람과 만나서 행복하게, 또한 서로가 자기 주의 주장을 버리고 타협하면서 가정을 이끌어가는 것이 무엇보다도 바람직한 태도라고 하겠다.

6

현대식 결혼

오늘날 행하고 있던 결혼식은 우리의 전통 혼례가 아닌 서유럽에서 수입된 것이다.

결혼식의 순서와 방법은 모든 나라마다 전해 내려오는 풍습에 따라 다르지만 문화가 발달한 선진국일수록 결혼식이 간단함을 알 수가 있다.

옛날, 고조선(古朝鮮)의 부여(夫餘)에서는 가계(家系)를 중요하게 여겨 형이 죽으면 형수를 아내로 맞이하여 혈통을 이었고, 동옥저(東沃沮)에서는 민며느리의 풍습이 있었다.

그 후 삼국 시대에 들어서면서 고구려 때에는 모계 중심 사회의 풍습으로 서옥의 혼속(婚俗)이 있었으며, 신라 때에는 왕족의 순수한 혈통을 잇기 위하여 왕족 사이에 혈족 혼인(血族婚姻)이 행해졌다.

또한, 백제에서 일부 일처제의 혼인 풍습이 제자리를 찾은 것으로 미루어 보아 신라나 고구려보다 먼저 혼인 풍습이 자리를 잡았다고 볼 수 있을 것이다.

고려 초기에는 내혼(內婚:특정한 사회 집단 내의 통혼이 의무 또는 우선인 결혼의 한 형태)이 삼국 통일 후에도 그대로 전해지고 근친 결혼이 성행했다고 한다.

이 때문에 고려의 내정(內政)에 간섭하고 있던 원나라의 세조(世祖)는 왕가에서 동성혼(同姓婚)을 하지 못하도록 경고했고, 이에 충선왕이 종신과 양반의 동성혼 금지법을 정하여 처음으로 공포하였다.

또한, 고려 시대에는 소년을 딸이 있는 집에서 데려가 키워 성장하면 혼인시키는 데릴사위의 풍습이 있었고, 공녀(貢女)라 하여 원나라에 보내는 처녀의 숫자를 줄이기 위해 일부다처 제도도 있었다.

그러던 중 주자(朱子)의 《문공가례》가 우리 나라에 들어오면서부터 비로소 그 동안 행해졌던 갖가지 혼인 풍습들이 통일되어 육례(六禮)에 의한 혼례식이 치러졌다.

하지만 이 또한 지나치게 번거로워서 고려 말엽부터는 학자이자 정치가였던 이재(李縡)가 지은 《사례편람(四禮便覽)》에 의하여 혼례식을 치르게 되었다.

그 후, 시대가 바뀌고 변함에 따라 전통 관혼상제의 의식도 간소화하자는 취지에서 1973년에 '가정 의례에 관한 법률'을 제정하여 공포했으며, 다시 이 법을 개정하거나 모순된 부분은 폐지하여 오늘에 이르고 있다.

(1) 결혼 적령기(結婚適齡期)

남자는 만18세, 여자는 만16세가 되면 부모나 후견인(後見人)의 동의를 얻어 약혼 또는 결혼할 수 있다고 민법 제801조와 807조에 명시되어 있고, 민법 제808조에는 남자는 26세, 여자는 23세가 되면 부모의 승낙이 없어도 결혼할 수 있다고 명시되어 있다.

하지만 전자의 경우는 결혼의 적령기를 명시한 것이 아니고, 개인이나 가정의 특별한 사정으로 인하여 어쩔 수 없이 결혼을 해야만 될 때에 법으로 허용한 연령이다.

그리고 후자의 경우는 남녀가 다같이 정신적으로나 육체적으로 성숙하기 때문에 이 시기 이후를 결혼 적령기로 본 것이다. 그렇다고 친권자(親權者), 즉 부모의 허락이 필요하지 않다는 것이 아니고, 다만 부모의 허락이 없어도 결혼할 수 있음을 법적으로 인정한다는 의미이다.

(2) 연애(戀愛)와 중매(中媒)

1) 연애

결혼을 목적으로 하지 않고 서로 사귀다가 사랑을 느껴 결혼할 뜻이 생기게 되는 경우를 연애라고 하며, 그 결과 두 사람의 뜻이 맞아 결혼하게 되면 이를 연애 결혼이라고 한다.

그러나 다만 즐기기 위해 만나 사귀는 것은 진정한 의미의 연애라고 할 수 없고, 서로의 이상(理想)이나 취미가 통하고 일생의 반려자로 부족함이 없다고 생각될 때에야 비로소 약혼이나 결혼이 이루어지게 된다.

2) 중매

중매란 두 집안의 신분·가정 환경과 남자의 사회적인 능력 및 상대를 구하는 조건 따위를 자세히 알아본 다음에 알맞다고 생각되면 결혼이 성립될 수 있게 적극적으로 나서서 주선하는 것을 말한다.

또한, 서로가 알기는 하나 결혼에 대한 의사(意思)를 잘 모를 경우에는 두 집안을 잘 아는 사람을 내세워 결혼에 대해 어떻게 생각하는지를 알아보게 하여 가부간의 결정을 내리게 하는 수단이라고 할 수 있다.

이 때에 중매에 나서는 사람은 한쪽에 치우친 나머지 당사자의 의사를 무시하거나 거짓말을 보탠 정보를 전해서 속이는 일이 없도록 반드시 중립을 지켜야 한다.

중매를 부탁할 때에는 중매인에게 사진을 건네주는 것이 예의이다.

왜냐하면 당사자의 모습과 인상을 상대방 당사자와 가족이 보고 충분히 의논할 수 있게 하기 위함이다. 따라서 사진을 보낼 때는 평소의 차림으로 자연스럽게 찍은 것을 보내는데, 남자는 정장이 좋으며 여자는 양장이나 한복 모두 괜찮다.

중매가 순조롭게 진행되어 선을 보기로 결정되면 그전에 상대방의 신원을 알아보는 것이 바람직하다. 그래야만 상대방의 결점을 알아 불행을 미리 방지할 수 있고 시간과 경비를 줄일 수 있기 때문이다.

신원을 알아볼 때에는 호적등본이나 주민등록등본을 떼어 신원을 파악하고, 출신 학교나 사회에서의 적응 능력과 대인 관계, 인품, 친구나 친척 관계 등을 자세히 알아보는 것이 좋다.

(3) 맞선을 보는 장소와 시간

맞선을 보는 장소는 양가의 부모들이나 당사자들이 의논하여 서로간에 부담이 되지 않는 장소를 택한다.

시간은 가능하면 점심이나 저녁 식사 때를 택하면 좋고, 직장에 근무하는 사람이면 근무시간을 피하는 것이 좋다. 또한 맞선을 볼 때는 오랫동안 시간을 끌면 서로가 피곤하므로 한두 시간 정도라야 한다.

맞선을 보러 나갈 때는 단정한 옷차림이 좋다. 여자의 경우 너무 화려하거나 짙은 화장을 하고 나가면 상대방에게 불쾌감을 줄 수 있다.

같이 참석할 사람은 중매인과 의논하여 분위기에 어울리는 사람을 택하는 것이 좋은데, 남자끼리나 부인끼리 한두 사람이면 알맞다.

맞선 볼 때의 자리 배정은 중매인이 잘 알아서 해야 한다. 당사자들의 자리는 직사 광선이 닿는 곳을 피하여 서로 마주 보고 대화를 나눌 수 있도록 해야 하며,.사람들이 많이 왕래하는 곳은 피하는 것이 좋다.

(4) 맞선 볼 때의 몸가짐과 대화

맞선을 볼 때 당사자들은 얌전을 빼느라 고개를 숙이고 있거나 상대방을 곁눈질로 훔쳐 보는 일, 쑥스러워서 함께 온 사람하고만 소곤거리는 것은 좋은 몸가짐이라고 할 수 없다.

여성은 품위를 잃지 않으면서도 자연스러운 몸가짐을 취하며 묻는 말이 있으면 정확하게 요령 있게 간단히 대답한다.

상대가 묻지도 않은 말을 수다스럽게 늘어놓거나 자기 자랑을 늘어놓는다면 상대방에게 실망감(失望感)만 안겨 주게 될 것이다. 또한 헤프게 웃는 것도 삼가해야 할 것이다.

대화는 남자 쪽에서 먼저 시작하는 것이 바람직하다. 이 때 일방적으로 이야기하는 것보다는 서로가 공동의 화제를 가지고 대화를 나누면서 잠깐씩 자기 신상의 이야기나 상대방의 신상에 대해 묻는 방향으로 유도(誘導)하며, 자세히 알기 위해 꼬치꼬치 캐묻는 것은 삼가해야 한다. 그리고 상대방을 당황하게 만드는 어려운 질문이나 너무 어려운 말로 곤경에 처하게 해서는 안 된다.

맞선을 볼 때는 알아보고 싶은 사항이나 묻고 싶은 말을 미리 생각해 두는 것도 바람직하다.

(5) 식사(食事)할 때

식사 시간은 피하는 것이 좋으나 어쩔 수 없이 식사를 하게 되는 경우에는 될 수 있는 대로 먹기에 편하고 간단한 음식이 좋다.

주문을 할 때는 서로가 좋아하는 것으로 하되, 양이 너무 많거나 손이 많이 가는 것, 너무 비싼 것이나 특별한 음식 등은 피한다.

식사를 할 때에는 많은 대화를 삼가하는 것이 좋은데, 그 이유는 대화 도중 음식물이 입밖으로 튀어나올 우려가 있기 때문이다. 또 음식을 먹을 때에는 '쩝쩝' 하고 입맛을 다시는 소리를 내어서도 안 된다.

그리고 식사가 끝나면 으레 차가 나오는데, 차를 마실 때에도 '후루룩' 소리를 내거나 찻잔을 거칠게 놓는 것도 삼가해야 한다.

(6) 맞선 결과의 통보

맞선을 본 후에는 가부간의 결정을 상대방에게 빨리 통보해야 하는데, 늦어도 1주일 이내에는 알려야 하며, 상대방이나 중매인을 너무 오래 기다리게 하는 것은 실례가 된다.

사람들이 사물을 보는 관점과 분별력은 모두 제각각이므로 자기 마음에 드는 상대를 만난다는 것은 무척 어려운 일이다.

그러므로 맞선이 원만히 이루어지지 않았다고 해서 부끄럽게 여기거나 우울해 할 필요는 조금도 없다. 이 때 혼담(婚談)을 거절하는 쪽에서는 중매인을 통해서 거절하는 이유를 잘 이해하도록 솔직히 말하여 상대방이 불쾌감을 갖지 않도록 하는 것이 중요하다.

(7) 맞선 성사 후의 교제

맞선이 성사된 후의 교제는 결혼을 전제로 한 것이므로 상대방의 인격(人格)과 의사를 존중하고 예의바르게 행동해야 한다.

만일 이 기간 중에 결혼을 할 수 없을 정도의 결정적인 흠, 예를 들어 성격적으로 결함(缺陷)이 있거나 불치의 병을 앓고 있을 때 또는 난잡한 행동 등을 알게 되면 신속히 교제를 중단하는 것이 좋다.

이러한 것들은 두 사람의 결혼 생활에서 불행의 씨앗이 될 소지(素地)가 있기 때문이다.

두 사람의 교제는 양가나 주위사람이 지켜보는 가운데 하는 것이 좋고, 서로의 형편을 고려해서 시간과 장소, 횟수를 조절하는 것이 바람직하며, 교제 기간은 2, 3개월이 적당하다. 그리고 교제 기간 중에 두 사람이 결혼하기로 합의가 이루어지면 상대방의 가정을 방문하면서 가족(家族)들과 서로 친해지도록 노력하되 지나친 경비(經費)나 선물은 피하도록 한다.

(8) 청혼(請婚)과 허혼(許婚)

신랑측 어른이 신부측 어른에게 먼저 청혼을 바라는 편지를 보내게 되는데, 이때 호적등본을 함께 보내는 것이 원칙이며 정성을 들여서 작성하여 보내야 한다.

그러면 청혼 편지를 받은 신부측에서는 청혼에 찬성한다면 허혼하는 편지를 보내 답례를 하게 된다.

청혼 편지와 허혼 편지는 다음과 같이 쓴다.

[청혼 편지(한글)]

삼가 아뢰옵니다.

시하 존체 금안하시기를 비오며 아뢰올 말씀은 이번에 귀댁의 규수 ○○양과 저의 장남 ○○와의 혼담이 이루어짐을 저희 가문의 기쁨으로 생각하옵고 삼가 청혼하오니 허락하여 주시옵기를 바라나이다.

년 월 일

○○○ ⓘ

○○○ 귀하

[허혼 편지(한글)]

존당의 만복을 기원하옵니다.

수재 아드님 ○○군과 저의 집 영아 ○○ 사이의 청혼의 글월을 받자옵고 저의 가문의 기쁨으로 깊이 감명하였사옵니다. 이에 허혼하오니 금후의 절차에 대해서 하교 있으시기를 바라옵니다.

년 월 일

○○○ ⓘ

○○○ 귀하

(9) 약혼(約婚)과 약혼식

약혼은 결혼을 전제로 한 당사자 사이의 약속이므로 지나친 허례 허식과 사치에 치우침이 없이 검소하게 치르는 것이 좋다.

가정 의례 준칙에 의해 약혼을 할 때에는 당사자의 호적 등본과 건강 진단서(健康診斷書)를 첨부한 약혼서를 교환(交換)함으로써 약혼이 성립되고 약혼식을 별도로 행하지는 않는다.

어쨌거나 약혼은 결혼을 약속하는 과정이니 두 사람의 신뢰와 꿈과 사랑을 다질 수 있는 뜻있는 의식이 되도록 해야 할 것이다.

1) 약혼 날짜와 장소

길일(吉日)을 택하는 것도 중요하겠으나 그보다는 약혼식에 참석하는 사람들이 불편함을 느끼지 않는 날이 좋다. 특히, 약혼식을 올리는 당사자들의 일정(日程)에 맞도록 정해야 정신적인 부담을 덜게 된다.

보통, 토요일에는 오후, 일요일에는 점심 때가 좋고 평일에는 저녁때를 택하면 좋을 것이다.

장소로는 장차 신부가 될 처녀의 집에서 하는 경우가 많으나, 불가피할 때는 교통이 편리하고 아늑한 음식점 같은 곳을 택한다. 비용은 처녀 쪽에서 부담하는 것이 통례이나 그렇지 못할 때에는 양쪽이 나누어서 부담하는 것도 괜찮다.

약혼식은 가족끼리 치르는 행사이므로 양가의 가족 및 가까운 친척이나, 친구, 중매인 정도를 초청하면 된다.

2) 약혼식의 순서

약혼식은 다음과 같은 순서로 진행한다.

① 개식사	② 당사자 약력 소개	③ 예물 교환
④ 약혼서 교환	⑤ 주례사	⑥ 케이크 자르기
⑦ 가족 소개	⑧ 약혼 선언	⑨ 폐식사

약혼식을 행할 때는 두 사람을 가운데에 앉힌 다음 양옆으로 양가의 부모와 친척들이 앉으며, 사회자(司會者)가 약혼식을 선언한다. 이 때 사회자는 양가를 잘 아는 중매인이나 친지 및 친구 중에서 한 사람을 선정하며 선정된 사회자는 약혼식의 개식을 선언한 다음 두 사람의 약력을 소개한다.

이어서 예물(禮物)을 교환하게 되는데 그전에 사회자가 '이 반지는 신랑이 영원한 사랑을 표시하기 위해 신부에게 드리는 것입니다.' 라는 등의 말로 참석자 모두에게 공개하고 두 사람에게 전달하여 교환하게 한다.

예물 교환이 끝나면 사회자는 두 사람을 양가 가족들에게 일일이 인사시키며 소개하고, 이것이 끝나면 약혼식도 끝나고 그 자리에서 회식(會食)이 시작된다.

약혼식 때에는 사회자의 간단한 인사가 있을 때도 있고, 회식 때에 가까운 친지들의 간단한 축사가 있을 때도 있다.

가정 의례 준칙에 따르면 약혼식 때 호적 등본과 건강 진단서를 첨부한 약혼서를 교환하고 다른 모든 절차는 생략하도록 규정되어 있지만, 약혼서의 교환만은 반드시 이루어지는 것이 좋으리라고 본다.

왜냐하면 결혼 후에 아무런 이유가 없는데도 한쪽에서 일방적으로 이혼(離婚)을 요구할 때에 중요하고 명백한 증거가 되기 때문이다.

3) 약혼식 때의 예의

먼저, 초대를 받은 사람은 이 날이 뜻깊은 날이니만큼 남자는 정장 차림을 하고, 여자는 약간 화사한 차림도 무난하나 시간만큼은 철저하게 지켜 상대방을 초조하게 하는 일이 없어야겠다.

또한, 당사자들은 두 사람만 있는 자리가 아니므로 정중한 태도와 예의바른 행동을 취해야 한다. 축하객들을 외면한 채 두 사람끼리 소곤거리거나 화가 난 듯한 표정, 큰 소리로 웃는 행동 등은 좋지 않으므로 피해야 한다.

그리고 기분이 좋다고 쓸데없는 농담을 자주 하거나 분위기에 휩쓸려 지나치게 술을 마시는 등의 행위는 삼가야 한다.

4) 예물(禮物)의 종류

약혼식 때 교환하는 예물은 그 값어치보다 예물에 깃들여 있는 진실한 애정이 중요하므로 형편에 맞는 것으로 하는 것이 좋다. 예물을 준비할 때 남자측에서는 반지, 여자측에서는 만년필이나 시계 따위를 마련한다.

흔히, 약혼 반지에는 탄생석(誕生石)이 많이 쓰이는데, 그 이유로는 반지를 낄 사람이 태어난 달을 기준으로 삼기 때문이다.

남자가 여자에게 반지를 주는 까닭은 그 반지를 손가락에 낌으로써 자기 스스로의 행동을 조심하게 되고, 또 다른 사람에게도 자신은 이미 다른 남자의 배우자(配偶者)가 되었음을 알린다는 뜻에서이다.

반지는 왼손의 약지(藥指)에 끼는데, 약지에는 심장에 직결하는 동맥(動脈)이 통하고 있다고 믿기 때문이다.

또한 탄생석을 몸에 지니고 있으면 마귀를 쫓고 행운을 가져다 준다는 전설이 있는데, 이는 유태교에서 비롯되었다는 설과 기독교 《신약성서(新約聖書)》의 내용에서 비롯되었다는 설이 있다.

약혼 반지 뒷면에는 서로의 이름 첫자와 약혼 날짜를 새겨 넣기도 하는데 현재 세계에서 통용되고 있는 탄생석으로는 1912년에 미국의 보석상 조합에서 선정한 다음과 같은 것들이 있다.

[탄생석의 종류와 의미]

- 1월 : **석류석**(石榴石) - 우애, 정조, 충실
- 2월 : **자수정**(紫水晶) - 성실, 애정, 평화
- 3월 : **녹주석**(綠柱石) - 정열, 총명, 용감
- 4월 : **금강석**(金剛石:다이아몬드) - 청정, 무구, 영원한 행복
- 5월 : **녹주옥**(綠柱玉:에메랄드) - 행복, 매력
- 6월 : **진주**(眞珠) · **월장석**(月長石) - 건강, 장수
- 7월 : **홍옥**(紅玉) · **마노**(瑪瑙) - 사랑, 위엄, 정열
- 8월 : **홍마노**(紅瑪瑙) · **감람석**(橄欖石) - 부부의 화합, 행복
- 9월 : **청옥**(靑玉:사파이어) - 성실, 현명, 덕망
- 10월 : **단백석**(蛋白石:오팔) - 행복, 안락
- 11월 : **황옥**(黃玉:토파즈) - 희망, 결백
- 12월 : **터키석** - 성공

5) 법률(法律)로 정한 약혼의 해소 사유

약혼 후 교제 기간 중에 상대방의 중대한 결점이 드러나서 결혼하고 싶은 마음이

없을 때에는 부모나 어른들과 의논하여 파혼(破婚)을 요구한다.

왜냐하면 어느 정도는 이해할 수 있으리라는 심정에서 결혼했다가 신혼 여행지에서나 또는 신혼 여행에서 돌아온 그 날로 이혼하는 사례를 우리 주변에서 흔히 볼 수 있기 때문이다.

파혼할 때에는 제삼자를 통하여 파혼할 뜻을 상대방에게 알려 원만히 해결이 되도록 잘 이해시켜야 한다. 파혼으로 인한 정신적·물질적인 고통은 당연히 배상(賠償)해야 한다.

그리고 약혼식 때 교환한 예물 등은 입회인을 통하여 반환하고, 친척이나 친구들에게 파혼했다는 사실을 알린다. 다만, 민법(民法)에 규정된 다음과 같은 사유가 있을 때에는 손해 배상을 청구할 수가 없다.

❶ 약혼 후 자격 정지 이상의 형을 선고받았을 때

❷ 약혼 후 금치산자(禁治産者)나 한정 치산자(限定治産者)로 선고를 받았을 때

❸ 성병이나 나병 등 불치병에 걸렸을 때

❹ 약혼 후 타인과 다시 약혼했거나 혼인 또는 간음한 때

❺ 약혼 후 1년 이상 생사가 불분명한 때

❻ 정당한 이유가 없이 혼인을 거절하거나 그 시기를 지연시킬 때

❼ 그 밖의 중대한 사유가 있을 때

약혼서 서식

약 혼 서

구 분		
본 적		
주 소		
성 명		
주민등록번호		
생 년 월 일		
호주의주소·성명		

위 두 사람은 다음과 같이 혼인할 것을 약속함.

1. 결혼 예정일

2. 기타 조건

년 월 일

약혼자

(남) ○ ○ ○ ㊞

(여) ○ ○ ○ ㊞

입회인

(남자측) : 주소

성명 ○ ○ ○ ㊞

(여자측) : 주소

성명 ○ ○ ○ ㊞

※ 첨부 : 호적등본 1부
건강진단서 1부

※ 민법 제808조의 규정에 의한 동의를 요하는 경우에는 입회인은 그 동의권자로 한다.

6) 약혼 통지

약혼을 한 후에 신랑이 될 사람이 1년 정도 해외 출장을 가게 되면 돌아오기를 기다렸다가 결혼식을 올리는 예가 적지 않다.

이런 때에는 약혼 통지를 해두면 마음이 놓이게 될 것이다. 결혼식을 6개월 이내에 올릴 경우에는 특별히 통지를 할 필요는 없다.

약혼 통지서는 결혼할 당사자

두 사람의 이름으로 하며, 될 수 있는 대로 자필로 작성하여 양가의 친족이나 직장의 상사, 친지 및 친구 등에게 보낸다.

(10) 결혼

결혼식날은 신랑·신부 당사자나 두 집안의 사람들이나 친척들에게 있어서는 기쁘고 즐거운 날이므로 서로가 자세한 데까지 의논해야 하며, 그에 따른 세심한 준비가 필요하다.

결혼식은 일반 예식장에서 하는 경우와 당사자들이 믿는 종교(宗敎)에 따라 행하는 여러 가지가 있으므로, 어느 방법으로 하는가는 당사자나 양가의 충분한 의논이 있어야 할 것이다.

약혼서 서식은 다음과 같다.

1) 결혼식 날짜

결혼식의 날짜는 보통 신부의 집에서 정하여 신랑의 집에 알리기도 하나 당사자끼리 의논하여 정하기도 한다. 예전에는 봄과 가을에 결혼식을 많이 했으나 요즘에는 계절에 구애를 받지 않고 편리한 때에 예식을 행하는 것이 보통이다.

그러나 흔히 토요일과 일요일을 선호(選好)하는 사람들이 많아서 예식장을 구하지 못하거나 크게 붐벼서 시간에 쫓기는 불미스러운 일이 생기는 경우도 있다.

따라서 평일의 날짜를 택하여 여유 있게 예식을 올린다면 신혼 여행을 떠날 때에 교통편이나 호텔 등을 이용하는 데 많은 도움이 될 것이다.

2) 예식장(禮式場)의 선정

옛날에는 신부의 집에서 예식을 올리는 것이 관례였으나, 요즘에는 결혼식만 취급하는 전용 예식장이나 당사자들이 신봉하는 종교에 따라서 교회(敎會)·성당(聖堂)·사찰(寺刹) 등에서 예식을 올리는 경우도 있고, 또한 공회당이나 회관, 학교 강당 등에서도 예식이 행해지고 있다.

양가의 종교가 동일하지 않을 경우에 종종 예식장을 두고 마찰을 일으키기도 하는데, 이럴 때에는 양가가 서로 의논하여 적당한 장소에서 행하는 것이 바람직하다.

예식장의 예약은 수개월 전에 해야 하나 예식장 사용에 드는 비용이 비싸기 때문에 공공기관의 회관(會館)이나 종교적인 문제로 큰 갈등이 없을 경우에는 교회·성당·사찰 등을 예식 장소로 이용해도 좋으리라고 본다.

예식장을 선택할 때에는 우선 첫째로 교통이 편리해야 할 것이다. 또한 장소의 크기도 고려해야 하며 예식에 드는 비용은 양가가 똑같이 나누어 부담하는 것이 통례이나 사정에 따라서는 부담액이 변할 수도 있다.

3) 주례인 결정

결혼일이 결정되면 주례(主禮)를 맡아 줄 사람을 택하여 교섭해야 한다. 요즈음에는 사회에서 이름난 사람을 주례로 모셔야만 되는 줄로 알고 있는데, 이는 그릇된 생각이다.

그래서 가정 의례 준칙에서도 '제7조, 주례는 혼인 당사자가 잘 알고 전경(尊敬)하는 가까운 어른으로 한다.' 고 규정하고 있다.

주례는 결혼식을 도맡아서 진행하는 사람이므로 결혼의 성립에 대해서도 도의적으로 어느 정도는 책임을 져야 할 것이다. 또한, 결혼한 후에도 그들의 생활을 염려해 주고 직접적으로나 간접적으로 지도하고 이끌어 줄 수 있는 위치에 있어야 한다.

주례인을 결정했으면 결혼식 2주일 전쯤에 찾아가서 주례를 부탁하여 승낙(承諾)을 받은 다음 결혼식을 올리기 1주일 전쯤에 당사자들이 함께 찾아가 주례인에게 인사를 드리는 것이 예의이다.

이 때에는 간단하지만 정성이 깃든 선물을 가지고 가는 것을 잊어서는 안 된다.

4) 청첩장(請牒狀)

가정 의례 준칙에 따르면 청첩장을 보내지 못하게 되어 있다. 이는 청첩장을 인사 한 번 정도 나눈 사람들에게도 발송하여 하나의 고지서(告知書) 같은 인상을 주는 폐단을 없애기 위함에서이다.

그러나 꼭 알려야 할 사람에게까지 알리지 않는다면 예의에 어그러진 일이고, 더 나아가서는 섭섭한 감정(感情)까지 갖게 할 수 있다. 따라서 될 수 있는 한 직접 찾아가서 결혼 사실을 알리고 초청하는 것이 좋고, 여의치 않으면 전화나 서신 등을 이용하는 것도 괜찮다.

축하객이 많아서 성스럽고 성대한 결혼식이 이루어지는 것은 아니므로, 꼭 참석해야 할 사람과 두 사람의 결혼을 진심으로 축복해 주리라고 믿어지는 사람에게만 알리는 것이 좋다. 청첩장은 늦어도 1주일 전에 도착하도록 보내야 한다.

청첩장을 보낼 때는 당사자가 아는 사람은 당사자의 이름으로, 부친(父親)이 아는 사람은 부친 이름으로 하되 부자의 이름을 함께 쓰는 것도 상관이 없다. 또 부부를 초대할 때는 연명(連名)으로 써서 보내는 것이 예의이다.

결혼식에 주빈(主賓)으로서 축사를 부탁할 사람에게는 청첩장을 직접 가지고 가도록 한다.

하지만, 개별적으로 인쇄한 청첩장은 가정 의례 준칙으로 금하게 되어 있으며, 이를 어겼을 때에는 당사자는 물론 당사자의 친권자(親權者) 또는 후견인에게 벌금이나 과료에 처하도록 되어 있다.

[청첩장의 양식(보기1)]

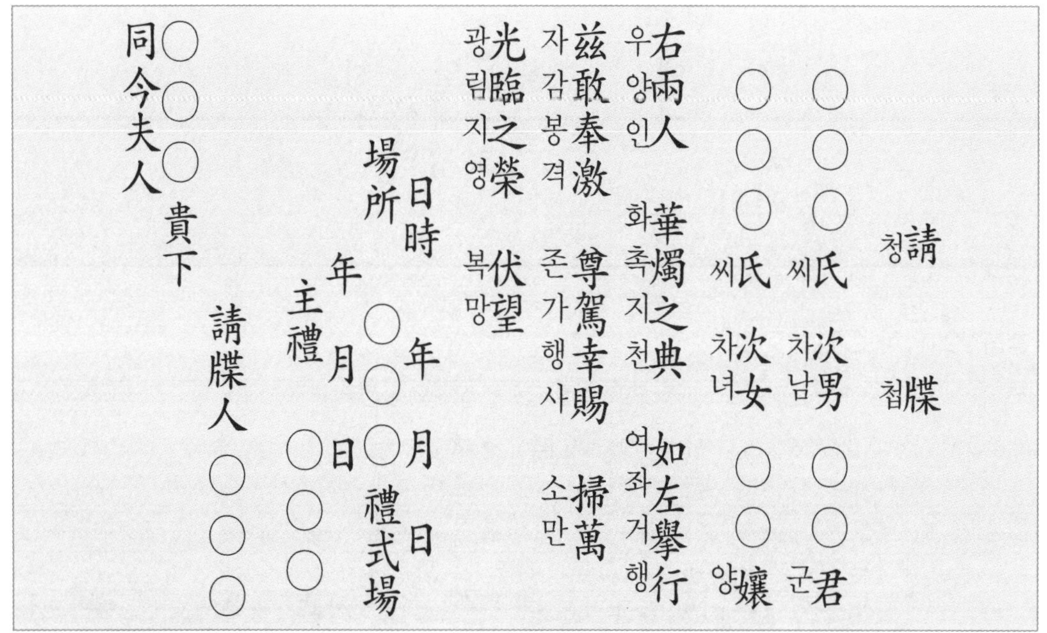

請牒(청첩)

○○○ 氏(씨) 次男(차남) ○○ 君(군)

○○○ 氏(씨) 次女(차녀) ○○ 孃(양)

右兩人(우양인) 華燭之典(화촉지전) 如左擧行(여좌거행)

玆敢奉激(자감봉격) 尊駕幸賜(존가행사) 掃萬(소만)

光臨之榮(광림지영) 伏望(복망)

日時 ○年 ○月 ○日

場所 禮式場

年 月 日

主禮 ○○○

請牒人 ○○○

○同 ○今 ○夫人 貴下

[청첩장의 양식(보기2)]

삼가 아룁니다.

저희 두 사람은 오는 ○월 ○일 오전 ○시 ○○예식장에서 ○○○ 선생님의 주례로 혼인식을 올리게 되었습니다. 죄송하오나 바쁘시더라도 부디 참석하셔서 저희들 앞길을 밝혀 주시면 영광이겠나이다.

년 월 일

○○○

○○○ 올림

[청첩장의 양식(보기3)]

삼가 아룁니다.

○○○씨 차남 ○○군

○○○씨 차녀 ○○양

이 두 사람은 백년해로할 뜻으로 여러 어른들과 벗을 모신 앞에서 아래와 같이 예를 올리려 하오니 부디 참석하시어 젊은 두 사람의 앞날을 축복하여 주시옵기 바라옵니다.

때 월 일 시

곳 ○○○예식장

청첩인 ○○○

○○○ 귀하

[청첩장의 양식(보기4)]

請牒狀(청첩장)

○○○氏(씨) 次男(차남) ○○○君(군)

○○○氏(씨) 三女(삼녀) ○○○孃(양)

이 두 사람의 婚禮(혼례)를 ○○○博士(박사)의

主禮(주례)로 ○月(월) ○日(일)(○曜日(요일)) 下午(하오)

○時(시) ○○ 禮式場(예식장)에서 擧行(거행)하게

되었사오니 光臨(광림)의 榮(영)을 베풀어

주시옵기 敬望(경망)하나이다

年 月 日

友人代表○○○

同今夫人 座下

5) 혼수(婚需)의 준비

혼수를 준비하려면 끝이 없고 한꺼번에 준비하려면 부담이 크기 때문에 혼기(婚期)가 가까워지면 여유가 생기는 대로 한두 가지씩 서서히 준비하는 것이 좋다.

또한 살림 도구나 세간은 약혼한 후에 신랑될 사람과 상의하여 분수에 맞고 두 사람의 마음에 드는 것을 준비하도록 한다.

그리고 미리 목록표를 만들어 두었다가 두 사람이 상의하여 꼭 필요한 것만 구입하는 것도 합리적인 방법일 것이다.

(11) 그 밖의 사항

1) 사회자(司會者)

사회자는 결혼식을 재치 있고 화기애애한 분위기로 진행시킬 수 있는 사람으로 정하되 신랑의 친구들 중에서 선택하면 된다.

사회자는 결혼식이 시작되기 전에 미리 주례를 만나 인사를 하고 결혼식의 진행에 대해 의논하여 차질이 생기지 않도록 해야 하며, 신랑과 신부를 비롯한 여러 하객(賀客)들에게 부드럽고 성실한 태도를 보여야 한다.

사회를 보는 동안 식을 재미있게 진행한답시고 너무 수다를 떨거나 우스갯소리를 자주하면 경솔하게 보일 염려가 있으므로 이 점에 대해서 주의할 필요가 있다.

2) 하객 접대

결혼식이 거행되는 날의 하객 접대와 안내는 당사자의 친척이나 친구 중에서 정중하고 예의가 바른 사람을 정하여 부탁하며, 이들이 하는 일은 축의금(祝儀金)의 접수와 하객들 식사 대접 때의 안내 등이다.

3) 하객에 대한 답례

신랑과 신부의 결혼을 축하해 주기 위해 찾아온 하객과 친지들을 그대로 보낸다는 것은 몰인정한 처사로 간주될 수 있다. 그러므로 예식장에서 가까운 음식점을 예약(豫約)해 놓았다가 그 곳에서 식사 대접을 하는 것이 최소한의 예의로 생각된다.

한편, 하객들에게 식사를 대접하는 대신에 부담이 없는 물품을 미리 준비해 두었다가 하객들에게 답례(答禮)하는 것도 좋은 방법이다.

바쁜 사회 생활이나 그 밖의 사정 때문에 예식이 끝나면 식장에서 하객들이 썰물처럼 빠져나가므로, 양가의 부모들은 신랑 신부가 퇴장할 때에 입구에 미리 나와서 기다렸다가 돌아가는 하객들에게 정중히 고맙다는 인사를 한다.

4) 결혼식에 드는 예산 작성

결혼할 당사자들은 사전에 부모와 상의하여 예산을 작성한 후에 당일에 이를 맡아서 각각 처리할 수 있는 집행인(執行人)을 선정해 두어야 한다.

예산을 작성할 때에는 혼수 품목, 예물, 예복(禮服), 식장 사용료, 사진 촬영, 접수 및 안내, 자동차 지정, 답례품, 하객 접대를 위한 음식점 준비, 신혼 여행시의 비용 등을 자세히 작성하여 양가가 분담할 것은 분명하게 합의(合議)해 두어야 한다.

5) 결혼식날의 신랑·신부 예복

결혼식 때의 신랑 예복은 깨끗하고 단정한 양복이나 한복이면 무난하다. 새로 예복을 맞추는 경우에 양복일 때에는 감색이나 검은색의 양복에 흰 와이셔츠가 잘 어울리며 점잖은 빛깔의 넥타이를 매면 신랑의 복장으로서는 손색이 없다. 아울러 하얀 손수건을 양복 윗주모니에 약간 밖으로 나오게 꼽고 흰 장갑을 끼며 양말은 양복의 빛깔과 비슷한 것으로 신어야 눈에 띄지 않는다.

한복을 입을 때에는 조끼와 마고자, 두루마기를 갖추어야 한다.

신부는 화사한 한복이나 웨딩 드레스를 입는데, 웨딩 드레스는 보통 하얀 빛깔로 해야 순결하고 청초하게 보이며 경건한 느낌을 주게 된다.

이 때, 지나치게 복잡하거나 피부 노출이 심한 것은 삼가고 우아한 느낌이 들고 품위가 있어 보이는 차림으로 하면 된다.

여유가 있어서 웨딩 드레스를 맞추게 되면 흰 옷감의 약간 화사한 드레스도 좋을 것이나, 요즘에는 예식장마다 각종 웨딩 드레스를 준비하고 있으므로 몸에 맞고 마음에 드는 것을 빌려 입어도 무난할 것이다.

그리고 예쁜 장식을 하여 신부의 분위기를 나타내고 부케를 들고 있으면 더없이 아름다운 웨딩 드레스가 될 수 있고, 맞춤인 웨딩 드레스는 나중에 특별한 날의 예복이나 파티의 복장으로도 이용할 수가 있어 좋다.

한복은 전통미(傳統美)와 현대적인 감각이 어울리는 것으로 선택하며 신랑이 한복 차림일 때는 신부도 한복 차림을 하는 것이 좋다. 한복을 마련할 때에는 나중에도 입을 수 있는 빛깔을 선택하는 것이 경제적으로 도움이 될 것이다.

6) 예물(禮物)

예물(禮物)은 약혼식과 결혼식 때에 서로 교환하는 예물과 신부가 결혼 후 시가의 어른들 및 가족과 친척들에게 첫인사로 드리는 예물을 말한다.

예물을 준비할 때에는 신부측의 경제력이 넉넉하다고 하여 너무 호화스럽게 해서는 안된다. 시가 어른에 한해서 간소(簡素)하게 옷감 등을 마련해도 괜찮다.

7) 결혼식의 촬영

결혼식의 모습을 아름다운 추억으로 간직하기 위해서는 촬영이 필요하다. 예전에는 보통 카메라로 촬영하는 것이 보편적이었으나, 요즘에는 비디오 카메라가 많이 보급(普及) 되어서 이것으로 촬영해 놓으면 두고두고 그 때의 장면들을 실감나게 볼 수가 있다.

예식장에는 촬영 기사를 두고 있기 때문에 이들에게 맡겨도 되나 그럴 경우 경비가 많이 들게 되므로, 미리 친구나 친지(親知)에게 촬영을 부탁해 놓으면 많은 도움이 될 것이다.

8) 식장의 준비

일반 예식장에서 결혼식을 올리는 경우에는 종업원들이 모든 준비를 한다.

그러나 일반 예식장이 아니 다른 장소를 식장으로 정했을 때에는 당사자들이 직접 준비를 해 두어야 한다.

그래야만 당일에 예식을 치르는 데 차질이 없이 원만하게 진행될 것이다. 또한, 결혼식을 올리기 1시간 전쯤에 다시 한 번 점검해 보는 것도 필요하다.

9) 신랑·신부의 준비

결혼식날의 아침 식사는 반드시 하도록 하고 예식장으로 떠날 때는 부모의 은덕(恩德)에 감사하는 뜻으로 정중히 인사를 한다.

신부는 미장원에서 머리를 손질하고 화장을 해야 되므로 충분한 시간을 두고 집에서 떠나야 하는데, 요즘처럼 교통이 혼잡할 때에는 예식장 근처의 미용실을 이용하는 것이 바람직하다.

신랑은 예식이 시작되기 30분 전쯤에 예식장에 나와서 하객들에게 부모와 함께 공손히 인사를 하는 것이 예의이다.

10) 결혼식의 진행 과정

결혼식의 진행 과정은 가정 의례 준칙에 의거하여 어느 예식장이나 통일되어 있다. 그 진행 과정을 보면 다음과 같다.

❶개식 선언(開式宣言)

예식장에서의 결혼식은 사회자가 식을 맡아서 진행한다. 사회자는 신랑 친구 중에서 말재주가 뛰어나고 사회 경험이 풍부한 사람을 택한다.

사회자는 식이 시작되기 전에 먼저 주례와 인사를 나누고 식의 진행을 의논하여 차질이 없게 한 다음에 '지금부터 여러 내빈들을 모시고 신랑 ○ ○ ○군과 신부 ○ ○ ○양의 결혼식을 거행하겠습니다.' 하고 개식을 선언한다.

❷ 신랑 입장

주례가 단 앞에 와서 서면 사회자가 '신랑 입장' 하는데, 이 때 신랑은 허리를 반듯이 편 채 늠름한 자세로 정면을 똑바로 보면서 느리지도 빠르지도 않은 걸음으로 씩씩하게 걸어 나와 주례 앞에 선다. 그리고 주례에게 고개를 조금 숙여 인사하고 뒤로 돌아서서 신부를 기다린다.

❸ 신부 입장

이어서 사회자가 '신부 입장' 하면 신부는 왼쪽에서 아버지의 손을 잡고 결혼 행진곡(結婚行進曲)에 발을 맞추어 천천히 주례 앞으로 걸어간다.

이 때 만약 아버지가 없으면 오빠가 가까운 친척 어른의 손을 잡고 나간다. 신부가 단 앞에 도착하면 신랑은 단 밑으로 내려와 신부 아버지에게 고개를 조금 숙여 인사한 다음에 신부를 부축하여 단 위로 올라가 주례를 향하여 나란히 선다.

이 때의 위치는 신랑이 왼쪽, 신부가 오른쪽이 된다.

❹신랑 신부 맞절

사회자가 '신랑 신부 맞절' 하면 주례는 신랑 신부에게 마주보고 서도록 지시한다. 두 사람이 마주 서면 신랑은 신부의 얼굴을 가리고 있는 면사포(面紗布)를 걷어서 머리 위로 올려 준다.

그런 다음 신랑이 한 걸음 뒤로 물러서면 주례가 맞절을 시킨다. 이 때 한 걸음 뒤로 물러서면 주례가 맞절을 시킨다. 이 때 한 걸음 뒤로 물러서게 하는 것은 맞절을 할 때 머리가 부딪칠 염려가 있기 때문이다. 절은 45도 각도로 한다.

❺ 신랑 신부 서약

'신랑 신부 서약' 하는 사회자의 말에 따라 주례는 혼인 서약서(婚姻誓約書)를 읽는데, 이 때 신랑과 신부는 '예' 하고 똑똑하게 대답한다. 그런 다음에 혼인 신고서에 서명 날인하는데, 지금은 구청이나 읍・면사무소에 가서 신고하기 때문에 식순에서는 생략하고 있다.

[혼인 서약]

신랑 ○○○군과 신부 ○○○양은 어떠한 경우라도 항시 사랑하고 존중하며 진실한 남편과 아내로서의 도리를 다할 것을 맹세합니까?

❻ 신랑 신부 예물 교환

신랑 신부가 교환할 예물은 식이 시작되기 전에 주례에게 맡겨 놓았다가 사회자가 '신랑 신부 예물 교환' 하면 신부는 부케를 단 위에 올려놓고 흰 장갑을 벗은 후에 손을 내밀어 신랑이 반지를 손가락에 끼워 주기를 기다린다.

이 절차가 끝난 다음에는 신랑도 손을 내밀어 신부가 시계나 반지를 끼워 주기를 기다린다.

❼ 성혼 선언문 낭독

주례는 식순에 따라 미리 준비한 성혼 선언문을 낭독하는데, 성혼 선언문의 내용은 다음과 같다.

[성혼 선언문]

이제 신랑 ○○○군과 신부 ○○○양은 부모님과 친척, 친지를 모신 자리에서 일생 동안 고락을 함께할 부부가 되기를 굳게 맹세하였습니다.

이에 주례는 이 혼인이 원만하게 이루어진 것을 여러분 앞에 엄숙하게 선언합니다.

년 월 일

주례 ○○○

❽주례사

주례의 성언 선언문 낭독이 끝나면 사회자의 설명이 없이 주례가 바로 주례사를 하게 되는데, 내용은 간단하면서 교훈이 되고 격려가 되는 말을 두 사람에게 한다.

주례사의 시간은 5분 내외로 하는 것이 좋고, 10분이나 그 이상 시간이 길어지거나 자기 선전, 정치 연설 같은 내용을 말해서는 안 된다.

주례사를 하는 동안 신랑과 신부는 고개를 약간 숙이고 경청(傾聽)하는 태도를 취해야 하며, 주례사가 끝나면 간단히 감사의 뜻을 나타내는 목례(目禮)를 한다.

예전에는 주례사가 끝나면 내빈의 축사가 있었으나 요즈음에는 생략하고 있으며,

이 때에 축하 전보가 있으면 사회자가 읽어 주고 간혹 축가(祝歌)를 부르는 경우에는 곡목 선택을 신중히 하는 것이 좋다.

❾양가 대표 인사

사회자가 양가 대표에 대해 간단한 소개와 함께 알리는 것이 좋다.

예를 들면 '다음에는 신랑의 맏형이신 ○ ○ ○선생께서 양가를 대표하여 내빈 여러분에게 인사를 드리겠습니다.' 라든가 또는 '다음에는 양가 대표의 인사가 있겠습니다. 신랑의 숙부이신 ○ ○ ○선생께서 오늘의 이 자리를 축하해 주신 여러 내빈들께 양가를 대표하여 인사를 드리겠습니다.' 라고 말한다.

양가의 대표는 보통 신랑측에서 가족이나 가까운 친척이 나와 사회자의 자리에 서서 하객들에게 인사의 말을 한다. 그러나 경우에 따라서는 신부측의 가족이나 가까운 친척이 나와도 무방하다.

양가를 대표해서 인사의 말을 할 사람은 쌍방간에 서로 의논을 하여 미리 정해 두는 것이 좋다.

❿ 신랑 신부 인사

양가 대표의 인사가 끝나면 사회자가 '다음은 신랑 신부의 인사가 있겠습니다. 두 사람은 이제 부부가 되어 사회에 첫발을 내딛는 인사이므로 이 자리에 참석하신 여러 내빈들께서는 박수로 두 사람의 앞날을 축복해 주시면 감사하겠습니다.' 라고 말한다.

그러면 신랑 신부 두 사람은 주례의 지시에 따라 45도 각도로 하객들에게 공손히 인사를 한다.

⓫ 신랑 신부 퇴장

결혼식은 대개 신랑 신부의 퇴장과 함께 끝난다. 그러나 이 때 잘못하면 신랑 신부의 퇴장과 동시에 하객들의 퇴장이 있게 되므로 혼란을 일으키기 쉽다.

따라서 사회자는 이 점에 대해 유의(留意)하여 '다음에는 신랑 신부의 퇴장이 있겠습니다. 내빈들께서는 이 두 사람의 다정한 퇴장 모습을 끝까지 지켜 보시고 그들의 앞날을 축복해 주시기 바랍니다.' 또는 '이제 신랑 신부의 퇴장으로 ○ ○ ○군과 ○ ○ ○양의 결혼식은 끝났습니다. 내빈 여러분! 두 사람의 인생은 지금부터 새롭게 출발하는 것이므로 이들의 퇴장을 끝까지 지켜 보시면서 새로운 출발을 힘찬 박수로 축하해 주십시오.' 라고 하면 혼란을 막을 수 있을 것이다.

사회자의 말이 끝나고 결혼 행진곡이 식장 안에 울려 퍼지면 신랑과 신부는 팔짱을 끼고 음악에 맞추어 천천히 퇴장한다.

퇴장할 때에 신랑 신부가 식장 중앙 통로의 중간까지 가다가 되돌아서는 경우가 종종 있는데, 이것은 보기에 좋지 않으므로 출구까지 가서 하객들에게 일일이 인사를 하는 것이 바람직하다.

⑫ 폐식 선언

신랑 신부가 출구에까지 다다르면 사회자는 '이상으로 신랑 ○ ○ ○군과 신부 ○ ○ ○양의 결혼식을 끝마치겠습니다. 내빈 여러분! 끝까지 지켜 보아 주셔서 대단히 감사합니다.' 하고 폐식 선언을 한다.

이렇게 예식이 끝나면 신랑과 신부는 식장 안으로 다시 들어가 양가의 가족을 비롯한 친척, 두 사람의 친구들과 기념 사진을 찍는다.

11) 폐백(幣帛)

예전에는 폐백 절차가 매우 번거로웠으나 오늘날에는 많이 간소화되고, 폐백을 올리는 장소도 모든 예식장에 거의 마련되어 있다.

예식장에서의 결혼식이 끝나면 신랑과 신부는 대례복(大禮服:국가나 개인의 중요한 의식 때에 입는 예복)으로 갈아 입고 미리 마련한 폐백실로 가서 신랑의 부모에게 큰절을 올린다. 폐백절을 올릴 때에는 신부의 동서(同壻)나 숙모될 사람이 수모(手母)가 되어 거들어 준다.

큰절을 올린 신랑과 신부가 자리에 앉으면 시아버지가 대추를 신부의 치마폭에 던져 주는데, 이는 대추의 수만큼 아들을 낳으라는 풍속에서 비롯되었다.

신부는 시부모에게 큰절을 올린 다음 조부모, 백부모 등 시가의 어른들에게 항렬(行列)에 따라 순서대로 절을 하며, 신랑과 같은 항렬일 때에는 서로가 맞절을 하게 되는데, 신부의 고충을 살펴 여러 명이 한꺼번에 절을 받도록 하는 것이 바람직하다.

[결혼 식순(結婚式順)]

⊙ 개식 선언
⊙ 신랑 입장
⊙ 신부 입장
⊙. 신랑 신부 맞절
⊙ 신랑 신부 서약
⊙ 신랑 신부 예물 교환
⊙ 성혼 선언문 낭독
⊙ 주례사
⊙ 양가 대표 인사
⊙. 신랑 신부 인사
⊙ 신랑 신부 퇴장
⊙ 폐식 선언

12) 결혼 축하(結婚祝賀)

❶ 축하의 꽃다발

결혼식장에서는 신랑과 신부, 양가의 부모, 주례인만 가슴에 꽃을 달도록 되어 있으며, 화환이나 화분 등의 장식물은 사용하지 못하게 금지하고 있다.

다만, 예식장의 양옆에 화환이나 화분, 꽃바구니를 한두 개 정도 놓아 두는 것은 괜찮다.

꽃은 계절에 맞추어 아름답고 향기로운 것으로 선택하되, 노랑 빛깔의 꽃은 불길(不吉)한 색이라 하여 사용을 피하고 있다.

❷ 피로연(披露宴)

예전에는 결혼식을 마치면 반드시 피로연이 뒤따랐기 때문에 이로 인한 폐해가 적지 않았다. 그러나 요즈음에는 대부분 피로연을 생략하기 때문에 예전과 같은 폐단은 사라졌다.

하지만 피로연을 하지 않으면 안 될 사정이 있을 때에는 어쩔 수가 없다. 예컨대 결혼식이 끝난 후 양가의 가족과 친척 또는 친지만 모여서 피로연을 하는 경우가 있고, 신랑과 신부가 신혼 여행을 갔다 온 후 새살림을 차리고 가까운 사람들을 초청하여 피로연을 하는 경우가 그것이다.

피로연을 하는 경우에는 분위기에 맞도록 경건(敬虔)함과 화기애애(和氣靄靄)함이 깃들여 있어야 한다. 이 때에도 피로연을 이끌어 갈 사회자와 내빈의 축사가 있는데, 축사는 되도록이면 5분 이내로 짧게 하는 것이 좋다.

피로연장은 대개 시간이 제한되어 있고 또한 신랑 신부가 신혼 여행을 떠날 시간이 정해져 있기 때문에 두 사람을 생각해서 간단하게 끝내야 한다.

피로연에서의 사회자는 연회의 분위기를 화기애애하게 이끌어 가는 역할을 맡은 사람이기 때문에 지나친 행동이나 장광설(長廣舌)을 늘어놓아서는 안 된다.

그리고 가족이나 친지들은 신랑 신부의 신혼 여행을 떠나는 시간을 알아 두었다가 만약에 시간이 임박했다면 그 자리에 참석한 사람들에게 양해를 구한 후에 신랑 신부를 떠나 보내는 데에 세심한 주의를 기울여야 할 것이다.

이럴 때에는 사회자의 위트와 유머도 깃들이면 분위기가 한결 부드러워지리라 믿는다.

피로연에서의 내빈 축사는 생략하는 경우가 많지만, 축사를 할 때에는 신랑이나 신부의 모든 면을 꼼꼼하게 살핀 후에 내빈들에게 간단하게 소개하는 것이 바람직하다.

이 때에는 우스갯소리나 농담 등을 섞어 이야기하는 것이 좌중의 흥을 한껏 돋울 수 있으며, 신랑 신부의 장점을 이야기하되 단점은 피하는 것이 예의이다.

❸ 축하 진보(祝賀電報)

어떤 사정으로 인하여 결혼식에 참석할 수 없을 때에는 축하 전보를 쳐서 뜻을 전하는 경우가 있다.

축하 전보를 보낼 때에는 식장에 도착하는 시간을 고려하여 미리 보내야 하며, 축하의 문구(文句)는 전화 번호부에 기재되어 있는 예문을 이용하면 산뜻한 디자인에 요금도 싸게 해서 배달하므로 여러 면으로 편리하다.

❹ 부조(扶助)와 단자(單子)

부조는 잔칫집이나 상가(喪家)에 돈이나 물건을 보내는 것을 일컫는다.

결혼식에 부조를 할 때에는 흰 종이에 부조금을 싸고 단자를 써서 봉투에 함께 넣어 보내는 것이 관습이다.

물건을 보낼 때에는 따로 포장해서 봉투에 넣은 단자와 함께 보낸다.

단자는 부조하는 물건의 품목과 수량을 적은 쪽지를 가리키는데, 용지느 주로 흰색을 사용하나 더러는 아담한 빛깔의 용지를 사용하기도 한다.

옛날의 경사(慶事)에 쓰는 단자는, 우선 관직이 있을 때에는 관직명을 쓰고 없을 때에는 생원(生員), 주사(主事) 또는 석사(碩士)라고 썼으나 요즘에는 씨(氏)나 선생 등으로 쓴다.

상대방이 아들을 결혼시킬 경우에는 영랑(令郎) 또는 영식(令息)이라 쓰고 딸일 경우에는 영애(令愛) 또는 영양(令孃), 그 밖의 경우에는 영손(令孫), 영손녀(令孫女), 영매(令妹) 등으로 쓴다.

[단자 봉투와 단자 예문]

축祝

화華

혼婚

〈앞면〉

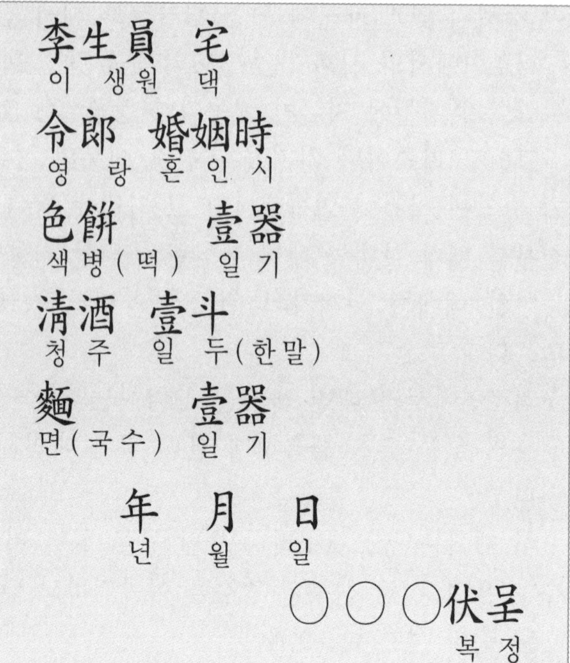

李生員 宅
이 생원 댁

令郎 婚姻時
영랑 혼인시

色餠 壹器
색병(떡) 일기

淸酒 壹斗
청주 일 두(한말)

麵 壹器
면(국수) 일기

年 月 日
년 월 일

○○○伏呈
복정

○○ 한 쌍

두 분의 백년가약을 축하하며 변변치 못하나 이로써 축하의 뜻을 표합니다.

년 월 일

○○○ 올림

○○○군
○○○양 두 분께

祝 華燭成典
축 화촉성전

一金 參萬원整
일금 삼만 정

年 月 日
년 월 일

○○○ 謹呈
근정

貴下
귀하

축하 문구(祝賀文句)

●축 결혼(祝結婚) ●축 화혼(祝華婚) ●축 성혼(祝聖婚)
●축 성전(祝盛典) ●축의(祝儀) ●화촉성전(華燭盛典)
●화촉지전(華燭之典)

13) 신혼 여행(新婚旅行)

인생을 새롭게 시작하는 신혼 부부에게 있어서 신혼 여행은 매우 뜻있고 가장 추억에 남을 여행이다. 요즈음은 결혼식이 끝나면 바로 신혼 여행을 떠나게 되므로, 교통 혼잡 등을 고려하여 출발 시간을 넉넉하게 잡는 것이 좋다.

출발할 때에는 멀리서 참석한 친척이나 가까운 하객들에게 인사를 드리고 가는 것이 예의이다.

❶ 신부의 옷차림

신혼 여행을 떠날 때의 신부의 옷차림은 한복이든 양장(洋裝)이든 상관이 없으나 될 수 있는 대로 활동에 편리한 양장으로 수수하게 차리는 것이 좋을 것이다.

신혼 여행을 떠날 때는 한복도 한 벌 가지고 가는데, 신혼 여행지에서 기념 촬영을 할 경우에 한복을 입을 때도 있을 것이기 때문이다.

❷ 장소 선택(場所選擇)

신혼 여행을 가지 않을 경우에는 신부의 집에서 첫날방을 보내는 것이 관례(慣例)이나, 신혼 여행을 떠날 경우에는 여행 비용을 정하여 두고두고 추억으로 남을 만한 장소를 선택한다.

여행지는 계절에 따라 알맞은 곳을 택하는데, 제주도나 그 밖의 곳으로 떠날 때에는 뜻하지 않은 기후 변동으로 선박이나 항공편이 갑자기 끊어지는 때가 있으므로 비용을 넉넉하게 준비해야 할 것이다.

신혼 여행의 기간은 여행지에 따라 틀리겠지만 대개는 3일 정도로 하며 기차표나 비행기표 등을 미리 사 두고 호텔을 이용할 때에는 1주일 전쯤에 예약(豫約)을 해 두어야 한다.

❸ 휴대품(携帶品)

결혼식 전에 신혼 여행지를 당사자들끼리 결정하고 휴대품을 넣은 짐도 미리 꾸려 놓아야 하고 되도록이면 휴대하기가 편리하게 싼다.

휴대품으로는 두 사람 모두 주민등록증은 필수적이고 신랑은 점퍼・잠옷・와이셔츠・넥타이・양말・내의(內衣)・세면 도구・카메라와 필름, 현금(現金) 등이고, 신부는 한복1벌・잠옷・세면 도구・내의・화장품・블라우스・스타킹・편지지와 봉투, 바늘과 실, 버선과 고무신 등을 준비하면 된다.

❹ 옷차림

신혼 여행을 떠날 때에는 활동하기에 편리하고 간단한 옷차림을 하는 것이 좋다. 지나치게 화려하거나 우아한 옷차림은 활동하는 데에 불편함을 주거나 주위 사람들의 시선(視線)을 끌게 되므로 거북하고 불편하다. 신발도 활동을 고려하여 편한 것도 따로 준비하도록 한다.

❺ 외출(外出)할 때

외출을 할 때에는 반드시 열쇠를 소지(所持)한 뒤에 객실 문을 잠가야 한다.

만일 열쇠를 객실 안에 두고 문을 잠갔을 경우에는 프런트에 연락해서 비상용 열쇠로 문을 열어야 한다. 열쇠는 호텔 밖으로 나갈 때 프런트에 맡겨 두었다가 관광이나 볼일을 끝내고 돌아올 때에 받아 가도록 되어 있으며, 프런트에서는 열쇠의 유무(有無)로 손님의 행방을 알 수 있다.

❻ 세탁(洗濯)

객실 안의 욕실에서는 아무리 작은 물건이라도 세탁이 금지되어 있다. 그러므로 양복장 안에 들어 있는 비닐 세탁 주머니에 세탁물을 넣은 다음 주머니 표면에 붙어 있는 전표(傳票)에 객실 번호와 세탁물 내용을 적어 당번에게 건네주면 세탁을 해준다.

❼ 모닝콜(morning call)

이튿날 아침에 일출 광경을 보고 싶거나 약속이 있어 정해진 시간에 일어나야 할 경우에는 호텔의 전화 교환대에 객실 번호와 시간을 전날 저녁에 미리 알려 둔다. 그러면 전화 교환대에서는 이튿날 아침 투숙객(投宿客)이 원하는 시간에 전화벨을 울려서 깨워 준다.

❽ 팁(Tip)

일종의 봉사료를 말하며 우리 나라는 외국처럼 반드시 팁을 주어야 하는 것은 아니나, 신혼 부부에게는 호텔 종사원들이 일반 투숙객보다는 아무래도 신경을 더 써주게 되므로 그에 대한 사례(謝禮)로 약간의 팁을 주어도 괜찮다. 하지만, 일반 호텔이나 여관이 아닌 관광 호텔인 경우에는 팁을 일절 받지 않게 되어 있으므로 이 점을 알아 두는 것도 신혼 여행에 도움이 될 것이다.

❾ 침대(寢臺)

호텔에는 객실마다 침대가 마련되어 있는데 1인용 침대를 '싱글'이라 하고 2인용 침대를 '더블'이라 하며, 1인용 침대 2개를 갖추어 놓은 객실은 '트윈룸'이라고 한다.

객실에 투숙객이 없을 때에는 침대를 시트로 덮어 두고 저녁이면 당번이 와서 잠을 잘 수 있도록 도와 주나, 저녁이 아니더라도 당번에게 부탁하면 곧 와서 잠자리를 보살펴 준다. 침대 위에서의 흡연(吸煙)은 금지되어 있고, 아침에는 당번이 와서 침대를 정리해 준다.

⑩ 체크아웃(check-out)

호텔에서 투숙을 모두 마치고 떠나는 것을 말한다. 숙박료는 호텔을 나서면서 프런트에 지불하며 이 때 숙박료에 1할 정도의 서비스 요금과 세금(稅金)이 덧붙게 된다.

호텔은 본디 정오에 체크아웃해야 하며 계속 머무르게 되면 머무르는 시간만큼 할증료(割增料)가 붙게 된다.

14) 혼인 신고(婚姻申告)

혼인 신고란 법률상으로 정식 부부가 되었음을 인정받는 절차이다. 우리 나라의 민법 제812조 1항에는 '혼인은 호적법에 정한 바에 의하여 신고함으로써 그 효력이 발생한다.' 라고 혼인 성립에 관하여 규정하고 있다. 그러므로 아무리 결혼식을 치렀다 하더라도 혼인 신고를 하지 않으면 법적으로 정식 부부라고 인정할 수 없다.

또 민법 제812조 2항에서는 '혼인 신고는 당사자 쌍방과 성년자인 2인의 증인이 연서(連署)한 서면(書面)으로 해야 한다' 고 규정하고 있다.

혼인 신고는 동사무소나 면사무소에 신고하면 되며, 혼인 신고를 미루었다가는 결혼 생활 중에 한쪽에서 부당한 대우를 받거나 이혼(離婚)을 당하고도 법률상으로 구제받을 길이 없어 억울함을 당하는 사람들을 우리들 주위에서 자주 볼 수 있다.

16) 결혼 기념일(結婚記念日)

한 여자와 한 남자가 만나 교제를 한 후 약혼식을 거쳐 결혼하여 부부가 된 다음 특별히 정해진 주년(周年)에 부부가 함께 건강하게, 그리고 행복하게 살고 있음을 축하하는 날이 바로 결혼 기념일이다.

결혼 기념일은 서양에서 전파된 풍습으로 우리 나라에서도 이런 풍습이 차차 일반화되어 가고 있다. 결혼 기념일은 대개 부부끼리 오붓하게 지내나 결혼 25주년인 은혼식과 50주년이 되는 금혼식 및 60주년이 되는 회혼식(回婚式)에는 손님을 초청하여 조촐하게 연회를 베풀기도 한다.

결혼 기념일의 명칭은 다음과 같다.

❶ 1년:지혼식(紙婚式)

❷ 2년:고혼식(藁婚式)

❸ 3년:과혼식(菓婚式)

❹ 5년:목혼식(木婚式)

❺ 6년:화혼식(花婚式)

❻ 10년:석혼식(錫婚式)

❼ 15년:동혼식(銅婚式) · 수정혼식(水晶婚式)

❽ 20년 : 도자기혼식(陶磁器婚式)
❾ 25년 : 은혼식(銀婚式)
❿ 30년 : 진주혼식(眞珠婚式)
⓫ 35년 : 산호혼식(珊瑚婚式)
⓬ 40년 : 녹옥혼식(綠玉婚式)
⓭ 45년 : 홍옥혼식(紅玉婚式, 루비 혼식)
⓮ 50년 : 금혼식(金婚式)
⓯ 75년 : 금강석혼식(金剛石婚式, 다이아몬드 혼식)

제2부

상　례(喪禮)

1

상례의 뜻과 내력(來歷)

(1) 상례의 뜻

이 세상의 모든 동물(動物)은 일단 태어나면 언제인가는 반드시 죽게 되어 있는데, 인간도 동물인 이상 이러한 죽음에서 벗어날 수는 없다.

이것이야말로 숙명적인 신의 섭리인 것이다.

인간이 생을 마친다는 것은 그가 한평생을 살아오면서 희노애락(喜怒哀樂)을 함께 했던 가족과 친척 및 친지들에게 영원히 이별을 고하는 것이어서 그 무엇보다도 슬프고 애절한 일이 아닐 수 없다.

상례란 이렇듯 슬프고 애절한 심정을 표현하면서 죽은 사람에 대한 예를 일정한 질서에 따라 치르는 의식 절차로서, 임종(臨終)을 비롯하여 염습(殮襲)·발인(發靷)·치장(治葬)·우제(虞祭)·소상(小祥)·대상(大祥)·복제(服制)를 치를 때까지의 행사를 말한다.

우리 나라는 오랜 옛날부터 인륜의 으뜸을 효도(孝道)로 꼽았기 때문에 부모 생전에 효도하는 것은 물론이려니와 부모 사후에도 빈소(殯所)를 마련해 아침저녁으로 애도의 뜻을 나타냈으며, 무덤 옆에 묘막(墓幕)을 지어 놓고 3년 동안 무덤을 보살피며 사는 것이 자식의 도리라고 여겼는데, 이를 가리켜 시묘(侍墓)라고 하였다. 따라서 시묘는 효도의 근본이라고 해도 지나친 말이 아닐 것이다.

예로부터 자식은 또 낳으면 되나 부모는 한번 세상을 떠나면 다시는 볼 수 없다고 하였으므로, 어찌 부모에 대한 효도를 등한시할 수가 있겠는가. 효(孝)자는 쓰기 쉬운 7획(劃)에 지나지 않지만 이를 실행하기 위해서는 부단한 노력이 필요하다고 하였다.

예(禮)는 너무 소홀해서도, 너무 지나쳐서도 안 된다. '과공(過恭)은 비례(非禮)'라는 말이 있듯이, 그때 그때의 사정과 형편에 따라 알맞아야 하고, 슬픔과 애통함을 진심으로 표현해야 한다.

예전의 우리 나라 상례 의식은 복잡하고 형식에만 치우쳐 실행하기가 매우 어려웠고, 이에 따른 경비도 만만치 않아 그로 인한 폐단이 이루 다 말할 수가 없었다.

또한 상례의 의식 절차를 잘 모를 때에는 부득이 상례에 밝은 전문가를 모셔다가 일일이 지실르 받아 가면서 상례를 치러야만 했었다.

그러나 이제는 시대가 많이 변했으므로 상례 절차도 오늘날을 살아가는 우리들의 생활 감정과 형편에 따라 알맞게 치러져야 할 것이다.

(2) 상례의 내력

조선 시대에 들어서면서부터는 중국의 유학(儒學)이 전래됨에 따라 주자(朱子)의 학설을 따랐고, 그가 펴낸 《주자가례(朱子家禮)》 가운데서 상례에 관한 것을 택하여 행하였다.

하지만 조선 시대의 상례는 그 기준을 일반 서민층이 아닌 사대부 등 특별한 신분 계층에게 두었기 때문에 서민들도 차차 그들을 본받아 신분과 처지가 허락되는 범위 안에서 치르게 되었다.

유교적인 영향을 가장 많이 받은 우리 나라의 상례는 오늘날에도 절차와 형식에 있어서 큰 변화는 찾아볼 수가 없다.

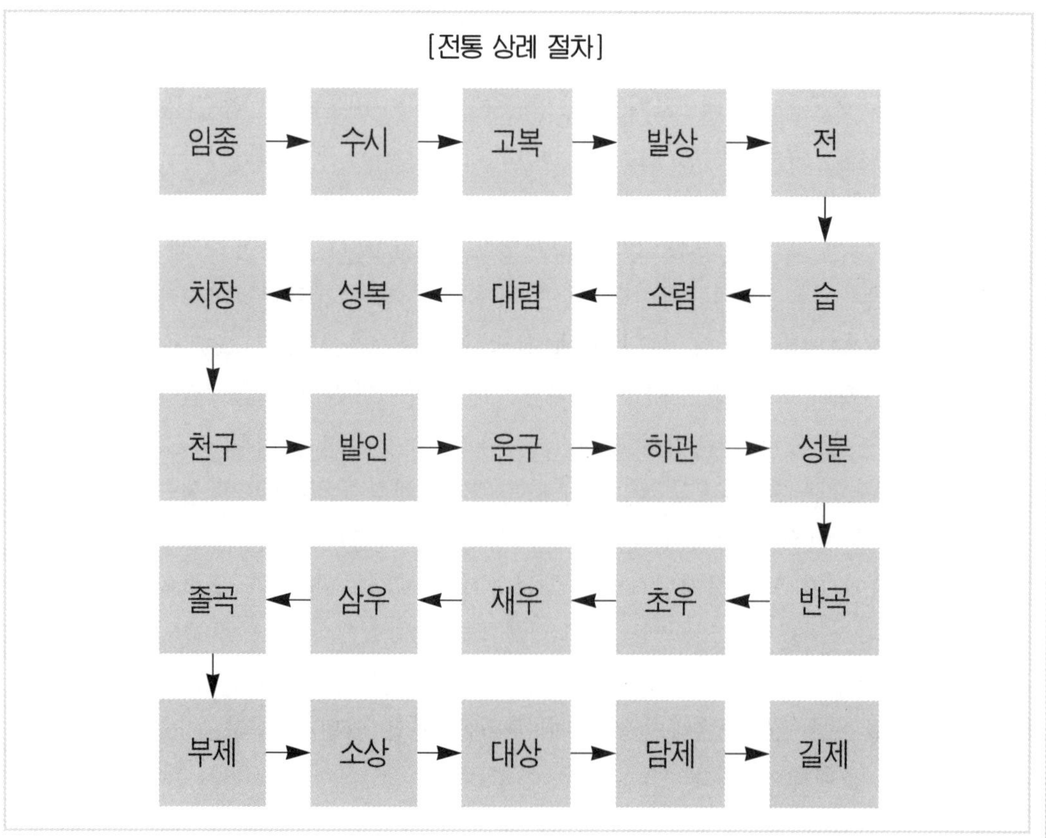

2

전통 상례(傳統喪禮)

(1)초종(初終)

초종은 초조 장사(初終葬事)라고도 하는데, 예문에서 흔히 초상(初喪)이라는 말 대신에 쓰는 것으로 운명(殞命)에서 졸곡(卒哭)까지를 뜻한다.

1) 신질(愼疾)

신질이란 병환을 삼가 공손히 받든다는 뜻으로 부모 중 한 분에게 병환이 있으면 정성을 다 기울여 간호하다가 병세가 위독(危篤)하면 정침(正寢:제사를 지낸는 몸채의 방으로, 즉 안방)으로 옮긴다.

이 때에는 환자에게 정갈한 의복으로 갈아입히고 북쪽의 창문 아래에 머리를 동쪽으로 향하도록 누이고 자식은 그 옆을 한시도 떠나지 않는다.

머리맡은 병풍으로 가리고 방 안팎을 깨끗이 치우고 가야금이나 거문고 같은 악기가 있으면 모두 치우는데, 그 까닭은 병문안을 오는 사람을 맞이 하기 위함이다.

머리를 동쪽으로 향하게 하는 것은 다시 소생(蘇生)하기를 간절히 바라는 뜻이고, 환자의 머리맡을 지나다니는 것은 모두 삼가야 한다.

2) 유언(遺言)

환자의 병세가 위독한 상태에 이르면 가족들은 침착한 태도로 주위를 조용하게 하고 운명을 기다린다. 이 때에 환자에게 물어 볼 말이 있으면 환자가 대답하기 쉽도록 간추려서 물어 보고 환자의 대답을 적거나 녹음해 둔다.

또한 환자 자신이 자손에게 남기고 싶은 교훈이나 재산 분배(財産分配)에 대한 내용 등을 말하는 경우가 있는데 이러한 것을 통틀어 유언이라고 한다.

유언은 환자가 직접 작성하는 것이 정상적이나 그럴 만한 시간적인 여유나 기력(氣力)이 없을 때에는 가족 등이 지켜 보는 데에서 제삼자가 대리로 환자의 유언을 기록할 수도 있다.

3) 임종(臨終)

임종은 환자의 마지막 숨이 넘어가는 것을 말하며 운명이라고도 한다.

임종은 예측할 수 없으므로 집 안에 위독한 환자가 있을 때에는 혹시 외출했을 때에 빨리 연락을 받을 수 있도록 자시의 행방을 주위 사람이나 가족들에게 알려 두어야 한다.

그리고 환자가 누워 있는 방은 물론이고 임종 후에 시신을 안치(安置)할 방의 조그만 세간들을 모두 치워 정결하게 청소한 다음 임종시에 갈아입힐 옷 한 벌을 마련해 놓는다.

이 옷은 환자가 평상시에 입었던 옷 중에서 되도록이면 흰 색이나 옅은 색의 옷을 마련해 두는 것이 좋을 것이다.

의사가 환자의 임종이 가까워 왔음을 알려 주면 미리 준비한 깨끗한 옷으로 갈아입혀 단정한 모습으로 운명을 맞이할 수 있도록 유의(留意)해야 한다.

임종이 가까웠음을 알면 한스럽고 슬픈 마음에 젖어 자칫 이성을 잃어버리거나 당황하여 임종하는 환자를 제대로 보살피지 못하는 경우가 있으므로 어디까지나 침착하게 행동해야 한다.

운명을 맞이한 사람을 두고 침착하게 마음을 가진다는 것은 제삼자의 생각이며 자손이나 측근에 있는 사람으로서는 쉬운 일이 아니다. 그러나 당황하고 서러운 마음을 진정시키지 못한 나머지 자칫 실수라도 하면 두고두고 한이 맺힐 경우도 있으니 어려운 때일수록 마음을 가다듬어야 할 것이다.

4) 속광

속광이란 환자의 코 밑에 햇솜을 대놓고 환자의 숨이 멎는 것을 지켜 보는 것을

가리키는데, 햇솜이 움직이지 않으면 숨이 완전히 멎었음을 뜻한다.

환자의 숨이 완전히 멎지 않았는데도 곡성(哭聲)이 요란하면 순간적이나마 환자의 마음이 불안하고 정신이 혼미해질 염려가 있으므로, 가족은 슬픔을 참고 조용하고 경건한 가운데 속광을 해야 한다.

5) 정제 수시(整齊收屍)

환자가 운명하면 임종을 지킨 사람들이 고인의 명복(冥福)을 빈 다음 몸과 수족을 반듯하게 정제 수시하고 북침(北枕:머리를 북쪽으로 향하게 함)으로 누이고 얼굴을 백포(白布)로 씌운 후 홑이불을 머리까지 덮는다.

정제 수시할 때는 먼저 두 눈을 쓸어내려 감도록 하고 마련해 둔 햇솜으로 입·코·귀를 막아 피가 흘러내리는 것을 방지하며 시신이 굳기 전에 손과 발을 고르게 주물러서 펴고 백포로 얼굴을 덮은 후에 백지나 베로 양쪽 어깨를 단단하게 동인다.

두 팔과 손은 반듯하게 펴서 배 위에 올려놓는데, 이 때 남자는 왼손이 오른손 위에 놓이게 하고 여자는 그 반대로 한다.

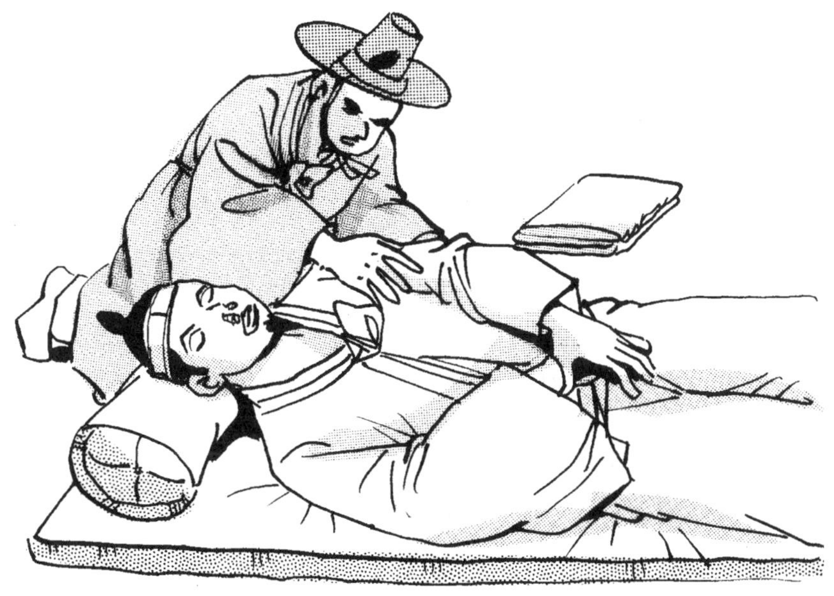

두 다리는 곧게 펴서 발끝을 위로 향하게 하여 가지런히 모아 백지나 베로 어그러지지 않게 묶으며, 깨끗한 가제나 약솜에 알코올을 묻혀 얼굴과 손발을 깨끗하게 닦는다.

정제 수시가 끝난 후 마지막으로 측근이 시신을 보고 나면 병풍으로 시신을 가리는데, 병풍은 글씨만 있는 것을 사용하고 시신이 있는 방에는 불을 때지 않아야 한다.

그런 다음 병풍 앞에 망자의 영정(影幀)을 모시고 양쪽에 촛불을 밝힌 후에 향을 피우고 애도하며 곡을 한다.

6) 고복(皐復)과 사잣밥

고복을 복(復) 또는 초혼(招魂)이라고도 하는데, 이는 망자(亡者)의 혼이 몸에서 떠나므로 그 혼을 불러 몸으로 다시 돌아오게 한다는 뜻이다.

남자의 상(喪)이면 남자가 망자가 입던 두루마기나 저고리를 가지고, 여자의 상이면 여자가 망자가 입던 웃옷이나 속적삼을 가지고 동쪽 끝에서 지붕의 한가운데로 올라가 왼손으로 옷깃을 잡고 오른손으로는 옷의 허리를 잡고 북쪽을 향해 휘두르면서 큰 목소리로 망자의 이름을 부르며 길게 외친다. 이 때 벼슬이 없으면

"ㅇㅇ도 ㅇㅇ군 ㅇㅇ면 ㅇㅇ리 학생 ㅇㅇ공(公) 복! 복! 복!"

하며 외치고, 벼슬이 있을 때에는

"ㅇ관(官) ㅇ공(公) 복! 복! 복!"

이라 외친다. 망자가 여자일 경우에는 남편의 벼슬을 붙여

"ㅇㅇ부인 ㅇ씨 복! 복! 복!"

이라 외치며, 벼슬이 없으면

"고(皐) 유인(儒人) ㅇ관(貫) ㅇ씨 복! 복! 복!

이라고 외친다.

고복을 할 때에는 상주 및 온 가족들이 곡을 멈추어야 하는데, 그 까닭은 시신에서 떠난 망자의 혼이 다시 시신으로 돌아와 되살아나게 하기 위함에서이며, 고복을 한 후에도 되살아나지 않으면 정말 죽은 것으로 믿게 된다.

고복 때 사용한 옷은 그대로 지붕 위에 놓는 곳도 있고 가지고 내려와서 시신의

가슴 위에 올려놓는 곳도 있어 지방마다 조금씩 차이가 있다.

고복이 끝난 후에는 밥상 위에다 밥 세 그릇, 술 석 잔, 백지 한 권, 명태 세 마리, 짚신 세 켤레와 동전 몇 개를 놓고 촛불을 켜서 대문 밖에다 내놓는데 이를 사잣밥이라고 한다.

사잣밥을 차려 놓는 것은 저승의 염라 대왕(閻羅大王)이 사자(使者) 세 명을 내려 보내 사람의 목숨을 거두게 하는데, 이 때 저승 사자를 잘 대접하여 망자의 혼을 편히 데려가 달라는 뜻에서이다.

사자를 세 명으로 믿는 것은 우리 나라의 전통적 무속인 삼신(三神)의 신앙에서 비롯된 것도 있으나, 인간에게는 삼혼칠백(三魂七魄)이 있어서 삼혼을 데려가는 사자도 세 명일 것이라는 믿음에서 비롯된 것이다.

사잣밥은 먹지 않고 버리며 짚신은 태워 버린다.

[사잣밥]

7) 발상(發喪)과 상주(喪主)

발상이란 상을 발표한다는 뜻으로서, 집안에서는 먼저 상인(喪人) 중에서 망자의 제전(祭奠)을 책임지고 맡아 행하는 주상(主喪)을 정하고, 자손들이 머리를 풀고 곡하며 옷을 갈아입는데 이를 역복(易服)이라 한다.

주상 즉 상주는 망자의 장남이 되고 만일 장남이 죽고 없을 때에는 장손이 아버지를 대신하여 맏상주가 되어 승중상(承重喪:아버지를 여읜 맏아들로 조부모의 상을 당한 초상)으로 주상이 된다. 또한 장자나 장손의 상에는 아버지나 할아버지가 주상이 되고, 중자(衆子:맏아들 외의 모든 아들)나 중손(衆孫:맏손자 외의 모든 손자)의 상에는 그 아들이 주상이 된다.

옷을 갈아입을 때에는 주상인 남자는 심의(深衣)를 입었으며 최근까지도 주상인 남자는 흰 두루마기를 한쪽 팔을 뺀 채 소매를 늘어뜨려 입었다. 이 때 아버지의 상이면 왼쪽 팔을 빼고, 어머니의 상이면 오른쪽 팔을 빼서 입었다.

그러나 오늘날에는 거의가 검정 양복을 입고 여자 상제는 검정이나 회색, 흰색의 평상복을 입는다.

옛날의 발상 때는 아들·딸·며느리가 머리를 풀었는데, 남의 집에 양자(養子)로 간 아들과 출가(出嫁)한 딸은 머리를 풀지 않고 비녀만 뺐다.

이렇게 주상을 정하고 머리를 풀고 곡을 해야만 비로소 발상이 되었으나, 요즈음에는 상가의 표시를 기중(忌中)·상중(喪中)·상가(喪家) 등으로 써서 문 밖에 붙이고 발상하는 경우를 많이 볼 수가 있다.

8) 호상(護喪)

호상이란 복인(服人:기년 이하의 상복을 입은 사람)이 아닌 친족·친지 중에서 상례에 밝고 경험이 있으며 초종 범절(初終凡節:초상을 치르는 데 관한 모든 절차) 모두를 맡아서 진행하는 사람을 말한다.

장례식을 치르는 데에는 진행에 따라 호상을 도와서 실무를 맡아볼 사서(司書)·사화(司貨)·상례(相禮)·집사자(執事者) 등이 필요하다.

여기에서 사서란 상사에 관계되는 모든 문서를 책임지는 사람이며, 사회는 장례를 치르는 데 있어서 물품과 금전출납의 관리를 맡아보는데 장재(掌財)라고도 하며 가까운 사람중에서 택한다.

호상은 장례에 대비하여 붓과 먹, 백지로 엮은 몇 권의 공책을 준비하고 초종 중의 금전·물품의 출납, 조객(弔客)의 방문과 부의금의 수납을 사화에게 맡겨서 정확히 기록하고 낭비가 없이 잘 관리하도록 하고, 그 밖의 조객 접대까지 세심한 주의를 기울여야 한다.

조객의 성명을 적는 책은 부친상이면 '조객록(弔客錄)', 모친상이면 '조위록(弔慰錄)'이라 하고 처자상이면 '위문록(慰問錄)' 또는 '조문록(弔問錄)'이라고 하며 부의와 물품의 수납은 '부의록(賻儀錄)'에 적는다.

이것은 일종의 품앗이로서 뒷날 이것을 보고 조객의 상례 때의 회례(回禮:사례로 하는 예)하는 것이므로 조객의 성명을 정확하게 기록해야 한다.

또한 호상은 축문을 작성하고 장지(葬地)를 상주와 의논하여 정하는 등 모든 절차를 맡아서 처리하는 데 편리하도록 상주와 연락하기 쉬운 곳에 호상소(護喪所)를 마련하고 자리를 지키면서 모든 일에 차질이 없도록 처리해야 한다.

9) 전(奠)

전은 초종 중 성복제(成服祭:초상이 났을 때 처음으로 상복을 입는 일) 이전까지는 망자라도 살아 있을 때처럼 모신다는 뜻에서 포(脯)와 식혜를 올리는 일이다.

전을 올릴 때는 시신을 가린 병풍 앞에다 제상을 놓고 백지를 깐 다음에 그 위에다 올리는데, 포와 식혜가 아니더라도 망자가 생존시에 즐기던 포나 과일 등을 올려놓아도 무방하며 하루에 한 번씩 음식을 바꾸어도 괜찮다.

전으로 올리는 음식은 되도록이면 마른 음식이나 아래위만을 도려 낸 과일 등을 쓰는 것이 깨끗하게 보인다.

또한 망자가 생전에 좋아하던 꽃을 화병에 꽂아서 제상의 양옆으로 놓는다. 꽃은 시들지 않도록 신경을 써야 하며 화려한 빛깔의 꽃은 피하는 것이 좋고 제상에는 조출한 모양으로 놓아 두는 것이 좋을 것이다.

전은 상제를 대신하여 집사자가 올리며 절은 하지 않는다.

10) 영정(影幀)과 향탁(香卓)

상례 때에는 영정을 모셔야 하는데 영정이란 본디 망자의 화상을 그린 족자(簇子)이나, 요즘엔 대부분 망자의 사진으로 대신하며 향탁이란 분향하는 향로(香爐)를 올려놓는 탁자를 말한다.

영정은 미리 준비해 둔 망자의 사진을 액자에 끼운 다음에 검정 띠를 액자 상단부의 중앙에서 양옆으로 비스듬히 드리워 시신을 가린 병풍 앞의 제상 위나 교의(交椅:신주를 모시는 의자)가 있을 때에는 그 위에 모신다.

향탁은 제상 앞에 놓고 백지를 깐 다음 위에 향로 · 향합 · 촛대를 준비하여 촛불을 켜고 향을 피우는데, 초종 중에는 보통 선향(線香)을 사용한다.

그런 다음 향탁 앞에 돗자리를 깔고 분향할 자리를 준비하며, 향불과 촛불이 꺼지지 않도록 지키면서 상제들이 향탁 옆에 서서 조객들을 맞이한다.

11) 관(棺)과 칠성판(七星板)

관과 칠성판은 호상이 목수에게 지시하여 나무를 골라서 만든다. 관을 만드는 나무로는 유삼(油杉)이 제일 좋고 그 다음으로는 잣나무・은행나무・소나무・오동나무 등으로 만든다. 관은 천판(天板) 하나, 사방판(四旁板)을 각각 하나씩으로 하며 두께는 두 치 반이나 세 치로 하고 시신의 길이와 부피에 알맞도록 한다.

칠성판은 얇은 널조각으로서 북두칠성을 본떠서 일곱 개의 구멍을 뚫은 것으로 시신의 밑에 까는 것이다.

옛날에는 부모의 회갑이 지나면 관재(棺材)를 미리 준비한 다음에 옻칠을 해서 소중하게 간직했다가 상을 당했을 때 사용하는 예가 많았었다.

12) 부고(訃告)

부고는 사람의 죽음을 알리는 통지로 장일(葬日)과 장지(葬地)를 결정한 후에 호상이 상주와 의논하여 사서와 함께 친족과 친지에게 신속하게 보내야 한다.

부고장은 백지에 붓으로 쓰는 경우도 있지만 보내야 할 사람이 많을 때에는 인쇄를 해서 봉투만 붓으로 써서 보내도 된다.

부고를 보내는 방법으로는 사람을 직접 보내어 전하는 전인 부고(專人訃告), 우편으로 보내는 우편 부고, 신문의 부고란을 통하여 알리는 신문 부고가 있다.

부고는 호상이 보내는 것이므로 상주 성명은 장남으로 하며 망자의 칭호는 상주의 부친이면 대인(大人), 어머니이면(大夫人), 할아버지는(王大人), 할머니일 때는 왕대부인(王大夫人), 아내일 때에는 합부인(閤夫人)이라 쓴다.

또 노환(老患)은 늙은이가 죽었을 때 쓰고, 젊은이이면 숙환(宿患), 뜻밖의 죽음에는 사고 급사라고 하며, 별세(別世)를 운명(殞命)이라고도 쓴다.

부고를 인편으로 보낼 때는 자이전인 부고(玆以專人訃告)라 쓰는 것이 좋고, 우편으로 보낼 때는 자이 부고라고 한다.

여기서 주의할 것은 망자의 아들과 손자는 이름만 쓰며, 딸이 출가했을 때에는 사위의 성명을 쓰나 출가하지 않았으면 쓰지 않고 동생이나 조카도 성명을 쓰지 않아야 한다.

[전인 부고의 예]

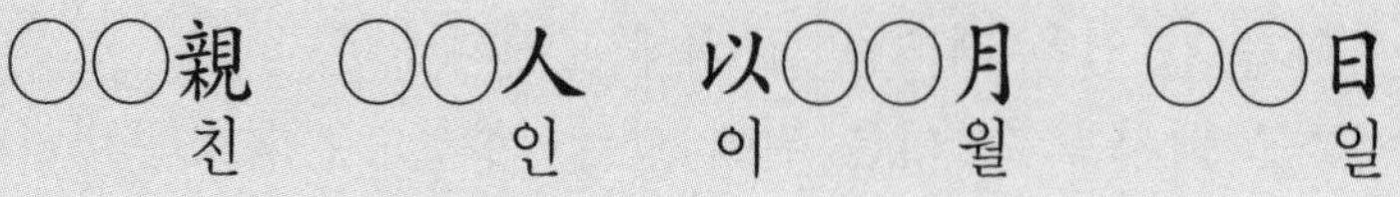
○○親 ○○人 以○○月 ○○日
친 인 이 월 일

得病 不幸於 ○○月 ○○日 別世(殞命)
득병 불행어 월 일 별세 운명

玆以 專人 訃告
자이 전인 부고

年 月 日
년 월 일

護喪 ○○○ 上
호상 상

○○○位 座前
위 좌전

[우편 부고의 예].

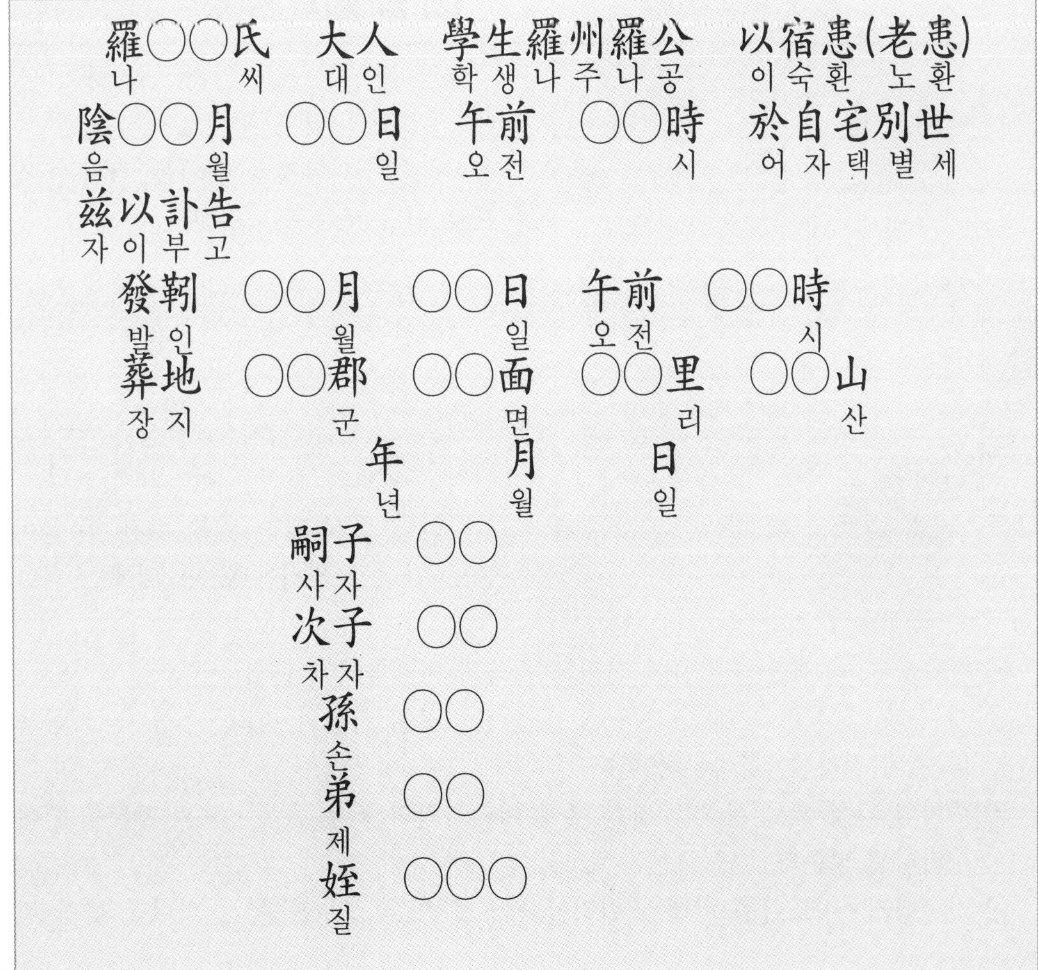

羅○○氏 大人 學生羅州羅公 以宿患(老患)
나 씨 대인 학생나주나공 이숙환 노환

陰○○月 ○○日 午前 ○○時 於自宅別世
음 월 일 오전 시 어자택별세

玆以訃告
자이부고

發靷 ○○月 ○○日 午前 ○○時
발인 월 일 오전 시

葬地 ○○郡 ○○面 ○○里 ○○山
장지 군 면 리 산

年 月 日
년 월 일

嗣子 ○○
사자

次子 ○○
차자

孫 ○○
손

弟 ○○
제

姪 ○○○
질

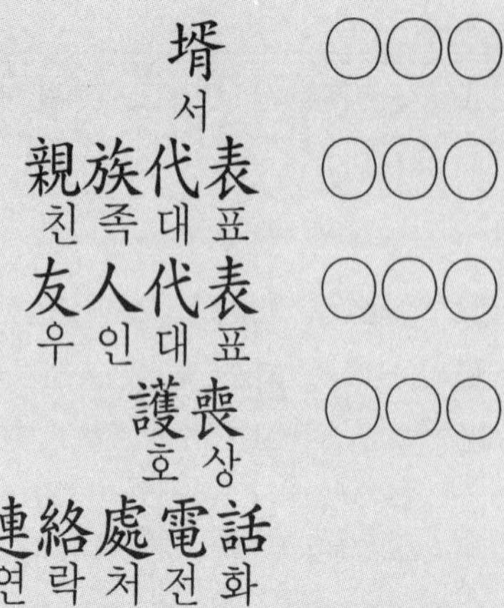

[부고 봉투 쓰는 법]

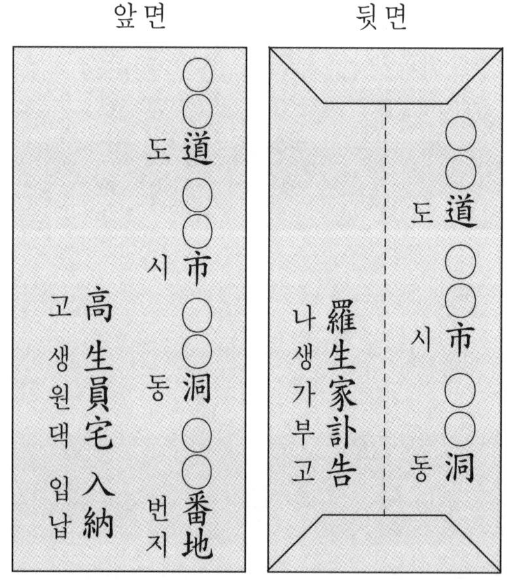

(2) 습(襲)과 염(殮)

습염이란 시신을 입관(入棺)하기 전에 정결하게 닦고 수의로 갈아입힌 다음 입관할 때까지의 절차를 말하는 것으로 염습 또는 염이라고도 한다.

1) 습

습이란 향탕수(香湯水;향을 넣어 달인 물)나 쑥을 삶은 물로 시신을 정결히 씻기는 것으로, 남자의 시신은 남자가 씻기고 여자의 시신은 여자가 씻긴다.

시신을 씻길 때는 옷을 벗긴 후 홑이불로 가리고 씻기는데, 이 때에는 다음과 같은 물건을 준비한다.

⊙ 물그릇 : 두 개를 준비하여 시신의 위쪽과 아래쪽에 놓는다.

⊙ 새 솜과 새 수건 : 새 수건은 석 장을 준비하여 시신의 머리·윗몸·아랫몸을 닦는 데 각각 한 장씩 사용한다.

⊙ 주머니 다섯 개 : 시신을 씻긴 후에 머리카락과 좌우 손톱·좌우 발톱을 깎아 주머니에 넣는다.

⊙ 빗·댕기·버드나무 비녀 : 머리를 빗으로 빗고 상투를 틀고 비녀를 꽂기 위

해서 준비한다.

시신을 씻길 때 향탕수가 들어오면 시자(侍者)는 더운 물에 손을 씻고, 상주와 상인은 모두 장막 밖으로 나와 북쪽을 향하여 곡을 한다.

시자는 새 솜으로 시신을 씻긴 후 수건으로 닦고 머리를 빗질하여 상투를 틀고, 시신이 여자이면 버드나무로 만든 비녀로 쪽을 진다.

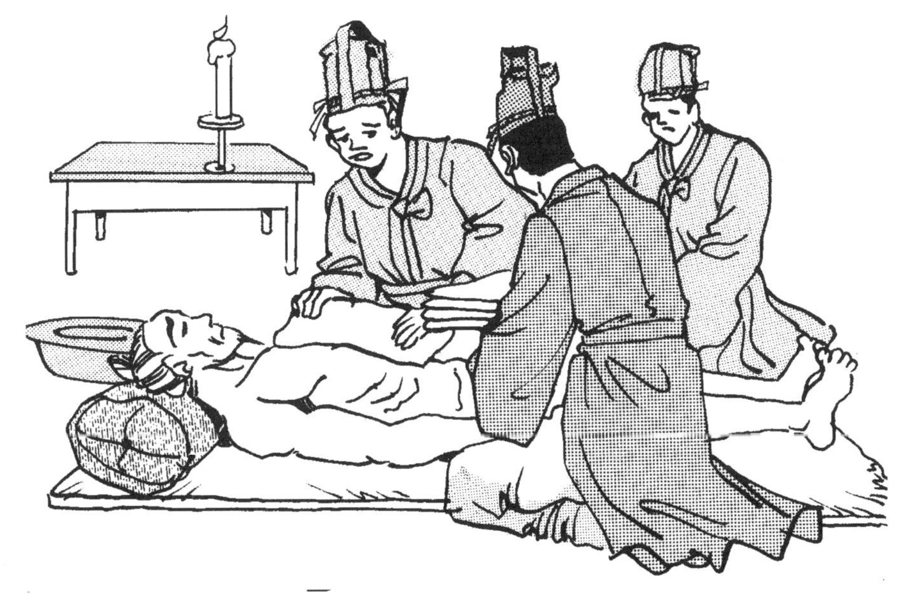

이 때 향탕수와 수건은 시신의 부위에 따라 사용한다.

손톱과 발톱도 잘라서 준비해 놓은 주머니에 넣었다가 대렴(大殮)이 끝난 뒤 관 속의 이불 안에 넣는다. 또한 평시에 빠진 이가 있으면 역시 주머니에 넣는다.

시신을 씻긴 물과 수건, 솜, 빗 등은 미리 파놓은 구덩이에 묻는데, 이 절차가 끝나면 상주는 제자리로 돌아온다.

다음에는 염을 하는데, 시자가 손을 씻고 장막 밖에 별도로 침상을 마련하여 수의(壽衣)를 펴놓는다.

2) 수의(壽衣)

나이 많은 노인을 모시고 있는 집에서는 윤년(閏年)이나 윤달을 택하여 수의를 미리 장만해 두는 것이 좋다. 상을 당한 후에 급하게 수의을 만들면 좋게 만들지 못하고 또 시간이 걸려 장례를 치르는 데에 차질(蹉跌)을 빚는 경우가 있다.

예전에는 날을 택하고 친족 중에서 수의를 잘 만들 줄 아는 사람을 택하여 그 사람의 지도를 받아 정성껏 만들었다.

그러나 요즘에는 주단집이나 장의사가 알선하는 곳에 맡길 수 있으며, 수의를 준비하지 못하고 상을 당했을 때는 발상하는 즉시로 수의부터 서둘러 부탁해야 한다.

수의는 비단이나 마직물(麻直物) 등 자연 섬유로 만들며, 빛깔은 흰색으로 하지만 그 집안의 법도나 망자의 소원에 따라 화려한 빛깔의 천으로 만들 수도 있다.

치수는 산 사람의 옷보다 훨씬 커야 하고 대체로 겹으로 만든다. 만일 수의가 작으면 염습할 때 매우 곤란할 뿐만 아니라 시신을 넉넉하게 감쌀 수 없으며, 입관 후에 관의 공간이 많이 생기는 등 소홀하게 모시는 결과가 되므로 이 점에 유희해야 한다.

수의를 바느질할 때는 실의 매듭을 짓지 않으며, 수의를 미리 준비했을 때에는 해마다 봄과 가을에 꺼내어 바람을 쐬어서 좀이 먹지 않도록 잘 보관한다.

남녀의 수의는 다음과 같다.

❶ 남자 수의

- 저고리
- 바지 · 속바지
- 속적삼
- 두루마기
- 도포(심의)
- 두건(頭巾):머리에 씌우며 수건과 같다.
- 복건(幞巾):머리를 싸서 덮는 것으로 검은 명주로 만든다.
- 망건(網巾):검은 비단으로 만드는데 머리카락을 싸는 것이다.
- 명목(瞑目):사방이 한 자 두 치가 되게 명주로 만드는데 얼굴을 가리는 것이다.
- 악수(握手):길이가 한 자 두 치, 폭이 다섯 치가 되도록 만드는데 손을 가리는

수건과 같은 것이다.

- 충이(充耳):귀를 막는 것으로 새 솜으로 대추의 씨같이 만든다.
- 신:명주에 종이를 붙여서 만든다.
- 조랑:염습할 때에 손톱과 발톱을 깎아 넣는 주머니이다.
- 소렴금(小殮衾)과 대렴금(大殮衾):소렴금은 시신을 싸는 속이불이고, 대렴금은 시신을 싸는 큰 이불이다.
- 천금(天衾)·지금(地衾):천금은 시신을 관에 넣고 덮는 이불이고, 지금은 시신 밑에 까는 이불이다.
- 함영:턱밑을 받칠 만한 정도로 겹으로 만들어 끈을 달고 안에는 모래를 넣는다.
- 속포(束布):시신을 묶는 데에 쓰는 것으로 한지(韓紙)나 삼베로 만든다.

그 밖에 버선·대님·요대(허리띠)·행전·조대(條帶)·대대(大帶)·토수(吐手)·베개 등도 준비한다.

❷ 여자 수의

- 적삼 : 붉은색·노란색·녹색의 세 가지를 만든다.
- 치마 : 붉은 치마와 푸른 치마을 만든다.
- 저고리 : 삼겹인 경우에는 속적삼·속저고리·겉저고리를 만든다.
- 관두 : 시신의 머리를 가리는 데 쓴다.

그 밖에 속속곳·단속곳·바지·원삼·조대·대대·명목·악수·대렴금·소렴금·버선·신·조랑·천금·지금·베개·함영·속포 등을 마련한다.

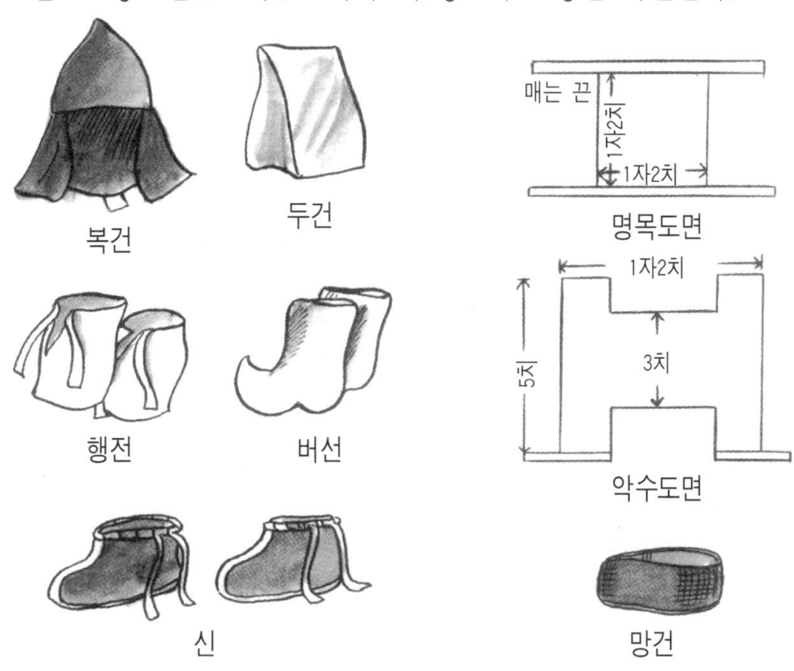

복건 두건 명목도면 행전 버선 악수도면 신 망건

수의 준비를 마치면 속바지와 적삼을 입히고 망건을 씌우고 버선을 신긴 후에 다시 겉바지를 입히고 대님과 행전, 요대를 맨다.

그런 다음에 시신을 네 사람이 일제히 들어서 침상으로 옮기는데, 침상에는 두루마기·바지·저고리 등 겉옷을 겹쳐서 바르게 펴놓는다.

이렇게 펴놓은 겉옷을 아래에서 위로 차차 올려서 두 손을 옷소매로 매고 옷을 여미는데 매지는 않고 졸습을 기다리며 이불을 덮어 두고 전을 올리며 예배와 대곡을 계속한다.

이 때에는 복건이나 도포를 입히지 않고 신도 신기지 않는다.

(3) 설전(設奠)

설전이란 상을 당한 후 처음으로 지내는 제사를 말한다.

제상(祭床)에 술과 포·식혜·과일을 차려 시신의 동쪽에 놓고 짚자리를 까는데 상주와 남자들은 시신의 동쪽에 자리잡고, 여자들으 시신의 서쪽에 자리잡는다.

이 때 포는 제상의 왼쪽에 놓고 식혜는 오른쪽에 놓으며 집사가 손을 씻고 잔에 술을 부어 시신의 오른쪽(동쪽) 어깨 부근에 놓으며 상제들은 절을 하지 않고 애곡(哀哭)만 한다.

(4) 반함(飯含)

반함이란, 구멍이 뚫리지 않은 구슬이나 엽전, 쌀을 시신의 입 안에 넣어 주는 것을 가리킨다.

상주가 곡을 하며 왼쪽 소매를 오른쪽 허리에 꽂고 구슬 세 개를 담은 그릇을 들고 들어오면 시자가 깨끗이 씻은 반 수저 가량의 쌀을 담은 그릇에 버드나무로 만든 수저를 꽂아 가지고 상주의 뒤를 따라 들어간다. 그러면 축관(祝官)은 구슬이 담긴 그릇을 받아 시신의 서쪽에 놓고 쌀그릇은 북쪽에 놓는다.

상주가 베개를 치우고 시신의 입을 벌려 버드나무 수저로 쌀을 떠서 입 안의 오른쪽과 왼쪽 및 한가운데에 차례로 넣고, 구슬이나 엽전(葉錢)을 같은 순서로 넣는데, 이를 패(貝)라 하며 대부 이상의 벼슬을 지낸 사람에게는 주옥(朱玉)을, 그 이하는 보통 구슬을 썼다.

그러나 서민들은 조개의 껍데기나 엽전을 패로 썼다.

시신의 입 안에 쌀을 수저로 떠넣는 까닭은 저승까지 가는 동안에 먹을 식량으로 믿는데서 비롯된 것으로서, 첫번째로 떠넣을 때는 '백 석이오.' 두 번째는 '천 석이오.' 세 번째는 '만 석이오.' 라고 한다.

구슬이나 조가비, 엽전을 넣는 것은 저승까지 가는데 노자(路資)가 필요할 것이라는 뜻에서 비롯되었다.

(5)소렴(小殮)

소렴은반함이 끝난 뒤에 시신에게 수의를 입히는 것을 말하며 사망한 지 2일째 되는 날의 아침에 행한다. 수의가 준비되면 설전을 치우고 술과 과일, 포, 식혜를 차려 영좌(靈座)에 올리고 시작한다.

소렴을 시작할 때는 먼저 깨끗한 돗자리를 깔고 그 위에 지금(地衾)을 편 다음 속포(束布)를 일곱 구비로 서려 놓고 장포(長布)를 길게 깔고 6명이 양쪽으로 나누어 서서 시신을 그 위에 옮긴다.

그런 다음 위아래 옷을 각각 겹쳐서 아랫도리옷부터 먼저 입히고 윗도리옷을 입힌 후 베개를 치우고 옷을 접어서 시신의 머리를 반듯하게 괴어 바르게 한다.

그리고 어깨 사이의 공간을 새 솜으로 채워서 좌우를 걷어맨다.

옷으로 두 다리 사이의 공간을 채우고 발끝까지 바르게 하며, 수의는 왼쪽으로부터 여미나 옷고름은 매지 않는다.

손은 악수로 싸매고 눈은 명목으로 싸매며 복건과 두건을 씌워 이불로 고르게 싼 후에 장포 끝을 셋으로 찢어서 각각 매고, 속포로 묶은 다음에 끊어서 속포 한쪽 끝을 세 갈래로 찢어 아래에서부터 차례로 묶어 올라간다.

이렇게 발에서부터 머리까지 묶게 되므로 베폭은 일곱 폭이지만 묶는 매수는 21매가 된다.

망자(亡者)가 남자일 때에는 남자가 수의를 입히고 여자일 때에는 여자가 수의를 입히는데, 염은 남자가 맡아서 한다.

이로써 소렴이 끝나며 시신은 다시 시상에 모시고 애곡한 다음에 여자 상제들은 풀었던 머리를 걷어올리고, 남자 상제들은 포두건(포두건)에 베로 만든 중단(中單: 남자의 상복 속에 입는 소매가 넓은 두루마기)을 입고 자리에 나아가 애곡한다.

이 때 상주는 시신의 동쪽에서 서쪽을 향하고, 주부는 시신의 서쪽에서 동쪽을 향해 곡을 하는데 망자가 부모이면 시신에 기댄 채 곡을 하고 아내이거나 아들인 경우에는 시신의 수의를 잡고 곡을 한다.

[속포와 장포 놓는 법]

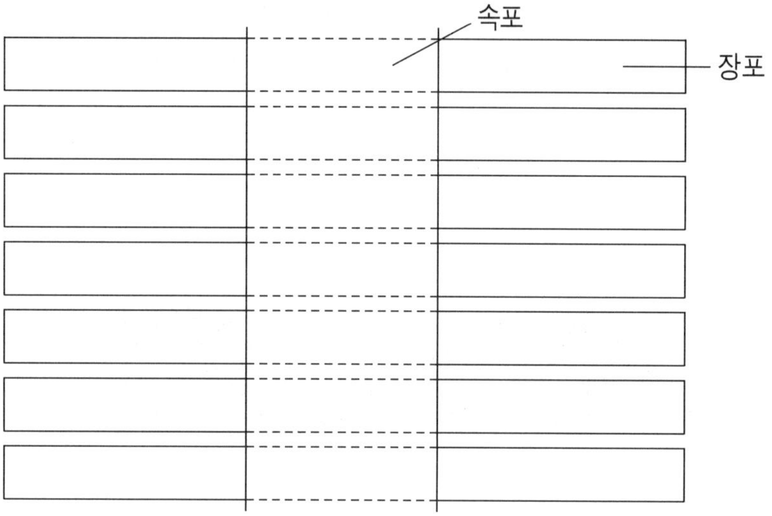

속포

장포

또한 망자가 시부모일 때는 며느리가 수의를 받들어 잡고, 며느리일 때는 시어머니가 시신의 가슴을 어루만지며, 아우일 때는 형이 수의를 잡고, 남편일 때에는 아내가 수의를 잡아당기며 곡을 한다.

참최인 남자는 웃옷의 한쪽 어깨를 드러내고 머리를 삼끈으로 묶으며, 자최 이하로 같은 5대조인 남자들은 모두 다른 방에서 머리만 묶고 부인들은 복머리를 한다.

여기에서 참최란 오복(五服)의 하나인데 거친 베로 짓되 아랫단을 접어서 꿰매지 않은 상복으로 외간(外艱), 즉 아버지의 상사(喪事)에 입으며 아버지가 없을 때에는 할아버지 상사에 입는다.

자최 역시 오복의 하나인데 굵은 생베로 짓되 아랫단을 좁게 접어 꿰맨 상복이다.

오복이란 다섯 등급의 상복으로서 참최는 3년, 자최는 1년, 대공(大功)은 9개월, 소공(小功)은 5개월, 그리고 시마는 3개월 동안 입는다.

대공은 대공친(大功親)의 상사로 그 범위는 종형제자매·중자부(衆子婦)·중손·중손녀·질부·남편의 조부모·백숙부모 등이며, 소공은 유복지친(有服之親:상복을 입는 가까운 친척)의 하나로 그 범위는 종조부모·삼종 형제·중증손(衆曾孫)·중

현손(衆玄孫)이 이에 속한다.

소렴에서 제물을 올릴 때에는 축관이 집사를 데리고 손을 씻은 후에 음식을 들고 영좌 앞으로 나아가서 염습할 때 올렸던 음식을 거두고 새 음식을 차린다.

축관이 향을 피우고 술잔을 씻은 다음 술을 부어 올리면 다른 사람들은 절을 하지만 상주는 절을 하지 않고 곡만 한다.

(6) 대렴(大殮)

대렴은 소렴이 끝난 후 시시을 관에 넣는 의식이다. 대렴은 소렴을 끝낸 이튿날, 즉 운명한 지 3일 만에 하는 의식으로서 새벽동이 틀 때에 행한다.

대렴의 의식으로는 먼저 관을 들어다가 시상(屍床)의 서쪽에 놓고 집사가 칠성판(七星板)을 깔고 그 위에 지금을 깐다. 다음에는 대렴포 30자에 횡포 세폭을 놓고 이를 각각 반으로 쪼개어 좌우 6쪽이 되게 한 후에 장포 한 폭을 펴놓고 양쪽 끝을 셋으로 쪼갠다.

이것이 끝나면 장포 위에 대렴금을 펴놓고 소렴한 시신을 그 위에 모셔 놓는다.

시신은 먼저 발을 바로잡아 단정하게 하고 머리를 여미는데 왼쪽을 여민 뒤에 오른쪽을 여미고 다시 장포로 묶어 횡포를 매며 모두 다섯 매로 묶되 한쪽은 그대로 둔다.

시신을 들어서 입관할 때에는 기울지 않도록 주의해야 하며, 이 때 명주 또는 비단으로 만든 주머니 다섯 개에 담은 머리카락과 손톱·발톱을 머리가 있는 위쪽과 다리가 있는 아래쪽에 넣는다.

관 속의 비어 있는 곳에는 망자가 생전에 입던 옷을 말아서 채우고 패물을 함께 넣는 경우도 있다.

이 절차가 끝나면 천금(天衾)을 관 속의 시신 위에 덮고 상주와 주부가 진정한 슬픔에서 우러나오는 곡을 하며, 다른 부인들은 자리를 피하는데 이 때 목수가 관의 뚜껑을 덮고 은혈못(나무를 깎아 만든 아래위가 뾰족한 못)을 박는다.

시신을 모셨던 상은 치우고 두꺼운 종이로 관을 싸서 노끈 50발로 묶어 초석(草席:짚이나 왕골 등으로 친 자리)으로 싼 다음에 백지로 꼰 가느다란 동아줄로 묶는다.

그런 다음 구의(柩衣)로 관을 덮고 영좌를 설치하여 전을 올리는데, 전을 올리는 절차는 소렴할 때와 같고 상제 이하가 요질(腰 :상복을 입을 때 허리에 두르는 띠로서, 띠에 삼을 섞어서 굵은 동아줄같이 만든다)과 수질(首 :상복을 입을 때 머리에 두르는, 짚에 삼의 껍질을 감은 둥근 테)을 벗지 않고 아침저녁으로 곡을 한다.

1)영좌(靈座)

대렴이 끝나면 관 위에 구의를 덮은 다음 먼저의 자리로 옮겨 그 앞에 병풍을 치고 교의(交椅)에 사진 또는 혼백을 모시고 제상을 놓는다.

[영좌]

제상 앞에는 향상(香床)을 놓고 향로와 향합(香盒), 모사(茅沙) 그릇, 촛대 한 쌍, 띠, 수건 등 망자가 생전에 쓰던 물건을 갖다 놓는다.

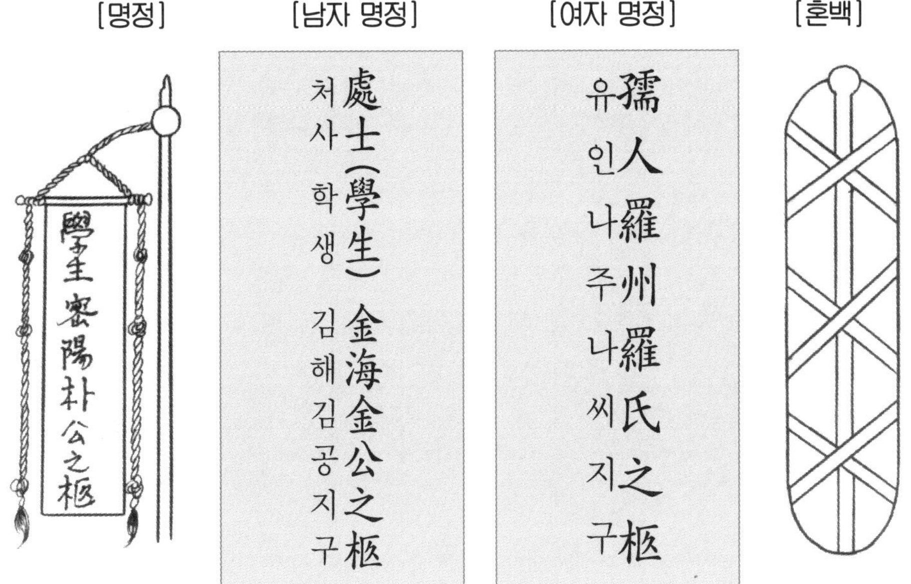

2) 명정(銘旌)

명정은 진홍색 비단이나 명주의 전폭(全幅)에 길이를 여섯 자 정도로 하여 백분(白粉)에 아교를 섞어서 금백(金帛)으로 망자가 남자일 때는 관직과 성명을 쓰며 여자일 때는 남편의 직품을 좇아서 쓰고 관의 동쪽에 걸어 놓는다.

그리고 영구를 운반할 때는 장대 끝에 달고 상여의 앞에 서서 가며 하관(下棺)할 때는 관 위에 덮는다.

3)혼백(魂帛)

혼백은 신주(神主)를 만들기 전에 마포(麻布)나 백지를 접어서 만드는데 요즘에는 거의가 신주를 만들지 않기 때문에 빈소(殯所)가 있으면 만 2년 동안 빈소에서 모셨다가 대상(大祥)이 지난 후에 묘소에 묻는 것이 상례(常例)이다.

혼백을 접은 다음에는 다섯 가지 색실로 만든 동심결(同心結)을 끼워서 혼백함에 넣어 모신다. 또한, 깨끗한 백지로 망자의 지방과 옷을 혼백함에 함께 넣기도 하고, 사진으로 대신하기도 한다.

혼백은 마포 전폭을 길이가 한 자 세 치가 되도록 하여 접는데, 길이를 한 치 다섯 푼씩 여덟 겹으로 접으면 한 치가 남는다. 혼백 접는 법은 다음과 같다.

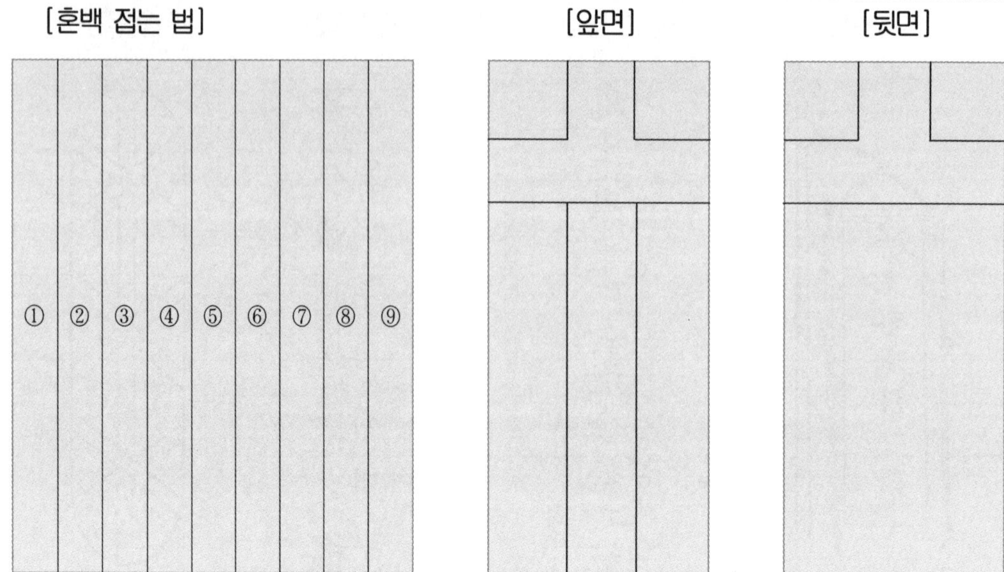

⊙ ①을 ②와 마주 닿게 접는다.
⊙ ③을 반으로 접는데 ③이 보이게 접어 ①의 뒷면으로 가도록 접는다.
⊙ ④를 접되 ④가 보이게 하여 ②의 뒤로 가도록 접는다.
⊙ ⑤의 중간을 접되 ⑤가 속으로 들어가게 접어서 ①의 뒷면으로 가서 ③과 마주 닿게 접으면 ⑤는 보이지 않게 된다.
⊙ ⑥과 ④가 마주 닿게 접으면 ⑥이 보이지 않게 된다.
⊙ ⑦을 접어서 ⑥의 뒷면에 붙이면 ⑦이 보인다.
⊙ ⑧은 ⑦과 마주 닿게 붙여서 접는다.
⊙ ④와 ⑥을 벌려 가로의 윗변을 한 치로 접은 다음에 ④와 ⑥에 붙도록 안으로 접는다.
⊙ ⑦과 ⑧의 사이를 벌리고 아랫변을 한 치로 접어서 ⑦과 ⑧이 붙게 안으로 접은 다음에 벌리기 전대로 접는다.
⊙ ⑨를 접어 ④의 아랫변과 윗변의 접은 것을 싸서 꽂는다.
⊙ 그림과 같이 위를 백지로 표시하되 ⑧의 뒷면이 앞으로 가게 한다.

혼백 접는 법은 이상과 같으며, 혼백 상자는 백지를 서너 겹으로 붙여서 밑바닥에 붙인 종이는 사방을 여섯 치로 하고, 높이는 5, 6푼 정도가 되게 한다.

혼백 상자의 앞에는 전(前)이라 쓰고 복판에 손잡이를 만든다.

4) 동심결(同心結)

동심결이란 두 고를 내고 맞죄어서 매는 매듭을 말하는데, 한 자 반 정도의 오색실을 합하여 실가락 한가운데를 손가락에 감아서 아래의 그림처럼 맨다.

[경사(慶事) 동심결 매는 법]

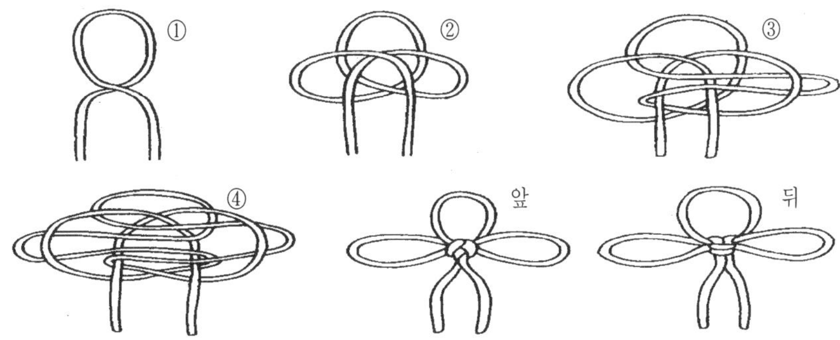

[흉사(凶事) 동심결 매는 법]

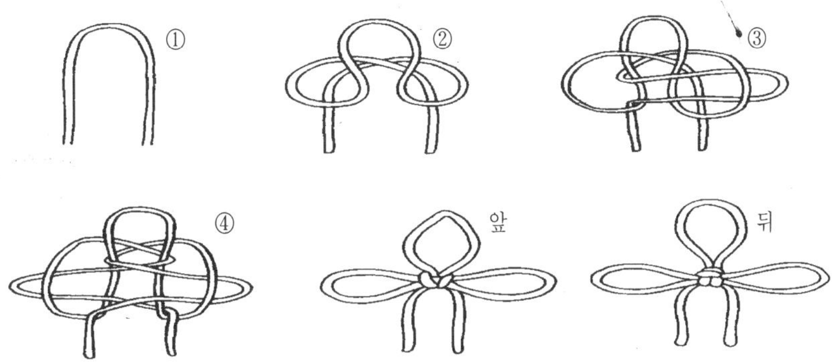

5) 공포(功布)

공포는 상여의 길잡이를 말하는데, 도로의 높고 낮음과 길이 좌우로 꺾일 때 이것으로 알린다.

공포

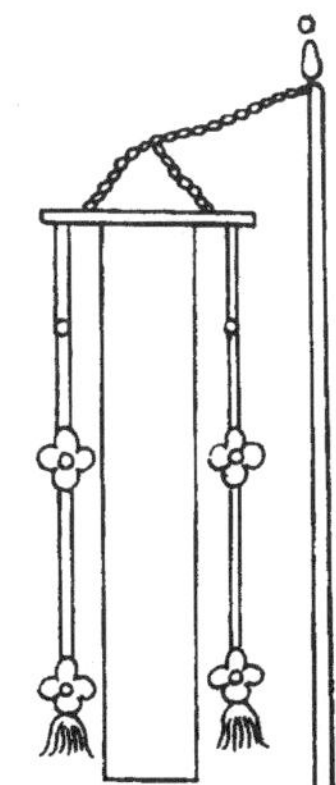

공포를 사상례(士喪禮)에서는 길이를 석 자로 하되 대공포로 한다고 되어 있다.

(7) 성복(成服)

상복을 입는 절차를 성복이라고 한다.

성복을 옛날에는 운명한 지 4일 만에 하는 것이 보통이었으나 오늘날에는 형편에 따라서 대렴한 다음날에 하고 있다.

상주 이하 내외 복인(內外服人)이 모두 상복을 입고 이른 아침에 상청(喪廳)에 나아가 곡을 하고, 남자는 영구의 동쪽에, 여자는 서쪽에서 서로 마주 서서 곡을 하고 조상(弔喪)한다.

그리고 조부와 백부와 숙부 앞에 엎드려 곡하고, 조모와 백모·숙모 앞에 나아가 곡하는데 여자도 함께 나아가 곡을 한다.

또한, 조전(朝奠)을 올릴 때 성복 제전(成服祭奠)을 아울러 올리기도 하고, 조상식(朝上食)에 겸하여 올리기도 하는데 대개는 상복 준비를 해야 하기 때문에 따로 성복 제전을 올린다.

성복 제전을 올릴 때는 집사가 혼백을 내어다가 교의에 모시고 제물을 차리며 향을 피운 다음에 술잔을 올리고, 아들과 사위·동생·조카의 순서대로 술잔을 올려 곡하며 재배를 한다.

상복은, 머리에는 두건 위에 상관(喪冠)을 쓰고 그 위에 수질을 두르고 깃두루마기를 입고, 요질을 띠고, 짚신을 신고, 장기(杖朞) 이상의 복인은 지팡이를 짚으며, 부인도 마찬가지로 치마·수질·요질·짚신·지팡이를 갖춘다.

모든 상복은 베로 만들고 수질과 요질은 삼끈을 꼬아 만들며 지팡이는 참최에는 대나무로 만들고 자최에는 오동나무나 버드나무로 만든다.

상복을 입을 사람이 어린아이일 때에는 건과 수질은 쓰지 않는다.

여기에서 참고할 점은, 성복 전에는 상인(喪人)은 누구에게도 절과 조례(弔禮)를 하지 않고, 성복제에는 축문도 읽지 않고 술잔도 한 번만 올린다.

특히, 소렴한 후부터는 조석전(朝夕奠)을 올리고, 대렴날부터는 조석곡(朝夕哭)을 시작하며, 성복일부터는 조석 상식(朝夕上食)을 생시처럼 3년 동안 올리는데, 소상을 지낸 뒤 부터는 조석곡을 하지 않는다.

(8) 복제도(服制度)

1) 참최

참최는 외간상(外艱喪) 때 3년 동안 입는 상복을 말하며 아버지 또는 아버지가 없을 때에는 조부(祖父)·증조부·고조부의 상을 당해도 복을 입는데, 이를 승중상(承重喪)이라고 한다.

또한 아버지가 아들의 상 때에 입는 복도 같다.

그러나 승중을 했어도 3년 동안 상복을 입지 못하는 경우가 있는데, 첫째는 적손(嫡孫)이라고 해도 고칠 수 없는 병이 있어서 사당에 제사를 지내지 못하는 사람이고, 둘째는 서손(庶孫)이 그 뒤를 이었을 때이며, 셋째는 서자(庶子)로 대를 잇게 했을 때 등이다.

복제도

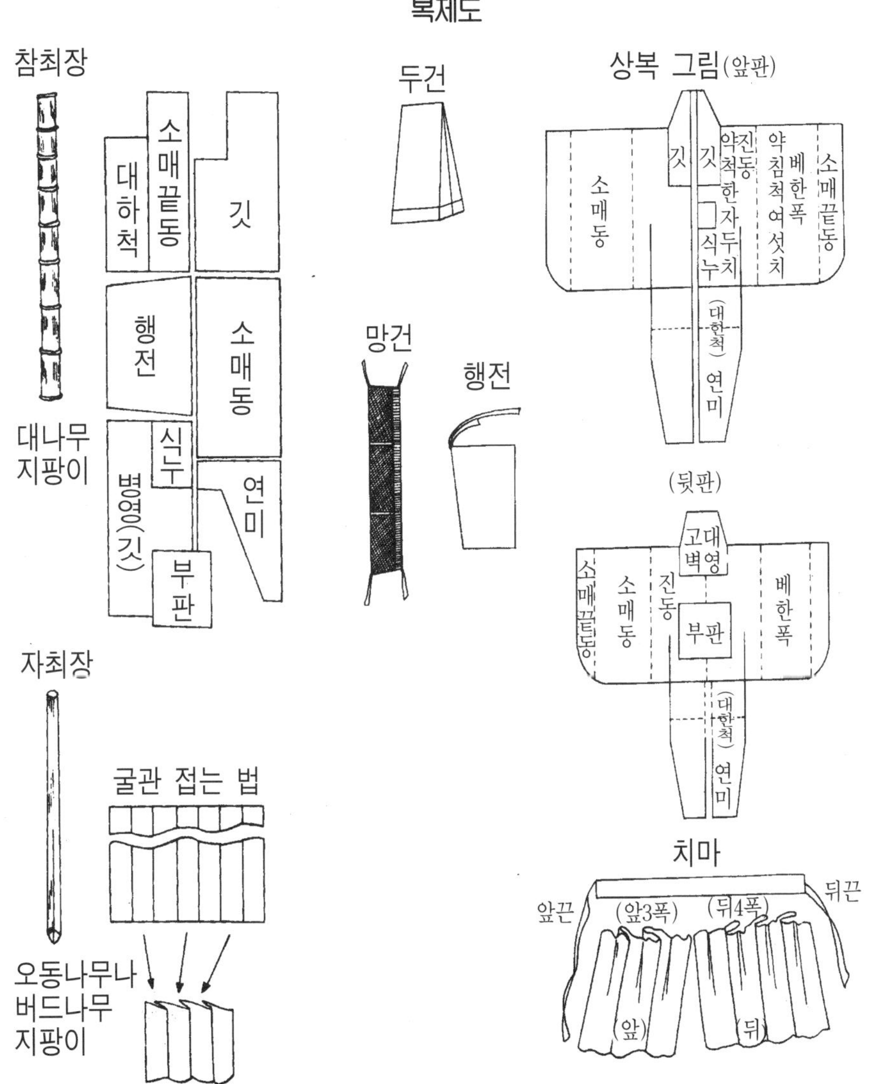

이것은 정복을 말하는 것이고, 며느리가 시어머니를 위하여 입거나 남편이 승중했을 때 따라서 입는 복은 의복(義服:복제가 없는 사람이 의리로 입는 친척이나 친지의 복)이라고 한다.

대복(代服)이란 아들이 아버지를 위해서 복을 입다가 소상 전에 죽으면 다시 그 아들이 소상 때부터 복을 받아 입는 것을 말한다.

참최의 상복은 거친 베로 만들되 아랫단을 접어서 꿰매지 않는다.

(喪冠=굴건)

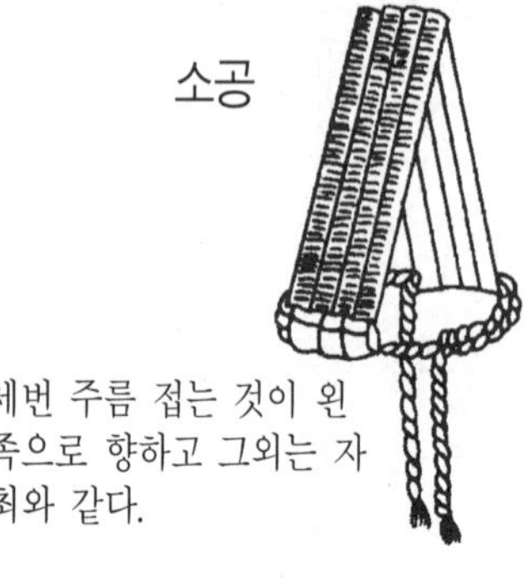

요질

수질

교대

2) 자최

자최는 보통 기년(朞年:한 해가 되는 돌)을 말하나 어머니가 세상을 떠났을 때는 자최 3년이라고 하여 삼년상을 치른다.

그렇지만 아버지가 생존해 있는데 어머니가 사망했거나 출가한 딸이 친정 어머니를 위해서, 또 서자가 자기 어머니를 위해서는 3년복을 입지 않는다.

또한 적손으로서 아버지를 여의었을 때, 조모・증조모・고조모를 위해서 승중한 사람의 어머니가 적자를 위해서도 마찬가지이다.

의복으로는 며느리가 시어머니를 위해서, 남편의 승중에 따라서, 남편의 계모를 위해서, 첩의 아들이 적모(嫡母)를 위해서, 계모가 장자를 위해서, 첩이 남편의 맏아들을 위해서도 3년복을 입지 않는다.

그리고 아버지가 세상을 떠난 지 3년 안에 어머니가 세상을 떠나면 기년만 복을 입고, 아버지의 복을 벗은 뒤에 어머니가 세상을 떠나야만 3년 동안 복을 입는다.

어머니가 아버지보다 먼저 세상을 떠났을 때에는 자최 1년으로 조부모의 1년상과 같다.

3) 장기(杖朞)

장기란 상장(喪杖)을 짚고 자최로 1년 동안 입는 상복을 말하는데, 적손으로서 아버지가 세상을 떠나고 조부가 생존해 있을 때 조모가 세상을 떠나면 그 상에 입는 상복이다.

승중을 했을 때는 증조모·고조모의 경우도 마찬가지이며, 계모와 적모를 위해서도 이와 같이 의복을 입으며, 며느리 또한 시아버지보다 시어머니가 먼저 세상을 떠나면 의복을 입는다.

4) 부장기(不杖朞)

자최만 입고 상장을 짚지 않는 한 돌 동안만 입는 상복을 말한다.

부장기는 조부모를 비롯하여 백숙부모·형제·중자(衆子)를 위해서, 형제의 아들과 고모·시집을 가지 않은 누이의 경우도 마찬가지이다. 그리고 시집을 갔더라도 남편이나 자식이 없을 때 입는다.

또한 여자가 남편 형제의 아들을 위해서, 첩이 본처를, 첩이 남편의 중자를 위해서, 시부모가 적부(嫡婦)를 위해서도 부장기를 입는다.

5) 대공(大功)

대공은 대공친(大功親), 즉 종형제와 종자매를 비롯하여 중자부·중손·중손녀·질부(姪婦)·남편의 조부모·백숙부와 백숙모 들의 상에 9개월 동안 입는 상복으로서 거칠고 가는 삼베로 만든다.

6) 소공(小功)

소공은 소공친(小功親), 즉 증조부와 증조모를 비롯하여 재종 형제·종질(從姪)·종손의 상에 5개월 동안 입는 복으로, 외조부·외조모·외숙·생질(甥姪)의 경우에도 이와 같다.

또 남편 형제의 손자·형제의 아내와 남편 형제의 상에도 역시 소공복을 입는다.

7) 시마

시마는 3개월 동안 입는 복으로서 종증조부를 비롯하여 종증조모·종조부의 형제와 자매·형제의 증손과 종조부·종조모를 위해서 입으며, 종형제의 자매·내종형제·외손에게도 이와 같다.

의복(義服)으로는 남편 형제의 증손과 남편 종형제의 아들과 손자·서모(庶母)·유모(乳母)·사위·장인·장모를 위해서도 입는다.

요절(夭折)한 사람의 복은 차례대로 등급을 낮추는데, 나이 8~11세 사이에 죽는 것을 하상(下殤)이라 하고, 12~15세 사이에 죽는 것을 중상(中殤), 16~19세 사이에 죽는 것을 상상(上殤)이라고 한다.

8세 미만에 죽는 경우에는 복이 없는 상(殤)이므로 곡만 하고 3세 미만에 죽으면 곡도 하지 않는다.

그렇지만 남녀가 혼례를 올렸을 때나 관계나 계례를 올렸을 때는 상으로 보지 않는다. 또한 양자(養子)로 간 남자나 시집간 여자가 친정 부모를 위한 복은 모두 한 등급을 낮추며, 친정 부모가 입어 주는 복도 역시 마찬가지이다.

8) 심상(心喪)

심상이란 상복을 입지 않고 3년 동안 마음 속으로 애틋해 한다는 뜻으로 원칙적으로는 스승의 상에 해당된다.

아버지가 살아 있을 때 어머니를 위해서나 적모(嫡母)·계모를 위해서, 개가(改嫁)한 어머니, 부모가 생존해 있을 때 자기를 길러 준 양부모를 위해서도 심상을 한다.

또 적손이 조부의 생존시 조모를 위해서, 증조모와 고조모, 남의 집에 양자로 들어간 사람이 친부모에 대해서, 며느리가 시아버지의 생존시 시어머니를 위해서, 첩에게서 태어난 아들의 아내가 남편의 적모를 위해서도 심상을 한다.

(9) 문상(聞喪)

상주될 사람이 객지에 있다가 부친상이나 모친상의 소식을 듣고 돌아오는 것을 말하는데, 부음(訃音)을 들으면 즉시 곡하고 사자(使者:부고를 가지고 온 사람)에게 절을 하고 흰 옷으로 갈아입은 다음에 집으로 돌아오며, 집에 도착해서는 곧바로 상복으로 갈아입고 시신 앞에 나아가 곡을 한다.

그 후 4일 만에 성복(成服)을 하는데, 만일 상사에 갈 수가 없는 형편일 때에는 영위(靈位)를 만들어 모시되 제물은 올리지 않고 성복을 한다.

만일, 집에 도착했을 때 이미 장례가 끝났으면 먼저 묘소(墓所)에 가서 곡과 절을 하며, 집으로 돌아오는 도중에 성복을 하지 못했으면 묘소 앞에서 옷을 갈아입고, 집에 가서 영좌 앞에 나아가 곡하고 절을 한다.

(10) 조석전(朝夕奠)과 상식(上食)

상중에는 아침에 조전(朝奠), 저녁에 석전(夕奠)을 올리고 아침저녁 식사 시간에는 상식을 올린다.

조석전과 상식을 올릴 때와 그 밖에도 때에 따라서 언제든지 곡을 하는데, 옛날에는 상가에서 곡하는 소리가 끊어져서는 안 된다고 했으나 요즈음에는 그러한 것을 금하고 있다.

초하루나 보름의 아침에는 삭망전(朔望奠)을 올리고, 해가 뜨면 조전, 해가 진 뒤에는 석전을 올린다. 조전이나 석전이 끝나면 음식을 치우고 술과 과일만 남겨 놓는다.

상식은 조전 의식과 같은데, 조전을 올린 뒤에 술잔만 거두고 다른 음식은 그대로 두었다가 다시 상식 음식을 올린다.

상식을 올릴 때에는 잔에 술을 따르고 밥그릇 뚜껑을 열어 삽시(插匙)하고 젓가락을 바르게 한 다음, 조금 있다가 국 대신 숭늉을 바꾸어 올려서 밥을 세 번 떠서 숭늉에 말고 숟가락을 걸친다.

그런 다음 잠시 읍하고 서 있다가 재배하고 상을 물린다.

석전도 조전과 똑같은데 석전을 올릴 때는 혼백(魂魄)을 영좌에 받들어 모시고 상주 이하 모든 사람들이 슬프게 곡한다. 또 새로운 음식이 있을 때는 천신(薦新)을 하는데, 햇곡식일 경우에는 반드시 해야 할 것이다.

3년 안에 천신함에 있어서, 오곡(五穀)일 때에는 밥을 지어서 상식으로 올리고 그 밖의 음식도 함께 상식에 올린다.

상식은 성복 후부터 올리며 진설(陳設)하는 것은 생시와 같다.

여기서 알아 둘 것은 소렴한 후부터는 조석전을 올리고, 대렴이 끝난 뒤부터는 조석으로 곡만 한다. 또한 성복한 날부터 대상(大祥)이 끝날 때까지 상식을 평상시처럼 아침저녁으로 올리고, 소상(小祥)을 지낸 뒤부터는 조석곡(朝夕哭)을 하지 않는다.

(11) 복을 입는 기간

오복의 범위는 고조에서 현손(玄孫)까지, 또는 일가 친척의 8촌까지의 범위를 말한다.

(12) 조상(弔喪)

조상이란 남의 상사(喪事)에 대하여 조객(弔客)이 상주에게 조의를 표하는 것을 말하는데, 전헌(奠獻)할 술과 과일, 제문(祭文)을 지니고 가서 방문한 뜻을 전하면 상주 이하는 모두 곡을 하고 호상이 나와서 조객을 맞이한다.

조객은 영좌 앞에 나아가 곡하고 재배(再拜)를 한 뒤 분향하고 술잔을 올리며 제문을 읽은 다음에 또다시 곡하면서 재배를 한다.

이렇게 예를 끝낸 후에는 조객과 상제가 마주 보고 곡을 하며 조객이 먼저 상제에게 절하면 상주가 답배(答拜)한다. 다음에는 조객이 상사(喪事)의 놀라움을 말하면 상주는 자신의 죄를 말하면서 머리를 조아리고, 조객이 상주를 위로하고 물러날 때에는 상주가 다시 곡을 하며 조객을 배웅한다.

그러나 오늘날에는 이것도 간소화되어 조객이 먼저 호상에게 통성명을 하고 들어가면 상주는 일어나 곡하는데, 이 때 조객은 영좌를 향해 곡하고 재배한 후에 다시 상주에게 절하고 위로의 말을 전한다.

조객이 상주보다 나이가 많은 경우에는 상주가 먼저 절하며 남자 조객은 적자(嫡子)가 맞이하고 여자 조객은 적부(嫡婦)가 맞이한다.

조상은 본디 성복(成服) 후에 하도록 되어 있고, 성복 전에는 가까운 일가 친척이나 직장인의 경우 윗사람의 명을 받고 온 조객의 조문을 받는다.

망자와 생시에 모르고 지냈거나 여자인 경우에는 빈소(殯所)에 들어가 절하지 않고 상주에게만 인사하며, 내간(內艱)에는 가까운 일가 친척이 아니면 빈소에 들어가지 않고 역시 상주에게만 인사를 하나, 할머니 또는 어머니의 나이가 많았을 때의 내간에는 이러한 내외법을 따르지 않아도 된다.

1) 곡(哭)하는 요령

상주는 '애고, 애고' 하면서 몹시 슬프게 곡을 하고, 조객은 '어이, 어이' 하면서 소리를 내어 곡한다.

2) 인사하는 요령

조객이 통성명을 하고 나면 상주 이하가 자리에 나아가 영좌 동남쪽에 서서 곡을 하며 기다린다. 호상이 나아가 맞이하면 조객이 들어와 상주에게 읍하고 '상사란 웬 말이오', '얼마나 상심되십니까', '얼마나 망극하오' 하고 인사를 한다.

이 때 조객은 진실한 마음으로 상주를 위로하고 장지와 일의 처리를 자세히 물어보는 등의 친절한 태도가 좋고, 상주 또한 진실한 마음으로 답변해야 한다.

조객과 상주와의 대화는 대개 다음과 같은 식으로 이어진다.

❶ 존장(尊長)과의 대화

조객 : 병환이 위중하시더니 상사까지 당하셔서 얼마나 망극하십니까.

상주 : 시탕 한 번 제대로 효성스럽게 수발해 드리지 못해 불효한 죄가 큽니다.

조객 : 항상 객지에 나가 계시다가 상사를 당하여 더욱 망극하시겠습니다.

상주 : 일에 시달려서 봉양 못한 것이 한이더니 또다시 이런 불효를 저질러서 몸 둘 곳을 모르겠습니다.

※ 시탕(侍湯):부모의 병환에 약시중을 하는 일.

❷ 상처(喪妻) 때의 대화

조객 : 상주께 인사 드릴 말씀이 없습니다.

상주 : 상봉하솔에 눈앞이 캄캄합니다.

조객 : 얼마나 섭섭하시겠습니까.

상주 : 자식들을 생각하니 심정이 괴롭습니다.

※ 상봉하솔(上奉下率):웃어른을 받들고 아랫사람을 거느림.

❸ 부상(夫喪) 때의 대화

조객 : 상사에 여쭐 말이 없습니다.

상주 : 꿈을 꾸는 것만 같고 앞으로 살아갈 일이 걱정입니다.

조객 : 천붕지통이 오죽이나 하시겠습니까.

상주 : 제가 박복하여 아까운 장부가 요절한 것이 한입니다.

※ 천분지통(天崩之通):상사를 당해 하늘이 무너지는 듯한 슬픔.

❹ 어린 사람이 죽었을 때

조객 : 얼마나 마음이 아프십니까.

상주 : 인사받기가 부끄럽습니다.

조객 : 참척을 보시니 오죽이나 비감하시겠습니까.

상주 : 가문이 좋지 못해 이런 일을 당하니 할말이 없습니다.

※ 참척(慘慼):아들딸이나 손자 손녀가 어른들보다 앞서 죽음.

❺ 형제(兄弟)의 상을 당했을 때

조객 : 얼마나 마음이 아프십니까.

상주 : 동고동락하다가 먼저 가니 말문이 막힐 뿐입니다.

조객 : 중씨(仲氏)의 상을 당하여 얼마나 애통하십니까.

상주 : 부모님께 죄를 지은 것 같아 죄송할 따름입니다.

조객 : 무엇이라고 말씀 드릴 수가 없습니다.

상주 : 저 역시 드릴 말씀이 없습니다.

3) 부의금(賻儀金)

부의금을 상가(喪家)에 보낼 때는 단자(單子)를 써서 봉투에 넣어 보낸다. 만일 단자를 쓰지 않았을 때에는 봉투의 표면에 물목을 적으며, 조물(弔物)은 물품을 따로 싸고 단자만 봉투에 넣어 함께 보낸다.

부의금을 보낼 때 초상(初喪)이면 근조(謹弔)·조의(弔儀)·부의(賻儀)·향촉대(香燭代)라 쓰고 소상(小祥)이나 대상(大祥) 때에는 향전(香奠)·비의(菲儀)·비품(菲品)·전의(奠儀)라고 쓴다.

부의금을 보낼 때의 단자 서식은 다음과 같다.

[한자의 예1]

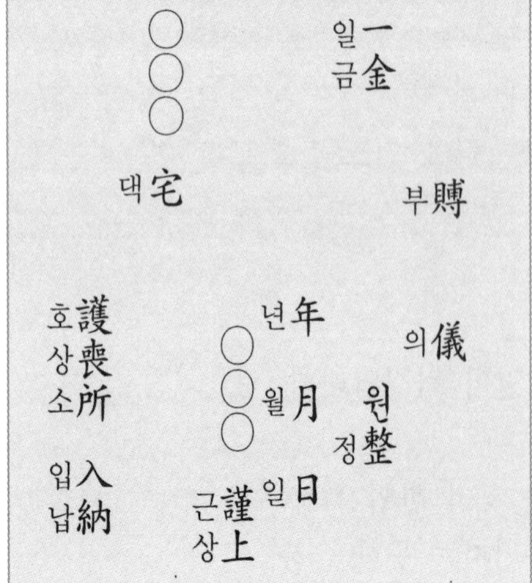

[한자의 예2]

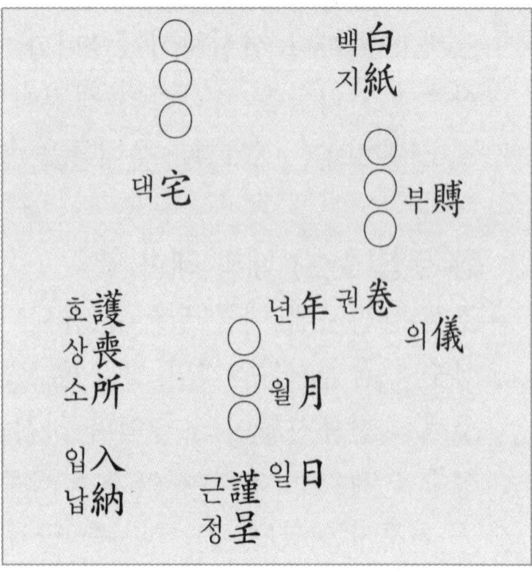

봉투만 사용할 때

부의(賻儀)
○○○ 댁(宅) 호상소(護喪所) 입납(入納)
(일금(一金) 원정(원整))

단자 봉투

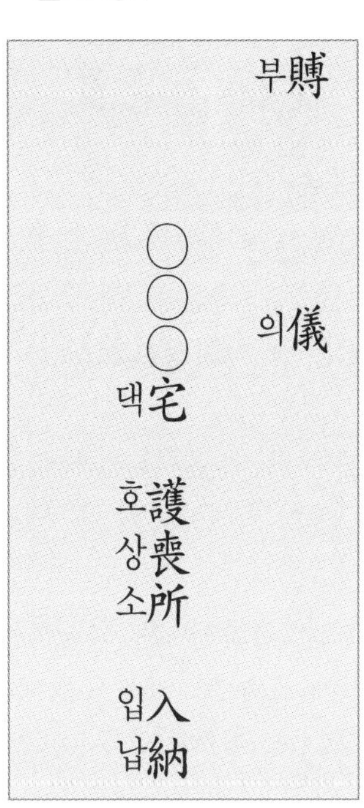

한글의 예

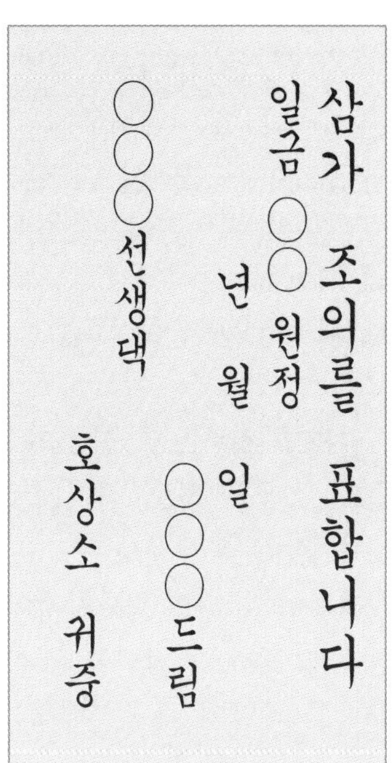

(13) 영결식(永訣式)

영결식이란 장례 때에 친지가 모여 망자와 영원히 이별하는 의식을 말한다.

1) 치장(治葬)

치장은 장지로 가서 장사지내는 절차를 말한다. 치장을 하기 위해서는 먼저 영결식을 하기 전에 장사를 지낼 만한 땅을 골라 산역(山役:무덤을 만드는 공사)을 하고 다듬어야 한다.

상주 이외의 자녀 중에서 한 사람이 장사지낼 곳에 가서 시신을 평안히 모실 수 있는가를 살펴서 정하는데, 땅은 두껍고 물이 없는 곳을 골라야 한다.

또한 도로가 날 곳인가 아닌가, 건물이 들어설 곳인가 아닌가, 묘지가 파일 염려는 없는가, 세력이 있는 사람에게 묘지를 빼앗길 자리는 아닌가, 이후에 농토로 변할 자리는 아닌가를 자세히 살펴서 장지를 결정한다.

장지가 결정되면 장사지낼 날짜를 정하고 이를 친척과 친지들에게 미리 알리고, 조전(朝奠) 때에 영연(靈筵)에 고한다.

영연에 고하는 고사(告辭)는 다음과 같다.

[영연에 고하는 고사]

今已得地於	某郡	某面	某里	某座之原	將以
금 이 득 지 어	모 군	모 면	모 리	모 좌 지 원	장 이
某月	某日	養奉	敢告		
모 월	모 일	양 봉	감 고		

[해설] 이미 땅을 ○○고을 ○○마을 ○○좌향판에 얻어서 장사지내겠음을 아뢰옵나이다.

날짜를 정했으면 산소의 공사를 시작하고 사토제(祠土祭)를 지내는데, 이 날은 상주가 조곡을 하고 집사(執事)를 데리고 가서 묘지 자리에 네 귀퉁이를 파고 각각 표목(標木)을 세운다.

이것이 끝나면 먼 친척이나 손님 중에서 한 사람을 골라 후토(后土), 즉 토지의 신에게 고하고, 집사가 표목 중간에 신위를 남쪽으로 설치하면 축관은 술잔에 술을 따르고 과일과 포・식혜를 진설하는데 이 때 상주는 참여하지 않는다.

2) 광중(壙中)

광중이란 시신을 묻는 무덤의 구덩이를 말하는데, 광중을 팔 때에는 금정틀(무덤을 팔 때 구덩이의 길이와 넓이를 정하는 데 쓰는 나무틀)을 땅에 놓고 시작한다.

먼저 나무 네 개를 정(井)자 모양으로 만든 다음에 관의 척수(尺數)를 헤아려 반듯하게 놓고 그 모양대로 땅을 판다.

이 때 금정틀 네 귀퉁이에다 말뚝을 박아 고정시켜 놓고 광중을 다 판 다음에는 석회에 모래를 혼합(混合)하여 관이 들어갈 만큼 발라서 곽처럼 만든다.

[토지신에게 고하는 축문]

維歲次乙丑三月丙申朔初八日甲戌 某官 姓名
유 세 차 을 축 삼 월 병 신 삭 초 팔 일 갑 술 모 관 성 명

土地之神 今爲 處士(學生 또는 某官) 羅州羅公
토 지 지 신 금 위 처 사 학 생 모 관 나 주 나 공

營建宅兆 神其保佑 俾無後艱 謹以 清酌脯果(醯)
영 건 택 조 신 기 보 우 비 무 후 간 근 이 청 작 포 과 혜

祗薦于 神尙
지 천 우 신 상

饗
향

[해설] 을축년 삼월 초팔일 ㅇㅇ는 토지신에게 감히 고하나이다. 이제 나주 나공의 묘를 마련하오니 신께서 도우셔서 뒷날 어려움이 없도록 해 주시기 바라옵고 맑은 술과 포과(또는 식혜)를 올리오니 흠향하옵소서.

모래를 혼합하여 관이 들어갈 만큼 발라서 곽처럼 만든다.

부부의 시신을 함께 묻을 때에는 남자의 자리는 왼쪽, 여자의 자리는 오른쪽으로 하는데, 관의 길이가 틀리면 머리 쪽을 나란히 한다.

합장(合葬)은 처음 혼례를 올린 여자와만 할 수 있고, 재취(再娶)는 따로 묻어야 한다.

선영(先塋)의 묘 근처에 묘를 쓸 때에는 선영의 묘에 먼저 제사를 지내며, 조상이 여러 사람이면 그 중에서 제일 위의 선영에만 술·과일·포·식혜를 진설하고 축문을 올리는데, 이를 동강선영축(同岡先塋祝)이라고 한다.

[동강선영축문(同岡先塋祝文)]

維歲次干支 幾月干支 幾日干支 孤子 某(奉祀者名)
유세차간지 기월간지 기일간지 고자 모 봉사자명
敢昭告于
감소고우
顯考某官府君之墓 今爲 某官府君 營建宅兆于
현고모관부군지묘 금위 모관부군 영건택조우
某所 謹以 酒果用伸 虔告謹告
모소 근이 주과용신 건고근고

[해설] ㅇㅇ해 ㅇㅇ달 ㅇㅇ날 ㅇㅇ일가의 ㅇㅇ는 감히 ㅇㅇ일가 ㅇㅇ벼슬한 분의 묘를 쓰기로 하여 술과 과일을 차려 놓고 아뢰옵니다.

한편, 아버지의 묘에 어머니를 합장할 때에는 고사(告辭)를 써서 장례 전날에 고하며, 어머니의 묘에 아버지를 합장할 때에도 똑같다.

[아버지의 묘에 어머니를 합장할 때]

維歲次丙子一月丙寅朔初八日癸酉 孤哀子 某
유세차병자일월병인삭초팔일계유 고애자 모

敢昭告于
감소고우

顯考處士(學生)府君之墓 今以先妣孺人光山金氏
현고처사 학생 부군지묘 금이선비유인광산김씨

將於乙丑 三月 初九日 行 合葬之禮 不勝感痛
장어을축 삼월 초구일 행 합장지례 불승감통

敢伸虔告
감신건고

[해설] 이제 돌아가신 어머님을 앞으로 을축년 삼월 초구일에 아버님 묘에 합장하는 예를 행하겠사옵기에 비통함을 이기지 못하여 감히 아뢰옵나이다.

3) 지석(誌石)

지석이란 두 개의 돌을 다듬어서 한 개는 밑돌, 또 한 개는 덮는 돌을 말한다. 지석은 미리 준비해 두었다가 장사를 지내는 날 광중 앞에 가까운 곳에 묻는다.

지석의 밑돌은 지저석(誌底石)이라 하고 덮는 돌을 지개석(誌蓋石)이라 하는데, 봉분할 때에 묻는 것은 후손에게 선대의 묘에 대한 후환을 없게 하기 위해서이다.

[지개석에 새기는 글]

某官某公諱某之墓
모관모공휘모지묘

[지저석에 새기는 글]

某官 某公諱某 字某 某郡某洞人 考諱某 母某氏
모관 모공휘모 자모 모군모동인 고휘모 모모씨

某封 某年月日生 經歷 某年月日 終某年月日
모봉 모년월일생 경력 모년월일 종모년월일

葬于 某鄉 某里某處 娶某氏 某人之女 子男某
장우 모향 모리모처 취모씨 모인지녀 자남모

某官 女適某官某人
모관 여적모관모인

[부인의 지개석에 새기는 글]

某官 姓名 某封某氏之墓 모관 성명 모봉모씨지묘

[부인의 지저석에 새기는 글]

敍年若干 適某氏 因夫子 致封號 서년약간 적모씨 인부자 치봉호

4) 천구(遷柩)

천구란 빈소에서 영구를 대청으로 옮기는 것을 말한다.

천구는 발인(發靷) 전날의 조전 때 천구할 것을 고하는 청천구우청사(請遷柩于廳事:관을 대청으로 옮기게 됨을 미리 알립니다)라는 천구취청사축(遷柩就廳事祝)을 읽은 다음 영구를 받들고 사당에 가서 뵙고 마루로 옮겨 대곡(代哭)을 시킨다.

이 때 오복을 입을 친척들은 모두 한자리에 모여서 자기가 입을 상복을 각각 입고 제자리에 나아가서 곡을 한다.

천구할 시자들이 들어오면 여자 상제들은 자리를 피하고 상주와 상인들은 모두가 서서 지켜 본다.

축관(祝官)이 혼백을 받들고 먼저 사당 앞으로 가면 집사는 제물을 갖다가 진설

하며, 다음으로 명정(銘旌)이 따르고 일꾼들이 영구를 운반하여 모시는데, 이 때 상주와 상인들이 모두 곡을 하면서 그 뒤를 따른다.

천구할 때는 영구 대신 혼백으로 해도 되며, 이 때에는 제물(祭物)이 앞에 가고, 그 다음에는 명정, 혼백이 뒤를 따르며 사당 앞에 북쪽을 향하여 혼백을 자리 위에 놓는다. 영구를 다시 옮길 때는 집사가 마루에 포장을 치며 왼쪽으로 돌아서 영구를 자리 위에 모실 때 시신의 머리는 남쪽으로 향하게 한다.

축관이 영좌를 마련하고 영구 앞에 제물을 올릴 상을 준비하고 나면 상주와 상인들은 제 자리에 가서 앉아 곡을 한다. 조전(祖奠)은 해가 진 뒤에 올리는데 조전은 발인 전날 저녁에 지내는 의식으로 조전(朝奠)처럼 지낸다.

조전은 저녁 상식을 올린 뒤에 지내며 저녁 상식과 겸해서 지내기도 하는데, 제상(祭床)을 마련하고 상주가 분향 재배한 다음 축관이 조전축(祖奠祝)을 읽고 제자리에 돌아오면 조전제에 참석한 사람들은 모두 곡을 하고 재배한다.

[조전축(祖奠祝)]

永遷之禮	靈辰不留	今奉柩車	式遵祖道
영천지례	영신불류	금봉구거	식준조도

[해설] 영원히 가시는 예이옵니다. 좋은 때가 머무르지 아니하여 상여를 받들겠사오니 길을 인도 하시옵소서.

(14) 발인(發靷)

상여(喪輿)가 새벽에 사당을 하직하고 집에서 떠나는 절차로, 명정이 앞서고 혼백이 뒤를 따르며 상주와 상인이 곡하면서 사당 앞에 나아간다.

그런 다음에는 깨끗한 자리나 상(床)을 마련하여 혼백을 모시고 복(服) 순서대로 들어가서 곡을 한 후에 혼백과 명정을 받들고 나온다.

제례(祭禮)를 집행하는 집사는 조전제가 끝나면 제상을 치우고 축관이 천구취여축(遷柩就輿祝)을 읽는다. 이 축문은 망자의 시신을 사여에 싣는 절차로 발인 직전 영구를 실으려고 할 때 영구 앞에서 축관이 북쪽을 향해 무릎을 꿇고 '금천구취여감고(今遷柩就輿敢告)' 라고 읽는데, 망자가 처이거나 아우 이하일 때에는 감고(敢告)라 하지 않고 자고(玆告)라 한다.

천구 취여축의 낭독이 끝나면 영좌를 옮기며 집사는 혼백을 받들고 나가고 망자의 친척들이나 상례객들은 의자나 탁자, 향합 등을 들고 나가며 부인들은 장막 안에서 곡을 한다.

이 때 상여꾼들이 상여에 관을 싣는데, 상주는 곡을 하며 관이 제대로 실려지는가를 살펴보아야 하고, 집사는 관 앞에서 영좌를 옮긴 다음에 혼백을 모신다.

이것이 끝나면 견전례(遣奠禮)를 드리고 견전례가 끝나면 상여가 장지를 향해 떠난다.

옛날에는 발인 때에 대여(大輿)를 사용했으나 가난한 사람에게는 대여 사용이 어려웠으므로 풍속에 따라 상여를 많이 사용했고 요즈음에는 거의 영구차(靈柩車)를 사용하고 있다.

발인할 때에는 맨 앞에 방상시(方相氏)를 세우고 그 다음에는 명정, 영거, 상여의 순서로 하며, 상여 앞에는 공포(功布)가 서고 옆에는 불삽이나 운삽을 세운다.

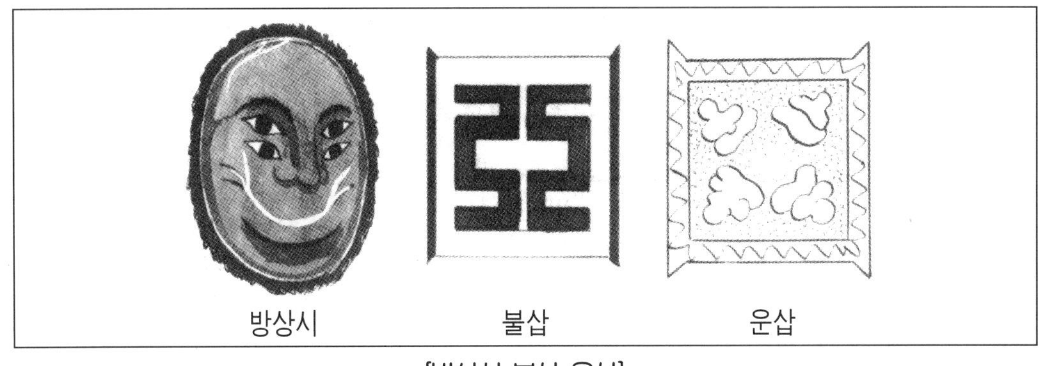

[방상시 불삽 운삽]

방상시란 초상 때 묘지에서 창을 들고 네 귀퉁이를 지키는 데 쓰이고, 공포는 관을 묻을 때 관을 닦는 데 쓰이며 흰 무명 석 자로 만들고 명정처럼 대나무에 매단다.

삽은 본디에는 깃털로 만들었으나 그것이 변하여 네모진 화포(畵布)에 다섯 자 길이의 자루가 있고 긴 털로 장식하며, 대부(大夫)는 불삽을 쓰고 대부 이상은 운삽을 사용했다. 신주(神主)는 밤나무로 만들고 궤는 검은 옻칠을 한다.

(15) 견전(遣奠)

견전이란 영구가 떠날 때 지내는 제사를 말한다.

영구를 상여에 옮기고 혼백을 영좌에 모신 다음 제상에 조전 때와 같이 제수(祭需)를 차려 놓는다.

축관이 향을 피우고 술 한 잔을 따라 올린 후 무릎을 꿇고 고사(告辭)를 읽고 나면 상주 이하는 모두 곡을 하고 재배한다.

견전례는 요즘의 영결식과 같은 의식으로서 축관이 혼백을 모시고 따로 신주를 받들어 혼백 뒤에 놓는다. 이 때 상주 이하는 모두 슬프게 곡하고 영구가 떠나면 방상시가 앞에서 길을 인도한다.

영구가 떠날 때는 명정·공포·만장(輓章)·요여(腰輿: 장사를 지낸 후 혼백과 신주를 모시고 돌아오는 작은 가마)·요여 배행·영구·영구 시중·상인·복인·조객의 순서로 떠난다.

요여 배행은 복인이 아닌 친척이 배행하는 것이 보통이며, 복인이 배행할 때에는 건과 행전을 벗고 따르는 것이 원칙이다. 영구 시중은 예법상 망자의 조카나 사위들이 하게 되어 있다.

[견전 축문(遣奠祝文)]

靈	旣駕	往卽幽宅	載陳遣禮	永訣終天
영	이기가	왕즉유택	재진견례	영결종천

[해설] 상여를 메게 되었사오니 다음은 곧 무덤에 이를 것이옵니다. 보내는 예를 베푸오니 영원히 이별하심을 아뢰옵나이다.

만장은 망자를 애도하는 뜻에서 글을 지어 보내는 것으로 만사(萬事)라고도 하며, 만장 첫머리에는 근조(謹弔)라 쓰고 끝에는 자기의 본관(本貫)과 후인(後人) 다음에 성명을 쓴다(예:金海 後人 金吉泳 哭再拜)

[일반적인 만장]

證場人生 一夢場 父老孩提 永訣地
증 장 인 생 일 몽 장 부 로 해 제 영 결 지

奈何敢忍 送斯行 薤歌呼哭 總悽涼
내 하 감 인 송 사 행 해 가 호 곡 총 처 량

[해설] 인간 세상이 꿈길 같다는 것은 알고 있었으나 그대를 만나지 못할 것을 생각하니 꿈만 같구려. 모두가 나서서 영결하니 상여소리와 울음소리와 슬픈 눈물이 바다를 이루는구나.

[친구에 대한 만장]

少時修習 每同筵 無斷忽然 仙化去
소 시 수 습 매 동 연 무 단 홀 연 선 화 거

晩境詼諧 相老年 送君揮淚 夕陽天
만 경 회 해 상 노 년 송 군 휘 루 석 양 천

[해설] 어렸을 때는 언제나 자리를 함께하여 공부했고 늙바탕에는 서로가 늙은이라고 농담했더니 홀연히 한 마디 말도 없이 간다는 말인가. 그대를 보내고 눈물만 흘리고 있는데 어느 사이에 해는 저물어서 어두워졌구나.

[스승에 대한 만장]

吾輩 嗟無福 道與 斯人去
오 배 차 무 복 도 여 사 인 거

先生 奄九泉 言空 百世傳
선 생 엄 구 천 언 공 백 세 전

[해설] 우리들이 복이 없어 선생님이 돌아가셨습니다. 도덕은 선생님과 함께 세상에서 사라지는 것 같으니 오랜 세대에 걸쳐 인간의 도리를 전해 줄 사람이 과연 누구이겠습니까.

(16) 운구(運柩)

장지(葬地)가 멀거나 상주 등이 병으로 인하여 걸어갈 수 없을 때에는 수수한 수레나 못생긴 말, 혹은 당나귀를 타고 가기도 하는데, 장지의 앞 3백 보쯤에서 내린다.

상여로 운구할 때 장지까지 이르는 도중에 노제(路祭)를 또 지내는데 이를 거리제라고도 하며 망자의 친척이나 친지 중에서 뜻이 있는 사람이 조전자(弔奠者)가 되어 제물을 마련했다가 지낸다.

이 때는 운구 도중에 적당한 장소에 장막이나 병풍 등으로 제청(祭廳)을 마련하여 상여를 모시고 그 앞에 제물을 진설한 다음 상주 이하 여러 복인들이 늘어서면 조전자가 분향하고 술잔을 올린다.

이어서 제문(祭文)을 읽고 절을 올리며 곡을 하는데, 이 때 다른 사람들도 재배하며 곡한다. 장지가 멀 경우에는 쉴 때마다 영좌를 영구 앞에 설치하고 곡하며 전을 올려야 하고, 밥을 먹을 때마다 상식을 올려야 한다.

집사는 장지에 영구가 이르기 전에 장지에 먼저 영악(靈幄)을 마련하고 먼저 온 조객들을 머무르게 한다.

영구가 묘지에 도착하면 집사는 급묘를 설치하는데, 영악이나 차일 안에 병풍을 둘러친 다음에 영구를 안치한다. 혼백은 영좌상에 모셔야 하며 영구의 외결관(外結棺)을 풀고 굄을 놓으며 공포로 관을 닦는다.

또 구의(柩衣)로 관을 덮은 다음 집사는 명정을 관에서 풀어 관 위를 덮고 영좌 앞에다 술과 과일, 포를 진설하면 상주는 곡을 해야 하고 조객이 있으면 상주는 조문을 받는다.

(17) 하관(下棺)과 봉분(封墳)

하관하기 전에 상주와 복인들은 한 차례 곡을 하고 곡이 끝나면 시간과 좌향(坐

向:묏자리나 집터 등의 등진 방위에서 정면으로 바라보이는 방향)을 잘 맞추어 하관하며, 상주 형제들은 하관이 제대로 되는가를 자세히 살펴야 한다.

이 때에는 관이 기울거나 움직이 않게 조심해야 하며 하관이 바르게 되었으면 설면자(雪綿子)나 공포로 관을 깨끗이 닦고 구의와 명정을 가지런히 정돈하여 관 한 복판에 덮는다.

설면자란 풀솜으로써 고치를 삶아서 늘여 만든 솜을 말하며, 불삽과 운삽은 광중 양쪽에 기대어 둔다.

그런 다음 집사가 현훈을 상주에게 주면 상주는 그것을 받아서 축관에게 준다. 축관은 이것을 받들고 광중에 들어가 현은 관의 동쪽 위에, 훈은 관의 서쪽 아래에 바친다. 현훈이란 산신에게 드리는 폐백으로서 현은 검은 비단이고 훈은 붉은 비단이며 이것을 색실로 묶되 동심결로 묶는다.

상주 이하 모든 사람이 목놓아 슬피 운 다음 재배가 끝나고 처음으로 석회(石灰)를 넣을 때는 관 위에 횡판(橫板)을 놓아 석회가 관에 닿지 않게 하고, 백회(白灰)로 관 위를 채운다.

그리고 상주는 두루마기나 상복 자락에 깨끗한 흙을 담아 민저 넣는데, 이 때 관의 위아래와 좌우로 뿌리면서 '취토(取土)' 하고 세 번 외친다.

광중에 흙을 메울 때는 한 자쯤 메우고 다진 다음 지석(誌石)을 묻고 봉분한다.

봉분이 끝날 때쯤에는 묘의 왼쪽에 제사지낼 자리를 베풀어 평토후사토지지신축(平土後祀土地之神祝)을 읽고 산신제(山神祭)를 지낸다.

한편, 지석을 묻을 때는 묘가 평지에 있으면 광중의 남쪽 가까운 곳에 묻고 묘가

가파른 산기슭에 있으면 광중의 남쪽에서 몇 자 떨어지 곳에 땅을 4,5자 파고 묻는다.

만일 벽돌을 지석으로 사용할 경우에는 석함(石函)에 넣어 묻거나 궤(櫃)에 넣고 4면을 석회로 발라 묻는다.

신주를 준비했으면 광중에 흙을 다 메우기 전에 신주에 글씨를 쓰는데, 아버지일 때는 '현고학생부군신주(顯考學生府君神主)' 라 쓰며, 어머니일 때는 '현비유인김해김씨신주(顯　　孺人金海金氏神主)', 아내일 때는 '망실(亡室)', 서자의 어머니일 때는 '망모(亡母)' 라 쓰며, 망자가 상주의 손아랫사람으로서 여자이면 '현(顯)' 자 대신 '망(亡)' 자를 쓰며 남자이면 '부군(府君)' 을 쓰지 않는다.

[평토후사토지지신축(平土後祀土地之神祝)]

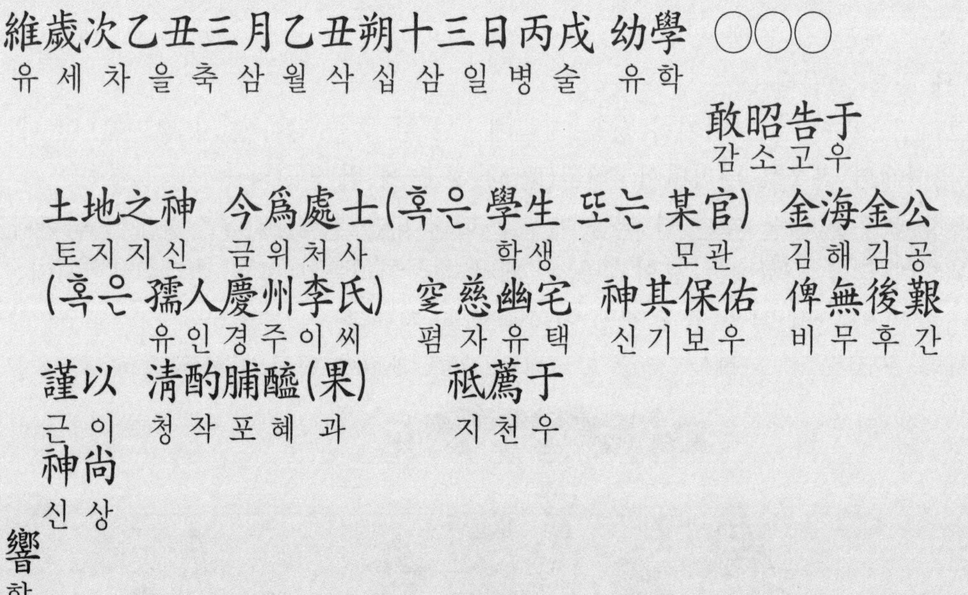

維歲次乙丑三月乙丑朔十三日丙戌 幼學 ○○○
유 세 차 을 축 삼 월 삭 십 삼 일 병 술 유 학

敢昭告于
감 소 고 우

土地之神 今爲處士(혹은 學生 또는 某官) 金海金公
토 지 지 신 금 위 처 사 학 생 모 관 김 해 김 공

(혹은 孺人慶州李氏) 窆慈幽宅 神其保佑 俾無後艱
유 인 경 주 이 씨 폄 자 유 택 신 기 보 우 비 무 후 간

謹以 淸酌脯醯(果) 祗薦于
근 이 청 작 포 혜 과 지 천 우

神尙
신 상

饗
향

[해설] 을축년 삼월 십삼일 유학 ○○○는 감히 고하옵니다. 토지신이시여 이제 김해 김공(혹은 유인 경주 이씨)의 묘를 마련하오니 신께서 도우셔서 뒤에 어려움이 없도록 도와주시기 바라옵고 맑은 술과 포혜(과)로서 올리오니 흠향하옵소서.

신주를 쓸 때에는 집사가 먼저 영좌의 동남쪽에 책상과 벼루, 붓을 마련했다가 글씨를 잘 쓰는 사람을 택하여 손을 씻고 쓰게 한다.

신주가 다 써졌으면 축관이 신주를 받들어 영좌에 모시고 혼백은 상자에 넣어 그 뒤에 놓고 평토제를 지낸다.

(18) 평토제(平土祭)

신주가 완성되면 평토제를 지내는데, 제수를 진설하고 상주 이하 모두가 무릎을 꿇고 앉으면 집사가 분향하고 술을 올리며, 축관이 축문을 읽을 때는 상주 이하 모두가 곡하고 재배한다.

축문은 망자와 상주와의 관계에 따라서 그 내용이 각각 다르며 아버지의 상일 때에는 고자(孤子)라고 한다.

그 밖에 어머니의 상에는 애자(哀子), 부모가 모두 돌아가시면 고애자, 처의 상에는 부모(夫某)라 하고 감소고우(敢昭告于)는 소고우(昭告于)라 한다.

[평토제 축문]

維歲次戊寅五月乙未朔十二日丁未 孤子 某
유세차병인오월을미삭십이일정미 고자 모
敢昭告于
감소고우
顯考學生(또는 某官) 府君 形歸窀穸 神(魂)返室堂
현고학생 모관 부군 형귀둔석 시 혼 반실당
神主旣成 伏惟尊靈 舍舊從新 是憑是依
신주기성 복유존령 사구종신 시빙시의

[해설] 무인년 오월 십이일 고자 모는 삼가 아버님께 아뢰옵니다. 형체는 광중으로 돌아가시고 혼은 집으로 돌아가시옵니다. 신주를 이미 모셨사오니 삼가 생각하옵건대 존령께서는 옛집과 새로 마련한 이 곳에 의지하시옵소서.

그리고 손아랫사람일 때는 감소고우를 고우(告于), 복유존령(伏惟尊靈)을 유령(惟靈)이라고만 한다. 또한 신주가 없을 경우에는 신주기성(神主旣成) 대신 신주미성(神主未成)이라 한다.

평토한 뒤에는 금정틀 안에 숯가루나 석회를 조금 뿌려 두는데, 그 까닭은 다음에 혹 묘를 고치거나 합장(合葬)할 때에 참고로 하기 위해서이다.

부부를 합장할 때 남자는 왼쪽, 여자는 오른쪽에 모셔야 하고, 후실(後室)은 별도로 묘를 써야 하는 것이 원칙이다.

고위(考位:돌아가신 아버지로부터 각 대의 할아버지 위)와 비위(位:돌아가신 어머니로부터 각 대의 할머니 위)의 관의 길이가 같지 않을 때는 관의 머리를 맞추어 안장한다.

봉분을 할 때에는 묘의 한가운데에 푯말을 세우고 노끈을 묶어 한쪽 끝을 잡고 묘의 주위를 돌아 지름이 16, 17자, 합장일 때에는 20여 자가 되게 봉분터를 잡는다.

비석(碑石)을 따로 세울 경우 부인은 남편의 장례를 기다렸다가 그 후에 세운다.

비석은 좋은 돌을 가려서 세우되 길이는 석 자쯤으로 하고 너비는 한 자쯤으로 하며 두께는 너비의 3분의 2쯤이 알맞다.

비석에 쓰는 글은 지석에 쓰는 글과 동일하나 다만 합장일 경우에는 다른 줄에 '모봉모씨부좌(某封某氏祔左)' 라 쓴다.

비석 외의 석물(石物)로는 혼유석(魂遊石)과 묘 앞에 제물을 차려 놓는 상돌, 향로를 올려놓는 향로석(香爐石), 묘 앞 양쪽에 세우는 한 쌍의 여덟 모가 진 돌기둥인 망주석(望柱石) 등이 있다.

(19) 반곡(返哭)

반곡이란 장사를 지낸 뒤 상주 이하가 영거(靈車)를 모시고 집으로 돌아가면서 곡하는 것을 말한다.

집에 이르러 대문이 바라다보이면 더욱 슬프게 곡을 하는데, 영거가 집에 도착하기 전에 집사가 먼저 영좌를 만들어 놓으며, 집에 도착해서는 축관이 신주를 모셔다가 영좌에 놓고 혼백은 그 뒤에 놓는다.

(20) 우제(虞祭)

우제란 초우(初虞)·재우(再虞)·삼우(三虞)를 통틀어 일컬음으로써 초우는 장사를 지낸 뒤 처음으로 지내는 제사이고, 재우는 초우 뒤의 유일(柔日)에 지내는 두 번째 제사이며, 삼우는 재우를 지낸 후의 강일(剛日)을 골라 지내는 세 번째 제사이다.

여기서 유일은 십간(十干)의 을(乙)·정(丁)·기(己)·신(辛)·계일(癸日)을 말하고, 강일은 십간 중의 갑(甲)·병(丙)·무(戊)·경(庚)·임일(壬日)을 말한다.

따라서 재우는 2일이나 3일 만에 지내고 삼우는 3일이나 4일 만에 지낸다.

우제의 절차를 보면 먼저 집사가 제물을 차리고 상주는 상장(喪杖:상제가 짚는 지팡이로, 아버지의 상에는 대막대기를 쓰고 어머니의 상에는 오동나무 막대기를 쓴다)을 짚고 빈소 밖의 서쪽에 서서 곡을 한다. 그 밖에 제사에 참여한 사람들은 모두 영좌 앞에 가서 곡을 한다.

이들은 모두 북향(北向)하고 복(服)의 순서대로 서며, 우제부터 담제(담祭)까지는 참신(參神:신주에게 절하여 뵘)하는 대신에 곡만 한다.

1) 초우(初虞)

초우는 장사를 지낸 당일에 지내는 제사로서 묘소가 멀더라도 혼령을 위안하는 뜻에서 당일을 넘겨서는 안 된다. 만일 집이 멀어서 당일로 집에 도착할 수 없다면 오는 도중에 숙소에서 지내야 한다.

이 날에는 상주 이하 모두가 목욕을 하나 빗질은 하지 않는다. 해가 저물거나 목욕할 시간이 없으면 몸을 간단하게라도 씻는 것이 좋다.

초우서부터 정식으로 제사(祭祀)의 의식이 되며 제례의 절차와 제물의 준비, 진설이 가문에 따라 얼마쯤 차이가 날 수 있다.

❶ 강신(降神)

강신이란 초헌하기 전에 먼저 신을 땅으로 내려오게 하기 위한 제사의 절차로,

[우제 · 대소상 · 담제사 진설도]

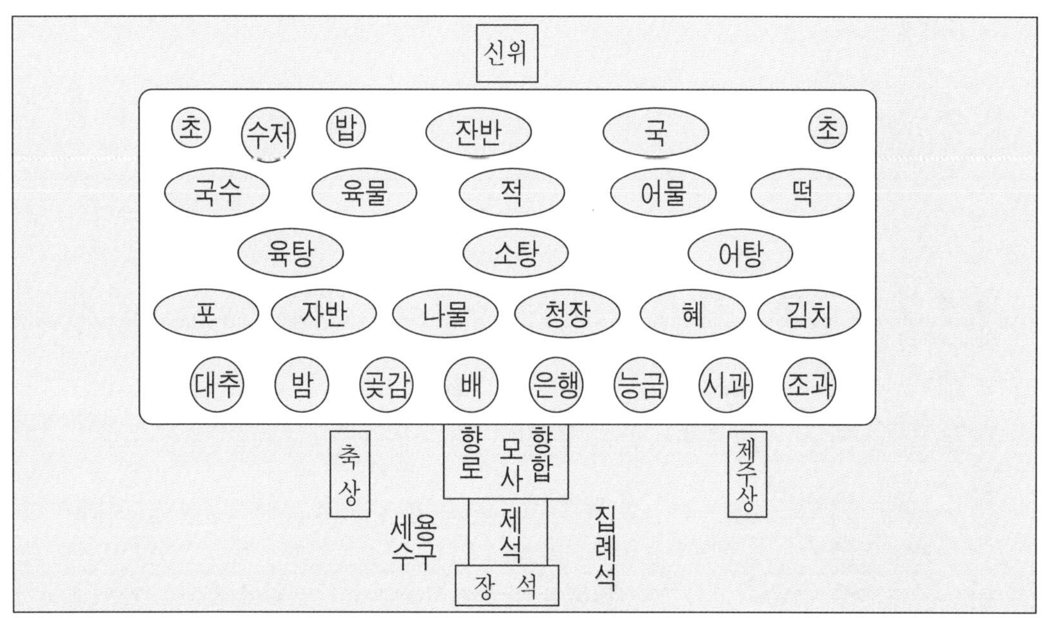

강신할 때는 축관이 복인들의 곡을 그치게 한다.

이 때 상주는 뜰로 내려가서 손을 씻고 신위 앞에 나아가 향을 피우고 꿇어앉는다.

집사들도 모두 손을 씻은 다음 우집사는 상주의 오른쪽에 서고 좌집사는 제상 위에 있는 빈 잔반(盞盤)을 상주에게 갖다 준다. 그러면 우집사는 꿇어앉아서 상주가 들고 있는 잔반에 술을 따르며, 상주는 잔반의 술을 모사(茅沙) 위에 세 번으로 나누어 붓고 빈 잔반을 좌집사에게 건네준다.

좌집사는 이 잔반을 받아 제상 위의 제자리에 놓으며, 상주는 엎드렸다가 일어나 뒤로 조금 물러나 두 번 절하고 본디의 자리로 돌아간다.

강신이 끝나면 축관이 제물을 올리는데 집사가 이를 도우며, 소반 위에 생선과 고기 · 간(肝) · 국수 · 밥 · 국을 받들어 순서대로 갖다가 신위 앞에 진설하며 이것

이 끝나면 축관과 집사는 모두 제자리로 돌아간다.

경우에 따라서는 강신 때 향을 피우고 재배하는 수도 있으나, 이것을 생략하고 잔반의 술을 모사 위에 세 번 나누어 붓고 난 다음에 재배하여도 괜찮다.

❷ 초헌(初獻)

초헌이란 제사 때에 첫번째로 술잔을 신위(神位)에게 올리는 것을 말한다.

초헌의 절차는 먼저 상주가 신위 앞으로 나아가면 집사가 신위 앞에 있는 빈 잔반을 상주에게 갖다 주고 술을 따른다.

상주는 잔반의 술을 모사 위에 세 번 나누고 붓고 잔반을 집사에게 건네준 다음에 엎드렸다가 일어서면, 집사는 건네받은 잔반을 다시 신위 앞에 놓은 후에 밥그릇 뚜껑을 열고 젓가락을 고른다.

[초우 축문]

維歲次辛巳四月乙丑朔初八日乙卯 孤子 某
유세차신사사월을축삭초팔일을묘 고자 모

敢昭告于
감소고우

顯考學生府君 日月不居 奄及初虞 夙興夜處 哀慕
현고학생부군 일월불거 엄급초우 숙흥야처 애모

不寧 謹以 淸酌庶羞 哀薦 祫事 尙
불녕 근이 청작서수 애천 협사 상

饗
향

[해설] 신사년 사월 초팔일 고자 모는 감히 아버님께 고하나이다. 세월이 흘러 어언간 초우가 되었사옵니다. 밤낮으로 슬피 사모하여 편할 수가 없사옵니다. 이에 삼가 맑은 술과 음식으로 제사를 올리오니 흠향하시옵소서.

상주 이하가 모두가 무릎을 꿇고 엎드리면 축관이 축문판(祝文板)을 가지고 상주 오른쪽으로 나와 서쪽을 향해 무릎을 꿇고 앉아서 축문을 읽는다.

축관이 축문을 다 읽으면 상주는 곡을 하고 두 번 절한 후에 다시 제자리로 돌아와서 곡을 한다.

다른 사람들도 일제히 곡하다가 조금 뒤에 그치며, 가문의 전통 예법에 따라서는 모사위에 술을 세 번 나누어 붓지 않고 그대로 영위 앞에 올리기도 한다.

집사는 잔반의 술을 퇴주 그릇에 따르고 빈 잔반을 본디의 자리에 놓아 둔다.

❸ 아헌(亞獻)

아헌이란 제사를 지낼 때 두 번째로 신위에게 술잔을 올리는 것을 가리킨다.

아헌은 주부가 하며, 초헌 때의 의식과 같고 다만 축문은 읽지 않는데 절은 네 번을 한다.

만일 장자가 사망하여 손자가 승중(承重)이 되는 경우에는 손부(孫婦)를 아헌자로 한다.

❹ 종헌(終獻)

종헌은 아헌자 다음으로 상주와 가까운 사람이 하는데, 남자나 여자 어느 쪽이든 상관이 없으며 신위에게 세 번째로 술잔을 올리는 것을 말한다.

절차는 아헌 때와 같으며 다만 술잔을 비우지 않고 그대로 놓아 둔다. 종헌을 마치면 곧이어 유식을 행한다.

❺ 유식(侑食)

유식이란 돌아가신 웃어른에게 즐겁게 진지를 잡수시도록 한다는 뜻이다.

종헌이 끝나면 집사가 다른 술잔에 술을 따라 본디 있던 술잔에 첨작(添酌)을 한 다음 삽시(插匙)하고 젓가락을 메의 그릇 위에 반듯하게 놓는다. 삽시를 할 때에는 숟가락 안이 오른쪽이 되도록 한다.

그런 다음에 초헌관이 첨작 배례(添酌拜禮:종헌 때 올린 술잔에 다시 술을 가득 따르고 절을 함)를 하면 상주 이하는 모두 밖으로 나가고 축관이 합문을 한다.

❻ 합문(闔門)

유식하는 차례에서 문을 닫거나 문이 없을 때에는 발을 드리우는 것을 합문이라고 한다.

합문할 때는 상주는 문 밖의 동쪽에 서서 서쪽을 향하고 그 밖의 사람들은 차례대로 상주의 뒤에 선다.

주부(主婦)는 문 밖의 서쪽에 서서 동쪽을 향하고 그 밖의 여자들은 역시 차례로 그 뒤에 서며 이런 자세로 밥을 아홉 숟가락 뜰 정도로 기다렸다가 기침을 세 번 한 뒤에 축관이 문을 열면 상주 이하 모든 사람들은 본래의 자리로 가서 곡하며 계문 사신을 한다.

❼ 계문 사신(啓門辭神)

계문 사신이란 신을 작별하여 떠나게 하는 것을 말한다.

이 때 축관은 문 밖 북쪽에 가서 기침을 세 번 하고 문을 열면 상주 이하는 모두 제자리에 가서 선다.

그러면 집사는 국을 거두고 숭늉이나 차를 가져와 국을 놓았던 자리에 놓고 밥을 세 숟가락 떠서 물에 만 다음 축관이 상주의 오른쪽에 서서 서쪽을 향해 이성을 고한다.

❽ 이성(利成)

신위에게 음식을 올리는 일이 모두 끝났음을 뜻하는 것을 이성이라 한다.

여기에서 이(利)는 받든다는 뜻의 양(養)이고 성(成)은 마쳤다느 뜻의 필(畢)이므로 신위를 받들어 모시는 예(禮)가 끝났다는 말이다.

이성 때에는 집사가 수저를 메에서 뽑아 대접에 내려놓고 뚜껑을 덮은 다음에 제자리로 가면 모두 곡을 하면서 재배하고 축관은 축문을 불에 사른다.

이상으로서 초우의 절차가 모두 끝나며 상주 이하가 모두 밖으로 나가면 집사가 제상 위의 제물을 치운다.

만일 낮에 초우를 지냈다면 저녁에 상식(上食)을 다시 올려야 하는데, 그 이유는 상식과 우제는 다르기 때문이다.

초우가 끝나면 축관이 집사와 함께 혼백을 정결한 곳에 묻는다.

발인 때에는 신주가 혼백 뒤에 있으나, 반우(返虞) 때에는 혼백이 신주 뒤로 가며 조전(朝奠)과 석전(夕奠)은 올리지 않는다.

2) 재우(再虞)와 삼우(三虞)

재우와 삼우의 모든 절차는 초우 때와 같이 행하면 된다.

다만 축문은 '재우' 또는 '삼우'라 고치고 협사를 재우 때에는 '우사(虞事)', 삼우 때에는 '성사(成事)', 소상에는 '상사(嘗事)', 대상에는 '상사(祥事)'라고 바꾸어 쓰면 된다.

3) 상식(上食)과 삭망(朔望)

초우가 끝나면 조석전 대신 아침저녁으로 평상시처럼 상식을 올리고 곡을 한다.

상식은 메, 갱(羹:무와 다시마 등을 넣어 끓인 제사에 쓰는 국, 탕)과 반찬·숭늉이며 상식을 올린 후에 숟가락은 메에 수직으로 꽂고 젓가락은 시접(제사 때에 수저를 담는 그릇) 위에 가지런히 놓는다.

그런 다음 곡을 한 후에 갱을 물리고 숭늉을 올려 숟가락으로 밥을 세 번 떠서 만다. 그리고 조금 있다가 숟가락을 시접 위에 놓고 상을 치우는데, 잔대(盞臺)와 술잔은 그대로 제상에 놓아 둔다.

삭망은 음력으로 초하루와 보름을 말하며 이 날 아침에는 전을 올리고, 이웃에서 음식이 들어오거나 햇곡식, 햇과일 등이 나오면 먼저 제상에 올리고 애통(哀痛)해

한다.

4) 졸곡(卒哭)

졸곡이란 삼우가 끝남 후 석 달 만의 강일(剛日)을 택해서 지내는 제사를 말한다.

졸곡을 지낼 때는 전날에 제기(祭器)와 제물 등을 마련하여 졸곡날 아침 동이 틀 때 일어나 제상에 채소와 과일·술·반찬을 진설한다.

그리고 축관이 도착하면 상주 이하 모두가 영좌 앞에 나아가 곡을 하고 강신한다. 이어서 상주와 주부가 반찬을 올리고 초헌·아헌·종헌을 끝내고 유식·합문·계문 사신을 행하게 된다.

[졸곡 때의 축문]

維歲次甲寅五月丙申朔十二日乙未 孤子 某
유세차갑인오월병신삭십이일을미 고자 모
敢昭告于
감소고우
顯考學生府君 日月不居 奄及卒哭 夙興夜處 哀
현고학생부군 일월불거 엄급졸곡 숙흥야처 애
慕不寧 謹以 清酌庶羞 哀薦成事 來日祭부于
모불녕 근이 청작서수 애천성사 내일제부우
祖考學生府君 尙饗
조고학생부군 상향

[해설] 갑인년 오월 십이일 고자 ○○는 감히 아버님께 고합니다. 아버님이 돌아가시고 어언간 졸곡의 때가 되었사옵니다. 밤낮으로 슬피 사모하여 편할 날이 없사와 삼가 맑은 술과 음식을 올리며 내일이 부제일임을 알리오니 흠향하시옵소서.

졸곡이 끝나면 슬픈 마음이 생겨도 아침저녁으로 곡은 하지 않으며, 상주의 형제들은 채소와 밥만 먹고 물을 마시며 과일은 먹지 않는다.

졸곡 때 제사지내는 의식은 모두 우제 때와 같이 행한다.

5) 부제(祔祭)

부제란 삼년상을 마친 후에 그 신주를 조상의 신주 옆에 모실 때 지내는 제사로서 유일(柔日)과 강일(剛日)을 가리지 않고 졸곡을 치른 이튿날 지낸다.

즉 부제는 망자의 위패(位牌)를 그의 조고(祖考:죽은 할아버지)의 위패 옆에 모시는 위식이며, 이 제사도 졸곡과 같이 행하지만 사당(祠堂)에서 지내는 것만이 다르다.

부제를 지낼 때 사당이 비좁으면 대청에세 지낼 수도 있고 신주가 없으면 지방(紙榜)으로 대신하며, 이 때에는 먼저 강신을 하고 참신(參神)을 나중에 한다.

부제 의식에서 조고나 조비(죽은 할머니)의 자리는 한가운데에 마련하여 남쪽을 향하게 하고, 망자의 자리는 동남쪽에 마련하되 서쪽을 향하도록 한다.

어머니의 상에는 조고의 자리를 마련하지 않고 모든 제수 준비는 졸곡 때처럼 하여 이를 셋으로 나누어 놓고, 어머니의 초상에는 둘로 나눈다.

부제 때에는 목욕을 한 뒤에 머리를 빗질하고 동이 트자마자 일찍 일어나서 상주 이하 모든 사람이 영좌 앞에서 곡을 한다.

이 때에는 조고의 신주를 모셔서 영좌에 놓고 여자 집사가 조비의 신주를 모셔서 조고 신주의 동쪽에 놓는데, 어머니의 초상이면 조비의 신주만 모시고 나온다.

[신주를 모셔 나올 때의 축문]

維歲次辛未八月庚子朔十二日壬午 曾孫 某 今以
유 세 차 신 미 팔 월 경 자 삭 십 이 일 임 오 증 손 모 금 이
祭祔先考
제 부 선 고

顯曾祖考學生府君 敢請 顯曾祖考 顯曾祖妣 神
현증조고학생부군 감청현증조고 현증조비 신
主出就于廳事
주출취우청사

[해설] 신미년 팔월 십이일에 증손 모는 감히 고하옵나이다. 돌아가신 아버님의 부제를 올리고자 감히 청하오니 증조고와 증조비의 신주께옵서는 대청에 나오시옵소서.

부제를 사당에서 지내는 것은 종가(宗家)의 맏아들에 한하며 그 외의 아들은 자기 집에서 행하고 신주가 있어도 지방으로 대신한다. 부제의 축문이 끝나면 상주 이하 모든 사람이 영좌에 나아가 곡하며 축관은 주독(신주를 모셔 놓은 독)을 받들고 사당으로 들어가며 차례대로 모두 그 뒤를 따르고 새 신주를 모실 때는 향을 피우지 않는다.

이와 같은 의식을 마치면 순서대로 참신한 후에 강신을 한다.

참신 때에는 축관이 제물을 존위(尊位)와 망위(亡位)에게 차례로 올리고 존위에게 초헌을 하고 축문을 읽으며, 다시 아헌과 종헌·유식·합문·계문 사신의 순서로 의식을 진행한다.

[부사 축문(祔祀祝文)]

維歲次甲寅四月戊午朔初八日辛未 孝曾孫 某
유세차갑인사월무오삭초팔일신미 효증손 모
謹以 請酌庶羞 適于 顯曾祖考學生府君 隮祔
근이 청작서수 적우 현증조고학생부군제부
孫 處士 尙饗
손 처사 상향

[해설] 갑인년 사월 초팔일에 증손 모(봉사자의 이름)는 삼가 맑은 술과 음식을 차리고 증조고와 함께 손(증조고와의 관계) 처사의 부제를 베푸오니 흠향하시옵소서.

[부사시고망위축(祔祀時告亡位祝)-새 신주에게 읽는 축문]

維歲次丙寅五月甲子朔十二日丁卯 孤子 某
유세차병인오월갑자삭십이일정묘 고자 모

謹以 淸酌庶羞 哀薦祔祀于
근 이 청작서수 애천부사우
顯考學生府君 適于 曾祖考學生府君 尙
현고학생부군 적우 증조고학생부군 상
饗
향

[해설] 병인년 오월 십이일에 외로운 아들 모는 삼가 맑은 술과 음식을 차리고 애통한 마음으로 부사를 베푸옵니다. 아버님께서는 증조부님을 맞이하셔서 함께 흠향하시옵소서.

그리고 축관은 신주를 모셔다가 각각 먼저 있던 자리에 놓고 새 신주를 모시고 초헌, 독축(讀祝)의 순서대로 의식을 행하는데, 이 때는 아무도 곡을 하지 않는다.

부제는 존위와 망위에게 차례로 제례(祭禮)를 행하나 가문에 따라서는 존위와 망위에게 종헌까지만 하고 유식 이후부터는 합사(合祀:죽은 사람의 혼을 한데 모아 제사지냄)하기도 한다.

(21) 치상 후의 인사

상사가 끝나면 호상 차지(護喪次知:초상일을 맡아서 주장하던 사람)가 돌아가고 첫 성묘(省墓)가 끝나면 복인들과 친족, 친지들이 모두 돌아간다.

이 때 그 사람들에게 고맙다는 인사를 해야 하는데, 경우에 따라서는 간단한 선물을 주어 고마움을 나타내는 것도 좋을 것이며, 이런 일은 상주보다 주부가 맡아서 하는 것이 바람직하다.

또한 조상을 왔던 친지나 친구들에게도 답조장(答弔狀)을 띄우는 것도 잊어서는 안 된다.

조장(弔狀)과 답조장의 예를 들어 보면 다음과 같다.

[조장의 예문 1]

謹　弔
근　조

○○○(망자 호칭)
喪事
상사
年　月　日
년　월　일
○○○再拜
재배

[조장의 예문 2]

부친(또는 모친)께서 별세하셨다니 참으로 슬픈 일이오며 어쩔 수 없는 사정으로 즉시 가서 조문하지 못하여 서면으로 삼가 조의를 표합니다.

년　월　일
○○○근조
○○○귀하

[답조장의 예문 1]

伏蒙　尊座
복몽　존좌
俯賜　慰問
부장　위문
不勝　哀感
불승　애감
年　月　日
년　월　일
○○○再拜
재배
○○○氏　座前
씨　좌전

[답조장의 예문 2]

부친(또는 모친) 상중에 정중하신 위문과 부의를 보내 주셔서 감사합니다. 염려해 주신 덕택으로 장례를 무사히 마쳤사옵기에 삼가 감사의 뜻을 표하나이다.

년　월　일
○○○근조

○○○귀하

[사례장의 예문]

稽顙再拜言
계상재배언

今般 先考 喪事時에는
금반 선고 상사시

多忙하신 중에 鄭重하신
다망 정중

弔問과 厚賻를 伏蒙하와
조문 후부 복몽

無事히 襄禮를 畢하였사
무사 양례 필

옵기에 宜當 進拜 致謝함
의당 진배 치사

이 道理이오나 慌忙中于
도리 황망중우

先 紙上으로 人事 말씀을
선 지상 인사

올리나이다.

年 月 日
년 월 일

孤哀子 ○○○
고애자

[앞면]

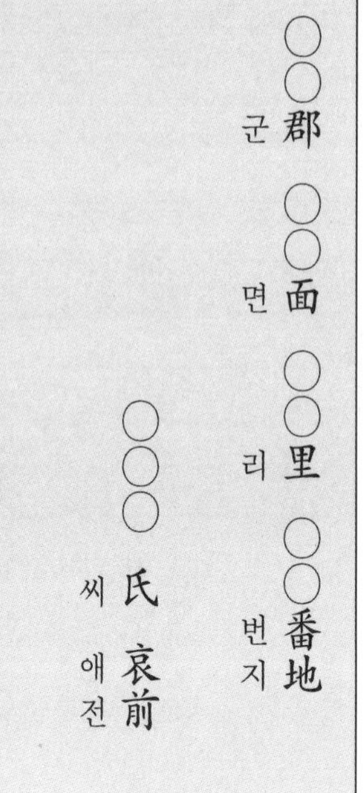

[뒷면]

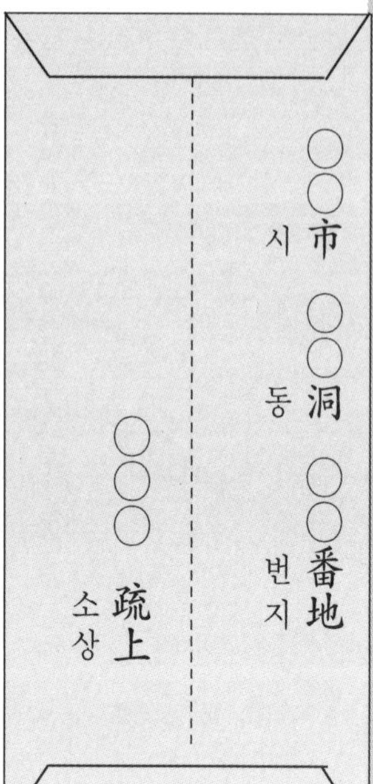

(22) 소상(小祥)

소상은 초상을 치른 지 만 1년이 되는 날에 지내는 제사를 말한다.

옛날에는 날을 받아서 소상을 지냈으나 오늘날에는 첫 기일(忌日)에 지낸다.

소상을 지내기 하루 전에 상주 이하는 모두 목욕을 하고 제물을 마련한 다음 음식을 만들며 연복(練服:소상 뒤부터 담제 전까지 입는 상제의 옷)도 준비한다.

그리고 날이 밝으면 채소와 과일·술·반찬 등 제물을 차려 놓고 모두 곡을 한다.

아버지가 생존해 있고 어머니가 먼저 사망했으면 이를 장기지상(杖朞之喪)이라 하여 돌아가신 지 11개월 만에 날짜를 잡아 어머니의 소상을 지내는데 이것이 연사

(練祀)이며, 13개월에 대상, 15개월에 담사를 지내게 됨으로써 3년상을 마치는 셈이 되는 것이다.

이 때는 연복을 입으므로 남자는 수질(首질)을 벗고 여자는 요질(腰질)을 벗는다.

또 기년복(朞年服)만 입는 사람은 길복(吉服:삼년상을 마친 뒤에 입는 보통 옷)으로 갈아 입어야 하며, 기년복을 입는 사람이라도 소상을 지내는 달이 다 가기 전에는 호화스러운 옷을 입어서는 안 된다.

제사가 시작되면 강신하기 전에 상주들은 연복으로 갈아입고, 기년복을 입는 사람들은 길복으로 갈아입은 다음에 곡을 한다.

강신에서부터 사신(辭神)까지의 모든 의식은 졸곡(卒哭) 때와 동일하다.

[소상 축문]

維歲次甲子五月戊戌朔初九日壬午 孤子 某
유세차갑자오월무술삭초구일임오 고자 모
敢昭告于
감소고우
顯考學生府君 日月不居 奄及小祥 夙興夜處 小心
현고학생부군 일월불거 엄급소상 숙흥야처 소심
畏忌 不惰其身 哀慕不寧 謹以 淸酌庶羞 哀薦
외기 불타기신 애모불녕 근이 청작서수 애천
常事 尙
상사 상
饗
향

[해설] 갑자년 오월 초구일 고자 모는 감히 고하옵나이다. 아버님 돌아가신 날이 돌아오니 영원히 애모하는 심정을 이기지 못하여 맑은 술과 음식을 올리오니 흠향하시옵소서.

소상 축문 중에서 숙흥야처 애모불녕을 아들에게는 '비념상속 심언여훼(悲念相續 心焉如毁)', 형에게는 '비통무가 지정여하(悲痛無已 至情如何)', 아우에게는 '비통외지 정하가처(悲痛猥至 情何可處)', 처에게는 '비도산고 불자승감(悲悼酸苦 不自勝堪)'이라도 쓴다.

'감소고우(敢昭告于)' 역시 항렬이 낮거나 나이가 어린 사람에게는 '감(敢)' 자를 쓰지 않고, '근이(謹以)'도 '자이(玆以)'라 쓰며, '애천(哀薦)'도 형에게는 '천차(薦

此)', 항렬이 낮거나 어린 사람에게는 '진차(陳此)' 라고 쓴다.

(23) 대상(大祥)

대상은 사망한 지 만 2년 후, 즉 소상을 지낸 다음 만 1년이 되는 날에 지내는 제사이다. 하지만 아내의 대상은 13개월 만에 지낸다. 대상 전날에 상주 이하 모두는 목욕하고 제기(祭器)와 음식을 준비한다.

대상 때의 의식은 모두 소상 때와 동일하며 제사가 끝나면 축관이 신주를 받들고 사당에 들어가 모셔 둔다. 이 때에는 상주 이하 모두가 곡을 하며 뒤를 따르다 사당 앞에 이르면 곡을 하지 않는다.

축관이 사당의 문을 열고 신주를 제자리에 모시면 모두가 재배하며, 축관이 문을 닫으면 모두 물러나온다.

만일, 신주가 아니고 혼백을 모실 때에는 대상 후 묘역(墓域)에다 묻는다.

[대상 축문]

維歲次丙寅三月己未朔十五日甲午 孤子 某
유 세 차 병 인 삼 월 기 미 삭 십 오 일 고 자 모

敢昭告于
감 소 고 우

顯考學生府君 日月不居 奄及大祥 夙興夜處 哀慕
현 고 학 생 부 군 일 월 불 거 엄 급 대 상 숙 흥 야 처 애 모

不寧 謹以 淸酌庶羞 哀薦常事 尙
불 녕 근 이 청 작 서 수 애 천 상 사 상

饗
향

[해설] 병인년 삼월 십오일 고자 모는 감히 고하옵나이다. 아버님께서 돌아가신 날이 돌아오니 영원토록 애모하는 심정을 이기지 못하여 맑은 술과 음식을 올리오니 흠향하시옵소서.

[1년 탈상 때의 축문]

維歲次丙寅三月己未朔十五日甲午 孤子 某
유 세 차 병 인 삼 월 기 미 삭 십 오 일 갑 오 고 자 모

顯考學生府君 日月不居 奄及朞祥 夙興夜處 哀慕
현 고 학 생 부 군 군 일 월 불 거 엄 급 기 상 숙 흥 야 처 애 모

不寧 三年奉喪 於禮至當 事勢不逮 魂歸墳墓
불녕 삼년봉상 어례지당 사세불체 혼귀분묘
謹以 淸酌庶羞 哀薦常事 尙
근이 청작서수 애천상사 상
饗
향

[해설] 병인년 사월 십오일 고자 모(이름)는 감히 고하나이다. 아버님께서 세상을 뜨신 지 1년이 되었사옵니다. 슬피 사모하는 마음을 이기지 못하여 3년을 봉상해야 하오나 풍속에 따라 혼백이 분묘에 돌아가시기를 바라오며 이에 맑은 술과 음식을 갖추어 올리오니 흠향하시옵소서.

이상과 같은 절차로 삼년상을 마치게 되며 상복과 상장은 태워 버리거나 상복을 가난한 사람 또는 묘지기에게 주기도 한다.

다만 백일에 탈상할 때에는 '엄급기상(奄及朞祥)'을 '엄급백상(奄及百祥)'이라 하고, 혼백을 화상(火葬)할 때에는 '혼귀분묘(魂歸墳墓)'를 '혼귀선경(魂歸仙境)'이라고 쓴다.

(24) 담제(禫祭)

담제는 대상을 지낸 다음 3개월 만에 정일(丁日)이나 해일(亥日)을 택하여 지내는 제사로, 삼년상을 무사히 마쳤으므로 자손의 마음이 담담하고 평안하다는 뜻으로 지낸다.

제사의 순서는 먼저 신위를 영좌가 안치된 곳으로 모시며, 그 밖의 의식은 대상 때와 동일하다.

다만 초헌과 아헌·종헌 때 술잔을 올리는 동안은 곡을 하지 않고 사신할 때에만 곡을 한다. 또 축관이 신주를 받들어 사당에 다시 모실 때에도 곡을 하지 않는다.

담제를 마치면 상인들이 비로소 술을 마시고 고기를 먹는데 이것으로 망자에 대한 상례(喪禮)가 끝나게 되므로 완전히 탈상(脫喪)을 하게 되는 것이다.

[담제의 축문]

維歲次甲寅八月甲子朔十五日乙未 孤子 某
유세차갑인팔월갑자삭십오일을미 고자 모

敢昭告于
감소고우

顯考學生府君 日月不居 奄及禫祀 夙興夜處 小心
현고학생부군 일월불거 엄급담사 숙흥야처 소심

畏忌 不惰其身 哀慕不寧 謹以 清酌庶羞 哀薦
외기 불타기신 애모불녕 근이 청작서수 애천

禫事 尙
담사 상

饗
향

[해설] 갑인년 팔월 십오일 고자 모는 감히 고하옵나이다. 아버님 돌아가신 날이 돌아오니 영원히 슬피 사모하는 마음을 이길 수가 없어 맑은 술과 음식을 올리오니 흠향하시옵소서.

여기에서 참고로 말해 둘 것은 요즈음에는 거의가 대상을 치른 지 3일 만에 담제를 치르므로 '일월불거 엄급담사(日月不居 奄及 祀)'를 '남종시제 금행담사(濫從時制今行 祀)'로 축문의 문구를 고치는 것이 좋을 것 같으며 '소심외기 불타기신(小心畏忌 不惰其身)'은 쓰지 않아도 된다.

(25) 길제(吉祭)

길제는 담제를 지낸 후 다음 달의 정일(丁日)이나 해일(亥日)을 택하여 지낸다.

만일 담제가 중삭(仲朔:음력 2, 5, 8, 11월)이면 그 달에 차례(茶禮)처럼 지내고 제사지내는 대수(代數)가 다 된 위(位)는 매안(埋安:신주를 묘 앞에 묻음)하거나 체천(遞遷)한다.

체천이란, 봉사손(奉祀孫)의 대수가 다한 신주를 최장방(最長房:4대 이내의 자손 중에서 항렬이 가장 높은 연장자)이 제사를 받들게 하려고 그 집으로 옮기는 일을 말한다.

고조 이하의 신주는 개제주(改題主:신주의 글자를 고쳐 씀)하고 남자와 여자는 모두 물을 들여서 만든 화복(華服)을 입는다.

즉 길제란 아버지의 삼년상이 다 끝나 탈상이 되는 뜻이며 5대 조고비(祖考비)의 제사를 마치고 묘사(墓祀)에 옮겨지는 절차의 의식을 말한다.

[상필부묘고사(喪畢 廟告辭)]

維歲次甲子七月壬午朔十二日丙申 五代孫 某
유세차갑자칠월임오삭십이일병신 오대세 모
敢昭告于
감소고우
顯五代祖考吏曹參判府君
현오대조고이조참판부군
顯五代祖妣孺人金海金氏
현오대조비유인김해김씨
顯高祖考處士府君
현고조고처사부군군
顯高祖妣孺人羅州羅氏
현고조비유인나주나씨
顯曾祖考陵參奉府君
현증조고능참봉부군
顯曾祖妣孺人平山申氏
현증조비유인평산신씨
顯祖考學生府君
현조고학생부군
顯祖妣孺人務安朴氏 玆以 先考學生 大祥已居
현조비유인무안박씨 자이 선고학생 대상이계
禮當祔於
예당부어
顯曾祖考陵參奉府君 不勝堪愴 謹以 酒果用伸
현증조고능참봉부군 불승감창 근이 주과용신
虔告謹告
건고근고

[해설] 갑자년 칠월 십이일에 오대손 모는 고하나이다. 〈이하 선조 위 낭독〉 선고(돌아가신 아버지)의 대상이 다 지나서 증조고의 곁으로 모시는 예를 맞이하오니 슬픔을 감당하기 어렵사와 삼가 주과를 펴놓고 공손히 이를 아뢰나이다.

[개제주고사(改題主告辭)]

維歲次乙未九月壬申朔初三日丙寅　五代孫　某
유세차을미구월임신삭초삼일병인　오대손　모
敢昭告于
감소고우
玆以　先考學生府君　喪期已盡　禮當遷主入廟
자이　선고학생부군　상기이진　예당천주입묘
顯五代祖考吏曹參判府君
현오대조고이조참판부군
顯五代祖妣孺人金海金氏
현오대조비유인김해김씨
顯高祖考處士府君
현고조고처사부군
顯高祖妣孺人羅州羅氏
현고조비유인나주나씨
顯曾祖考陵參奉府君
현증조고능참봉부군
顯曾祖妣孺人平山申氏
현증조비유인평산신씨
顯祖考學生府君
현조고학생부군
顯祖妣孺人務安朴氏　神主　今將改題　世次迭遷
현조비유인무안박씨　신주　금장개제　세차질천
不勝堪愴　謹以　酒果用伸　虔告謹告
불승감창　근이　주과용신　건고근고

[해설] 을미년 구월 초삼일에 오대손 모는 고하나이다. 이제 선고의 상기를 다 마치고 신주를 사당에 모시려는 예를 맞이하여 〈 이하 선조의 위 낭독〉 각 신주의 대수를 바꾸려고 하오니 슬픔을 감당할 수 없사와 삼가 주과를 차려 놓고 공손히 아뢰나이다.

[제매주축(祭埋主祝)]

維歲次甲子四月丁未朔二十三日　五代孫　某
유세차갑자사월정미삭이십삼일　오대손　모
敢昭告于
감소고우

顯五代祖考處士府君
현오대조고처사부군
顯五代祖妣 延安李氏 玆以 先考學生府君 喪期已盡
현오대조비 연안이씨 자이 선고학생부군 상기이진
禮當遷主入廟 先王制禮 祀止四代 心雖無窮 分
예당천주입묘 선왕제례 사지사대 심수무궁 분
則有限 神主當祧 將埋于墓所 不勝感愴 謹以
즉유한 신주당도 장매우묘소 불승감창 근이
清酌庶羞 百拜告辭 尚 饗
청작서수 백배고사 상 향

[해설] 갑자년 사월 이십삼일에 오대손 모는 고하나이다. 아버님의 상기가 이미 다 지나서 사당에 모시는 예를 맞이하게 되었사옵니다. 선왕의 예법이 4대에 그치게 되었사옵기에 마음은 비록 한이 없으나 나누면 한이 있는 바라, 신주를 묘소 곁에 묻게 되었사옵나이다. 이에 슬픔을 이기지 못하여 삼가 맑은 술과 음식을 차려 놓고 백배(수없이 절을 함)로 아뢰오니 흠향하시옵소서.

[처상초기축(妻喪初忌祝)]

維歲次己丑六月癸未朔十一日辛巳 夫 某
유세차기축유월계미삭십일일신사 부 모
昭告于
소고우
亡室(故室)孺人 濟州高氏 日月不居 奄及再基 禮
망실 고실 유인 제주고씨 일월불거 엄급재기 예
制有限 悲悼不堪 玆以 清酌庶羞 陳此奠儀 尚
제유한 비도불감 자이 청작서수 진차전의 상
饗
향

[해설] 기축년 유월 십일일 남편 모는 고하노라. 세상을 떠난 아내 유인 제주 고씨여, 일월이 멈추지 않아 어느덧 세상을 떠난 지 두 해째가 되었도다. 예법의 제도는 한이 있으나 슬픔은 감당할 수 없구려. 이에 맑은 술과 음식을 차려 놓고 의식을 행하니 흠향하시라.

(26) 개장(改葬)

개장은 면례(緬禮)라고도 하는데, 면례란 무덤을 옮기고 다시 장사지내는 것을 말하며 풍수설(風水說)에 의거하여 보다 좋은 장지로 이장(移葬)하는 것이다.

의식은 초상 때와 동일하며 개장을 하려면 우선 새로운 묘지를 정한 뒤에 옛 묘지에 이르러 토지신(土地神)에게 제사를 지내야 하는데, 이 때의 축문은 다음과 같다.

[토지신에 대한 제사 축문]

維歲次丙子五月甲申朔二十日乙酉 幼學 某
유세차병자오월갑신삭이십일을유 유학 모

敢昭告于
감소고우

土地之神 今爲 學生羅州羅公 卜宅玆地 恐有他
토지지신 금위 학생나주나공 복택자지 공유타

患 將啓窆遷于他所 謹以 清酌脯果(醯) 祗薦于神
환 장계폄천우타소 근이 청작포과 혜 지천우신

神其佑之 尙
신기우지 상

饗
향

[해설] 병자년 오월 이십일에 모는 감히 고하나이다. 토지의 신이시여, 이제 학생 나주 나공의 묘를 이곳에 두는 것이 다른 우환이 있을까 두려워서 앞으로 다른 곳에 옮기기로 하였사옵니다. 이에 삼가 맑은 술과 포과를 공손히 신령 앞에 차리오니 신령께서는 이를 도와 주시옵고 흠향하시옵소서.

개장할 때의 의식과 절차는 초상 때의 치상과 같다.

개장할 때는 금(衾:이불)과 옷・풀솜・염습한 뒤에 시신을 묶는 삼베를 마련하며, 관이 썩어서 하관(下棺)하기가 어려울 것 같으면 새로 관을 만든다.

그리고 택일을 하여 면례하고 산소 지경을 연 다음 토지신에게 제사지내는 천광을 하며 회(灰)를 다진다.

개장할 때 축관이 토지신에게 제사를 지내는 의식은 처음 장사할 때와 같으나 복(服)은 시마로 한다. 하지만 3년 안에 개장할 때에는 시마 대신 원복(原服)을 입는다.

파묘(破墓)할 때는 묘의 서쪽부터 괭이로 한 번 찍고 '파묘!' 라고 외치면서 사방을 찍은 후에 흙을 파낸다.

관을 들어낼 때에는 흩어지지 않도록 조심하여 미리 준비해 둔 칠성판(七星板)에 오려 놓는다.

관을 열어 시신에 흙이 묻었으면 대나무로 만든 칼을 사용하여 긁은 후에 뼈를 칠성판에 놓고 김 삼베로 칠성판과 함께 머리 쪽에서부터 감는다.

이 때에 칠성판에는 붓으로 북두칠성(北斗七星)을 그려 놓는다.

시신을 새 묘지에 옮겨 놓은 다음에는 역시 토지신에게 제사를 지내야 하는데 의식은 전과 동일하다.

제사가 끝나면 시신을 묻을 구덩이를 파며 절차와 의식은 초상 때처럼 하면 된다. 또한 묘를 개수(改修)하거나 석물(石物) 등을 설치할 때도 술과 과일, 포(脯)를 차려 놓고 고축(告祝)을 한다.

[파묘 때의 축문]

維歲次丙午八月甲申朔初五日 某孫 某
유세차병오팔월갑신삭초오일 모손 모

敢昭告于
감소고우

顯某位某官府君 葬于玆地 歲月滋久 體魄不寧
현모위모관부군 장우자지 세월자구 체백불녕

今將改葬 伏惟 尊靈 不震不驚
금장개장 복유 존령 불진불경

[해설] 병오년 팔월 초오일에 모손 모는 고하나이다. 이 곳에 장사지낸 지 오래 되어서 체백(體魄:죽은지 오래 된 송장이나 땅 속에 묻은 송장)이 편안하지 못할까 염려되옵기에 다른 장소로 옮기고자 하오니 존령께서는 놀라지 마시옵소서.

개장이 끝나면 우제(虞祭)를 지내는데 개장 당일에 묘 앞에 진설하고 고축하며 초우만 지내고 재우와 삼우는 지내지 않는다.

[초우 때의 축문]

維歲次乙巳八月壬子朔十一甲子 孝子 某
유세차을사팔월임자삭십일갑자 효자 모

敢昭告于
감소고우

顯考學生府君 新改幽宅 禮畢終虞 夙夜靡寧 啼號
현고학생부군 신개유택 예필종우 숙야미녕 제호
罔極 謹以 淸酌庶羞 祗薦虞事 尙
망극 근이 청작서수 지천우사 상
饗
향

[해설] 을사년 팔월 십일에 효자 모는 고하나이다. 아버님의 유택을 새로 마련하옵고 종우(終虞:마지막 우제)의 예를 올리오니 이른 아침부터 마음이 편안치 못하고 슬픔 또한 끝이 없사옵나이다. 이에 삼가 맑은 술과 음식을 올려 우제를 베푸오니 흠향하시옵소서.

[개장 후 사당 고사]

維歲次庚子四月丁亥朔初五日 某孫 某 玆以
유세차경자사월정해삭초오일 모손 모 자이
顯某位學生府君 體魄拖非 其他恐有 意外之患
현모위학생부군 체백타비 기타공유 의외지환
驚動先靈 不勝憂懼 將以八月六日 改葬于
경동선령 불승우구 장이팔월육일 개장우
某郡某面某里某山某座之原 謹以 酒果用伸
모군모면모리모산모좌지원 근이 주과용신
虔告謹告
건고근고

[해설] (전략) 체백이 함께하지 못하고 기타 뜻밖의 환란에 놀라실까 염려하여 오는 사월 초구일에 ㅇㅇ군 ㅇㅇ면 ㅇㅇ리 ㅇㅇ산 ㅇㅇ좌향의 언덕에 개장하기로 하였사옵기에 삼가 주과를 차려 놓고 고하나이다.

(27) 축문 용어 해설(祝文用語解說)

⊙ 유세차(維歲次):이 해의 차례라는 뜻으로 축문의 첫머리에 쓴다.

⊙ 간지(干支):천간(天干)과 지지(地支)를 말하는데, 천간은 육십 갑자(六十甲子)의 윗 단위를 이루는 요소로 갑(甲)·을(乙)·병(丙)·정(丁)·무(戊)·기(己)·경(庚)·신(辛)·임(壬)·계(癸)를 말한다. 그리고 지지는 육십 갑자의 아래 단위를 이루는 요소로 자(子)·축(丑)·인(寅)·묘(卯)·진(辰)·사(巳)·오(午)·미(未)·신(申)·유(酉)·술(戌)·해(亥)를 말한다. 따라서 그

해가 무인년(戊寅年)이라면 무가 천간이고 인이 지지가 된다. 이와 함께 상을 당한 달의 음력 초하룻날 일진(日辰)을 쓰는데, 예를 들어 그 해의 음력 2월 1일 일진이 을사(乙巳)라면 '을사'라고 쓴다.

⊙ 삭(朔):상을 당한 달의 초하루라는 뜻으로 축문에는 언제나 쓰인다.

⊙ 부군(府君):돌아가신 아버지나 조상에 대한 존칭이다.

⊙ 현고(顯考):돌아가신 분의 신주 첫머리에 쓰는 말이다.

⊙ 근이(謹以)·상향(尙饗):정성을 들여 제수를 마련하여 차렸으니 신께서는 잘 잡수시라는 뜻이다.

⊙ 애천(哀薦):슬픈 마음으로 제수를 올린다는 뜻이다.

⊙ 천차(薦此):방친(傍親)에게 쓰는 말로 '이를(제수) 드리니……'라는 뜻이다.

⊙ 진차(陳此):처나 아우들에게 '제수를 차려 놓으니……'라는 뜻으로 쓰인다.

⊙ 존령(尊靈):손윗사람의 영혼을 높여서 하는 말이다. 처 또는 항렬이 낮거나 나이가 어린 사람에게는 유령(惟靈)이라고 쓴다.

⊙ 신주기성 복유(神主旣成伏惟):'신주를 만들고 삼가 생각하옵건대'라는 뜻이다. 신주를 만들지 않았을 때에는 신주미성(神主未成)이라고 쓰며, 항렬이 낮거나 어린 사람일 때에는 '복유(伏惟)'를 '유령(惟靈)'이라고 고쳐서 쓴다.

3

현대식 상례(現代式喪禮)

상례란 망자의 영혼을 위로하고 명복(冥福)을 비는 의식 절차이다. 그러나 우리 나라의 전통적인 상례 의식은 너무 복잡하고 까다로워서 형식에 치우친 점이 없지 않았고, 상례를 치르기 위한 비용이 많이 들어 이로 인한 피해가 매우 컸다.

하지만 이제는 시대가 많이 달라지고 일상 생활이 바빠졌기 때문에 굳이 전통 방식만 고집할 수 없게 되었다. 따라서 상례의 의식 절차도 오늘날의 현실에 맞도록 행해져야 할 것이다.

(1) 가정의례준칙(家庭儀禮準則)에 밝힌 상례의 규정(規定)

제7조 장례 제식(葬禮祭式):사망 후 매장 완료 또는 화장 완료시까지 행하는 제식(이하 장례 제식이라 한다)은 위령제와 발인제만을 행하고 그 밖의 노제와 삼우제 등의 제식은 행하지 않는다.

제8조 발인제(發靷祭)

❶항:발인제는 영구가 상가 또는 장례식장을 떠나기 직전에 그 상가 또는 장례식장에서 행한다.

❷항:발인제의 식장에는 영구를 모시고 그 옆에 명정을 세우며, 제상(祭床)에는 사진이나 위패를 모시고 촛대와 향로, 향합을 준비한다.

제9조 위령제(慰靈祭)

❶항:위령제는 매장할 때 성분(성분:봉분)이 끝난 후 그 묘 앞으로 혼령 자리를 옮겨 간소한 제수를 차려 놓고 분향, 잔 올리기, 축문 읽기 및 배례(拜禮)로서 행한다.

❷항:화장할 때의 위령제는 화장이 끝난 후 혼령 자리를 유골함(遺骨函)으로 대신하고 제 ①항에 준하는 절차로 행한다.

제10조 장일(葬日):장일은 부득이한 경우를 제외하고는 사망한 날로부터 3일이

되는 날로 한다.

제11조 상기(喪期)

❶항:부모와 조부모 및 배우자의 상기는 사망일로부터 1백일까지로 하고 그 밖의 사람은 장일까지로 한다.

❷항:상기 중 신위를 모셔 두는 궤연은 설치하지 않고 탈상제는 기제(忌祭)에 준하여 행한다.

제12조 상복(喪服)

❶항:상복은 다로 마련하지 않고 한복인 경우에는 백색 또는 흑색, 양복인 경우에는 흑색으로 한다. 다만 부득이한 경우에는 평상복을 그냥 입는다. 그리고 상중임을 나타내기 위하여 왼쪽 흉부(胸部)에 상장(喪章) 또는 흰 꽃을 달거나 두건을 쓴다.

❷항:상복을 입는 기간은 장일까지로 하고 상장을 다는 기간은 탈상까지로 한다.

제13조 상제(喪制)

❶항:사망자의 배우자와 직계 비속(直系卑屬)은 상제가 된다.

❷항:주상(主喪:죽은 사람의 제전을 주장하는 사람)은 사망자의 장자가 되는데, 장자가 없는 경우에는 장손이 주상이 된다.

❸항:사망자의 자손이 없는 경우에는 최근친자가 상례(喪禮)를 주관한다.

14조 부고(訃告):신문에 부고를 게재하는 경우에는 행정 기관이나 기업체, 그 밖의 직장이나 단체의 명의를 사용하지 못한다.

제14조 관(棺) 나르기

❶항:관 나르기는 영구차 또는 영구 수레로 한다. 다만 부득이한 경우에는 상여로 하되 상여에 너무 호화로운 장식을 해서는 안 된다.

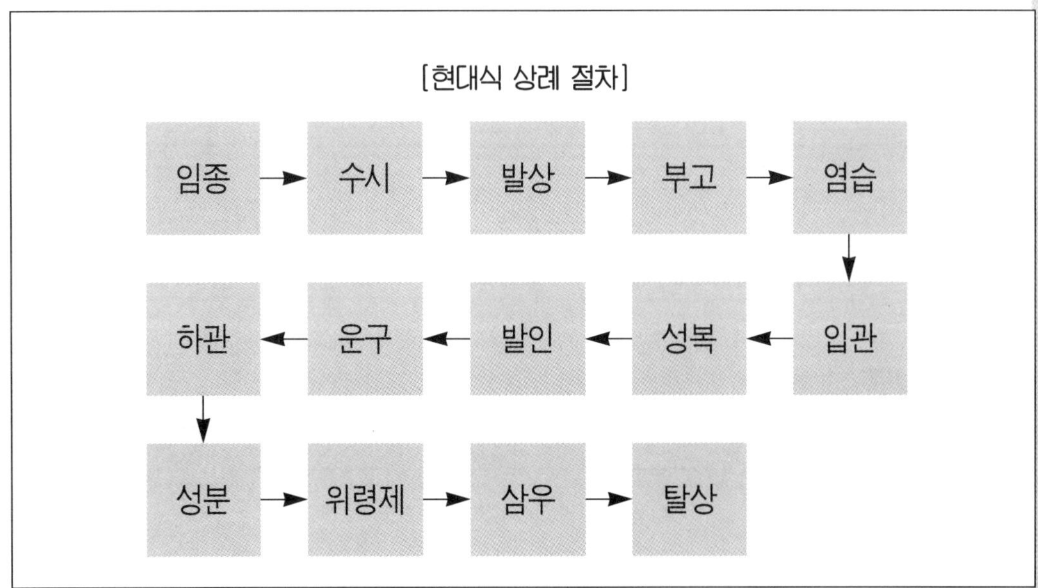

❷항:관 나르기의 행렬 순서는 사진·명정·영구·상제 및 조객의 순으로 한다.

[사망 통지 친족 범위]

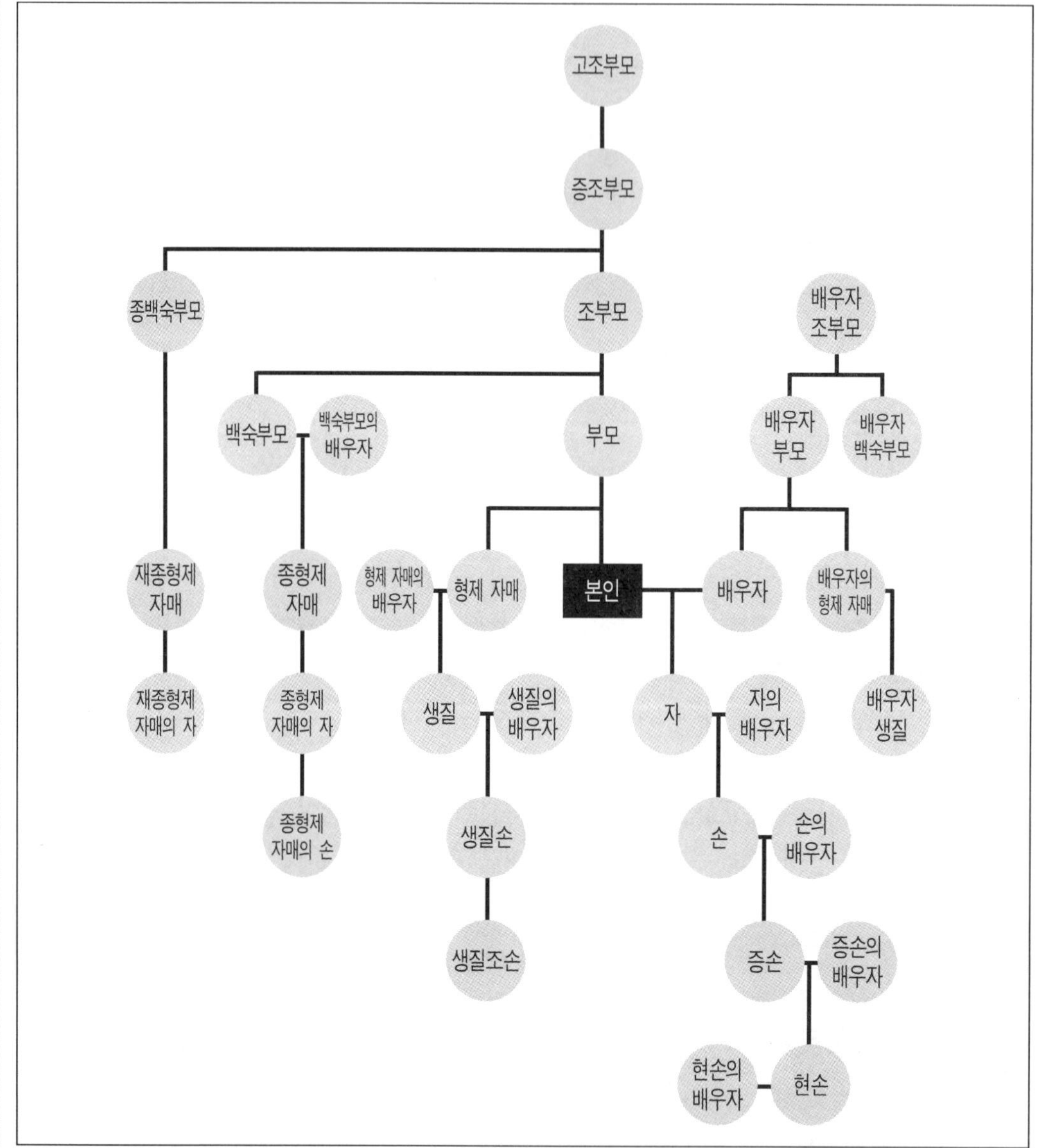

(2) 임종(臨終)

임종이란 부모나 형제, 또는 가까운 친척이 숨을 거두는 것을 옆에서 지켜 보는 것을 말한다.

임종은 미리 추측할 수 없는 일이기 때문에 집 안에 목숨이 경각(頃刻)에 달려 있는 사람이 있을 때에는 만일에 대비해서 신속히 연락할 수 있도록 거처를 알아두는 등의 조치를 해놓아야 한다.

그리고 운명(殞命)을 앞둔 사람의 방은 물론 운명 후의 시신을 안치할 방의 자질구레한 살림살이를 치워 정리 정돈한 다음 깨끗한 옷을 준비하여 임종(臨終)이 가까워지면 단정한 모습으로 임종할 수 있도록 갈아입힌다.

이 때에 슬픈 마음으로 이성을 잃고 당황하는 수가 있는데 그래서는 안 된다. 우주에 있는 모든 것은 생명이 있어 한 번 태어난 이상 반드시 한 번은 죽게 마련이다. 따라서 숨을 거두는 사람이 생전의 모든 희로애락(喜怒哀樂)을 잊고 편하게 눈을 감을 수 있게 하는 것이 뒤에 남은 사람들의 의무가 아닐까 생각된다.

운명할 때에는 유언(遺言)을 들어야 하는데, 가족이나 입회자가 서면으로 기록하거나 녹음기를 이용하여 녹음해 두면 유산 상속 내지는 다른 문제에 대하여 말썽의 소지가 없을 것이다.

(3) 수시(收屍)

운명을 하면 친지나 가족들은 망자의 시신에 매달려 통곡하게 되는데, 그전에 미리 초종범절(初終凡節)에 밝은 사람을 택하여 수시를 부탁해 두어야 한다.

수시를 할 때에는 먼저 탈지면으로 망인의 코와 귀, 항문을 막고 눈을 감도록 쓸어내리고 입을 다물게 한다.

그런 다음에 몸을 반듯하게 하고 손과 팔다리를 바르게 뻗도록 주무른 다음에 다리를 가지런히 모아 발끝이 위로 향하게 하고 두 팔을 몸통에 나란히 붙여 깨끗한 모습이 되도록 한다.

탈지면으로 코와 귀 등을 막는 것은 출혈(出血)을 방지하기 위해서이다.

수시가 끝나면 시신의 머리가 북쪽으로 향하도록 누이고 흰 베로 얼굴을 덮은 후에 홑이불을 머리까지 덮어 둔다. 수시를 끝내고 마지막으로 망인의 모습을 측근이 보고 나면 병풍으로 앞을 가리는데, 병풍은 글씨만 있는 것이 좋다.

시신을 안치한 방은 차게 하며 병풍 앞에는 망인의 사진을 모셔 놓고 촛불을 켠 다음에 분향한다.

(4) 발상(發喪)

발상이란 상제가 머리를 풀고 울어서 초상이 난 것을 알리는 일이다.

수시가 끝나면 가족들은 검소하고 깨끗한 옷으로 갈아입고 애통함을 나타내는데, 요즈음에는 머리를 풀거나 곡(哭)을 되도록이면 삼가하고 있다.

또한, 요즈음에는 장례의 모든 절차와 필요한 물품을 준비해 놓고 있는 장의사(葬儀社)가 있기 때문에, 이 곳에 맡기면 상가의 수고로움을 줄일 수 있다.

초상이 나면 검은 줄을 친 장막을 벽에 쳐놓거나 또는 '기중(忌中)' · '상중(喪中)' 이라고 쓴 네모난 종이를 붙여 초상을 알리기도 한다.

(5) 상제(喪制)

상제는 부모나 승중조부모의 상중(喪中)에 있는 사람을 가리키며, 망인의 배우자와 직계 비속이 이에 해당된다.

상주는 상제 중에서 맏아들이 되고 맏아들이 사망하고 없을 때에는 맏손자가 아버지를 대신하여 상주가 된다.

만일 맏아들이나 맏손자가 없으면 둘째 아들이나 둘째 손자를 상주로 할 수 있으며, 자손이 없는 경우에는 가장 가까운 일가붙이가 상주를 대신하여 상례를 행하게 된다.

그리고 복인(服人:기년 이하의 상복을 입은 사람)의 범위는 망인의 8촌 이내 친족으로 한다.

(6) 호상(護喪)

상사를 당하면 먼저 호상소를 설치하고 친척이나 친지 중에서 상례에 밝고 경험이 있는 사람을 호상으로 정하여 장례에 대한 안내와 연락 및 조객록 · 사망 신고 · 매장이나 화장 허가 신청 등을 처리토록 한다.

호상은 상주를 대표해서 장례에 관한 모든 일을 다루며, 그 밖에도 서기(書記)를 두어 조객의 내왕이나 상비(喪費)의 출납 등에 대한 기록이나 사무를 처리하도록 한다. 그리고 장의사를 정하기도 한다.

장의사에서는 사망 신고 · 염습 · 입관 · 매장 신고 등 장의(葬儀)에 관한 모든 일을 처리해 주므로, 절차에 밝고 양심적이며 성실한 장의사를 택하도록 하고 장의사의 담당자가 오면 호상은 상주와 의논하여 치장(治葬)에 대한 준비를 빈틈없이 해야 한다.

요즈음에는 거의 3일장으로 치르기 때문에 밤이 이슥할 때 상을 당하면 치장 준비에 바쁘게 되므로, 사전에 장지를 미리 정해 두는 것이 좋다.

그래야만 미리 산역(山役)까지 새서 상을 당했을 때 예의를 다하여 치장할 수 있을 것이다.

(7) 부고(訃告)

장사를 지내는 날짜와 장소가 결정되면 호상은 가까운 친척과 친지에게 구두(口頭)나 사신(私信) 또는 전화, 전보로 알리는데, 반드시 알릴 사람에게만 알려야 한다.

이 때 친하지 않은 사람에게까지 알리는 것은 예의가 아니며, 신문에 부고를 게재할 때에는 지나치게 많은 유족의 이름을 삼가는 것이 좋다.

(8) 염습(殮襲)

염습이란 망자의 몸을 깨끗이 씻은 다음에 수의(壽衣)를 입히고 염포(殮布)로 묶는 것을 말한다.

옛날에는 염습의 절차가 복잡했으나 요즈음에는 목욕물과 수건・속바지・속적삼・깨끗한 겉옷 등의 수의를 준비하면 된다.

망인이 남자이면 남자가 수의를 입히고 여자이면 여자가 수의를 입히며 시신을 씻는 물과 수건 등은 땅을 파고 묻는다. 또한 망인이 임종 전에 입었던 옷가지도 태워서 땅에 묻는다.

수의를 입히는 순서는 전통 상례의 순서와 같으며 남자 수의와 여자 수의는 전통 상례 때처럼 준비하면 된다.

(9) 사망 신고(死亡申告)와 매장 신고(埋葬申告)

시신을 매장하려면 매장 허가가 필요하므로 의사에게서 사망 진단서를 발급받는다. 이 때 사설 묘지에 매장할 경우에는 묘지 사용 승낙서와 주민 등록증을 소지하고 주소지 관할 읍・면・동사무소에 가서 사망 신고와 매장 신고를 하면 신고증을 교부해 준다.

그러나 전염병 예방법 제2조에 규정된 제1종 전염병인 콜레라・페스트 등으로 환자가 사망했을 때에는 반드시 화장(火葬)을 해야 하며, 묘지를 만들고 싶으면 화장한 후의 유골(遺骨)을 매장한다.

(10) 입관(入棺)

관은 보통 목관으로 위에 옻칠한 것을 흔히 사용하는데, 관을 맞출 때에는 시신의 몸집과 키에 맞게 한다.

사망 후 하루가 지나면 염습을 끝내고 입관하며, 이 때에는 관의 벽과 시신 사이의 빈 곳을 백지나 마포(麻布)로 메워 시신이 관 안에서 흔들리지 않도록 한다.

그런 다음 홑이불로 덮고 관 뚜껑을 덮어 은혈못(나무를 깎아 만든 아래위가 뾰족한 못)을 박는다.

입관이 끝나면 관상 명정(棺上銘旌)을 쓴 뒤에 장지(壯紙)로 싸고 숙마(熟麻)로 밤얽이(짐을 동일 때 곱쳐 매는 매듭)를 쳐서 묶는다.

(11) 영좌(靈座)

입관한 다음에는 병풍으로 가리고 정결한 자리에 따로 영좌를 마련하여 고인(故人)의 사진을 모신 후 촛불을 밝히고 분향한다.

영좌의 오른쪽에 명정을 만들어 세우거나 병풍에 걸쳐 놓는다. 그리고 영좌 앞에 탁자를 놓고 과일과 술잔을 진설하여 평상시처럼 분향(焚香)하며, 고인이 생전에 사용하던 물건도 진설한다.

(12) 명정(銘旌)

명정은 붉은 비단에 백색으로 쓰되 한글로 쓸 때는 'ㅇㅇ(직함) ㅇㅇ(본관) ㅇㅇㅇ(성명)의 널'이라 쓰고, 한자로 쓸 때는 남자의 경우는 처사(處士) 또는 학생(學生) ㅇㅇㅇ(본관과 성) 공(公) ㅇㅇ(이름) 지구(之柩)라 쓰고 여자인 경우에는 유인(孺人) ㅇㅇㅇ(본관과성) 씨 지구(氏之柩)라고 쓴다.

(13) 상복(喪服)

상복은 따로 준비하지 않고 한복일 때에는 백색이나 흑색 복장으로 하고 양복일 때에는 흑색 양복에 흰 와이셔츠를 입고 넥타이와 양말, 구두도 흑색으로 하며 왼쪽 가슴에 삼베로 만든 상장을 달거나 완장을 두른다.

여자의 경우 양장일 때는 흑색으로 하고 한복일 때는 백색 치마 저고리에 흰 버선과 고무신을 신는다.

그러나 부득이한 경우에는 평상복을 입을 수도 있다.

상복을 입는 기간은 장사를 지내는 날까지로 하고, 상장은 탈상 때까지 달아야 하며 굴건 제복(屈巾祭服)의 착용은 가정 의례에 관한 법률에서 일체 금하고 있다.

초상이 났을 때 처음으로 상복을 입는 일을 성복(成服)이라고 하며 성복제는 지내지 않는다.

(14) 조문(弔問)

조객(弔客)은 영좌 앞에 나아가서 꿇어앉아 분향하고 두 번 절한다. 그러나 조객이 고인과 생시에 대면(對面)한 적이 없거나 여자일 때에는 상주에게만 인사한다.

상주와 인사할 때는 '얼마나 슬프십니까?' 또는 '참으로 뜻밖의 일입니다.', '상사가 웬 말씀입니까?' 하고 위로하면, 상주는 '감사합니다.' '망극하오이다.', '죄송합니다.' 등의 간단한 말로 조객의 인사에 답하며 서로 적당한 인사를 끝내면 조객은 상주 앞에서 물러난다.

조객이 조문을 왔을 때 주인은 주류(酒類)와 음식물 등을 대접하지 않고 조화(弔花)도 보내지 못하도록 법으로 정해져 있으나 그대로 지켜지지 않는 것이 오늘날의 현실이다.

옛날의 관습으로는 상가를 찾을 때 부조(扶助)하는 뜻에서 돈으로 부의(賻儀)를 하거나 향촉(香燭), 백지 등의 조물(弔物)을 호상소를 통해 전했다.

조문은 탈상 전까지는 언제든지 할 수 있다.

(15) 만장(輓章)

만장이란 죽은 사람을 슬퍼하여 지은 글로서 비단이나 종이에 쓴 다음 기(旗)를 만들어 상여 앞에 서서 가는데 현재는 사용으 금지하고 있다.

(16) 장일(葬日)과 장지(葬地)

장사지내는 날은 부득이한 경우가 아니면 보통 사망일로부터 3일이 되는 날로 정한다.

예부터 내려오는 관습으로는 짝수인 날을 피하고 홀수인 날을 택하여 3일장·5일장·7일장으로 했으며 일진이 중상일(重喪日:탈상하기 전에 부모상을 거듭 당한 날)을 피하여 행했다.

장사는 매장이나 화장을 하고 장지는 흔히 공동 묘지를 이용하나 경제적으로 여유가 있는 집안에서는 가족 묘지 또는 공원 묘지, 선산(先山) 등을 이용하기도 한다.

합장(合葬)을 할 때에는 남자는 왼쪽, 여자는 오른쪽이 되게 한다.

(17) 천광(穿壙)

천광이란 묘자리를 파는 일로 깊이는 1.5미터 가량으로 하며 출상하기 전에 미리 준비해야 한다.

천광할 때는 토지신을 달래는 개토제(開土祭)를 지내는데, 대개는 일꾼들이 술을 땅에다 뿌리며 말로 하지만 술과 과일・포・식혜 등을 진설하고 개토 고사(開土告辭)를 읽기도 한다.

이 때에는 묘의 왼쪽에 제상이 남쪽이 되도록 진설하고 고사를 읽는 사람이 신위 앞에 분향한 다음 술을 부어 놓고 고사를 읽은 후에 재배한다.

그리고 선산(先山)에 장사를 지내려면 먼저 선산에 고사(告祀)를 지내며 집안의 제일 위인 어른이나 묘소에서 가까운 분의 묘에도 고사를 지낸다.

(18) 발인제(發靷祭)

발인제는 영구가 상가 또는 장례식장을 떠나기 바로 전에 행하는 고인과 마지막 작별을 하는 의식이다.

이 때에는 상가의 뜰이나 특별히 장소를 마련하여 지내기도 하며, 장례식장에서 영구를 옮길 때는 천구 고사(遷柩告辭)를 읽고 관을 상여나 영구차에 싣는다. 이어서 그 앞에 제상을 차려서 제물을 진설한 다음 축관이 분향과 함께 술잔을 올리고 견전 고사(遣奠告辭)를 읽은 후 상주 이하 복인이 곡을 하며 재배한다.

발인식장에는 영구 앞에 고인의 사진이나 혼백을 모시고 명정을 세우며, 촛대와 향합 및 위패를 준비한다.

발인제의 순서는 다음과 같다.

❶개식 ❷상주 및 상제들의 분향 재배
❸고인의 약력 보고 ❹조사(弔辭)
❺조객 분향 ❻호상 인사
❼폐식

(19) 하관(下棺)과 봉분(封墳)

영구가 장지에 도착하면 먼저 명정을 풀어서 관 위에 덮은 다음에 상제들이 마주 서서 절을 두 번 한다.

그런 다음 하관할 시간이 되면 결관(結棺)을 풀어 좌향(坐向)을 바로잡은 후에 하관을 하는데, 이 때에 지석을 같이 묻고 봉분을 한다.

하관할 때에는 산신에게 폐백을 드리는데 이것을 현훈이라 하며 현은 검은 실, 훈은 붉은 실을 말한다. 집사가 이 현훈을 상주에게 주면 상주는 다시 축관에게 주어서 현은 관의 동쪽 위쪽에, 훈은 관의 서쪽 아래쪽에 놓고, 또한 운아(雲亞)를 넣는데, 운은 현과 함께 아는 훈과 함께 넣는다.

운아를 넣는 까닭은 이것을 넣지 않으면 자손이 발복(發福:운이 틔어 복이 닥침)을 못한다고 예부터 전해 오는 말에 의해서이다.

(20) 위령제와 반우(返虞)

위령제는 봉분이 끝난 후 영좌를 묘소 앞으로 옮겨서 간단한 제수를 진설하고 지내며, 화장 때에는 영좌를 유골함으로 대신하여 제를 올린다.

위령제는

❶분향(焚香) ❷헌자(獻爵) ❸독축(讀祝) ❹재배(再拜)

의 순서로 지내며 위령제의 축문은 다음과 같다.

[위령제 축문]

> 아들(또는 손자) ○○는 아버님(또는 할아버님) 영전에 삼가 고하나이다. 오늘 이 곳에 유택을 마련하였사오니 고이 잠드시고 길이 명복을 누리옵소서.
>
> 년 월 일

※어머니와 할머니의 경우에도 이에 준한다.

반우란 혼백을 모시고 집에 돌아온다는 뜻으로 반혼(返魂)이라고도 한다.

위령제가 끝나면 신주와 혼백을 요여(腰輿)에 모시고 집사가 분향한 후에 술을 부어 놓는다. 그러면 상제들이 꿇어앉는데 이 때에 반혼 고사(返魂告辭)를 읽은 다음에 곡과 재배를 끝내고 처음 왔던 길로 되돌아간다.

(21) 성묘(省墓)

성묘는 조상의 묘소를 찾아 돌보는 것을 말하며, 상주와 복인들의 편의대로 하되

배례 방법은 재배난 묵념(默念)으로 하고 제수는 준비하지 않는다. 그러나 간단하게 제수를 마련하는 것도 좋을 것이다.

우리의 관습으로는 장례를 치른 지 3일 만에 성묘하는 것이 관례이고 첫 성묘를 가기 전에 먼저 우제를 지낸다.

우제는 혼백을 편안히 모신다는 뜻에서 지내는 제사로서, 초우는 장지에서 돌아온 당일 저녁 영좌에 혼백을 모시고 지내며, 재우는 장사를 지낸 이튿날 이른 아침에 지내는데, 그날의 일진이 강일(剛日)일 때에는 다음날인 유일(柔日)에 지낸다.

또한 삼우는 재우를 지낸 다음의 강일 이른 아침에 지내나 요즈음에는 강일이나 유일을 가리지 않는 것이 보편적이다.

(22) 탈상(脫喪)

조부모와 부모 및 배우자의 상기(喪期)는 1백일로 하며 그 밖의 경우에는 장일(葬日)까지로 한다. 또 상기 중에는 궤연은 마련하지 않고 탈상제는 기제(忌祭)에 준한다.

예전의 관습으로 보면 탈상제는 초상이 난 날부터 복을 입으며 초하루와 보름마다 아침에 삭망전(朔望奠)을 올리고 명절에는 차례를 지내며 소상과 대상의 제사를 지낸 후에 마지막으로 탈상제를 지내는 것이 순서였다.

소상은 초상이 난 뒤의 만 1년이 되는 날에 지내는 제사로서, 이 때 아버지가 생존(生存)하고 어머니의 소상일 때에는 열한 달이 되는 달의 첫번째 정일(丁日)에 지내고 만 1년이 되는 날에 대상을 지내게 되는데, 이 때에 지내는 소상을 연제사(練祭祀)라고 한다.

대상은 초상이 난 뒤 만 2년이 되는 날에 지내며, 대상을 마치면 상복과 상장(喪杖) 등을 불에 태운 다음에 혼백을 묘소 부근에 묻고 탈상을 하게 된다.

[탈상제 축문(脫喪祭祝文)]

아들(또는 손자) ○○는 아버님(또는 할아버님) 영전에 삼가 고하나이다. 세월은 흐르는 물과 같아 어느덧 상기를 마치게 되었사와 슬피 사모하는 마음 더욱 간절하옵나이다. 이제 간소한 제수를 드리오니 강림하시어 흠향하시옵소서.

년 월 일

(23) 화장(火葬)

불교에서 승려가 입적(入寂:사망)했을 때 지내는 장례를 다비(荼毘)라 하여 반드시 화장에 의한 장례를 치르며, 서양에서는 고대 그리스 시대부터 화장을 행했다고 한다.

우리 나라도 고려 때 불교의 영향을 받아 화장법이 전해 내려오다 조선 시대에 들어와 유교가 성하면서부터 고인의 시신을 욕되게 한다는 비판을 받고 화장이 점점 사라지게 되었다.

비록 세상을 떠났더라도 부모 또는 가까운 사람을 불 속에 넣어 태울 수는 없으며, 고인의 이승에 대한 흔적을 모두 없애 버린다는 것은 너무 야박한 일이라고 여겼기 때문이다.

또한 고인의 시신을 훼손(毁損)하지 않고 온전한 상태로 명당에 잘 모셔야만 후손이 복을 받게 된다는 풍수 지리설(風水地理說)에 의한 영향도 있었다.

그러나 오늘날 매장의 선호로 인하여 해마다 서울 여의도 면적의 1.2배 가량이 묘지로 바뀌고 있어 오는 2천 년 초반에는 묘지가 포화 상태에 이른다는 것을 생각하면 심각한 문제가 아닐 수 없을 것이다.

여기에 착안해서 개발한 것이 묘지 하나로 3대(代)가 사용할 수 있는 한국형 가족묘라고 한다.

한국형 가족묘는 봉분(封墳) 가운데를 흙으로 채운 다음 그 주변 묘 테두리를 대리석으로 둘러싸고 다시 묘 테두리에 사과 상자 크기만한 납골당(納骨堂) 12개를 만든다.

그런 다음 납골당 안에 화장한 유골을 안치하는데, 합장을 하면 24위까지 수용할 수 있게 된다.

이렇게 한 번 묘지를 만들어 놓으면 3대가 이용할 수 있어 7, 80년 동안은 묘지 걱정을 하지 않아도 되고, 성묘하기에도 편리하다고 한다.

이제 우리 나라도 화장에 대한 그릇된 인식을 바꾸어 좁은 국통르 효율적으로 활용할 수 있는 방법을 강구해야 할 것이다.

다음으로, 화장할 때에 주의해야 할 사항들은 다음과 같다.

첫째, 화장을 하려면 반드시 의사가 떼어 주는 사망 진단서를 받아 거주지 관할 읍・면・동사무소에 가서 사망 신고를 하고 화자 신고증을 교부받아서 화장터에 가지고 가야 한다.

둘째, 입관할 때 고인의 유물 중에서 불에 타지 않는 것은 넣지 않아야 한다.

셋째, 화장터에 다다르면 화장 신고증을 제출하고 화장 순서를 기다린다.

넷째, 시신을 화장하기 전에 유족들은 마지막으로 분향을 한다. 화장이 끝난 후의 유골은 납골당 또는 절에 안치하는 것이 바람직하며, 유골을 매장하는 것은 이중으로 장례를 치르는 것이 되므로, 이 점을 유의(留意)해야 할 것이다.

4

종교식 상례(宗敎式喪禮)

(1) 천주교식 상례

천주교에서 치르는 상례는 생전에 영세(領洗)를 받은 사람은《성교 예규(聖敎禮規)》에 의하여 장례를 치른다. 장례 절차는 다음과 같고, 신자로서의 정신에 벗어나지 않는 한도 내에서 우리 나라의 고유 풍습이나 장례 의식을 존중하여 병행하기도 한다.

1) 종부 성사(終傅聖事)

마지막 숨을 거둘 때에 행하는 성사를 종부라고 하며 의식이 있을 때 신부를 청하여 종부 성사를 받는데, 오늘날에는 명칭이 바뀌어 병자 성사(病者聖事)라고 한다.

이 의식을 행하기 전에 가족들은 환자의 옷을 깨끗하게 갈아입히고 성유(聖油)를 바를 곳, 즉 얼굴과 눈·귀·코·입·손바닥·발바닥 등을 씻어 준다.

또한 상 위에 흰 천이나 백지를 깔고 그 위에 십자고상(十字苦像)과 촛대·성수 그릇·성수 채·작은 그릇 등을 준비한다.

신부(神父)가 도착하면 상 위에 촛대에 불을 밝힌 다음 신부와 환자만 남기고 다른 사람들은 모두 물러나는데, 이는 고해 성사(告解聖事)가 있기 때문이다.

고해 성사가 끝나면 노자 성체(路資聖體)·종부 성사·임종 전 대사의 순서로 성사를 진행한다.

2) 임종 전 대사

종부 성사는 신부가 없이 운명했을 때에도 받을 수 있는데, 이 때에는 주위에 있는 사람들이 환자를 위로하고 격려하는 말을 해주고《성서(聖書)》가운데 거룩한 구절을 골라 읽어 준다.

3) 운명(殞命)

환자가 숨을 거둘 때에는 성촉(聖燭)에 불을 켜는데, 성촉이란 성랍(聖蠟)으로서 신성한 용도에 쓰기 위해 보통의 것과 구별하여 만든 초를 말한다.

불을 켠 다음에는 〈임종경(臨終經)〉이나 〈성모덕서도문〉, 〈매괴경〉을 읽으며, 기도문은 숨을 거둔 다음에도 얼마 동안 계속해서 읽는다.

환자가 마지막 숨을 거둘 때에는 떠나는 사람의 마음을 편하게 하기 위해 주위 사람들은 될 수 있는 대로 흐느끼거나 통곡하는 것을 삼가야 한다.

4) 초상(初喪)

환자가 운명한 뒤에는 깨끗한 옷으로 갈아입히고 손과 발이 굳어지기 전에 가지런히 해준다. 이 때에 손은 합장(合掌)시켜 묵주나 십자가상을 쥐어 주고 눈을 쓸어 감게 하며 입도 다물도록 해준다.

시신 머리맡의 상 위에는 십자고상(十字苦像)을 모시고, 양쪽에 촛불을 켠 다음 성수 그릇과 성수를 놓는데, 입관할 때까지 이런 상태를 계속 유지하며 가족들은 그 옆에 꿇어앉아 위령 기도(慰靈祈禱)를 올린다.

5) 위령 미사

위령 미사는 연옥(煉獄)에 있는 사람을 위해 천주께 드리는 제사로서 연미사의 바뀐 말이다.

환자가 숨을 거두면 이 사실을 바로 본당 신부(本堂神父)에게 알리는 동시에 곧 미사 예물을 전하고 위령 미사를 청한다.

그리고 장례 날짜와 장례 미사 시간을 신부와 의논하여 정한다.

6) 염습(殮襲)과 입관(入棺)

천주교에서는 신자(信者)의 가장이면 부탁을 하지 않아도 염습에 경험이 있는 사람이 와서 고인의 시신을 알코올로 깨끗이 닦고 수의를 입힌 다음에 입관해 준다.

7) 장례식(葬禮式)

장례일에는 관을 성당으로 옮겨 위령 미사와 사도 예절(赦禱禮節:고별식)을 행하며 입관 및 출관과 하관은 성교 예규(聖敎禮規)에 따라 거행하나 화장은 절대로 할 수 없다.

8) 하관(下棺)

장지에 다다르면 묘지 축성 기도를 하고 영구와 광중에 성수(聖水)를 뿌린 다음에 하관 기도를 하고 하관을 한다.

천주교식 상례에서는 신앙(信仰)의 본질에 위배되지 않는 점은 수용하고 있는데, 이를 테면 조객에게 간단한 음식을 대접하는 것이나 언제든지 묘소를 찾아가 성묘(省墓)하는 것 등이다.

(2) 기독교식 상례

기독교식 상례는 운명한 시신의 정제 수시에서부터 하관에 이르기까지의 모든 의식 절차가 목사(牧師)의 집례(執禮)에 의하여 행해진다.

운명을 하면 찬송과 기도로 고인의 영혼을 하나님께 맡기는 뜻의 예배(禮拜)를 보며 초종 중에는 날마다 목사의 집례로 기도회를 갖고, 유가족은 빈소에서 기도회를 가지는데, 찬송이 그치지 않게 한다.

기독교식 상례에서는 곡을 하지 않고 음식도 차리지 않으며 절도 하지 않는다.

또한 아침저녁으로 전과 상식(上食)을 올리지 않고 염습할 때에 묶지도 않는다.

영결식(永訣式)은 영구를 교회에 안치하여 행하는 경우와 상가에서 간단하게 행하는 경우가 있으며, 분향 대신 영전에 꽃 한 송이씩을 바친다.

하지만, 일반 조객들을 위하여 분향 준비를 하는 경우도 있다.

1) 영결식의 순서

❶개식사(開式辭):주례 목사(主禮牧師)가 맡아서 한다.
❷찬송(讚頌):주례 목사가 임의로 정한다.
❸기도(祈禱):고인의 명복을 빌고 유족들에게 위로를 내리기를 바라는 뜻의 기원이다.
❹성경 봉독(聖經奉讀)
❺시편 낭독(詩篇郎讀)
❻신약 낭독(新約郎讀)
❼기도
❽고인의 약력 보고(略歷報告)
❾주기도문(主祈禱文)
❿찬송:식장에 참석한 모든 사람들이 다같이 한다.
⓫헌화(獻花):고인의 명복을 빌면서 영전에 꽃 한 송이씩을 바친다.
⓬출관(出棺)

2) 하관식의 순서

❶개식사:주례 목사가 맡아서 한다.
❷기원(祈願)
❸찬송
❹기도
❺성경 봉독
❻기도:주례 목사가 명복을 비는 기도를 한다.
❼신앙 고백(信仰告白)

❽취토(取土):상제들이 봉분하기 전에 흙 한 줌씩을 관 위에 뿌린다.

❾축도(祝禱):축복 기도를 한다.

(3) 불교식 상례

불교식 상례는 임종에서부터 입관까지의 절차가 일반 상례와 대동소이(大同小異)하며 오직 영결식의 방법이 다를 뿐이다.

불교의 상례 의식은 의례 규범인 《석문의범(釋文儀範)》에서 설명하고 있지만 자세하지는 않다.

1) 다비식(茶毘式)

불교에서는 영결식을 다비식이라고 하며 그 순서는 다음과 같다.

❶개식(開式):호상이 맡아서 한다.

❷삼귀의례(三歸依禮):불(佛)·법(法)·승(僧)의 삼보(三寶)에 돌아가 의지한다는 의식을 주례승(主禮僧)이 행한다.

❸약력 보고(略歷報告):고인을 추모(追慕)하고 유족을 위로하는 뜻에서 생전에 고인과 가까웠던 친구가 한다.

❹착어(着語):고인을 위하여 주례승이 부처님이 가르침을 설법(說法)한다.

❺창혼(唱魂):극락 세계에 가서 편안히 잠들라는 것으로 주례승이 요령(搖鈴)을 흔들며 고인의 혼을 부른다.

❻헌화(獻花):친지 대표가 고인의 영전에 꽃을 바친다.

❼독경(讀經):주례승과 모든 참례자가 고인의 혼을 안정시키고 생전의 모든 관계를 청산하고 부처님 세계에 고이 잠들라는 경문(經文)을 소리내어 읽는다.

❽추도사(追悼辭):초상에는 조사(弔辭)라고 하며 일반에서 행하는 의식과 같다.

❾소향(燒香):모든 참례자들이 향을 태우고 고인의 명복을 기원한다.

❿사홍 서원(四弘誓願):주례승이 하며 내용은 다음과 같다.

가. 중생무변 서원도(衆生無邊誓願度):중생은 끝 닿는 데가 없으니 제도(濟度)하여 주기를 맹세한다.

나. 번뇌무진 서원단(煩惱無盡誓願斷):인간의 번뇌는 끝이 없으므로 번뇌를 끊기를 원하는 맹세이다.

다. 법문무량 서원학(法問無量誓願學):불교의 세계는 한량이 없으니 배우기를 원한다는 것이다.

라. 불도무상 서원성(佛道無上誓願成):불도보다 더 훌륭한 것이 없으니 불도를 이루기를 맹세코 원한다는 것이다.

⑪폐식(閉式):영결식 절차가 끝났음을 선언한다.

화장터로 떠날 때에는 주례승이 화장터까지 따라가며 시신을 분구(焚口)에 넣고 다 탈 때가지 염불(念佛)을 한다. 시신이 다 탄 후에는 주례승이 흰 창호지에 유골을 올려 상제에게 주어서 빻게 한 다음에 주례승이 있는 절에 봉안(奉安)하여 제사를 지낸다.

그리고 유골을 봉안한 절에서 사십구일재(四十九日齊)와 백일재, 삼년상을 치르며 이것이 끝나면 고인의 사진을 떼어 간다.

(4) 천도교식 상례

1) 환원(還元)

천도교에서는 사람의 죽음을 환원이라고 한다. 환원 직후에 청수(淸水)를 봉전(奉奠)하고 온 가족이 심고(心告)한 후 시신을 염습한다.

심고란 교인들이 어느 동작을 할 때마다 먼저 한울님(하느님)께 마음으로 고하는 일종의 기도로 내용은 다음과 같다.

'성령(性靈)이 우리의 성령에 융합되어 길이 인계 극락(人界極樂)을 향수(享受:복을 받아 누림)하옵소서.'

2) 수조(受弔)

정당(正堂)에 청수를 올려 놓을 탁자를 마련해 놓으며 조객들이 그 앞에서 심고한 다음 상주에게 조의(弔意)를 표한다.

[명정]

天道教 천도교 神男(女) 신남(녀) ○○○氏之柩 씨지구

3)입관(入棺)

입관하기 전에 명정을 만드는데, 교직(敎職)과 도당호(道堂號)가 있다면 '신남(神男)' '신녀(神女)' 대신에 고인의 교직 이름과 도당호를 쓴다.

입관식을 마친 후에는 청수를 봉전하고 심고를 한다.

4) 운구(運柩)

청수의 봉전을 마치면 심고한 다음에 운구하고 영결식을 고인의 자택에서 행할 때는 운구식을 생략하며 영결식은 발인할 때에 행한다. 고인의 자택이나 특정(特定)한 장소에서 영결식을 행할 때의 식순(式順)은 다음과 같다.

❶개식(開式)
❷청수 봉전(淸水奉奠)
❸식사(式辭)
❹심고(心告):식장에 참석한 모든 사람이 한다.
❺주문(呪文):3회를 병독(倂讀:아울러 읽음)한다.
❻약력 보고(略歷報告)
❼위령문 낭독(慰靈文朗讀)
❽조사(弔辭):내빈 중에서 대표로 나와 읽는다.
❾소향(燒香)
❿심고(心告)
⓫폐식(閉式)

5) 상기(喪期)와 기도식(祈禱式)

배우자의 부모와 부부의 상기는 105일이고 위령 기도는 환원일로부터 7일, 31일, 49일이 되는 날에 한다.

조부모와 숙부, 형제 자매의 상기는 49일이다.

기도식의 순서는 다음과 같다.

❶재계(齋戒)
❷청수 봉전(淸水奉奠)
❸심고
❹주문(呪文):150회를 묵송(默誦)한다.
❺심고(心告)
❻폐식(閉式)

상기가 끝나 상복을 벗는 의식으로 환원 후 105일째 되는 날 오후 9시를 기하여 행하는데, 순서는 다음과 같다.

❶재계(齋戒)
❷청수 봉전(淸水奉奠)
❸제복(除服)
❹식사(式辭)
❺심고(心告)
❻주문(呪文):21회를 묵송한다.
❼추도사(追悼辭)
❽심고(心告)
❾폐식(閉式)

5

유언에 관한 상식(常識)

유언이란 고인이 운명할 때 마지막으로 남기는 말이라고 생각하나 유언의 내용(內容)에 따라 그 뜻이 달라진다.

그저 의례적이고 가사 정리나 친족간의 화목(和睦)이나 형제간의 우애(友愛)를 부탁하는 말은 유훈(遺訓)에 지나지 않고 법률적인 효력을 갖지는 못한다.

민법(民法)으로 규정한 유언에는 다섯 가지나 있는데, 그 내용을 살펴보면 대략 다음과 같다.

첫째, 고인이 생전에 자필(自筆)로 유언의 내용과 날짜·주소·성명을 쓰고 날인(捺印)해야 한다. 만일 고쳐야 할 사항이 있을 때에는 내용을 별도로 쓰고 날인해야 하며 남에게 대신 쓰게 하거나 타자(打字)를 친 것은 인정받지 못한다.

둘째, 녹음(錄音)을 해 두는 방법이다. 유언하는 사람이 유언의 내용과 이름, 녹음 날짜를 밝혀 녹음하고, 증인을 불러 유언의 정확함을 확인(確認)시킨 다음에 증인의 성명을 녹음해야 한다.

셋째, 공정 증서에 의한 방법이다. 증인 두 사람이 참석한 가운데 공증인(公證人)이 지켜 보는 앞에서 유언의 내용을 말하고 공증인으로 하여금 이를 기록(記錄)하고 낭독하게 한다. 그러면 유언자와 증인은 유언의 내용이 정확하면 승인하고 각각 날인하여 공증한다.

넷째, 비밀 증서에 의한 방법이다. 유언하는 사람이 자신의 성명을 적은 유언서를 만들어 봉투에 넣고 봉인(封印)한 다음 두 사람 이상의 증인에게 제출한다. 그러면 봉투 표면에 유언인과 증인이 각각 서명 날인하고 증인에게 제출한 날짜를 쓴 다음 5일 안에 공증인이나 법원(法院)의 서기(書記)에게 제출하면 봉인 위에다 제출한 날짜를 찍는다.

다섯째, 구수 증서(口授證書)에 의한 방법이다. 생전에 유언장을 만들지 못하고 목숨이 경각에 달려 있을 때 유언을 하려면 두 사람 이상의 증인이 지켜 보는 가운데 유언을 한다.

그러면 증인 한 사람이 유언을 기록하고 낭독하며 사실과 틀림없음을 인정한 후에 각각 서명 날인한다. 이 경우에는 증인이나 이해 관계자가 절박한 사유가 소멸(消滅)된 날로부터 일 주일 안에 법원에 검인 신청(檢認申請)을 해야 한다.

이상의 방식 이외의 유언은 법률상의 효력이 없으며, 미성년자나 금치산자(禁治産者)·한정 치산자(限定治産者)와 유언에 의해 이익을 보게 되는 사람이나 배우자 및 직계 혈족은 유언의 증인이 되지 못한다.

6

상례의 고유 술어 해설

(1) 갈장(渴葬)

예월(禮月)을 기다리지 않고 급히 지내는 장사를 말한다. 제후(諸侯)는 5개월, 대부(大夫)는 3개월, 선비는 1개월 만에 장사를 지내는데, 이 기간을 예월이라고 한다.

(2) 경야(經夜)

장사를 지내기 전에 고인의 관 옆에서 근친 지기(近親知己:일가붙이와 마음이 통하는 벗)들이 밤을 새우는 일을 말한다.

(3) 고복(皐復)

죽은 이의 혼을 부르는 의식으로, 죽은 이가 생전에 입던 홑두루마기나 적삼을 들고 지붕 위에 올라가서 북쪽을 향해 선다. 그런 다음에 왼손으로 옷깃을 잡고 오른손으로는 옷의 안섶을 잡고 크고 긴 목소리로 외치는데, 죽은 이가 남자라면 주소와 직함, 성명을 외치고 여자라면 주소, 본관, 성씨를 외친 후에 '복! 복! 복!' 하고 세 번 부른다.

(4) 곡비(哭婢)

장례 때에 행렬의 앞에서 곡을 하며 가던 계집종을 말한다. 옛날에는 상가(喪家)에서 곡이 그치지 않도록 하기 위해 직업적으로 곡하는 사람을 사서 울게 했다. 곡비는 복인(服人)들과 함께 울었으며, 복인들이 울음을 잠깐 그칠 때에도 계속해서 울어 곡이 그치지 않게 했다.

(5) 굴건(屈巾)

상주가 두건(頭巾) 위에 덧쓰는 건이다. 손가락 세 개의 너비만한 베를 종이로 배접(褙接)해서 빳빳하게 만든다. 그리고 두 끝을 휘어 끈을 꿰어서 쓴 후에 수질(상복을 입을 때 머리에 두르는 짚에 삼 껍질을 감은 둥근 테)을 눌러 쓴다.

(6) 금정(金井)

무덤을 팔 때 굿(구덩이)의 길이와 넓이를 정하는 데 쓰는 나무틀을 말한다. 금정틀이라고도 한다.

(7) 노장(路葬)

사람들이 많이 왕래하는 길 복판에 시체를 묻는 것을 말한다.
처녀, 총각이나 청상 과부(青孀寡婦)가 죽으면 이들의 혼령이 생전에 못다 푼 소원을 풀기 위해 악귀(惡鬼)가 되어 사람들에게 해를 끼치게 된다고 하여 그러지 못하도록 시체를 길 복판에 묻는 것이다.

(8) 단면(袒免)

초상(初喪) 때 웃옷의 왼쪽 소매를 벗는 일과 관을 벗고 머리를 묶어매는 일을 말한다.

(9) 두건(頭巾)

상을 당했을 때 남자 상제나 어른이 된 복인(服人)이 머리에 쓰는 베로 만든 건을 말하며 효건(孝巾)이라고도 한다.

(10) 묘갈(墓碣)

묘 앞에 세우는 돌로 만든 작은 비석(碑石)이다. 묘갈에 새기는 글은 묘갈명(墓碣銘)이라고 한다.

(11) 묘계(墓界)

조선 시대 때에 품계(品階)에 따라서 정하던 묘지의 구역을 말한다. 즉 무덤을 중심으로 하여 사방으로 정일품과 종일품은 1백 보, 정·종(正從)이품은 90보, 삼품은 80보, 사품은 70보, 오품은 60보, 육품은 50보였으며 서민은 10보로 하였다.

(12) 묘비(墓碑)

무덤 앞에 세우는 돌로 만든 비석(碑石)으로 묘석(墓石)이라고도 한다. 맨 아래는 반석(盤石), 중간에는 비신(碑身), 맨 위는 지붕처럼 생긴 가첨석으로 이루어져 있다.

비신에는 고인의 관직과 성명, 생전의 행적(行蹟), 자손, 장지, 생몰 연월일(生沒年月日)을 새긴다.

(13) 묘지(墓誌)

고인의 성명, 관위(官位), 생전의 행적, 자손의 성명, 장지명(葬地名), 생몰 연월일 등을 적은 글을 말한다. 사기판(砂器板)에 적거나 돌에 새겨서 관과 함께 묻는다.

(14) 묘표(墓表)

무덤 앞에 세우는 푯돌로 품계·관직·성명 등을 새긴다.

(15) 반함(飯含)

염습할 때에 고인의 입 속에 구슬과 쌀을 물리는 일을 말한다.

(16) 부고(訃告) 달아매기

예부터 전해 내려오는 우리 나라 풍습의 하나로, 사람의 죽음을 알리는 부고장(訃告狀)이 오면 불길한 통지라 하여 집 대문에 들어서면서 오른쪽에다 새끼에 꿰어 달아매어 놓던 풍습이다. 그 까닭은 부고에 죽은 사람의 혼이 붙어 있어 살아있는 사람에게 해를 끼친다고 믿기 때문이다.

(17) 삼부 팔모(三父八母)

복제에 있어 삼부란 최복의 아버지와 구별하는 세 계부(繼父)로서, 함께 사는 계부와 함께 살지 않는 계부 및 친모(親母)가 개가(改嫁)한 곳에 따라가서 섬기는 계부를 말한다. 그리고 팔모란 최복의 어머니 이외에 따로 구별하여 일컫는 여덟 어머니로서 서자(庶子)가 아버지의 정실(正室)을 일컫는 적모(嫡母)와 아버지의 후취(後娶)인 계모(繼母) 및 양자가 되어 들어간 집의 양모(養母), 어머니를 여읜 뒤 자기를 길러 준 자모(慈母), 개가한 어머니인 가모(嫁母), 아버지로부터 쫓겨난 출모(黜母), 아버지의 첩인 서모(庶母), 어머니를 대신하여 젖을 먹여 키워 준 유모(乳母)이다.

(18) 삼상 강복(三殤降福)

삼상이란 미성년으로 죽은 경우에 나이에 따라 구별한 세 가지로서, 상상(上殤)은 15~20세 사이에, 중상(中殤)은 12~15세 사이에, 하상(下殤)은 8~12세 사이에 죽었을 때를 말한다. 그리고 강복(降服)은 오복(五服上)의 복제에 따라 복을 입는 등급을 내린다는 뜻이다.

(19) 수상장(樹上葬)

시체를 가마니로 싸거나 관 또는 항아리에 넣어서 나무 위에 올려놓는다. 그런 다음 자연히 살이 썩어 없어지기를 기다렸다가 뼈를 주워 땅 속에 묻는 장사법이다.

(20) 순장(殉葬)

왕이나 귀족 또는 남편이 죽었을 때 신하나 노비, 아내를 산 채로 함께 장사지내는 것을 말한다. 옛날에 중국에서 많이 행해졌고 우리 나라의 고대 사회에서도 잠깐 동안이나마 순장이 행해졌다는 기록이 있다.

(21) 위패(位牌)

절이나 단(壇)·묘(廟)·원(院) 등에 신주의 이름을 적어 모시는 나무 패를 말한다. 위패는 제사를 지낼 때에만 사용하며 대부분의 가정에서는 위패 대신에 백지에 신주 이름을 적어 사용하는 경우가 많은데 이를 지방(紙榜)이라고 한다.

제3부

제 례(祭禮)

1

전통 제례(傳統祭禮)

(1) 제례의 기원(起源)과 본뜻

제례란 제사(祭祀)를 지내는 예(禮)를 말하며, 제사란 제(祭)를 행하는 순서와 형식 및 예절을 통틀어 일컫는다.

인간이 미개하여 자연을 정복하지 못했을 때에는 대자연의 변화와 지진이나 홍수 따위의 천재지변에 대해 경이감(驚異感)과 공포심(恐怖心)을 느꼈고, 풍년이 들어 농작물의 수확이 많을 때에는 숭앙심(崇仰心)과 감사하는 마음을 가지고 있었다.

또한 동물과 식물·샘·큰 바위·천체(天體) 등의 모든 자연물에도 혼령이 있다고 믿은 나머지 종교(宗敎)를 이루어 이것이 제례의 기원이 되었다.

제례에 있어서는 돌아가신 조상을 마치 살아 계신 분을 받드는 것과 같은 정성과 마음가짐이 필요하다. 이 때문에 오래 전부터 조상을 상징하는 상징물, 즉 위패(位牌)를 가정에 만들어 놓고 모셔 왔다.

조상들의 위패를 모셔 놓은 곳을 가묘(家廟)라고 하는데, 오늘날에는 생활 여건의 변화로 인하여 가묘를 짓고 위패를 모셔 놓은 가정을 거의 찾아볼 수가 없게 되었다.

그리하여 제사 때마다 임시로 위패를 만들어 사용하는데 이를 지방(紙榜)이라 하며 돌아가신 분의 사진이 있으면 지방 대신 사진을 모시기도 한다.

일부에서는 우리의 전통 제례에서 조상의 위패를 모시고 제사를 지내거나 돌아가신 조상에게 절을 하는 것은 우상 숭배(偶像崇拜)라 하여 반대하는 입장도 있는데, 이는 제례를 잘못 인식한 것이라 할 수 있다.

제례는 절대신(絶對神)에게 기도하고 복을 기원하는 종교 의식이 아닌, 자기를 있게 해주신 조상에 대해 감사의 마음을 표하고 조상이 지녔던 생전의 뜻을 기리며 추모(追慕)하는 의식이다. 따라서 이는 인간이 마땅히 지녀야 할 자세와 태도이며 효도(孝道)의 연장 이라고 할 수가 있다.

[전통 제례 절차]

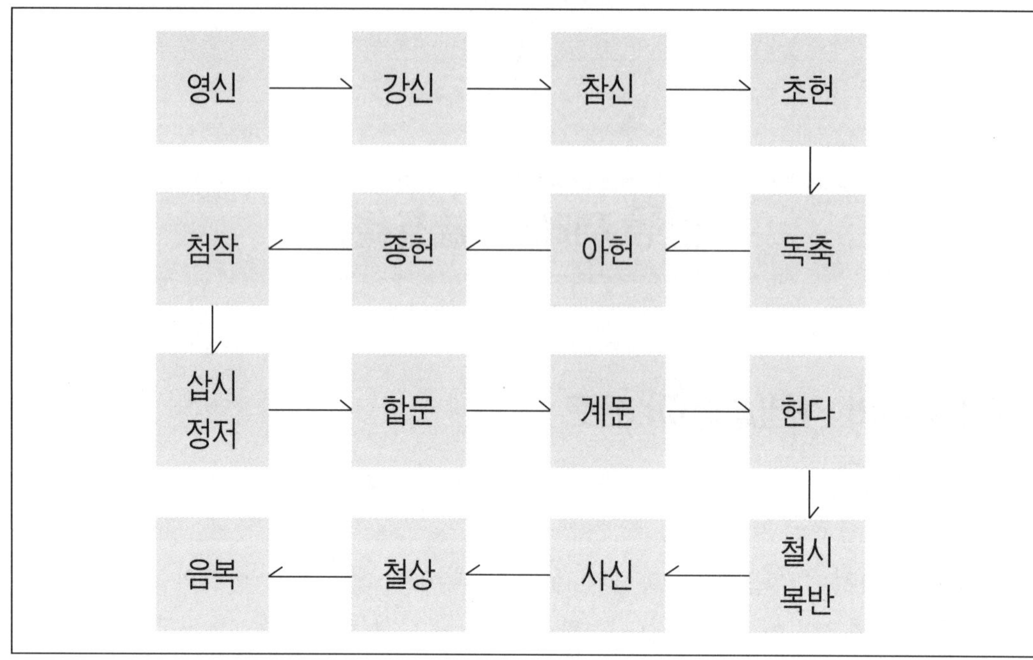

제례의 역사는 매우 오래 된 것으로서 우리 나라에서는 조선 시대까지는 사회적인 신분에 따라 제사지내는 범위에 차이가 있었다. 곧 3품관(三品官) 이상은 고조부모까지 4대를 제사지냈으나 일반 서민들은 부모에게만 제사를 지냈었다.

그러던 중 조선조 고종(高宗) 31년(1894) 갑오년에 있는 갑오개혁(甲午改革)으로 인하여 신분 제도가 폐지된 후에는 신분에 구애됨이 없이 누구나 고조부모에게까지 제사를 지내게 되었다. 그 후 몇 차례 개정된 가정 의례 준칙에 의하여 조부모까지만 제사지낼 것을 권장하고 있으나 일반적으로는 증조부모까지 지내고 있다.

(2) 제사(祭祀)의 종류

우리 나라의 대표적인 제사의 종류로는 사당제・시제・기제・이제・묘제 등 다섯 가지로 구분되어 있고 그 밖의 제사로는 사갑제・생신제・연중 절사 등이 있다.

또한 상중(喪中)의 우제・소상・대상・담제・길제까지의 제사로 장사를 지낸 후 신주를 집으로 모셔 와 제사를 지내면서 탈상할 때까지의 제사를 말한다.

1) 사당제(祠堂祭)

사당은 조상들의 신주를 모셔 놓고 제사를 지내는 곳으로 사람이 죽으면 상청(喪廳)에다 혼백 신주를 모시고 탈상 때까지 제사를 지내다가 상이 끝나면 상청이 영좌를 치우고 신주를 사당으로 모신다.

사당은 조상의 신주를 모시는 종가(宗家)에 마련하며 자손들은 날마다 동이 틀 무렵에 문안을 드리고 외출할 때나 귀가하여, 연중 절사(年中節祀), 자손들이 과거에 급제하거나 관례와 혼례 등 가정의 크고 작은 일들을 모두 사당에 고한다.

사당은 세 칸의 규모로 짓는데, 가정 형편이 여의치 못하면 한 칸으로 짓는다. 사당의 위치는 정침(正寢)의 동쪽으로 하고 앞을 남쪽, 뒤를 북쪽으로 한다.

사당 안에는 다섯 개의 시렁을 매고 벽은 벽돌이나 널빤지, 바닥은 널빤지를 깔고 그 위에 자리를 깐다. 각 칸마다 네 쪽의 문을 만들어 여닫게 한다.

사당 안 북쪽 벽에 네 개의 감실(龕室:신주를 모셔 두는 장)을 만들고 그 안에 탁자를 한개씩 설치한다.

신주는 독(독)에 넣어 탁자 위에 모시며 앞을 남쪽으로 향하게 하며, 서쪽에서부터 동쪽으로 고조고비위(高祖考妣位), 증조고비위(曾祖考妣位), 조고비위(祖考妣位), 고비위(考妣位)의 순서로 모신다.

이것을 4대조만 모신다 하여 사대 봉사(四代奉祠)라고 하며 5대조부터는 묘제(墓祭)로 모신다.

감실 앞에는 각각 발을 치고 향탁(香卓)을 놓고 그 위에 향로와 향합을 놓는다.

사당에 가서 조상을 뵙는 것을 사당 현알(祠堂見謁)이라고 하는데, 사당 현알에는 신알례(晨謁禮)·출입례(出入禮)·참례(參禮)·천신례(薦新禮)·고사례(告事禮) 등이 있다.

❶신알례(晨謁禮)

주인이 매일 이른 아침에 단정하게 의관을 갖추고 사당에 가서 문안을 드리는 예로서, 이 때는 제물을 차리지 않고 사당의 외문(外門) 안에 들어가 두 섬돌 사이에 있는 향탁에 분향한 후 재배한다.

상중에는 하지 않고 기일(忌日)에만 하며 만일 고조의 기일이면 제사를 지낸 후에 한다.

❷출입례(出入禮)

주인이나 주부가 외출(外出)하거나 귀가(歸家)했을 때에 반드시 사당에 고하는 것을 말한다. 가까운 곳을 가거나 돌아왔을 때는 바라보는 것으로 끝나며, 하룻밤을 자고 올 때는 향탁에 분향 재배하며, 10일 이상 걸리는 먼 속을 가거나 돌아왔을 때는 향탁에 재배 분향한 후에 꿇어앉아서 고사를 올리고 다시 재배한다.

30일 이상 길을 떠날 때는 사당의 중문을 열고 섬돌 밑에서 절을 두 번 한 다음 향탁에 분향하고 고사를 올린 후 다시 두 번 절하고 물러나와 섬돌 밑에서 마지막으로 재배하는데, 사당에서는 남자는 두 번, 여자는 네 번 절한다.

[외출할 때 사당에 아뢰는 고사]

○○ 將適 ○所 敢告
장 적 소 감 고

[해설] ○○는 장차 ○○에 가게 되었으므로 감히 아뢰나이다.

[귀가해서 사당에 아뢰는 고사]

○○ 今日歸 自○所 敢見
금 일 귀 자 소 감 현

[해설] ○○는 오늘 ○○에서 돌아왔으므로 감히 뵈옵나이다.

❸참례(參禮)

설날과 동지, 초하루와 보름에 사당에서 지내는 제사를 말한다.

보름에는 술을 올리지 않으며 신주도 모시지 않으나 다른 절차는 같고, 설날에는 몇 가지 제물과 떡국을 올리고 동지에도 몇 가지 제물과 함께 팥죽을 올린다.

제사 전날에는 사당을 청소하고 몸과 마음을 깨끗이 하며 부정한 일을 멀리하여 하룻밤을 지낸다.

제삿날에는 이른 아침에 일어나 사당의 문을 열고 발을 말아 올린 뒤에 각각의 감실마다 탁자 위에 접시를 놓는다. 그리고 각 신주 앞에는 잔대(盞臺)를, 향탁 앞에는 모사(茅沙)를 놓고 조계(사당 문 밖의 동쪽 섬돌) 위에 따로 탁자를 마련하여 술병과 잔대를 놓는다.

주인이 사용할 세숫대야와 수건은 조계의 동남쪽에 마련해 둔다. 모든 준비가 끝나면 주인 이하 모두가 중문으로 들어가 주인이 조계 밑에서 북쪽을 향하여 서면 형제와 자손 및 외집사(外執事)가 그 뒤에 서고 방계(傍系)는 주인의 오른쪽에 선다.

주부는 서계 밑에서 북쪽을 향하여 서는데, 주인의 자매와 계수(季嫂) 및 자손부, 내집사 등이 그 뒤에 서고 방계는 주부의 왼쪽에 선다. 이 때 주인의 모친이 생존했으면 주부 앞에 자리를 마련해 놓는다.

이 절차가 끝나면 주인은 손을 씻고 조계를 통하여 사당 안으로 들어가 독을 열고 남자들의 신주를 받들어 독 앞에 모시며, 주부도 서계를 통하여 사당 안으로 들어가 여자들의 신주를 받들어 남자들의 신주 동쪽에 모신다.

신주를 다 모셨으면 사당을 내려와 참신·강신·헌작(獻爵)·사신의 순서로 제사를 지내며 이 때 술은 한 잔씩만 올린다. 사신을 한 후 납주(納主)를 하는데, 주인과 주부가 신주를 거두어 독에 넣는 것을 말하며 납주가 끝나 제수(祭需)를 치우면 발을 내리고 사당문을 닫는 것으로서 참례가 끝난다.

❹천신례(薦新禮)

계절에 따라 새로 나온 곡식으로 만든 음식과 과일 등을 사당에 먼저 올리는 것을 말한다.

천신할 때에는 술과 과일을 올리고 새 음식을 놓는다. 천신하는 날은 음력으로 매달 초하루와 보름·청명·한식·단오·중양(重陽) 등이나 반드시 그 날을 지키지 않아도 되며, 초하루나 참례에 천신할 때는 독을 열고 신주를 받들어 모시고 헌작한다.

❺고사례(告事禮)

집안에 무슨 일이 있으면 반드시 사당에 고하는 것이 고사례이다.

고사례는 주인이 먼저 술잔을 올린 뒤에 축관(祝官)이 축판을 들고 주인의 왼쪽에 무릎을 꿇고 엎드리면 참례한 사람들도 모두 무릎을 꿇고 엎드린다.

이어 축관이 고사를 끝내고 제자리로 돌아가면 주인 이하 모두가 두 번 절하고 축문을 불에 사른다. 신주를 다시 모시거나 다른 곳으로 옮길 때에는 삭참(朔參:매달 음력 초하룻날 아침에 사당에 참배하는 일)과 같이 하고, 사당을 수리(修理)하거나 물건을 새로 배치할 때는 임시로 고사문을 지어 고사례를 행한다.

또한 사당에 불이 났을 때는 3일 동안 곡하고 신주가 소실(燒失)되었을 때는 신주를 새로 만들어 전처럼 모신 후 분향하고 제사를 지낸다.

2) 시제(時祭)

시제란 계절마다 지내는 제사를 말하며 음력으로 봄에는 2월, 여름에는 5월, 가을에는 8월, 겨울에는 11월에 지내는데 이를 중삭(仲朔)이라고 한다. 즉 시제는 1년에 네 차례 중삭에 지내는 제사이다.

시제를 모시는 대상은 4대까지의 조상, 곧 고조고비(高祖考妣)·증조고비(曾祖考妣)·조고비(祖考妣)·고비(考妣)까지이며, 5대조 이상은 한 번 제사를 지낸다.

제삿날은 정일(丁日)이나 해일(亥日) 중에서 택하고 동이 틀 무렵에 진설하여 날이 밝으면 사당에 가서 신주를 받들어 정침(正寢:제사를 지내는 몸채의 방)에 모신다.

신위는 고조고비를 정침의 제일 북쪽에 모시고 다음으로 증조고비·조고비·고비의 순서로 모시며, 고위(考位)는 서쪽 탁자에, 비위(妣位)는 동남쪽 탁자에 모신다. 이어서 참신·강신(降神)·진찬·종헌(終獻)을 하고 축관이 축문을 읽는다.

축문의 내용 중에서 기서유역(氣序流易) 다음 구절인 시유정조(時維正朝)는 계절에 따라서 봄이면 시유중춘(時維仲春), 여름이면 시유중하(時維仲夏), 가을이면 시유

중추(時維仲秋), 겨울이면 시유중동(時維仲冬) 등으로 바꾸어 쓴다.

또한 불승영모(不勝永慕)는 대상이 고비위(考 位)일 때에는 호천망극(昊天罔極)이라고 쓴다.

[시제축문(時祭祝文)]

維歲次甲子正月辛未朔初三日壬申 孝玄孫 某
유세차갑자정월신미삭초삼일임신 효현손 모

敢昭告于
감소고우

顯高祖考學生府君
현고조고학생부군

顯高祖妣孺人金海金氏 氣序流易 時維正祖 追遠感
현고조비유인김해김씨 기서유역 시유정조 추원감

時 不勝永慕 謹以 清酌庶羞 祗薦歲事 尙
시 불승영모 근이 청작서수 지천세사 상

饗
향

[해설] 갑자년 정월 초삼일 현손 모는 고조부모님 두 분의 영전에 삼가 아뢰옵나이다. 계절이 바뀌어 때는 바야흐로 정월 초사흗날 아침이오며, 멀리 돌이켜 생각하오니 온갖 생각이 그지없사옵나이다. 삼가 맑은 술과 여러 가지 음식을 공손히 바쳐 세사를 올리오니 흠향하옵소서.

고조고비의 독축이 끝나면 이어서 각 신위에게 차례로 독축하고 아헌·종헌·첨작(添酌)을 한 후에 합문(闔門)·계문(啓門)·사신을 한다.

3) 기제(忌祭)

기제란 돌아가신 날에 지내는 제사로 오늘날에는 보통 '제사'로 불리고 있다.

기제는 사당에서 신주를 공손히 받들어다가 교의(交椅)에 모시고 안채의 대청에서 제사를 지내며 신주가 없는 경우에는 지방을 써놓고 지낸다.

예부터 받들고 있는 기제의 대상은 고비(부모)로부터 고조고비까지 4대로 종가(宗家)에서 장자나 장손이 제주(祭主)가 되어 지내며, 장자나 장손이 없을 경우에는 차자(次子)나 차손(次孫)이 제주가 된다.

망인의 자손이 없을 때에는 가장 가까운 친족(親族)의 집에서 친족이 제사를 주관한다.

그리고 상처한 경우에는 남편이나 자손이, 자손이 없이 남편을 잃은 경우에는 아내가 제주가 된다.

기제는 부부가 모두 사망했을 때는 부부의 혼을 한 곳에 모아 제사지내며, 이를 합사(合祀)라고 한다.

기제를 지내려면 제삿날의 2, 3일 전에 목욕재계(沐浴齋戒)하고 제사 전날에는 제수(祭需)를 마련한다.

기제의 일시는 망종(亡終)한 날의 자정에 지내는 것으로 《예서(禮書)》에 씌어 있으나 그 날로 접어드는 밤중에 지내는 것이 보통이다. 그러나 가정 의례 준칙 제40조에는 '기제는 별세한 날 일몰(日沒) 후 적당한 시간에 지낸다' 라고 명시했다.

기제에 참례할 수 있는 사람은 고인의 자손으로 하며 가까운 친척이나 친지도 참례할 수 있다.

기제시의 제복(祭服)으로는 남자의 경우 바지와 저고리, 조끼, 마고자 위에 두루마기를 입고 옥색 도포를 입으며 머리에는 갓을 썼다.

그리고 여자의 경우는 3년상 이내에는 소복을 하나 기제에는 옥색으로 만든 천담복(淺淡服)을 입으며 머리는 낭자에 민족두리를 쓰되 패물은 몸에 지니지 않는다.

❶지방(紙榜)

지방이란 종이로 만든 신주(神主)로, 지방을 쓸 때는 목욕재계하고 의관(衣冠)을 정제(整齊)한 다음 단정히 꿇어앉아서 써야 한다.

지방의 문구 중에서 고(考)는 부(父)와 같은 뜻으로 아버지가 돌아가신 후에는 '고' 라 하며, 비(妣)는 모(母)와 같은 뜻으로 어머니 사후(死後)에는 '비' 라 한다.

돌아가신 아버지에게 관직(官職)이 있으면 관직을 쓰고 관직이 없으면 처사(處士)나 학생(學生)이라고 쓴다.

또한 어머니에게도 생전의 봉호(封號:왕이 봉하여 내려 준 호)가 있으면 봉호를 쓰고 봉호가 없을 때에는 '유인모관모씨(孺人某貫某氏)', 예를 들면 '유인함평이씨(孺人咸平李氏)' 라고 쓴다.

18세 미만에 세상을 떠난 자식은 '망자수재사(亡子秀才(士))' 라 쓰고 남편은 '현벽' 백중숙부모는 '백중숙부모(伯仲叔父母) 또는 백중숙고비(伯仲叔考妣)' 라고 쓴다.

지방은 합사(合祀)인 때는 남좌여우(男左女右)로 쓴다.

지방은 깨끗한 백지(한지)에 먹을 갈아 붓글씨로 쓰며 길이는 22㎝, 너비는 6㎝ 정도로 하면 된다. 지방 쓰는 법은 다음과 같다.

[高祖父紙榜(고조부지방)]

顯高祖考學生府君神位

현고조고학생부군신위

[高祖母紙榜(고조모지방)]

顯高祖妣孺人順天金氏神位

현고조비유인순천김씨신위

[曾祖父紙榜(증조부지방)]

顯曾祖考學生府君神位

현증조고학생부군신위

曾祖母紙榜(증조모지방)]

顯曾祖 孺人全州李氏神位

현증조비유인전주이씨신위

[祖父紙榜(조부지방)]

顯祖考學生府君 神位

현조고학생부군 신위

[祖母紙榜(조모지방)]

顯祖妣孺人安東金氏 神位

현조비유인안동김씨 신위

[伯父紙榜(백부지방)]

顯伯父學生府君神位

현 백 부 학 생 부 군 신 위

[伯母紙榜(백모지방)]

顯伯母孺人金海金氏神位

현 백 모 유 인 김 해 김 씨 신 위

[父親紙榜(부친지방)]

顯考學生府君 神位

현 고 학 생 부 군 신 위

[母親紙榜(모친지방)]

顯妣孺人淸州韓氏 神位

현 비 유 인 청 주 한 씨 신 위

[男便紙榜(남편지방)]

顯辟學生府君神位

현벽학생부군신위

[妻紙榜(처지방)]

亡室孺人全州李氏神位

망실유인전주이씨신위

[兄紙榜(형지방)]

顯兄學生府君神位
현형학생부군신위

[兄嫂紙榜(형수지방)]

顯兄妣孺人慶州金氏神位
현형비유인경주김씨신위

[弟紙榜(제지방)]

亡弟學生(이름)神位

망제학생 신위

[子息紙榜(자식지방)]

亡子學生(이름)神位

망자학생 신위

❷ 제수(祭需)

제수란 제사에 쓰이는 제물(祭物)로 깨끗하게 차려야 한다. 따라서 제수를 차리는 주부나 그 밖의 사람들도 정결(精潔)히 하는 것이 좋다.

주부는 제삿날 며칠 전부터 제사에 대한 계획을 세우고 제수의 종류와 수량, 제주(祭酒) 등 여러 가지에 대해서 집안 어른들과 의논해야 하고, 제사에 써야 할 기구(器具)도 모두 꺼내어 깨끗이 닦아 놓아야 한다.

즉 주인은 제상(祭床)·교의(交椅)·탁자·병풍·돗자리 등을 꺼내어 청소하고, 주부는 향로와 향합, 모사 그릇, 제기(祭器)등을 꺼내어 깨끗하게 닦는다.

이 같은 일들을 미리 해놓으면 제삿날에 집안도 깨끗할 뿐더러 일에 부딪쳐도 당황하지 않고 순조롭게 처리(處理)할 수 있을 것이다.

제수로는 소상과 대상에는 오탕 오적(五湯五炙)이나 삼탕 삼적, 편·포·유과·당속(糖屬)·실과 등을 장만하고, 제삿날에는 굽이 높은 접시에 기본이 되는 제물과 함께 진설한다.

오탕 오적 및 삼탕 삼적과 그 밖의 제물은 다음과 같다.

⊙메(밥)와 갱(羹:국)

⊙ 오탕(五湯):소탕(素湯:고기를 넣지 않고 맑은 장에 끓인 국)·육탕(肉湯:고깃국)·어탕(魚湯:생선국)·봉탕(鳳湯:닭국)·잡탕

⊙오적(五炙:두부와 북어 등으로 만든 적)·육적·어적·봉적·채소적

⊙삼탕(三湯):소탕·육탕·어탕

⊙삼적(三炙):소적·육적·어적

⊙채소(菜蔬):삼색(三色) 나물로 시금치·고사리·도라지

⊙침채(沈菜):나박김치 ⊙청장(淸醬):진하지 않은 간장

⊙청밀(淸密):꿀, 조청 ⊙편:떡

⊙포(脯):북어·건대구·건문어·건전복·건상어·암치(소금에 절여 말린 암민어)·오징어·육포

⊙유과류(油果類):산자·채소 강정·매작 강정

⊙당속류(糖屬類):옥춘·오화당·빙당·각당·원당·매화당 등 설탕에 졸여서 만든 것

⊙다식(茶食):녹말·송화(松花)·검은깨 등의 가루를 다식판에 박아 만든 유밀과

⊙정과(正果):연근·생강·과실 등을 꿀에 절인 것

⊙실과(實果):생실과와 숙실과(熟實果)

⊙제주(祭酒):청주 ⊙경수(更水):숭늉

⊙시접(匙접):제사 때 수저 담는 놋그릇 ⊙모사(茅沙)

⊙위패(位牌) ⊙향로(香爐) ⊙촛대 등

제사에 쓰이는 음식에는 고추가루, 파, 마늘 등을 넣지 않으며, 집안 형편에 따라서는 많은 음식을 장만하기도 하나 너무 형식에 치우치거나 허례 허식은 삼가는 것이 좋을 것이다.

제물의 진설이 끝나면 곧 지방을 붙이고 향불을 피움으로써 제사가 시작된다.

❸제수 진설(祭需陳設)

제수 진설의 순서와 위치는 가문과 지방에 따라 조금씩 다르며 양위(兩位)를 모실 때에는 합설(合設)하는 것을 원칙으로 한다.

[주자가례 제찬도(朱子家禮祭饌圖)]

[도암 선생 사례편람 제찬도(陶岩先生四禮便覽祭饌圖)]

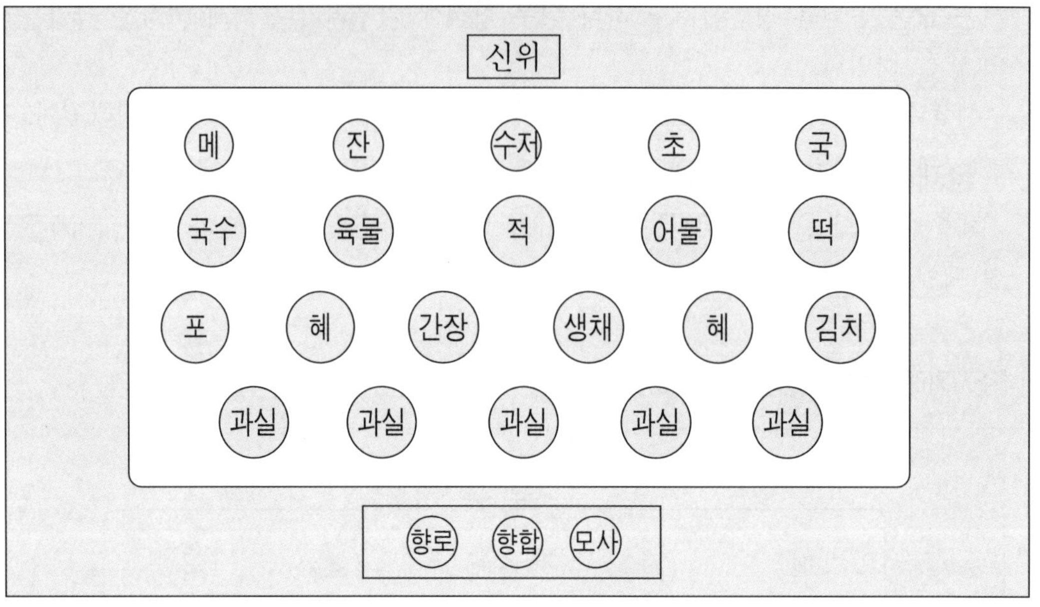

[율곡 선생 격몽요결 제찬도(栗谷先生擊蒙要訣祭饌圖)] (한 분을 모실 때)

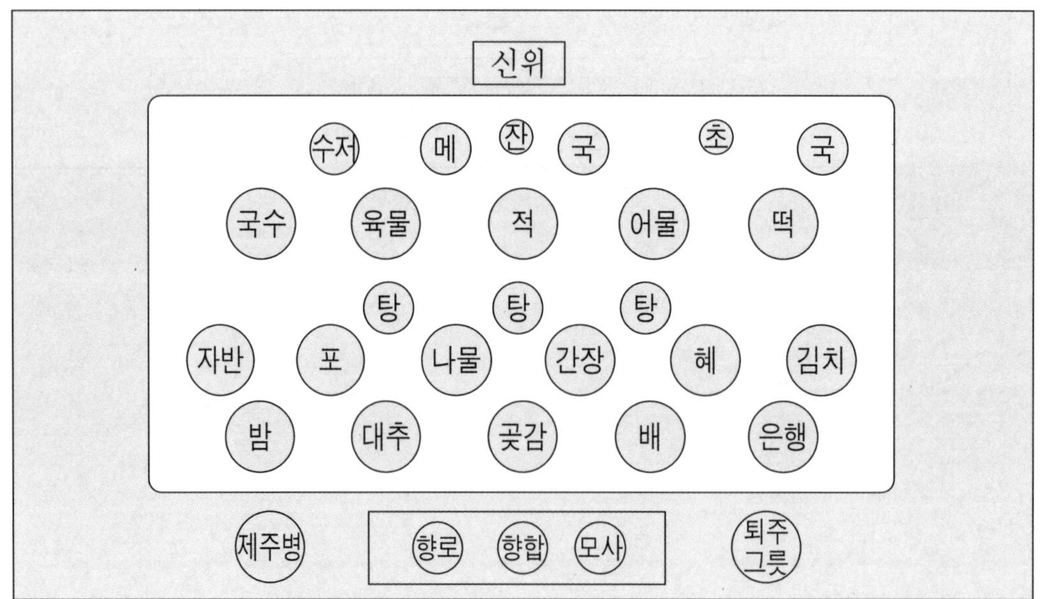

[두 분을 모실 때]

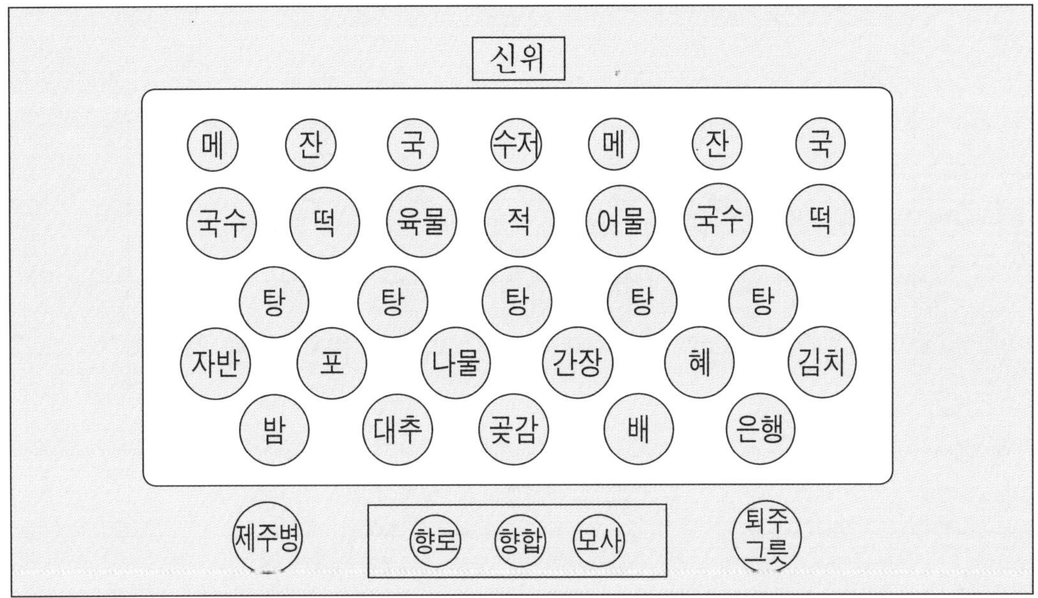

[기제 제찬도(忌祭 祭饌圖)]

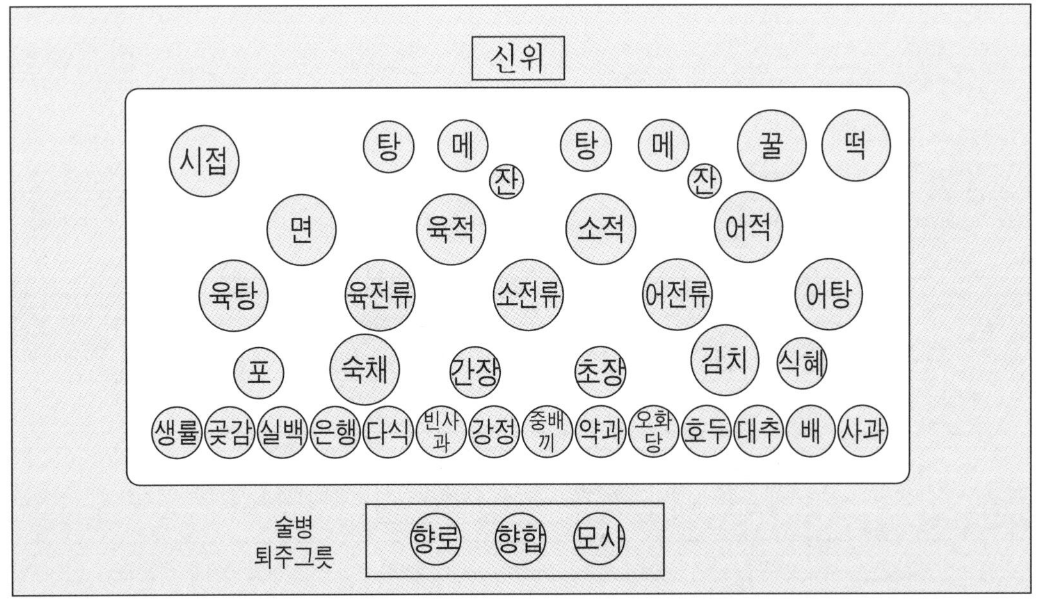

[경기도 지방의 제찬도]

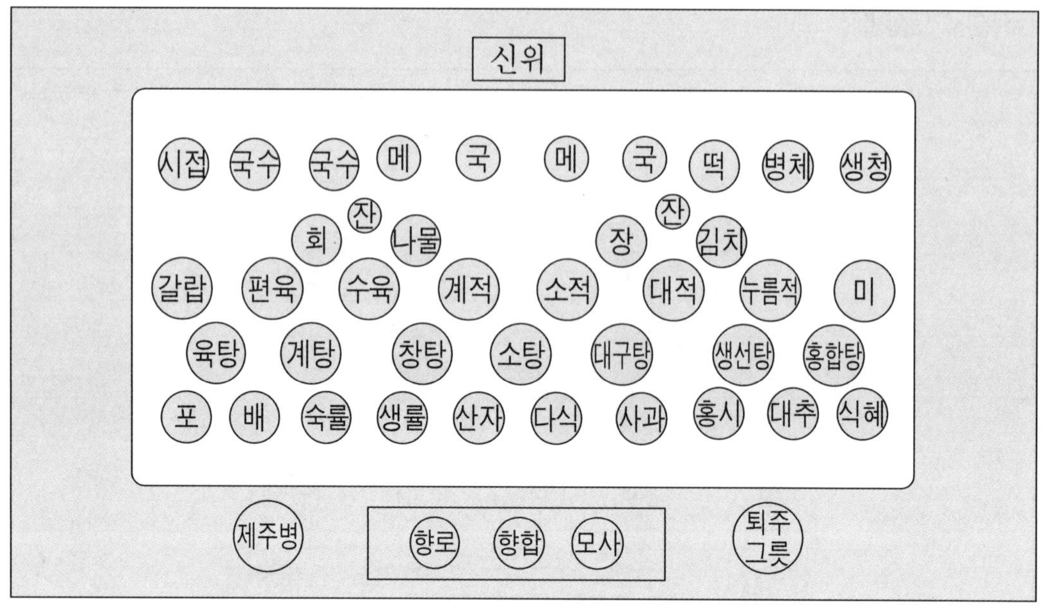

[강원도 지방의 제찬도]

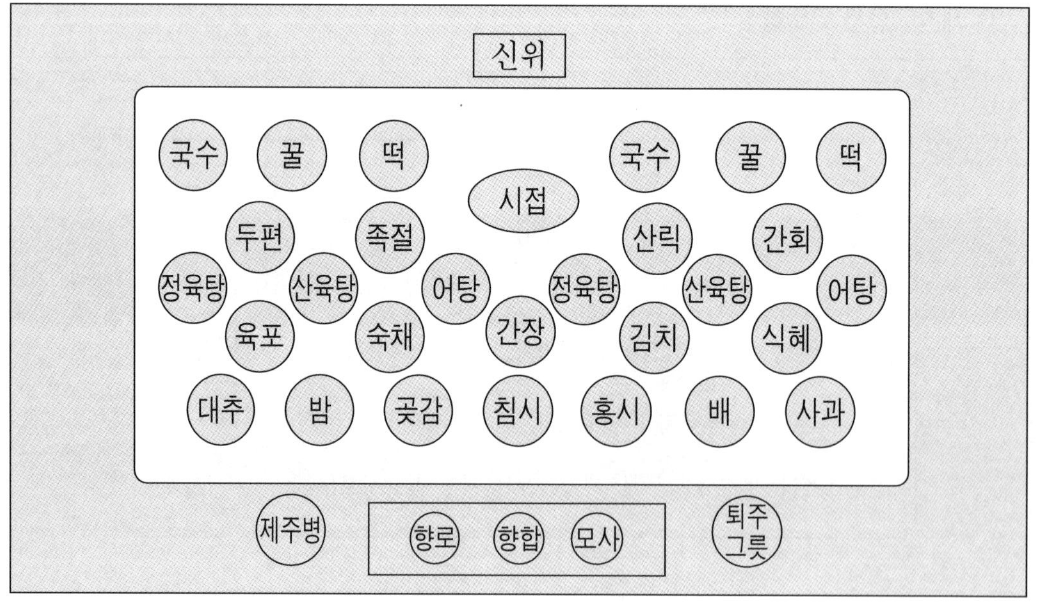

제수를 진설할 때는 제사지내는 사람이 제상을 향해 섰을 때 오른쪽을 동쪽 왼쪽을 서쪽으로 보고 진설한다.

⊙좌포우혜(左脯右醯):포는 왼쪽에 놓고 식혜는 오른쪽에 놓는다.

⊙어동육서(魚東肉西):어류는 동쪽에 놓고 육류는 서쪽에 놓는다.

⊙두동미서(頭東尾西):생선의 머리는 동쪽으로 향하고 꼬리는 서쪽으로 향하게 놓는다.

⊙홍동백서(紅東白西):과실이나 조과(造菓)의 붉은 색은 동쪽에 놓고 흰색은 서쪽에 놓는다.

⊙조율이시(棗栗梨枾):서쪽에서부터 대추·밤·배·감의 순서로 놓으며 가문에 따라 동쪽에서부터 놓기도 한다.

⊙생동숙서(生東熟西):동쪽에는 김치(나박김치)를 놓고 서쪽에서 숙채(熟菜:익힌 나물) 등을 놓는다.

⊙좌반우갱(左飯右羹):반(밥)은 왼쪽에 놓고 갱(국)은 오른쪽에 놓는다.

진설의 순서는 시접과 잔반(盞盤)을 신위 앞에 놓고 제상 양쪽에 촛대를 놓은 후에 앞줄에서부터 차례로 진설해 간다.

제사는 돌아가신 날 이른 새벽에 지내나 요즈음에는 해가 진 후 적당한 시간에 지낸다. 제사를 지낼 때에는 돌아가신 분에 대한 축문을 읽는데, 축문의 내용은 각 신위마다 다르다.

[제례용구(祭禮用具)]

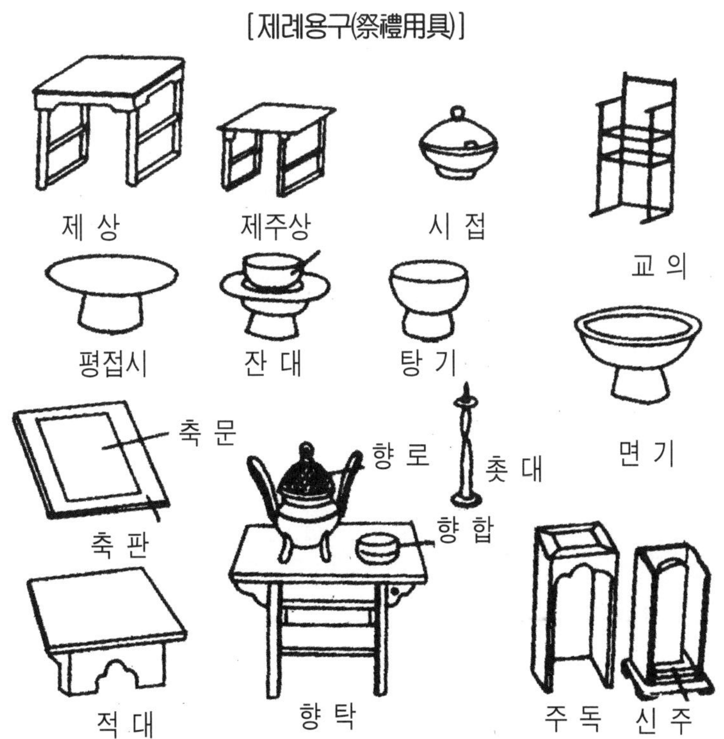

[조부의 기제 축문]

維歲次丁未九月壬申朔初五日己未 孝孫 某
유세차정미구월임신삭초오일기미 효손 모
敢昭告于
감소고우
顯祖考學生府君 歲序遷易 諱日復臨 追遠感時
현조고학생부군 세서천역 휘일부림 추원감시
不勝永慕 謹以 清酌庶羞 恭伸奠獻 尙
불승영모 근이 청작서수 공신전헌 상
饗
향

[해설] 정미년 구월 초오일 효손 모는 감히 고하옵니다. 해가 바뀌어 할아버지 돌아가신 날이 다시 돌아오니 영원히 사모하는 마음을 이기지 못하겠사옵나이다. 이에 맑은 술과 여러 가지 음식을 공손히 올리오니 흠향하시옵소서.

[참고] 할머니일 때는 '현조고학생부군' 대신에 '현조비모봉모씨(顯祖妣某封某氏)' 라고 쓴다.

[부모의 기제 축문]

維歲次甲申四月丙午朔十日癸未 孝子 某
유세차갑신사월병오삭십일계미 효자 모
敢昭告于
감소고우
顯考學生府君 歲序遷易 諱日復臨 追遠感時 昊天
현고학생부군 세서천역 휘일부림 추원감시 호천
罔極 謹以 清酌庶羞 恭伸奠獻 尙
망극 근이 청작서수 공신전헌 상
饗
향

[해설] 갑신년 사월 십일 효자 모는 감히 고하옵니다. 해가 바뀌어 아버님께서 돌아가신 날이 다시 돌아오니 은혜가 하늘같이 넓고 다함이 없사옵니다. 이에 맑은 술과 여러 가지 음식을 공손히 올리오니 흠향하옵소서.

[참고] 어머니일 때는 '현고학생부군' 대신 '현비유인모봉모씨(顯妣孺人某封某氏)' 라고 쓴다.

[남편의 기제 축문]

維歲次乙丑七月癸亥朔二十日丙申 主婦 某
유세차을축칠월계해삭이십일병신 주부 모

敢昭告于
감소고우

顯辟處士府君 歲序遷易 諱日復臨 追遠感時 不勝
현벽처사부군 세서천역 휘일부림 추원감시 불승

感愴 謹以 淸酌庶羞 恭伸奠獻 尙
감창 근이 청작서수 공신전헌 상

饗
향

[해설] 을축년 칠월 이십일 주부 모는 감히 고하나이다. 해가 바뀌어 당신 돌아가신 날이 다시 오니 슬픈 마음을 이기지 못하여 삼가 맑은 술과 여러 가지 음식을 공손히 올리오니 흠향하시오소서.

維歲次乙丑九月己卯朔初七日戊申 夫 某
유세차을축구월기묘삭초칠일무신 부 모

敢昭告于
감소고우

亡室孺人光山金氏 歲序遷易 亡日復至 追遠感時
망실유인광산김씨 세서천역 망일부지 추원감시

不自勝堪 玆以 淸酌庶羞 伸此奠儀 尙
불자승감 자이 청작서수 신차전의 상

饗
향

[아내의 기제 축문]

[해설] 을축년 구월 초칠일 부 모는 고하나이다. 해가 바뀌어 당신이 죽은 날이 돌아오니 슬픈 마음을 이기지 못하여 삼가 맑은 술과 여러 가지 음식을 올리니 흠향하소서.

[형의 기제 축문]

維歲次甲子四月壬午二十三日丁亥 弟 某
유세차갑자사월임오이십삼일정해 제 모

敢昭告于
감소고우

顯兄處士府君 諱日復臨 清何悲痛 謹以 清酌庶羞
현형처사부군 휘일부림 정하비통 근이 청작서수

恭伸奠獻 尙
공신전헌 상

饗
향

[해설] 갑자년 사월 이십삼일에 아우 모는 감히 고하나이다. 세월이 흘러 형님의 제삿날을 다시 맞으니 형제지간의 정분으로 비통한 마음 한량이 없습니다. 이제 삼가 맑은 술과 여러 가지 음식을 차려 올리오니 흠향하시옵소서.

[아우의 기제 축문]

維歲次壬申三月甲子朔初六日丙午 兄 告于
유세차임신삼월갑자삭초육일병오 형 고우

亡弟某 歲序遷易 亡日復至 情何可處 玆以 清
망제모 세서천역 망일부지 정하가처 자이 청

酌庶羞 陳此奠儀 尙
작서수 진차전의 상

饗
향

[해설] 임신년 삼월 초육일 형은 고하노라. 세월이 흘러서 아우의 죽은 날이 다시 돌아오니 형제지간의 정을 어찌할 바를 모르겠구나. 이제 맑은 술과 음식을 차려 놓았으니 음감하시라.

[1년 탈상 때의 축문]

維歲次丙子三月庚申朔二十日甲辛 孝子 某
유세차병자삼월경신삭이십일갑신 효자 모

敢昭告于
감소고우

顯考學生府君 日月不居 奄及朞祥 夙興夜處 哀慕
현고학생부군 일월불거 엄급기상 숙흥야처 애모

不寧 三年奉喪 於禮至當 事勢不逮 魂歸墳墓
불녕 삼년봉상 어례지당 사세불체 혼귀분묘

謹以 清酌庶羞 哀薦祥事 尙
근이 청작서수 애천상사 상

饗
향

[해설] 병자년 삼월 이십일 효자 모는 감히 고하옵나이다. 아버님께서 돌아가신 지 1년이 되었사옵니다. 사모하는 마음 이기지 못하여 3년을 모셔야 하오나 시속에 따라 혼은 분묘로 돌아가시기를 바라오며 이제 맑은 술과 여러 가지 음식을 올리오니 흠향하옵소서.

❹출주(出主)

출주란 제사를 지낼 때 사당에서 신주를 모셔 나오는 것을 말하며, 이 때에도 축관이 축문을 읽는다.

축문이 끝나면 제주는 허리를 굽혔다가 일어서고, 집사는 감실의 발을 걷고 독에서 신주를 받들어 모신다.

그리고 제주가 앞서서 인도하여 신주를 대청의 교의에 모시며 지방으로 대신할 때는 교의에 지방을 붙인다.

❺제사를 지내는 순서(順序)

⊙강신(降神)

강신이란 신위께서 지상에 내려오셔서 음식을 드시기를 청한다는 뜻이다.

강신에 앞서 제주가 신위를 모셔 오는 뜻으로 대문 밖에 나갔다가 들어오며, 지방에 따라서는 제사를 지낸 후에는 신위를 전송하여 대문 밖까지 나갔다가 들어오는 풍속도 있다.

강신은 제주 이하 모든 참사자(參祀者)가 차례로 선 다음 제주가 신위 앞에 나아가 꿇어 앉아 분향하고, 우집사(右執事:아들이나 조카가 맡는다)가 잔에다 술을 조금 따라 제주에게 주면 제주는 이를 받아서 모사 그릇에 세 번 나누어 붓고 빈 잔을 우집사에게 되돌려 주고 일어나서 재배한다.

그런데 강신을 지낼 때에 향을 피우는 것은 위에 계신 신을 모시고자 함이요. 술을 따르는 것은 아래에 계신 신을 모시고자 함이라고 한다.

⊙참신(參神)

강신을 마치면 제주와 모든 참사자가 신위를 향해 두번 재배한다. 신주(神主)인 경우에는 참신을 먼저 하고 지방일 때에는 강신을 먼저 한다.

⊙초헌(初獻)

초헌이란 제사 때에 처음으로 신위에게 술을 올리는 것을 말한다.

제주가 신위 앞에 나아가 꿇어앉으면 좌집사가 제상의 고위(考位) 앞에 놓인 잔반을 집어서 제주에게 주고, 우집사가 잔에 술을 가득 붓는다.

제주는 술이 담긴 잔반을 왼손으로 잡고 오른손으로 술잔을 들어 모사 위에 세 번 부은 다음 다시 두 손으로 잔반을 받들어 집사에게 주어 고위에게 올린다.

비위(位)에게도 이러한 절차로 잔에 술을 부어 올린다. 그리고 메의 뚜껑을 열고 저(箸:젓가락)를 고른 다음에 뒤로 조금 물러나 꿇어앉았다가 독축이 끝나면 두 번 절한다.

집사는 아헌 전에 잔반의 술을 퇴주(退酒) 그릇에 붓고 빈 잔반을 본디의 자리에 놓아 둔다.

⊙독축(讀祝)

독축이란 축문(祝文) 읽는 것을 말한다. 축문은 초헌이 끝난 다음 제주와 모든 참사자들이 꿇어앉고 제주의 왼쪽에 축관(祝官)이 꿇어앉아서 읽는다.

축문은 엄숙한 분위기를 조성(造成)하기 위해 목소리를 가다듬은 다음에 천천히 크게 읽어야 한다.

축문 읽기가 끝나면 모든 사람들이 곡을 하고 잠깐 있다가 모두 일어나 재배한다.

그러나 요즘에는 한밤중에 곡을 하면 이웃에 피해를 줄 것을 생각하여 삼가고 있다.

⊙아헌(亞獻)

아헌이란 두 번째로 술잔을 올리는 것을 말한다. 이 때는 주부가 집사의 도움을 받아서 초헌 때처럼 술잔을 올리고 절을 네 번 하는 것이 원칙이나 주부가 올리기 어려울 때는 제주 다음 가는 근친자(近親者)가 술잔을 올리고 재배를 하지만 축문은 생략한다.

⊙종헌(終獻)

종헌이란 마지막으로 술잔을 올리는 일이다. 아헌자의 다음 가는 근친자가 초헌 때처럼 술잔을 올리고 재배하는데, 종헌에서는 술잔을 비우지 않고 그대로 놓아 둔다

⊙첨작(添酌)

첨작은 유식(侑食)이라고도 하는데, 제주가 향상(香床) 앞에 꿇어앉으면 우집사가 다른 술잔에 술을 따라 제주에게 준다.

그러면 제주는 이것을 받아 향로에 세 번 두른 후에 좌집사에게 주면 좌집사는 종헌 때 술을 따르지 않고 올린 빈 잔에 세 번으로 나누어 따르고(첨작) 두 번 절한다.

⊙삽시 정저(插匙正箸)

삽시 정저란 메에 숟가락의 바닥이 동쪽으로 향하게 꽂고 젓가락을 고기나 생선 위에 올려놓고 제주가 재배를 하는 것을 말한다.

⊙계반삽시

계반삽시란 메그릇의 뚜껑을 열어 놓고 수저를 꽂는 것으로 수저 바닥이 동쪽으로 가게하여 꽂는다.

⊙합문(闔門)

삽시 정저 후에 참사자 모두가 방에서 나와 문을 닫는 것을 말한다.

대청일 경우에는 뜰 아래로 내려와 조용히 약 3, 4분(숟가락으로 메를 아홉 번 정도 뜰 시간) 만약, 단칸방이나 부득이한 경우에는 병풍으로 가리고 제자리에 조용히 엎드려 있다가 몇 분 우에 기침을 세 번 하고 일어선다.

⊙계문(啓門)

계문이란 문을 여는 것을 말한다. 축관이 기침을 세 번 한 후 방문을 열고 들어가며, 대청일 경우에는 대청 위로 올라간다. 병풍으로 가렸을 때는 병풍을 치운다.

⊙헌다(獻茶)

숭늉을 갱과 바꾸어 올리고 메를 숟가락으로 조금씩 세 번 떠서 숭늉에 말아 놓고 젓가락을 바르게 한 다음, 참사자 모두가 2, 3분 동안 읍(揖)하고 있다가 큰 기침을 하고 고개를 든다.

⊙철시 복반(撤匙復飯)

신위께서 음식을 다 드셨다고 생각되면 제주는 서쪽을 향하고 축관은 동쪽을 향해서 이성(利成)을 고한 후에 숭늉 그릇에 놓인 수저를 거두고 메 그릇에 뚜껑을 덮는 것을 말한다.

이 때 제주가 꿇어앉아 집사가 건네주는 제상 위의 술잔을 받아 술을 마시고, 음

식을 조금 받아먹는데, 이를 '수조'라고 한다. 그러나 이 절차는 보통 생략하고 있다.

⊙사신(辭神)

신위를 전송하는 절차로서 참사자 모두가 절하는데, 남자는 재배, 여자는 사배를 한다.

그런 다음 신위는 사당으로 모시고 지방일 때는 축문과 함께 불사른다.

⊙철상(撤床)과 음복(飮福)

철상이란 제수를 모두 거두어 치우는 것으로, 제수는 뒤에서부터 거둔다.

음복은 조상께서 주시는 복된 음식이란 뜻으로, 제사를 마치면 참사자와 가족들이 모여 앉아 제주를 마시고 제수를 나누어 먹는다. 또한 음식을 친족과 이웃에게 나누어 주기도 하고, 이웃 어른을 모셔다가 음식을 대접하기도 한다.

4) 이제

이제란 가을철인 음력 9월에 돌아가신 부모를 위하여 지내는 제사를 말한다.

이제는 다른 방친(傍親)들의 제사와는 달리 부모님이 살아 계실 때 그분들에게서 입은 은혜를 잊지 못하는 자식들이 추수(秋收)를 끝내고 부모님에 대한 사모의 정을 이기지 못하여 또다시 정성을 기울여 지내는 제사라는 데에 큰 뜻이 있다.

이제 때에는 수확(收穫)한 햇곡식으로 제수를 준비하여 부모님의 은혜에 감사하는 마음으로 제사를 지낸다.

이제는 기제(忌祭)와는 달리 일정한 날짜에 지내는 것이 아니고 택일(擇日)하여 지내며, 택일은 이제를 지내기 한 달 전인 음력 8월 하순에 하고 방법은 시제(時祭) 때와 같다.

이 때 길일(吉日)을 점치면서 다음과 같은 내용의 명사(命辭)를 한다.

[명사(命辭)]

孝子 某 將以來月某日 諏此歲事 適期考妣 尙饗
효자 모 장이내월모일 추차세사 적기고비 상향

[해설] 효자 모는 다음 달 ○○일에 세사를 올리고자 하오니 부모님께서 가르쳐 주시는 대로 좇겠사옵나이다.

[택일 고사(擇日告辭)]

孝子 某 將以來月某日 祗薦 歲事于妣考
효자 모 장이내월모일 지천 세사우고비
卜旣得吉 敢告
복기득길 감고

[해설] 효자 모는 다음 달 ○○일에 아버님과 어머님께 세사를 올리고자 점을 쳐서 길일을 택하였사옵기 감히 아뢰옵나이다.

이제는 음력 9월의 상순과 중순 및 하순의 정일(丁日) 또는 해일(亥日) 중에서 택일하며, 택일이 되었으면 시제 때와는 달리 부모의 감실(龕室) 앞에서 고사(告辭)를 올린다.

이세를 시낼 때는 세삿날 3일 전부터 몸과 마음을 깨끗이 하고 부정(不淨)한 일을 멀리 하며, 목욕재계(沐浴齋戒)한다.

그리고 제사 전날에 자리를 만들어 기구(器具)를 진설하고 제수를 마련한다. 모든 의식은 시제와 같으나, 다만 정침의 중앙에 고비 두 신위를 모시고 제삿날 아침에 일찍 일어나 성복(成服)한다.

제삿날에는 부모의 신위를 사당에서 정침으로 모셔 온다. 이것을 출주(出主)라고 하며, 출주 의식은 시제 때의 의식과 같다.

[출주 고사(出主告辭)]

孝子 某 今以季秋 成物之始
효자 모 금이계추 성물지시
有事于
유사우
顯考學生府君
현고학생부군
顯妣金海金氏 敢請 神主 出就正寢 共伸奠獻
현비김해김씨 감청 신주 출취정침 공신전헌

[해설] 효자 모는 이 가을 만물이 결실하는 때에 아버님과 어머님의 이제를 올리고자 하옵니다. 감히 청하오니 두 분의 신주께서는 정침으로 납시어 제사를 받으시오소서.

[이제축문]

維歲次乙丑九月甲申朔初六日丙午 孝子 某
유세차을축구월갑신삭초육일병오 효자 모

敢昭告于
감소고우

顯考處士府君
현고처사부군

顯妣文化柳氏 今以季秋 成物之始 感時追慕
현비문화유씨 금이계추 성물지시 감시추모

昊天罔極 敢以清酌庶羞 祗薦歲事 尙
호천망극 감이청작서수 지천세사 상

饗
향

[해설] 을축년 구월 초육일에 효자 모는 감히 고하옵나이다. 이제 가을도 깊어 만물이 결실하는 때에 아버님과 어머님의 정을 사모하는 마음을 이길 수가 없사옵나이다. 이에 감히 맑은 술과 여러 가지 음식을 마련하고 세사를 천신하오니 흠향하시옵소서.

5) 묘제(墓祭)

묘제란 조상의 산소(山所)에 제수를 진설해 놓고 지내는 제사를 말한다.

묘제를 지내는 것을 묘사(墓祀) 또는 세일제(歲一祭)라고도 하는데, 체천위(遞薦位)인 5대조 이상)산의 산소에서 문중이 함께 제사를 지낸다.

우리 나라에서는 예부터 청명(淸明)과 한식(寒食)·단오(端午)·중양(重陽) 때에 묘제를 지냈으나 차차 변하여 오늘날에는 매년 음력 3월과 10월 중에 택일하여 한 번씩 지내고 있다.

묘제의 날짜를 정하는 방법은 시제와 같으며, 날짜가 정해지면 제삿날 하루 전에 목욕재계하고 시제 때와 같이 제수를 마련하는데, 묘마다 각각 따로 마련한다.

이 때에 토지신(土地神)에게 올릴 제수도 따로 준비한다.

묘제를 지내는 날, 주인은 심의를 입고 집사와 함께 묘소(墓所)에 가서 두 번 절하고 묘역(墓域)의 주위를 세 번 가량 돌면서 잡초를 뽑거나 베어 내는 등 깨끗이 청소한다.

그런 다음 제수를 진설하고 묘제에 앞서 토신제(土神祭)를 지낸다.

토신제는 강신, 모사가 없고 향을 피우지 않는데, 그 이유는 불과 땅이 상극(相剋)이기 때문이라고 한다.

[토신제 축문(土神祭祝文)]

維歲次甲子十月壬午朔初七日申未 幼學 某
유세차갑자시월임오삭초칠일신미 유학 모

敢昭告于
감소고우

土地之神 某 恭修 歲事于
토지지신 모 공수 세사우

顯考學生府君之墓 維時保佑 實賴神休 謹以
현고학생부군지묘 유시보우 실뢰신휴 근이

酒果祗薦于 神尙
주과지천우 신상

饗
향

[해설] 갑자년 시월 초칠일 유학 모는 토지신에게 감히 고하나이다. 아버님의 묘소에 삼가 제사를 올리는 바 때로 도우셔서 신의 보우(保佑: 보살펴 도와 줌)에 힘입어 여기 술과 음식으로 전을 올리오니 흠향하시옵소서.

제사를 지낼 때는 묘 앞에 자리를 펴놓고 상석(床石)이 있으면 그 위에 제수를 진설하며 진설 방법은 집에서 지내는 제사의 절차와 같다.

다만, 집에서 제사를 지낼 때는 소채(蔬菜)와 과일을 먼저 진설하고 강신한 다음에 진찬(進饌)했으나, 묘제에서는 진찬 의식이 없으므로 한 번에 진설하고, 또한 신주나 지방이 없기 때문에 진설을 마치면 강신을 먼저 하고 참신한다.

[묘제 축문(墓祭祝文)]

維歲次己未十月辛亥朔十一日戊子 孝子 某
유세차기미시월신해삭십일일무자 효자 모

敢昭告于
감소고우

顯考處士府君之墓 氣序流易 霜露旣降 瞻掃封塋
현고처사부군지묘 기서유역 상로기강 첨소봉영

不勝感慕 謹以 淸酌庶羞 祗薦歲事 尙
불승감모 근이 청작서수 지천세사 상

饗
향

[해설] 기미년 시월 십일일 효자 모는 아버님께 감히 아뢰나이다. 계절이 바뀌어 서리와 이슬이 내려 봉분을 적시기에 이를 말끔히 청소하옵고 사모하옵는 마음 이기지 못하여 삼가 맑은 술과 여러 가지 음식을 올리고 세사를 올리오니 흠향하시옵소서.

초헌은 시제의 의식과 같으며 메에 수저를 꽂고 젓가락은 접시에 가지런히 올려놓은 다음에 고축(告祝)을 올리는데, 내용은 4대조 이하와 4대조 이상의 조상에 따라 각각 다르다.

묘제를 마치면 사전에 보아 두었던 묘소의 왼쪽 한 곳을 정하여 땅을 평평하게 고른 다음 자리를 펴놓고 후토제(後土祭)를 올린다.

후토제의 의식은 시제의 토신제와 같으며 제수로는 육(肉)·어(魚)·병(餠:떡)·면(麵:국수)과 자반·시저를 진설한다. 그리고 제주 이하 모두가 강신· 참신·초헌·아헌·종헌·사신을 하고 철상한다.

이 때에도 후토제의 축문을 읽는데 아우 이하의 축문에는 공(恭)자를 쓰지 않는다.

[후토제 축문(後土祭祝文)]

維歲次乙丑九月甲子朔十一日壬午 右承旨 某
유세차을축구월갑자삭십일일임오 우승지 모

敢昭告于
감소고우

土地之神 某恭 修歲事于 某親某官府君之墓
토지지신 모공 수세사우 모친모관부군지묘

維時保佑 實賴神休 敢以酒饌 敬伸奠獻 尙
유시보우 실뢰신휴 감이주찬 경신전헌 상

饗
향

[해설] 을축년 구월 십일일 우승지 모는 토지신에게 감히 아뢰옵니다. 모는 공경하여 세사를 ㅇㅇ의 ㅇㅇ벼슬한 어른의 묘에 올리나이다. 때때로 보살펴 도와 주시어 신의 은덕을 입었사와 감히 술과 음식을 차려 놓고 올리오니 흠향하시옵소서.

6) 사갑제(祀甲祭)

사갑제란 환갑(還甲)이 되기 전에 돌아가신 부모의 환갑날에 지내는 제사로서, 생존시에 환갑 잔치를 해 드리지 못했기 때문에 돌아가신 후에라도 무심히 넘기지 않고 올리는 제사이다.

제사의 의식과 절차는 기제 때와 같으나, 장남이 초헌을 하고 차남 이하 자식들과 근친자들 모두가 잔을 올리는 점이 다르다.

사갑제의 축문은 다음과 같다.

[사갑제 축문(祀甲祭祝文)]

維歲次庚午十月丁卯朔初九日丙寅 孝子 某
유세차경오시월정묘삭초구일병인 효자 모

敢昭告于
감소고우

顯考左贊成府君
현고좌찬성부군

顯妣貞敬夫人平山申氏 歲時遷易 遼及還甲 生時有
현비정경부인평산신씨 세시천역 요급환갑 생시유

慶 歿寧敢忘 昊天罔極 謹以 淸酌庶羞 式此奠
경 몰녕감당 호천망극 근이 청작서수 식차전

獻 尙
헌 상

饗
향

[해설] 경오년 시월 초구일 효자 모는 아버님과 어머님의 영전에 고하옵나이다. 세월이 흘러 이제 환갑을 맞으시니 감회를 억누를 수가 없사옵니다. 부모님께서 살아 계셨으면 얼마나 경사였겠사옵니까. 생각할수록 죄스럽기 한이 없어 이에 맑은 술과 여러 가지 음식을 차려 놓고 삼가 사갑제를 올리오니 흠향하시옵소서.

7) 생신제(生辰祭)

생신제는 돌아가신 부모의 생신일(生辰日)에 지내는 제사이나 생신제의 의식과 절차는 사갑제와 같으며 부모의 삼년상(三年喪)을 지내기 전까지만 지낸다.

[생신제 축문(生辰祭祝文)]

維歲次庚辰九月壬子朔初六日丁酉 孝子 某
유세차경진구월임자삭초육일정유 효자 모

敢昭告于
감소고우

顯考學生府君 歲序遷易 生辰復遇 存旣有慶 歿寧
현고학생부군 세서천역 생신부우 존기유경 몰녕

敢忘 追遠感時 昊天罔極 謹以 淸酌庶羞 恭伸
감 망 추원감시 호천망극 근이 청작서수 공신
追慕 尚
추모 상
饗
향

[해설] 경진년 구월 초육일 효자 모는 아버님 영전에 감이 고하나이다. 해가 바뀌어 생신을 다시 맞이하옵는 바 생전에 경사스러웠던 일을 돌아가셨다고 하여 어찌 잊겠사옵니까. 멀리 돌이켜 생각함에 아버님은 은혜 하늘처럼 사무쳐 삼가 맑은 술과 여러 가지 음식을 차려 놓고 추모하오니 흠향 하시옵소서.

(3) 제문 용어(祭文用語) 풀이

⊙유세차갑자(維歲次甲子):유세차는 '이 해의 첫머리'라는 뜻이고 갑자는 간지(干支)로서 그 해의 태세(太歲:육십 갑자)를 말한다. 예를 들어 신미년이면 그 해의 태세를 '신미(辛未)'라고 쓴다. 또 그 해의 태세가 임오년이면 '유세차' 다음에 '임오(壬午)'로 바꾸어 쓰면 된다.

⊙오월을묘삭(五月乙卯朔):5월은 음력으로 제사를 지내는 달이고, '을묘삭'은 그 달의 초하루 일진(日辰)이다. 예컨대 제사를 지내는 달이 8월이고 초하루 일진이 경자일이면 '팔월경자삭(八月庚子朔)'이라고 쓰면 된다.

⊙칠일병오(七日丙午):음력으로 제사를 지내는 날짜와 그 날의 일진이 '병오(丙午)'라는 뜻이다. 만일 그 날의 일진이 을해이면 '을해(乙亥)'라고 바꾸어 쓰면 된다.

⊙효손(孝孫):이는 고인(故人)과 자기와의 관계를 말한다. 졸곡(卒哭) 전의 초종(初終)일 때 아버지에게는 '고자(孤子)' 조부모에게는 '애손(哀孫)' 조부모가 모두 돌아가셨을 때에는 '고애손(孤哀孫)'이라고 쓴다. 또한 졸곡 후 부모의 제사에는 '효자(孝子)' 증조부의 제사에는 '효증손(孝曾孫)' 고조부모의 제사에는 '효현손(孝玄孫)'이라고 쓴다. 여기서 효(孝)자를 쓰는 것은 종가의 맏아들인 경우에만 한한다. 또 남편의 제사에는 '주부(主婦)' 아내의 제사에는 '부(夫)'라고 쓴다.

⊙모(某) : 모는 고(告)하는 사람, 즉 제사를 받드는 사람의 이름이다. 예컨대 제사를 받드는 사람의 이름이 준식이면 모를 '준식(俊植)'이라고 쓴다.

⊙감소고우(敢昭告于) : '삼가 고하나이다'의 뜻으로 제위(祭位)가 자기보다 어

른일 때에 쓴다. 아내일 때는 '감(敢)' 자를 쓰지 않고 '소고우(昭告于)' 라고만 쓰며 아무나 항렬(行列)이 낮거나 어린 사람에게는 그냥 '고우(告于)' 라고 쓴다.

⊙현모친(顯某親) : 이것은 제위에 대한 경칭(敬稱)으로 아버지에 대해서는 '현고(顯考)', 어머니에 대해서는 '현비(顯妣)', 할아버지에게는 '현조고(顯祖考)' 할머니는 '현조비(顯祖妣)' , 아내는 '고실(故室)', 아랫사람일 때는 '현(顯)' 자를 '망(亡)' 자로 바꾸어 쓴다.

⊙학생(學生) : 생전에 벼슬을 하지 못하고 돌아가신 어른에게 쓰는 문구이다. 만일 벼슬을 했을 때에는 벼슬 이름을 쓴다. 부인의 경우 남편의 벼슬이 없으면 그냥 '유인(孺人)' 이라 쓰고, 만약 남편이 생전에 좌찬성(左贊成; 조선조 때 의정부의 종일품 벼슬)을 지냈다면 부인은 정경 부인이란 봉작을 받게 되므로 '유인(孺人)' 대신에 '정경부인(貞敬夫人)' 이라고 쓴다. 손아랫사람이나 항렬이 낮은 사람, 나이가 어린 사람에게는 쓰지 않는다.

⊙부군(府君) : 망부(亡父)나 남자 조상에 대한 존칭이다. 여자인 경우에는 '부군' 대신 관향(貫鄕)과 성씨를 쓴다. 예킨대 관향이 경주이고 성이 김씨라면 유인(孺人) 다음에 '경주김씨(慶州金氏)' 라고 쓰면 된다. 손아래사람이나 항렬이 낮은 사람, 나이 어린 사람에게는 쓰지 않는다.

⊙근이(謹以) : 정성을 다한다는 뜻으로 쓴다.

⊙상향(尙饗) : 제례 축문의 끝에 쓰는 말로 '신명께서 제물을 받으소서' 라는 뜻이다.

(4) 제기(祭器)와 제구(祭具)

제기에는 다음과 같은 것들이 있다.

⊙시접 : 수저를 올려놓는 제기로 대접과 비슷하게 생겼다.

⊙탕기(湯器) : 국을 담는 자그마한 그릇이다.

⊙모사기(茅沙器) : 사당이나 산소에서 조상에게 제사를 지낼 때에 띠의 묶음과 모래를 담는 그릇이다.

⊙병대(餠臺) : 떡을 담는 그릇으로 윗판이 사각형이다.

⊙두(豆) : 나무로 만든 제기로 굽이 높고 뚜껑이 있다.

⊙변 : 과일을 담는 그릇으로 굽을 높게 하여 대오리를 결어 만들었다.

⊙조두(俎豆) : 고기를 담는 그릇으로 발이 달려 있다.

⊙적대(炙臺) : 적을 올리는 그릇으로 발이 달려 있다.

⊙준작 : 술을 담는 그릇으로 사기나 놋쇠로 만든다. 꼭지와 굽이 있는 것을 이

(彝)라 하고, 준에는 소 모양의 술항아리인 희준과 코끼리 모양의 술항아리인 상준 등이 있으며, 작은 참새 부리처럼 생겨 술을 따르는 데 쓴다.

제구(祭具)는 제사 때에 쓰이는 여러 가지 기구(器具)를 말한다.

⊙제상(祭床) : 제사 때 제물(祭物)을 진설하는 상이다.
⊙교의(交椅) : 신주 또는 지방을 모시는 의자이다.
⊙주독 : 신주를 모시는 독이다.
⊙향로(香爐) : 향을 피우는 자그마한 화로이다.
⊙향합(香盒) : 놋쇠나 사기, 나무로 만든 향을 담는 합이다.
⊙촛대 : 놋쇠나 함석 등으로 만든 초를 꽂아 놓는 기구이다.
⊙병풍(屛風) : 바람을 막거나 무엇을 가리기 위해, 또는 장식용으로 쓰이는 물건으로, 상가에서 시신을 가리거나 제사 때 제상 뒤에 칠 때는 글씨만으로 된 것을 사용한다.
⊙자리 : 두 장의 돗자리를 사용하는데 한 장은 밑에 깔고 또 한 장은 제상 앞에 깐다.

(5) 연중 절사(年中節祀)

연중 절사란 철과 명절(名節)을 따라 조상에게 지내는 제사를 말한다.

우리 나라에서 예부터 전해 내려오는 명절로는 설을 비롯하여 음력 1월 15일의 정월 대보름, 음력 3월 3일의 삼진날, 5월 5일의 단오(端午), 6월 15일의 유두(流頭), 7월 7일의 칠석(七夕), 7월 15일의 백중(百中), 8월 15일의 추석(秋夕), 한식(寒食), 9월 9일의 중양절(重陽節), 10월 상달, 동지(冬至) 등이 있다.

1) 연시제(年始祭)

연시제란 설날을 말하며, 설날은 한 해의 첫날로서 달력의 기점(起點)으로, 원일(元日), 원단(元旦), 정초(正初)라고도 한다.

이 날에는 모든 사람들이 일손을 놓고 설빔을 입은 후 어른들게 세배(歲拜)하고 조상에게 차례(茶禮)를 지낸다.

즉, 설날 아침 일찍이 세주(歲酒) 등의 음식을 사당에 차려 놓고 새해의 첫 번째 행사인 정조차례(正朝茶禮)를 부모와 조부모 및 고조부모까지의 4대를 차례대로 지내며, 4대 이상은 시제(時祭) 때 함께 지낸다.

차례를 올리는 방법은 봉사 대상이 되는 조상들을 한꺼번에 모시고 제사를 지내거나, 각위 내외분 단위로 제상을 각각 따로 마련해도 무방하다.

지방(紙榜)은 합사(合祀)하는 경우에는 봉사 대상을 종이 한 장에 나란히 쓰거나 각 위 내외분마다 따로 쓸 수도 있다. 설날에는 우리 나라의 고유 풍속으로 어느 집에서나 밥 대신 떡국을 끓여 먹으며, 제사도 메 대신 떡국을 올린다.

또한 축문을 읽지 않고 헌작(獻爵)도 한 번만 한다.

2) 한식 성묘(寒食省墓)

한식은 청명(淸明)의 다음 날로 동짓날로부터 105일째 되는 날이다. 이 날은 조상에게 제사를 지내고 성묘를 한다.

한식이란 말은 옛날 중국(中國)에서 동지가 지난 뒤 105일째 되는 날에는 비바람이 심하다고 하여 불을 때지 않고 찬밥을 먹었다는 데서 비롯되었다고 한다.

성묘는 춘하추동(春夏秋冬)에 반드시 한 번씩 가는 것으로 날짜가 정해져 있다. 즉 봄에는 한식, 여름에는 단오, 가을에는 추석, 겨울에는 시월 초하루가 성묘날에 해당된다.

한식날 성묘 때에는 산에 나무를 심고 산소를 가꾸어 사초(莎草)를 하기도 한다. 또한 이 날과 청명에는 이장(移葬)을 해도 무방하다.

사초를 할 때에는 택일을 하여 제수를 차리고 의식(儀式)에 따라 제사를 지내는데, 사초전에 두 가지 고사(告辭)를 고해야 한다. 즉 개사초(改莎草)할 때 묘지에 한 번, 토지신(土地神)에게 한 번 고하며, 의식은 주과(酒果)를 차려 놓고 술을 올린 후 축문을 읽는데, 절차는 시제의 토신제와 같다.

[개사초 전 고사(改莎草前告辭)]

維歲次乙丑四月甲子朔初三日壬午 孝子 某
유세차을축사월갑자삭초삼일임오 효자 모

敢昭告于
감소고우

顯考學生府君之墓 歲月滋久 草衰土圮 今以吉辰
현고학생부군지묘 세월자구 초쇠토비 금이길신

益封改莎 伏惟尊靈 不震不驚 謹以 酒果用伸
익봉개사 복유존령 불진불경 근이 주과용신

虔告謹告
건고근고

[해설] 을축년 사월에 초삼일 효자 모는 감히 아버님 묘소에 아뢰옵나이다. 세월이 흘러 묘에 풀이 없어지고 흙도 무너졌습니다. 오늘이 길일이라 봉분을 더하고 떼를 갈아 입히겠습니다. 엎드려 생각하옵건대 존령께서는 놀라지 마시옵소서. 삼가 술과 과일을 차려 놓고 경건히 아뢰옵나이다.

[개사초 전 토지신에게 올리는 고사]

維歲次乙丑四月子朔初三日壬午 某官 某
유 세 차 을 축 사 월 갑 자 삭 초 삼 일 임 모 관 모
敢昭告于
감 소 고 우
土地之紳 今爲 某官某公 塚宅崩頹 將加修治
토 지 지 신 금 위 모 관 모 공 총 택 붕 퇴 장 가 수 치
紳其保佑 俾無後艱 謹以 酒果 祇薦于神 尙
신 기 보 우 비 무 후 간 근 이 주 과 지 천 우 신 상
饗
향

[해설] 을축년 사월 초삼일 ㅇㅇ벼슬한 모든 삼히 토지신에게 고하아니다. ㅇㅇ벼슬한 모공의 무덤이 허물어져 수리하겠나이다. 토지신께서는 뒤에 근심이 없도록 보살펴 도와 주시옵소서. 삼가 술과 과일을 올리오니 신께서는 흠향하시옵소서.

개사초를 마치면 묘 앞에 술과 (脯醯)를 차려 놓고 분향한 후 술을 땅에 조금씩 세번 붓고 재배한 다음 다시 술을 앞에 올려놓고 꿇어앉는다.

이때 축관이 축문을 읽는다. 축문을 다 읽으면 제주는 재배하고 집사는 다시 제수를 묘의 왼쪽에 차려 놓는다. 그러면 제주가 나아가서 꿇어앉아 분향하고 술을 올리며 축관은 토지신에게 축문을 읽는다.

토지신의 축문이 끝나면 제주 이하 모두가 재해함으로써 사초제의 의식 절차가 모두 끝난다.

[개사초 후에 읽는 축문]

維歲次乙丑四月甲子朔初三日壬午 孝子 某
유 세 차 을 차 사 월 갑 자 삭 초 삼 일 임 오 효 자 모
敢昭告于
감 소 고 우
顯考學生府君之墓 旣封旣莎 舊宅惟新 伏惟尊靈
현 고 학 생 부 군 지 묘 기 봉 기 사 구 택 유 신 복 유 존 령
永世是寧
영 세 시 녕

[해설] 을축년 사월 초삼일 효자 모는 아버님께 아뢰옵나이다. 이미 봉분과 떼를 갈아입혀 옛

집이 새집 되 것 같사옵니다. 존령께서는 오래오래 평안하시오소서.

[개사초 후 토지신에게 드리는 축문]

維歲次乙丑四月甲子朔初三日壬午 某官 某
유세차을축사월갑자삭초삼일임오 모관 모

敢昭告于
감소고우

土地之神 今爲 某官某公 塚宅惟新 旣封旣莎
토지지신 금위 모관모공 총택유신 기봉기사

神其保佑 俾無後艱謹以 酒果 祗薦于神 尙
신기보우 비무후간근이 주과 지천우신 상

饗
향

[해설] 을축년 사월 초삼일 ○○벼슬한 모는 토지신에게 아뢰옵니다. ○○벼슬한 모공의 묘에 봉분과 떼를 갈아입혀 새로 단장하였으니 토지신께서는 뒤에 어려움이 없도록 보살펴도와 주소서. 삼가 술과 과일로 천신하오니 흠향하시옵소서.

여러 가지 사정으로 인하여 봉분(封墳)한 후에 바로 비석(碑石)을 세우지 못하고 나중에 세울 때에는 묘지신과 토지신에게 축문을 읽어야 한다.

또한 산불이나 실화(失火) 등으로 조상의 산소가 손상되었을 때는 자손들이 모두 소복(素服)을 하고 산소에 가서 재배하고 곡을 한다.

이때 의식은 갖추지 않으나 산소를 깨끗이 단장하고 술과 과일을 올린 다음 고사(告辭)한다. 그리고 조상의 산소를 잃어버렸다가 어떤 동기로 산소를 다시 찾을 경우가 있다.

이 때에는 산소를 잃어버렸던 잘못을 빌고, 조상의 시신이 틀림없는가를 확인하기 위해 산소를 헐어야 할 경우에는 정성을 다하여 빌며 축문을 읽는다.

[비석을 나중에 세울 때 읽는 축문]

維歲次甲子五月申未朔十一日壬午 孝孫 某
유세차갑자오월신미삭십일일임오 효손 모

敢昭告于
감소고우

顯祖考處士府君 伏以 儀物多闕 今至有年 謹具墓
현조고처사부군 복이 의물다궐 금지유년 근구묘

碑 用衛墓道 伏惟 尊靈 是憑是安
비 용위묘도 복유 존령 시빙시안

[해설] 갑자년 오월 십일일 효손 모는 삼가 할아버님께 고하나이다. 황공하옵게도 의물(의식에 관계되는 물건)을 갖추지 못하여 많이 모자랐던 바, 이제야 삼가 묘비를 마련하여 묘도에 설치하오니 존령께서는 이와 함께 평안히 계시옵소서.

[비석을 세울 때 토지신에게 드리는 축문]

維歲次甲子五月申未朔十一日壬午 幼學 某
유세차갑자오월신미삭십일일임오 유학 모

敢昭告于
감소고우

土地之伸 今爲 某冠某公 墓儀未具 玆將墓碑
토지지신 금위 모관모공 묘의미구 자장묘비

用衛墓道 神其保佑 俾無後艱 謹以 酒果紙薦于
용위묘도 신기보우 비무후간 근이 주과지천우

神 尙
신 상

饗
향

[해설] 갑자년 오월 십일일 유학(벼슬하지 않던 유생) 모는 감히 토지신께 고하나이다. ㅇㅇ벼슬한 ㅇㅇ공의 묘의를 갖추지 못했다가 이제 묘비를 묘도에 세울까 하오니 토지신께서는 이를 보살펴 도와 주시어 후환이 없게 하옵시고, 삼가 주과를 바치오니 흠향하옵소서.

[산소를 파 보려고 할 때 읽는 축문]

維歲次乙亥四月壬戌朔十五日庚申 幼學 某
유세차을해사월임술삭십오일경신 유학 모

敢昭告于
감소고우

古塚之神 某
고총지신 모

顯七代祖考學生府君之墓久失其處 古來相傳在於某地
현칠대조고학생부군지묘구실기처 고래상전재어모지

顯七代祖考學生府君之墓久失其處　古來相傳在於某地
현칠대조고학생부군지묘구실기처　고래상전재어모지
既無碑表莫下指的　或冀有壙誌之可以考證者　不敢
기무비표막하지적　혹기유광지기가이고증자　불감
不略啓塋域　伏願不震不驚
불략계영역　복원불진불경

[해설] 을해년 사월 십오일 유학 모는 고총의 신께 아뢰나이다. 칠대 할아버지의 묘를 잃어버린 지 오래 되었던 바, 예부터 어느 곳에 있다고 전해 왔으나 이미 비석이나 표석이 없어 어느 곳임을 지적 할 수가 없사옵니다. 혹시 지석이 나와서 고증할 수 있을까 하여 묘역을 파 보려고 하오니 놀라지 마시옵기 엎드려 바라옵나이다.

[산소가 손상되었을 때 읽는 축문]

維歲次壬申六月丙五朔初八日甲子　孝孫　某
유세차임신유월병오삭초팔일갑자　효손　모
敢昭告于
감소고우
顯祖考學生府君之墓　伏以　守護不謹　野人失火　勢
현조고학생부군지묘　복이　수호불근　야인실화　세
成燎原　災延塋域　伏惟　震驚　不勝痛慕　謹以
성요원　재연영역　복유　진경　불승통모　근이
酒果恭伸　安慰
주과공신　안위

[해설] 임신년 유월 초팔일 효손 모는 할아버님의 묘에 고하옵나이다. 묘를 수호함에 있어 조심하지 못하여 야인의 잘못으로 불이 나서 그 화가 산소에까지 미쳤사옵니다. 엎드려 생각하건대 놀라실까 애통한 마음 이기지 못하오며, 삼가 술과 과일을 차려 놓고 공손히 위로를 드리옵나이다.

산소를 파서 조상의 것임이 확인되면 다시 봉분하고 위안하는 축문을 읽는다.

또 산소를 파서 헐었으나 남의 산소인 경우가 있다. 이 때에는 그 잘못이 크므로 빨리 봉분과 사초를 하고 정성을 다 기울여 그 산소의 주인을 위로해야 한다.

조상의 산소를 찾았으면 주과를 올리고 위안(慰安)하는 축문을 읽는데 이를 심묘위안축(尋墓慰安祝)이라 한다.

[심묘 위안축]

維歲次甲申四月丙午朔二十日己酉 某代孫 某
유세차갑신사월병오삭이십일기유 모대손 모

敢昭告于
감소고우

顯某代祖考學生府君之墓 竟失守護 歲已久遠 今玆
현모대조고학생부군지묘 경실수호 세이구원 금자

啓驗 內的幽誌 顯晦有時 喜且感慕 改築改莎
계험 내적유지 현회유시 희차감모 개축개사

封塋玆新 伏惟 尊靈 永世是安 謹以 酒果用伸
봉영자신 복유 존령 영세시안 근이 주과용신

虔告謹告
건고근고

[해설] 갑신년 사월 이십일 ㅇㅇ대손 모는 감히 아뢰옵나이다. 묘를 잃어 수호하지 못한 지가 이미 오랜 세월이 되었는데, 이번에 묘역을 헐어 지석을 발견함으로써 당시의 일을 밝히게 되었으니 기쁜 감회를 느끼옵나이다. 이제 개축과 사토를 하여 여기에 봉분을 새로 마련하오니 존령께서는 길이 이 곳에서 편히 계시옵소서. 삼가 주과를 차려 놓고 경건히 아뢰옵나이다.

[남의 산소임을 알았을 때 읽는 축문]

維歲次癸巳五月丁亥朔初七日庚子 某官 某
유세차계사오월정해삭초칠일경자 모관 모

敢昭告于
감소고우

古墓之靈 竟失先塋 將尋幽誌 敢毁封域 爰玆誤
고묘지령 경실선영 장심유지 감훼봉역 원자오

啓 仍築旣莎 依舊新封 謹告以酒 休咎是寧
계 잉축기사 의구신봉 근고이주 휴구시녕

[해설] 계사년 오월 초칠일 ㅇㅇ벼슬한 모는 옛무덤의 영혼께 아뢰옵나이다. 선영을 잃어버렸기에 지석을 찾고자 봉역을 헐었사오나 잘못 헐었음을 알고 새로이 봉분하고 떼를 입혔사오니 잘못을 용서하시고 평안하소서.

3) 추석(秋夕)

음력 8월 15일의 추석은 설날과 함께 가장 크게 치는 명절로 팔월 한가위 또는 한가위날이라고도 한다. 이 때는 더위가 물러가고 백곡(百穀)이 익어 1년 중 어느 때보다도 풍성한 때이기도 하다.

중국에서도 이 날을 중추(仲秋)라고 하여 큰 명절로 꼽지만 우리 나라의 추석도 그 유래가 특별하다. 시대를 거슬러 올라가서 신라 초기에 여자들의 작업을 장려하기 위해 온 나라 안의 여자들을 두 편으로 갈라 길쌈 경쟁을 시킨 일이 있었다.

길쌈은 백중날(음력 7월 15일)부터 시작하여 만 한 달이 되는 추석날에 승패(勝敗)를 가리는데, 승리한 쪽은 패배한 쪽으로 술과 음식을 대접받기로 되어 있었으며, 춤과 노래와 여러 가지 놀이로 이 날을 마음껏 즐기며 놀았다고 한다. 추석에는 햇과일과 햇곡식으로 음식을 만들며 이것들을 차려 조상에게 차례(茶禮)를 지내고 성묘를 한다.

4) 중양절(重陽節)

음력 9월 9일은 말하며 중양(重陽) 또는 중구(重九)라고도 한다. 중량이란 양수(陽數)인 9가 겹친 것을 이르며, 이 날에는 삼월 삼짇날(음력 3월 3일)에 왔던 제비가 다시 강남(江南)으로 되돌아간다고 한다.

우리 나라는 중국 문화를 숭상한 나머지 고려(高麗) 때에 이 날의 잔치와 의식이 제도화 되어 있었다. 이 날 일반 백성들은 국화전(菊花煎)과 화채(花菜) 등을 시식(時食; 철에 따라 있는 음식)으로 조상에게 차례를 올렸다.

5) 시월(十月)

음력 시월을 가리켜 상달이라고 한다. 이 달에는 동제(洞祭)를 비롯하여 가을의 제례(祭禮)가 집중되어 있다.

한 해의 농사를 모두 끝낸 이 달에는 햇과일과 햇곡식으로 조상에게 제사를 지내고 신을 섬기는 풍습이 전국의 여러 지방에서 행해진다.

이 달의 음력 15일의 전후해서는 시제(時祭) 또는 시사(時祀)를 행한다. 조상은 4대까지만 사당에 모시고 그 윗대의 조상들은 함께 묘제(墓祭)로 지낸다. 시제일에는 여러 파로 나뉘어진 친족들이 모두 모여 묘 앞에 참례하는데 많은 자손들이 모이는 것을 큰 자랑으로 여겼으며, 묘소의 자리가 명당일수록 자손들이 발복(發福)한다고 믿었다.

이날 상중(喪中)에 있는 사람이나 여자들은 참례하지 않는다.

6) 동지(冬至)

음력으로 11월을 동짓달이라고 하는데, 양력으로는 12월 22, 23일경이며 아세(亞歲) 또는 작은 설이라고 부르기도 한다. 동지는 1년 중 밤이 가장 길고 낮이 가장 짧은 날로 태양운행의 시발점이기 때문에 이 날의 행사는 음력 정월과 서로 통하는 것이 많다.우리 나라에서는 동짓날에 팥죽을 쑤어 새알심을 시식(時食)삼아 먹는다. 또한 사당에 차례를 지내며 액땜을 하는 뜻으로 팥죽을 대문 등에 뿌리는 풍습도 있었다.

2

현대식 제례(現代式祭禮)

(1) 제사의 의미(意味)

옛날에는 제사를 지내는 의식과 절차가 까다롭고 복잡했으며 또한 가문의 위신을 따진 나머지 지나치게 낭비하는 경우가 많았다.

그러나 오늘날에는 핵가족화로 인하여 자손들이 대부분 흩어져 살게 되어 제사의 의식이나 절차가 간소화된 반면 제사의 의미가 쇠퇴(衰退)해진 것 또한 사실이다.

제례는 상고 시대부터 이어져 내려오는 고유의 풍습이기 때문에 조상에 대한 제사를 미신적인 차원에서 나쁘게 생각하거나 소홀해서는 안된다.

제사는 조상에 대한 후손의 효심과 공경심을 나타내는 의식이라고 할 수 있으며, 뿌리없는 나무가 없고 조상 없는 자손이 없기에 한 뿌리의 자손들이 모여 조상의 은덕을 기리고 혈족간의 유대를 굳게 다지는 데에 그 의미가 있다고 할 것이다.

또한 자라나는 자녀들에게는 자신의 근본에 대하여 깨닫게 해줄 수 있고, 나를 있게 해준 조상에 대하여 정성껏 예로써 모시는 것이 자손으로서의 당연한 도리(道理)일 것이다.

옛날에는 여러 대의 신위(神位)를 모시던 가정에서는 한 해 동안에 무려 48회 이상의 제사를 지냈고, 지금도 이름 있는 집안에서는 4대조까지의 제사를 대물림하여 지내고 있지만, 반드시 그렇게까지 할 필요는 없을 것이다.

조상에 대한 고마움의 표시나 교육적인 효과는 조부모(祖父母)까지로 충분하며, 더욱이 요즈음 대부분의 가정에서는 '가정의례준칙(家庭儀禮準則)'의 실시로 부모와 조부모의 기제(忌祭)만을 지내고, 그 윗대의 조상들은 묘제(墓祭)를 지내고 있다.

그러나 이것 역시 모두에게 일치될 수는 없으며 가문(家門)의 전통과 함께 자손이 제사의 의미를 살려 나갈 수 있다면 어떤 방법이든 상관이 없을 것이다.

(2) 일반적인 제사

1) 제사의 종류

제사의 종류는 지역과 집안에 따라 다소 차이가 있으나 일반적으로는 기제와 시제 및 묘제로 구분된다.

기제는 해마다 제사의 대상이 세상을 떠난 날의 저녁에 지내는 제사로서 기제사라고도 하는데, 흔히 제사라고 하면 이 기제를 가리킨다. 시제는 철마다 지내는 제사이고 묘제는 한식과 추석에 산소에다 음식을 차려 놓고 지내는 제사를 말한다.

2) 지방(紙榜)

묘제를 비롯하여 위령제(慰靈祭), 추도식(追悼式) 및 연중 절사에는 지방을 쓰지 않으나, 기제와 설·추석에 지내는 차례(茶禮)에는 지방이 있어야 하고 사진이 있으면 지방을 대신할 수도 있다.

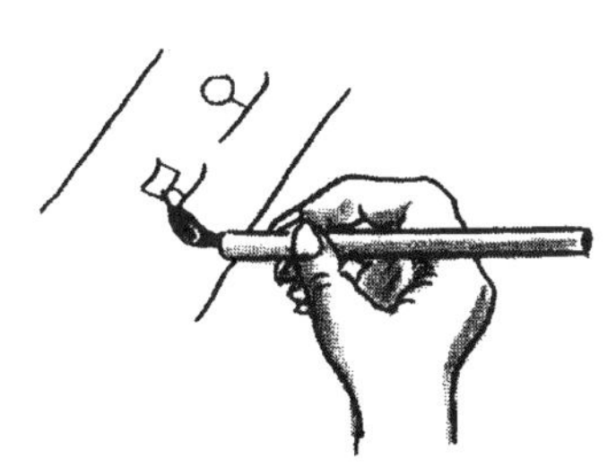

[합사할 때]

어머니 김해김씨 신위
아버님 신위
할머님 밀양박씨 신위
할아버님 신위

[아버지]

아버님 신위

[어머니]

어머님 창녕조씨 신위

[남 편]

부군 신위

[아 내]

망실 나주나씨 신위

[절 사]

선조 여러 어른 신위

[형내외]

형수 무안박씨 신위
형 신위

지방은 가로 6cm, 세로 22cm정도의 백지(한지)에 집안에서 내려오는 방식대로 격식을 차려 한문으로 써도 좋고 한글로 써도 좋다. 그러나 가정의례준칙에서는 한글을 권장하고 있으며 그 서식(書式)은 다음과 같다.

3) 제수(祭需)

제사를 고인을 추모하는 마음에서 우러나오는 정성을 나타내는 것이므로, 제수 역시 평상시에 가정에서 먹는 음식을 정성들여 마련하여 제상에 올리되 몇 가지 음식을 더 마련함이 좋을 것이고, 고인이 생전에 좋아하던 음식을 곁들이는 것이 바람직할 것이다.

제수를 진설(陳設)하는 방법은 지방과 집안에 따라 조금씩 다르나 일반적으로는 고인의 사진이나 지방을 맨 앞에 모시고 이를 중심으로 하여 첫줄에 밥과 술잔, 국그릇을 놓고, 둘째줄에는 채소와 간장, 김치를 놓으며, 셋째 줄에는 어류(魚類)와 찌개, 육류(肉類)를 놓는다.

그리고 마지막 넷째 줄에는 과일을 나란히 놓고 제상 앞에 향로, 향합, 모사를 마련한다.

[가정의례준칙에 따른 단설도(單設圖)]

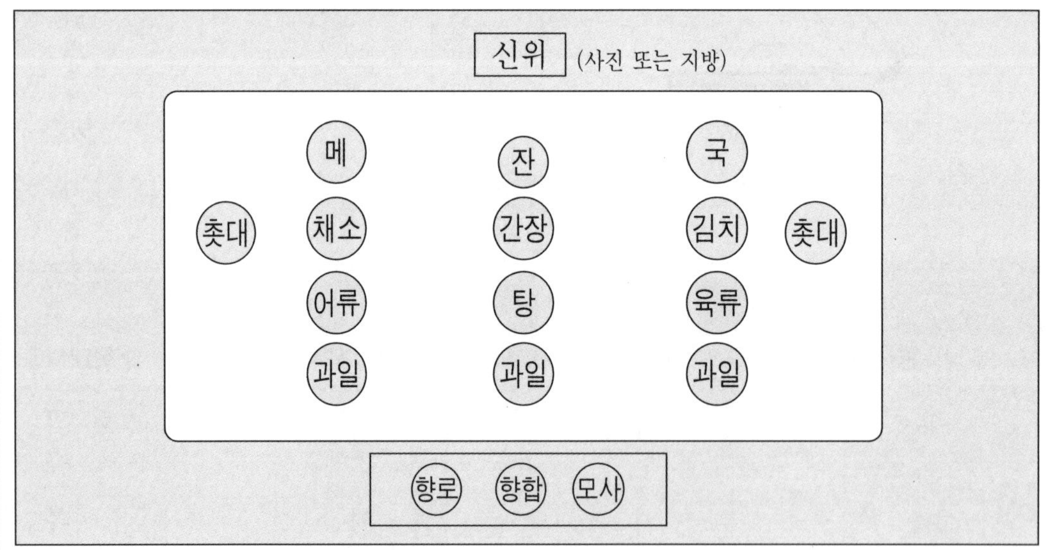

[가정의례준칙에 따른 합설도(合設圖)]

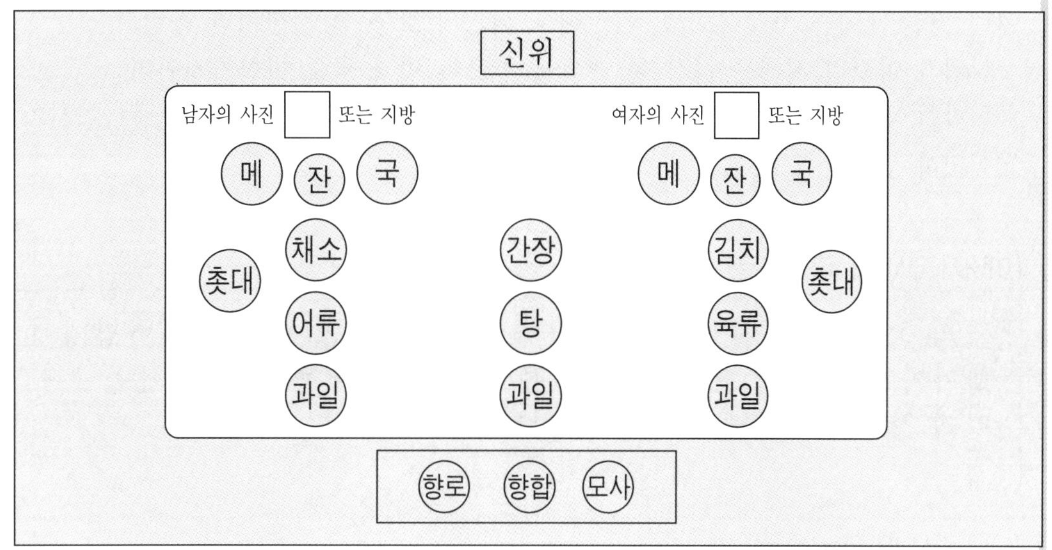

4) 제사 의식과 절차

제주(祭主)는 고인의 장자가 되나 장자가 없을 때에는 장손이 되고, 장자나 장손이 없을 때에는 차자(次子) 또는 차손(次孫)이 제사를 주재한다.

그리고 상처(喪妻)했을 때는 남편이나 그의 자손이 제주가 되고, 자손이 없이 남편을 잃었을 때는 아내가 제주가 된다.

제주 이외의 직계 자손이나 근친자(近親者)가 되고, 전통적인 관습으로는 기제일이 되면 객지에 나가 있던 자손은 반드시 돌아와야 되며, 집에 있는 사람들도 손님을 받지 않고 말이나 행동에 조심했었다.

그렇지만 오늘날의 현실에서는 그것이 매우 어려운 일이므로, 피치 못할 사정으로 제사에 불참(不參)할 때에는 제사지내는 시간에 맞추어 고향을 향해 절을 하거나 묵념(默念)으로 대신할 수도 있다.

제사를 지낼 때에는 깨끗한 옷을 단정하게 차려 입는데, 양복 차림일 때는 와이셔츠에 넥타이를 매고 한복 차림일 때는 두루마기를 입는다.

제사는 참신과 강신 · 헌작 · 독축 · 삽시 · 헌다(獻茶) · 사신(辭神) · 신위봉환(神位奉還)의 순서로 지내며, 진설과 신위봉안(神位奉還)이 끝나면 제주 이하 모두는 신위 앞에 재배한다. 제주가 여자일 때는 사배(四拜)를 한다.

제주는 향을 피운 후 술잔에 술을 조금 따라 향불을 거쳐 모사에 붓고 재배하는데, 이를 강신(降神)이라 한다.

강신이 끝나면 헌작(獻爵)을 하며, 이때에는 술잔에 술을 채워 두 손으로 받들고 향불을 거친 다음 고인에게 올린 밥과 국그릇 사이에 놓는다.

제주가 따른 술을 집사가 받아서 놓기도 하나 제주 혼자서 해도 무방하고 자손이 여러 명일 때에는 차례대로 헌작을 해도 되는데 보통 석 잔까지만 올린다.

신위가 여럿일 때에는 각각 한 개씩을 놓으며 밥과 국도 마찬가지이다.

헌작이 끝나면 축문을 읽고 제주는 재배하며, 축문을 읽을 때는 모든 참사자가 꿇어앉아 엎드려 있는다.

[아버지 제사 때 읽는 축문]

○○년 ○월 아버님 신위 전에 삼가 아뢰옵나이다. 아버님께서 돌아가시던 날을 다시 맞으니 추모의 정을 누를 길이 없사옵니다. 이제 간소한 제수를 올리오니 강림하시어 흠향하시옵소서.

[아내 제사 때 읽는 축문]

○○년 ○월 ○일 당신의 신위 앞에 고합니다. 당신이 운명하던 날을 다시 맞으니 옛 생각을 누를 수 없습니다. 이제 간소한 제수를 올리니 흠향하소서.

그 다음에는 삽시(插匙)로, 밥에 수저를 꽂고 모든 참사자들이 고개를 숙여 묵념을 하고, 조금 있다가 헌다(獻茶)를 하며, 차 대신 숭늉이나 냉수를 국과 바꾸어 놓고 수저로 밥을 조금씩 세 번 떠서 물에 말아 수저를 헌다 그릇에 가지런히 놓은 후 잠시 꿇어앉아 있다가 일어나서 수저를 치운다.

이와 같은 절차가 끝나면 제주와 모든 참사가가 일제히 신위 앞에 재배를 하는데, 이를 사신(辭神)이라고 하며 고인의 영혼과 작별하는 의식으로서, 사신을 마치면 지방과 축문을 불사른다.

사진일 때는 먼저 있던 자리에다 다시 정성스레 보관하는데 이를 신위 봉환(神位奉還)이라고 한다.

3

종교식 제례(宗教式祭禮)

(1) 천주교의 미사

천주교에서는 장례를 치른 후 3일과 7일, 30일이 되면 연미사(현재는 위령미사로 용어가 바뀌었음)을 올린다.

또 소기(小朞; 소상) 때에는 위령 미사를 올리고 유가족이 다같이 고해성사(告解聖事)와 성체성사(聖體聖事)를 받도록 권유하고 있다.

위령 미사는 연옥(煉獄)에 있는 모든 영혼을 위해 드리는 기도이며, 고해 성사란 일곱가지 성사의 하나로 세례를 받은 신자가 범한 죄를 뉘우치고 천주(天主)의 대리자인 사제(司祭)에게 고백하여 용서를 받는 일이고 성체 성사란 성체 배령의 성사를 말한다.

한편, 추도 미사에 참례하는 사람들에게는 간소한 음식을 대접하기도 한다.

천주교에서는 11월 2일이 '위령의 날'로서 일반의 묘제(墓祭)에 해당하는 날이다. 교우(教友)들이 단체로 묘지에 찾아가서 고인의 영혼을 위하여 미사를 올리고 기도를 드린다

(2) 기독교의 추도식(追悼式)

기독교에서는 제사를 지내지 않는다. 그렇다고 고인을 추모(追慕)하지 않는다는 뜻이 아니고, 다만 고인을 신격화하여 숭배하지 않는다는 것으로 그 까닭은 신은 오로지 하나님 한 분뿐이기 때문이다.

따라서 고인의 기일이 되면 온 가족과 친지들이 모여서 주례 목사를 초청하여 다음과 같은 순서로 추도식을 갖는다.

⊙찬송(讚頌) : 주례 목사가 임의로 선택하는데, 대개 찬송가 423장이나 501장을 모두 함께 부른다.

⊙기도(祈禱) : 주례 목사가 대표로 한다. 기도 내용은 고인을 생각하고 유족(遺族)들이 슬픔에만 잠겨 있지 말고, 하늘 나라의 영광을 바라보고 위안과 소망

(所望)을 갖게 해달라는 것이다.

◉ 성경 낭독(聖經朗讀) : 주례 목사가 〈열왕기 상(上)〉 2장 1절에서 3절까지, 〈잠언〉 3장 1절에서 10절까지, 〈누가복음〉 16장 19절에서 31절까지, 〈요한 계시록〉 21장 1절에서 8절까지를 봉독(奉讀)한다.

◉ 찬송 : 대개 찬송가 75장을 함께 부른다.

◉ 기념 추도(紀念追悼) : 주례 목사가 고인의 생전 행적이나 유훈(遺訓)을 말한다.

◉ 묵도(默禱) : 일동이 소리를 내지 않고 마음 속으로 약 3분 동안 기도를 드린다.

◉ 찬송 : 찬송가 505장을 모두 함께 부른다.

◉ 주기도문(主祈禱文) : 주기도문이란 예수가 모범 기도로서 제자들에게 가르친 기도문을 말하며, 추도식에 참례한 모든 사람이 함께 또는 스스로 낭송(朗誦)한다.

기독교의 추도식은 이상과 같은 순서로 끝낸다.

(3) 불교의 추도식(追悼式)

불교에서는 추도 의식이라 하여 소기(小朞)와 대기(大朞), 또는 고인의 생일날에 절에 가서 다음과 같은 순서로 추도식을 행한다.

◉ 개식(開式) : 사회(司會)를 맡은 법사(法師)의 개식 선언으로 시작한다.

◉ 삼귀의례(三歸依禮) : 불(佛)·법(法)·승(僧)의 삼보(三寶)에 돌아가 의지한다는 예를 베푼다.

◉ 독경(讀經) : 법회(法會)를 주재하는 법주(法主)가 《반야심경(般若心經)》을 봉독(奉讀)한다.

◉ 묵도(默禱) : 참례자 모두가 방에 들어가 앉아서 드린다.

◉ 추도문 낭독(追悼文朗讀) : 고인의 약력 보고와 함께 추도문을 읽는다.

◉ 추도사(追悼辭) : 법주가 고인의 추도와 유족의 위안을 겸하여 읽는다.

◉ 감상(感想) : 침례자 중의 대표가 나와서 유족과 친지들에게 위로의 말을 한다.

◉ 소향(燒香) : 유족이 먼저 분향하고 다음에 참례자들이 한다.

◉ 답사(答辭) : 감상의 답례로 유족 대표가 나와서 한다.

◉ 폐식(閉式) : 법사가 선언한다.

이 밖에도 재(齋)와 영반(靈飯)이 있는데, 재에는 사십구일재(四十九日齋)가 있고, 영반이란 영혼에게 올리는 밥을 뜻한다.

제4부

백일(百日)·돌·수연(壽宴)

1

백일(百日)

백일은 아이가 태어난 지 100일째 되는 날을 말하며, 이 날에 아이를 위하여 베풀어 주는 잔치를 백일 잔치라고 한다.

이러한 풍습(風習)은 예부터 전해 내려오는 것으로서 이에 대한 뚜렷한 증거는 없다. 그러나 아이가 태어난 날로부터 삼칠일(三七日; 세이레)까지의 모든 행사가 주로 아이를 보호하고 산모(産母)의 건강을 회복하기 위한 의례적인 행사로 대부분 금기 사항이 주류를 이룬데 비해 백일은 갓난아이만을 위한 첫 번째 경사(慶事)스러운 의식이라고 할 수 있다.

아이가 아무런 탈이 없이 건강하게 자라서 백일을 맞게 된 것은 제일 먼저 축하할 일이며 무병장수(無病長壽)하여 복록(福祿)을 누리고 출세하기를 바라는 부모의 마음은 빈부 귀천(貧富貴賤)을 가릴 것 없이 똑같을 것이며 자식을 둔 부모의 인지상정(人之常情)이라고 할 수 있을 것이다.

우리 나라는 사계절의 기온 변화가 뚜렷하고 더욱이 옛날에는 의학이 발달하지 않았고, 의학 상식을 전혀 몰랐기 때문에 신생아(新生兒)들이 병이 나고 죽는 일이 환절기, 즉 계절이 바뀌는 시기에 가장 많이 발생했었다.

우리 나라는 대체적으로 3개월마다 계절이 바뀐다. 따라서 백일은 계절이 바뀌는 3개월을 무사히 넘기고 아무런 탈도 없이 자란 어려운 고비를 넘겼다는 뜻에서 이를 축복함과 아울러 순탄한 성장과 장수를 기원하는 의식이라고 볼 수도 있다.

또 한편으로는 100이라는 숫자에 대한 우리 나라 국민의 선호사상(選好思想)도 엿볼 수 있다.

예컨대 백일기도(百日祈禱)·백일승천(白日昇天)·백일장(白日場)·백일제(百日霽)·백일주(百日酒) 등이 그것이다.

갓난아이의 발육(發育)은 백일이 되면 눈에 띄게 달라지는데 고개를 가누고 소리를 내어 웃으며 소리가 나는 쪽으로 시선을 보내는 등 여러 가지 몸짓을 한다.

백일이 되면 그전까지 입히던 흰 옷 대신에 빛깔이 있는 예쁜 옷을 입히기 시작하고, 아이 스스로 자기 몸을 추스릴 수가 있으므로 업어도 된다.

한편, 아이가 백일이 되면 배냇머리(태어난 후 한 번도 깎지 않은 머리)를 깎아 주어야 하며, 아이가 놀랄 것을 우려하여 전부 깎지 않고 조금 남겨 두어야 한다고도 한다.

백일날에 대한 의식은 각 지방마다 차이가 있는데 다음과 같다.

(1) 서울

백일날 아침에 삼신상(三神床)에 흰밥과 미역국을 상에 올리고 삼신에게 빈 다음 아이의 어머니가 이 음식을 먹는다.

백일 음식은 주로 백설기·수수경단·인절미·송편 등의 떡인데, 백설기는 장수를 뜻하고 정결과 신성함을 뜻하며 수수경단은 부정을 막고 부정살을 없애는 주술적인 뜻이 있다.

그리고 인절미는 단단하라는 뜻이 들어 있고 송편은 소를 넣은 것과 소를 넣지 않은 두 가지를 만드는데, 소를 넣은 것은 아이의 속이 가득 차라는 뜻이고 소가 없는 것은 뜻이 넓으라는 의미이다.

백일떡은 1백 사람에게 나누어 주어야만 수명장수(壽命長壽)한다고 믿어 친척이나 이웃의 많은 사람에게 나누어 주기도 한다. 그러면 백일떡을 받은 친척과 이웃 사람은 빈 그릇을 그대로 돌려보내지 않고 답례로 쌀이나 실, 돈 등을 담아 보낸다.

(2) 경기도(京畿道)

백일에는 배냇머리를 깎아 주고 백설기를 만들며 미역국을 끓여먹는다.

또한, 1백 집을 돌아다니며 쌀을 얻은 다음 그 쌀로 떡을 만들어 1백 사람이 나누어 먹으면 아이의 명이 길고 출세한다고 하며, 친척이나 이웃 사람들로부터 돈이나 옷가지 등의 선물을 받는다.

(3) 경상남도(慶尙南道)

백일날 아침에 삼신에게 국과 밥을 차릴 때 실을 상 위에 같이 놓고 아이의 명을 빌며, 흰무리(멥쌀 가루만을 켜가 없게 안쳐서 찐 시루떡)를 만들어 이웃 사람을 초청한다.

또한 흰떡 1백 개를 만드어 가지고 길에 나가서 지나가는 행인에게 나누어 주는데, 이것은 아이의 명(命)을 산다는 뜻으로 명이 길어지라고 하는 행동이다.

그리고 아이가 장수하기를 바라는 뜻에서 이웃에게 가져온 실을 아이의 목에 길게 걸어 준다. 이 날에는 아이의 외할머니가 포대기를 가지고 온다.

(4) 경상북도(慶尙北道)

아이의 장수를 기원하는 뜻으로 망둥떡 또는 만개떡 1백 개를 만들어 행인에게 나누어 준다.

그리고 국밥을 이웃과 나누어 먹고, 외갓집에서는 아이의 옷을 만들어 온다.

(5) 강원도(江原道)

백설기와 송편, 수수경단 등을 만들어 친척과 이웃에게 대접하며, 그 중에서도 특히 행인 1백 명에게 1백 개 이상의 백설기를 나누어 주면 아이가 병에 걸리지 않고 오래 산다고 한다.

또한 수수경단을 만들어 부정을 막고 살풀이를 하고 마을 주민들이 실과 약간의 돈을 가지고 와서 아이를 대면(對面)한다.

(6) 충청남도(忠淸南道)

백일날 아침에 백설기와 흰무리, 수수경단을 비롯하여 여러 가지 음식을 만들어 이웃과 나누어 먹는데, 이웃에서는 그에 대한 답례로 아이의 옷과 약간의 돈, 실·수저·반지 등을 선물하고, 외할머니가 포대기·옷·밥그릇·수저 등을 마련하여 가져온다.

그리고 1백 조각의 헝겊으로 아이의 옷을 만들어 입히면 장수한다고 믿었다.

(7) 충청북도(忠淸北道)

이른 아침에 삼신상을 차려 모시고, 미역국과 수수경단을 마련하여 이웃을 대접하는데, 이웃에서는 아이의 장수를 바라는 뜻에서 실로 답례를 한다.

이 때 수수경단을 만드는 까닭은 살풀이를 위한 것이며, 수수경단을 열 살 때까지 만들어 주면 좋다고 한다.

(8) 제주도(濟州道)

제주도에서는 시루떡을 쪄서 행인에게 나누어 주며, 1백명 이상이 나누어 먹어야 아이가 아무런 탈없이 잘 자란다고 한다.

백일날의 잔치는 경제적으로 여유(餘裕)가 없는 집에서는 대부분 생략하고 아침 식사만 보통 때와 다르게 차려 먹으나, 여유가 있는 집에서는 아이의 백일날 때만큼은 음식을 푸짐하게 차려 준다.

2

돌

돌이란 아이가 태어난 뒤에 처음으로 맞이하는 생일(生日)을 일컫는다.

이 날에는 아이의 수명 장수를 바라는 뜻에서 잔치를 하는데 이를 돌잔치라고 하

며 예부터 전해 내려오는 의식은 대체로 다음과 같다.

(1) 치성(致誠)

치성은 출산(出産)·세이레·백일(百日)에 행하는 것으로 산신(産神)에 대한 치성을 주로 하며, 만신당에 가서 돌 전날에 치성을 드리기도 한다.

치성을 드릴 때에는 흰밥과 미역구, 정화수로 삼신상(三神床)을 차리고 아기시루라 하여 시루떡을 상 옆에 놓는다. 치성을 드릴 때 쓰인 떡은 밖으로 나가면 아이의 복이 줄어든다는 속신(俗信)이 있어 가족끼리만 먹는다.

삼신상을 차려 놓고 치성을 드릴 때는 남자는 참석하지 않고 할머니가 산모가 드

리며 두손을 비비고 기원하는 말을 하면서 절을 되풀이해서 한다.

이렇게 치성을 드리는 것은 아이를 점지해 준 삼신에 감사하고 산신의 초인적인 능력에 힘입어 나쁜 인연을 끊고 앞으로 아이의 무병 성장과 복록을 누리도록 보호해 달라는 데에 목적이 있다.

(2) 아이의 옷차림

돌이 되면 여러 가지 빛깔의 화려한 옷을 만들어서 아이에게 입히는데 이를 돌복이라고 한다.

아들일 때는 연둣빛 또는 색동 저고리와 보랏빛 바지를 입히고 금박이나 은박을 입힌 남색 조끼와 색동 마고자, 금박이나 은박을 입힌 전복(戰服), 다홍색 띠, 색동 두루마기, 복건, 수를 놓은 누비버선과 염낭 등을 마련하여 입힌다.

딸일 때에는 색동 저고리와 진분홍이나 다홍색 치마를 입히고, 금박이나 은박을 입힌 조바위, 노란색 단속곳, 연둣빛 마고자나 남색 쾌자, 수를 놓은 버선, 수를 놓은 염낭과 노리개 등으로 차려 입힌다.

돌띠는 수명 장수를 바라는 뜻에서 길게 만들어 등뒤로 돌려 매게 되어 있으며, 염낭은 아이의 복록을 바라는 뜻으로 달아 주는데 입구에는 잔주름을 잡고 색실 끈 두 개를 양쪽에 꿰어서 여닫게 만든 비단 주머니이다. 주머니의 앞면에는 모란이나 국화, 뒷면에는 수(壽) 또는 복(福)이라는 글자의 수를 놓는다.

염낭의 끈에는 장식물을 달아 준다. 장식물은 아주 작게 만든 타래버선이나 은장도, 은염으로 만든 물고기, 은도끼, 은자물통 등으로, 이것들은 아이의 수명 장수와 복록을 바라는 동시에 사귀(邪鬼; 요사스러운 귀신)의 접근을 막는 뜻을 가지고 있다.

돌복에는 단추를 달지 않고 끈을 달며, 이것은 아이의 장수를 바라는 뜻에서이다.

(3) 돌상차림

돌상이란 돌이 된 아이를 축하해 주기 위하여 차리는 상으로서 주로 떡과 과일을 놓는다. 떡은 백설기와 수수경단, 송편, 인절미, 찹쌀떡이며 얇은 쟁반이나 큰 접시에 듬뿍 담아 놓는다. 과일은 그대로 깨끗이 한 접시에 9, 10개를 네 개씩 한 줄로 하고 그 위에 한두개를 올려놓는다.

[돌상 차림]

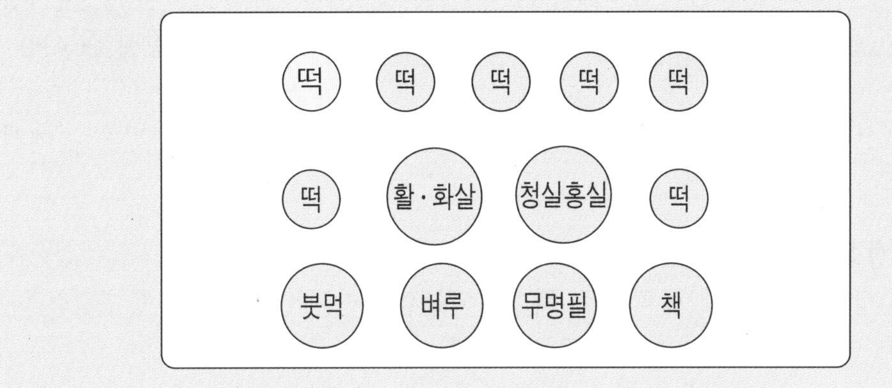

쌀은 돌상의 앞 가운데에 수북하게 담아 놓고 그 위에 실타래를 놓는다.
이 밖에도 붓과 책, 벼루, 활과 화살, 돈 등이 돌상 위에 올라가며 이처럼 차린 상을 대청이나 방에 돗자리를 깔고 놓는다.
그리고 아이가 서거나 앉을 자리에는 방석을 깔아 놓는다.

(4) 돌잡히기

돌잡히기란 돌쟁이가 자기 마음대로 가지고 싶은 물건을 돌상 위에서 집는 것을 보고 아이의 장래(將來)를 점치는 가장 흥미가 있는 대목이다.

이 때 아이가 붓이나 책, 먹 등을 먼저 집으면 공부를 잘 할 것이라고 하며, 돈이나 쌀을 집으로 부자(富者)가 될 것이며, 활이나 화살을 집으면 무인(武人)이 될 것이고, 실을 집으면 오래 살 것이라고 하나 이는 아이의 재롱을 보기 위한 행사에 지나지 않는다.

(5) 각 지방의 돌날 행사

우리 나라 각 지방의 돌날에 대한 행사는 대략 다음과 같다.

1) 서울지방

돌 전날에 만신당에 가서 치성(致誠)을 드리고, 돌날 새벽에는 삼신상을 차려 삼신에게 치성을 드린다. 돌떡으로 백설기·인절미·송편·수수경단·찹쌀경단·무지개떡 등을 만들어 여러 집에 돌리고 사람들을 초대하여 음식을 나누어 먹는다.

그러나 아이가 아파서 자리를 누워 있을 때는 돌잔치를 하지 않고 조용히 지낸다. 돌을 맞은 아이에게는 비단으로 만든 분홍이나 연분홍 저고리, 회색 바지, 색동두루마기, 남색조끼, 타래버선, 색동 마고자 등을 입히고, 남자 아이는 두건, 여자 아이는 조바위를 쓰고 돌잡이를 한다.

돌상에는 여러 가지 음식과 함께 돈·책·가위·바늘·실·붓·벼루·먹·활·화살 등을 올려놓고 아이가 제일 처음 집는 것을 보고 그 아이의 장래(將來)를 점친다.

돌상을 성대하게 차려 놓고 돌사진을 찍는 일이 많으며, 돌음식을 받은 집에서는 답례로 실이나 돌, 쌀 등을 보낸다.

2) 경기도 지방

서울 지방과 비슷하며 돌떡으로 백설기·인절미·수수떡·송편·수수경단을 만들어 친척, 이웃 사람과 나누어 먹고 돌잡이를 한다.

이 때 아이가 돌상 위에서 쌀을 집으면 부자가 되고 책이나 붓을 집으면 공부를 잘 하고, 실을 집으면 명이 길다고 한다.

이웃이나 친척들은 돈이나 옷가지·실·금반지·돌띠 등을 선물한다.

3) 강원도 지방

돌날 아침에 삼신상을 차리고 찰떡과 수수떡 등을 만든다. 이것을 해주지 않으면 아이가 10세 때까지 살(煞; 사람이나 물건 등을 해치는 독하고 모진 기운으로 악귀의 짓임)을 당한다고 하여 살풀이로 반드시 찰떡과 수수떡을 만들어 준다.

돌잡이에서는 아이가 돌상 위에 놓인 돈, 쌀을 집으면 부자가 되고 연필·먹·책 등을 집으면 공부를 잘 할 것이라고 점친다. 이 지방에서는 돌떡을 이웃에 돌리지 않는 경우도 있으며, 동네 사람이나 친척들은 돈·실·밥그릇·금반지 등을 선사한다.

4) 경상도 지방

돌날에 고깃국이나 미역국, 나물을 장만하고 돌떡을 만들어 친척과 이웃이 한데 모여 아침밥을 먹는다.

아이를 받은 할머니를 잘 대접하고 버선, 속바지 등을 선사하며 남자 아이에게는 색동 저고리·보랏 바지, 남색 조끼를 입히고 여자 아이에게는 색동 저고리, 붉은 치마를 입힌다.돌떡은 이웃에 나누어 주며 돌떡을 받은 집에서는 돈, 물건 등을 선사하고 친척들은 옷을 선사하는 경우가 많다. 돌잡이에서는 아이가 수서를 집으면 부자가 되고 연필을 집으면 재주가 있고 실을 집으면 명이 길다고 믿는다.

수양부모(收養父母)를 정해 아이를 파는데 돈을 받고 파는 것이 아니며, 이 때부터 수양부모를 친부모처럼 여기며, 그들의 장례 때에는 상주 노릇도 한다.

일부 지방에서는 삼신상을 차려 놓고 치성을 드리기도 하며, 돌잔치를 집 안에서 간단하게 치르는 곳도 있다.

5) 충청도 지방

삼신상을 차려 놓고 치성을 드리며 흰떡과 수수떡을 만들어 돌상을 차린 다음 돌잡이를 한다. 돌잡이를 하지 않을 때에는 백일 때처럼 하고 수양부모를 정해 주는데, 이것은 명이 길기를 바라는 풍속(風俗)에서이다.

수양부모는 아이의 명이 길기를 바라는 마음에서 별도로 순둥이·돌쇠·이쁜이 같은 이름으 지어서 부른다.

6) 전라도 지방

집안 식구나 이웃에서 실, 그릇 등을 선물로 보내고 돌상을 차려 돌잡이를 하지만, 도시보다 경제적인 여유가 없는 시골에서는 간단히 하거나 생략하는 경우가 있다.

7) 제주도 지방

여유가 있는 집에서는 돌상에 떡, 과일 등 평소보다 다른 음식을 차려 놓고 돌잡이를 한다.

3

수연(壽宴)

수연이란 장수(長壽)를 축하하는 잔치로 만 60세의 환갑(還甲), 61세의 진갑(進甲), 70세의 고희(古稀), 77세의 희수(喜壽), 88세의 미수(米壽) 등을 일컫는다.

(1) 환갑(還甲)

환갑이란 육갑(六甲)의 간지(干支)가 60년 만에 돌아온다는 뜻으로 회갑(回甲), 화갑(華甲)이라고도 하며 이 해의 생일을 일컫는다. 환갑이 되면 자녀들이 주동이 되어 부모의 은혜를 기리고 그 동안의 노고(勞苦)에 대해 위로를 드리며 친척과 친지들을 초대하여 잔치를 베푼다.

그리고 환갑 잔치에 초대받는 하객(賀客)들은 환갑을 맞는 사람에게 기념품을 선사하며서 더욱 장수하기를 바라는 인사를 한다. 또 환갑을 맞은 사람이 사회적으로 이름이 나 있는 때에는 뜻있는 사람들이 나서서 기념 사업을 벌이기도 한다.

옛날에는 과거에 급제한 지 60년이 되는 당회(糖回)와 혼인한 지 60년이 되는 것을 기념하는 회혼례(回婚禮)와 더불어 3대 수연으로 꼽았다.

1) 헌수(獻壽)

헌수란 회갑을 맞은 사람에게 자녀들이 큰상을 차려서 술잔을 드리고 큰절을 올리면서 축수(祝壽)를 하는 것으로, 장남부터 순서대로 하고 이어서 친척들과 하객들이 축배를 올리고 축사도 한다.

한편, 환갑을 맞은 사람의 부모가 아직 생존해 있을 경우에는 그 부모 앞에도 큰상을 차리고, 환갑을 맞은 내외가 부모에게 먼저 술잔을 올리고 큰절을 한 다음에 자기 자리에 앉아서 헌수를 받는다. 따로 큰상을 차리지 못할 때에는 같은 자리의 가운데에 부모를 모시고 술잔을 올린 다음 그 옆에 앉아서 헌수를 받으면 된다.

2) 잔칫상 차리기

잔칫상을 차리기 위해서는 다음과 같은 음식을 장만한다.

⊙ 다식(茶食) : 흑임자((黑荏子; 검은깨) · 송화(松花) · 녹말 등으로 만든다.

⊙ 건과(乾果) : 대추 · 호두 · 은행 등

⊙ 생과(生果) : 사과 · 배 · 귤 · 감 등

⊙ 정과(正果) : 청매(青梅) · 연근 · 모과 · 생강 · 유자 · 아가위(산사나무의 열매) 등으로 만든 정과(꿀에 절인 음식)

⊙ 유과(油果) : 약과 · 강정 · 빈사과 · 세반연사(細飯演士) 등

⊙ 편 : 떡을 말하며 흰떡 · 꿀떡 · 찰떡 · 승검 · 주악 등

⊙ 당속(糖屬) : 설탕에 졸여서 만든 음식으로, 팔보당 · 졸병 · 꿀병 · 온당 · 옥춘 등

⊙ 포(脯) : 어포 · 육포 · 건적포 등

⊙ 전(煎) : 생선전 · 갈남 · 고기전 등

⊙ 초(炒) : 전복초(全鰒炒)

위와 같은 음식을 다섯 치나 한 자 높이로 괸다.

큰상 옆이나 앞에는 별도로 곁상을 차려서 면 · 신선로(神仙爐) · 편육(片肉) · 식혜 · 나박김치 · 초간장 · 화채(花菜) · 구이 · 편청(떡을 찍어먹는 꿀) 등을 차례로 놓는데 나음과 같은 점의 주의해야 한다.

⊙ 과일류는 앞쪽, 편류는 옆줄, 적은 뒤에 놓는다.

⊙ 굄 접시에 쌀 같은 곡식의 낱알을 채워 편편히 한 다음에 흰 종이로 싼다.

⊙ 은행(銀杏)은 껍질을 까서 볶고 대추는 쪄서 실백을 박은 뒤에 실에 꿰어 쌓아 올린다.

⊙ 생과는 그대로 쌓기가 어렵기 때문에 아래와 위를 조금씩 도려낸 다음 가느다란 나무 꼬챙이나 그 밖의 도구로 연결시켜 쌓는다.

⊙ 과자류는 흰 종이를 붙여 가면서 쌓는다.

⊙ 괴어 담은 그릇의 숫자와 음식을 괴는 높이의 치수는 홀수로 하는데, 보통 다섯 치, 일곱 치, 아홉 치, 한 자 한치, 한 자 세치, 한 자 다섯 치 등으로 한다.

⊙ 조부모의 생존시에는 큰상을 두 개 차리고 돌상으로 차린다. 돌상은 돌잡이상과 똑같이 차리며, 형편이 넉넉지 않을 때에는 큰상의 가운데에 조부모를 모시고 환갑을 맞은 사람은 그 옆에 앉는다.

환갑날에는 두 사람이 모두 예복으로 갈아입는데, 옛날에는 남자의 경우 사모관대(紗帽冠帶)를 하고 여자는 나삼(羅衫)을 입고 족두리를 쓰고 상을 받았다고 한다.

그리고 자손들은 원색(原色)의 옷을 입고, 조부모가 있을 때에는 부모에게 돌잡이 때의 색동옷을 입히기도 하였다. 환갑상 차림은 다음과 같다.

[강원도 인제지방]

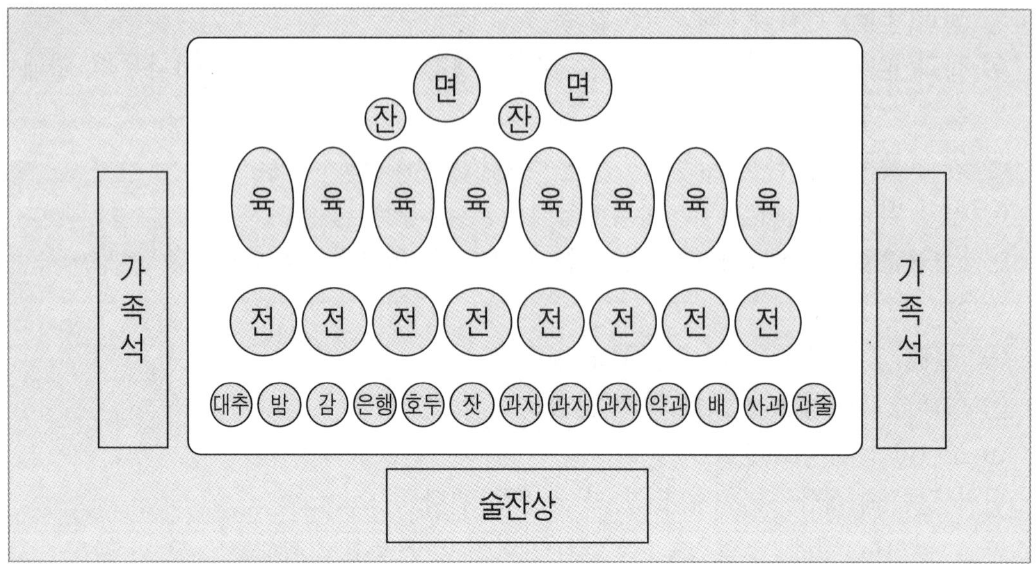

[경북 안동 지방]

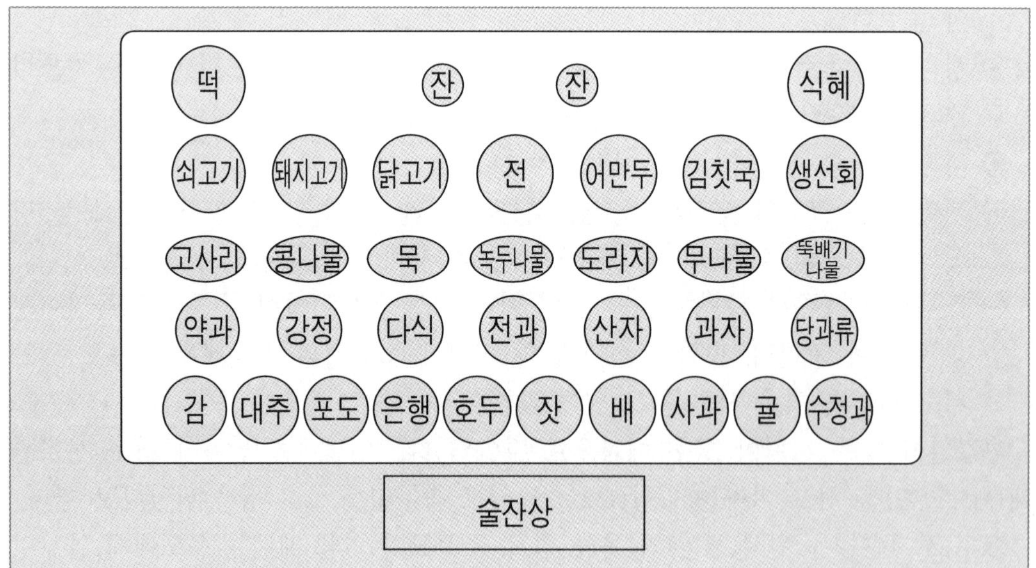

[충남 공주 지방]

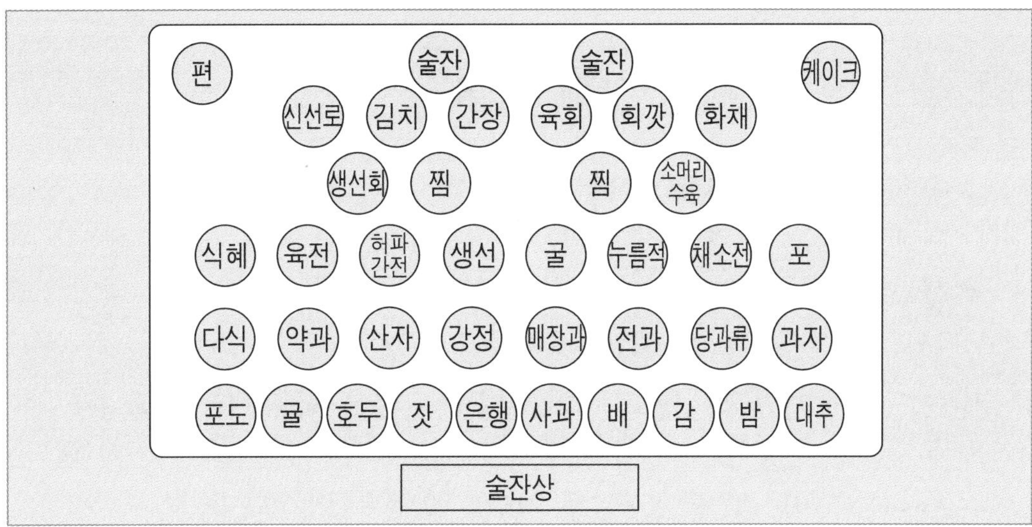

[전북 고창 지방]

3) 수연 청첩장 서식

수연 청첩장은 보통 환갑을 맞은 사람의 자녀들이 쓰게 된다. 그리고 사회적으로 이름이 난 사람의 청첩장은 발기인이나 제자 또는 후배(後背)들이 써서 발송하기도 한다.

[부모 환갑 때의 한문 청첩장 보기1]

請牒狀
청 첩 장

伏惟時下 綠海洋洋하온데
복유시하 녹해양양

尊體候萬安하심을 仰祝하나이다.
존체후만안 앙축

就白 來三月五日(陰二月七日)은 生之家嚴(俊字植字)
취백 내삼월오일 음이월칠일 생지가엄 준자식자

수辰이온 바 寒素所致로 略備薄료하와 환此親
수신 한소소치 약비박료 환차친

意爲計이온 바 伏願
의위계 복원

僉尊은 勿煩苦하시고 幸사 光臨之榮하심을
첨존 물번고 행사 광림지영

千萬伏望하나이다.
천만복망

年 月 日
년 월 일

某郡 某面 某里
모군 모면 모리

侍下生 ○○○拜上
시하생 배상

○○○ 座下
좌하

[부모 환갑 때의 한문 청첩장 보기2]

尊體候萬重하심을 仰祝하나이다.
존체후만중 앙축

就 今十月八日(양十一月四日)은 家嚴弧辰으로 不勝
취 금시월팔일 양십일월사일 가엄호신 불승

喜懼이오나 窮處貧陋하여 烏鳥事情을 未伸萬一하
희구 궁처빈루 오조사정 미신만일

옵고 惟以三餐視膳으로 요爲一日 飾喜하오니 情
유이삼찬시선 요위일일 식희 정

禮攸在에 罪悚無似이오나 不可無諸父之速이라 知
례유재 죄송무사 불가무제부지속 지

舊之邀이옵기 伊日에 某里 鄙第로 幸賜光駕하시
구지요 이일 모리 비제 행사광가

면 筆户가 尤極生輝하오리다.
필호 우극생휘

余不備禮上
여불비례상

年 月 日
년 월 일

侍生 ○○○ 拜上
시생 (형제 성명을 씀)배 상

座下
좌하

[부모 환갑 때의 한글 청첩장]

○○○님께

삼가 아뢰옵니다.

다름이 아니옵고 이 달 ○○일은 제 아버님(또는 어머님)의 환갑이옵기에 자식된 기쁨을 조금이라도 나타낼가 하여 변변치 못한 자리를 마련하고자 하오니 바쁘시더라도 이 날 ○○시까지 저희 집으로 와 주시면 영광이겠습니다.

년 월 일

○○○올림

4) 수연 축하장 서식

수연을 축하하기 위해 돈으로 부조를 하거나 또는 기념이 될 만한 선물을 보낼 때는 단자(單子)를 써서 봉투에 넣어 보낸다. 단자를 접을 때는 축의 문구와 상대방의 성명이 씌어진 곳을 피하여 접도록 한다.

[단자서식]

祝儀(축의)
○○○氏(씨)
春當(춘당)(또는 慈當(자당)) 壽宴時(수연시)
一金(일금) ○○원整(정)
○年(년) ○月(월) ○日(일)
謹呈(근정)

[당사자에게 보낼 때의 단자]

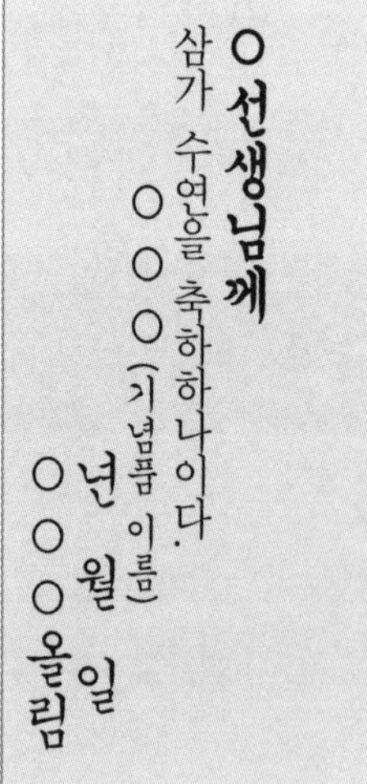
○선생님께
삼가 수연을 축하하나이다.
○○○(기념품 이름)
○년 ○월 ○일
올림

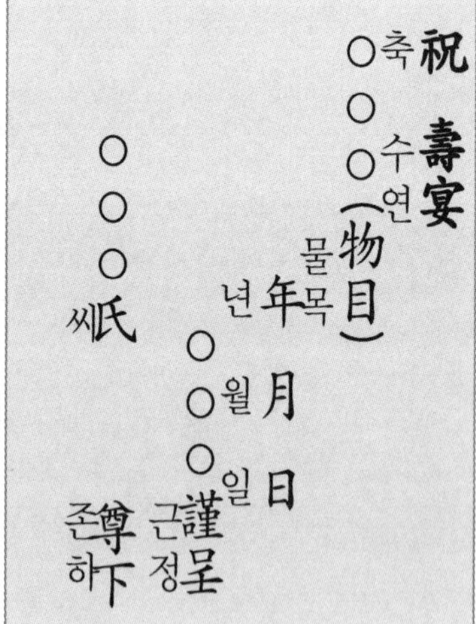
○○○祝壽宴(축수연)
(物目(물목))
年(년) ○月(월) ○日(일)
謹呈(근정)
○○○氏(씨) 尊下(존하)

[단자를 넣은 봉투]

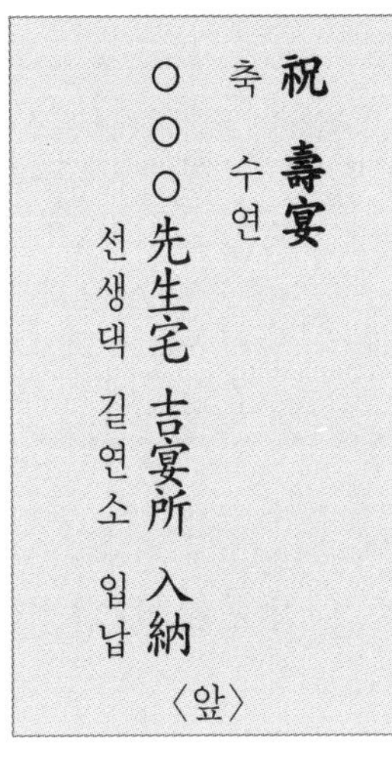

[단자를 넣지 않은 봉투]

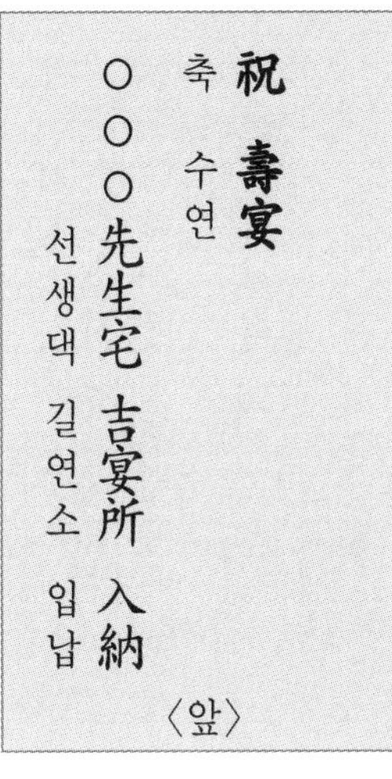

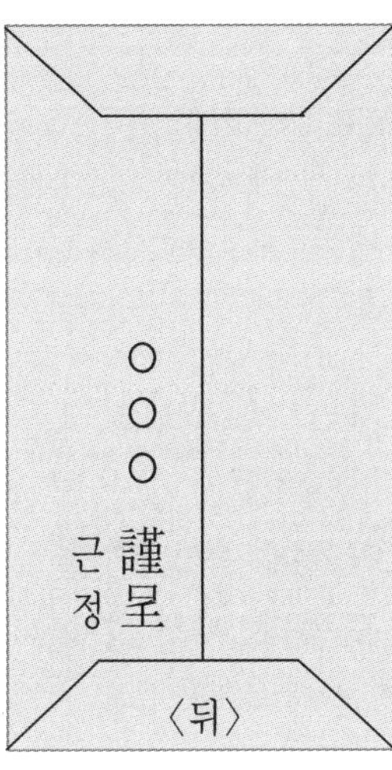

5) 수연의 식순(式順)

수연의 식순은 정해져 있지 않으나 대개 다음과 같은 순서로 진행한다.

① (개시선언(開式宣言)	② 헌화(獻花)
③ 식사(式辭)	④ 약력보고(略歷報告)
⑤ 헌수(獻壽)	⑥ 하사(賀詞)
⑦ 축사(祝辭)	⑧ 축가(祝歌)
⑨ 송시(頌詩)	⑩ 영창(詠唱)
⑪ 예사(禮辭)	⑫ 폐식(閉式)

6) 수연의 축하문구(祝賀文句)

⊙祝 壽宴(축 수연)	⊙祝 還甲(축 환갑)
⊙祝 回甲(축 회갑)	⊙祝 稀宴(축 희연)
⊙壽儀(수의)	⊙祝儀(축의)
⊙賀儀(하의)	⊙慶儀(경의)
⊙환갑을 축하하나이다.	

· 삼가 수연을 축하하오며 만수무강하시기를 빕니다.
⊙ 회갑을 축하하나이다.
⊙ 수연을 축하하나이다.
⊙ 진갑을 축하하나이다.

(2) 장수(長壽) 잔치

1) 육순(六旬)

사람이 이 세상에 태어났다가 슬하(膝下)에 자손이 많고 사업에 성공했으며 아무런 병치레도 없이 늙었다면 그보다 더 복된 일은 없을 것이다.

이처럼 경사(慶事)스럽고 복된 날을 기념하기 위해 자손들은 우리 나라 나이로 60세가 되는 해의 생일에 특별히 잔치를 베출고 손님들을 초대하여 축복해 드림으로써 효도(孝道)를 했으니 이것이 바로 육순 잔치이다.

육순 잔치에 특별한 절차는 없다. 다만 집안 형편에 따라서 정성껏 음식을 마련하고 부모님과 항상 가깝게 지냈던 친지나 친구분들을 초청하여 화기애애(和氣靄靄)한 분위기 속에서 즐거움을 느끼도록 해 드리면 된다.

2) 진갑(進甲)

진갑이란 환갑을 지낸 이듬해의 생일을 말한다.

진갑 잔치는 환갑 잔치처럼 성대히 치르지 않고 집안 형편에 따라 평소에 가까이 지내던 친척과 친지 등을 초청(招請)하여 조촐하게 치르면 된다.

이 때에는 의식 절차를 생략하고 교자상(交子床)에 음식을 차려 손님을 대접하며 이 날을 기념하고 축하하여 부모님의 마음을 기쁘게 해 드리면 된다.

3) 칠순(七旬)

중국 당(唐)나라 때의 시인(詩人)인 두보(杜甫)의 시 〈곡강(曲江)〉에 보면 '일생칠십고래희(七十古來稀)'라는 구절이 나오는데, 이는 예부터 사람은 일흔 살까지 살기가 드문 일이라는 뜻이다.

그래서 부모님이 일흔 살의 생일을 맞이하면 자손들이 간단히 잔치를 베풀어 장수를 축하해 드린다. 칠순 잔치를 망팔(望八) 또는 희연(稀宴)이라고도 한다.

4) 팔순(八旬)

팔순이 되면 또 잔치를 베푼다. 그리고 팔순 이후 88세에 잔치를 베푸는 미수연(米壽宴)등은 자손들의 성의에 따라 베푼다.

이 밖에도 혼인 60주년을 맞아 기념하는 회혼례(回婚禮)가 있다.

생각해 보면, 사람이 60세를 넘어 70세를 살고 또 80세를 넘겨 장수한다는 것은 본인 자신은 물론이고 자손된 사람으로서도 매우 즐거운 일이라 할 수가 있을 것이다.

제5부

풍수지리설(風水地理說)과 명당(明堂)

1

풍수지리설의 연혁(沿革)

풍수지리설은 고대 중국에서 성행했던 것으로서 그 심오(深奧)하고 미묘(微妙)한 이치는 철학(哲學) 특히 동양 철학에서 기인한 것이며, 어디까지나 형이상학적(形而上學的)인 진리이기 때문에 역리학(易理學)의 오묘한 이치를 깨닫지 못하고는 풍수를 볼 수 없다.

동양 철학이 형이상학적이라면 서양 철학은 어디까지나 생존철학(生存哲學)을 밑바탕으로 했기 때문에 여기에서 발생한 풍수학은 역리학의 오묘함을 깨닫지 않고는 지상(地相)을 보기가 어렵다.

풍수지리설이 언제부터 전해 내려왔는가는 확실히 알 수 없으나 문헌(文獻)에 의하면 중국 진나라 때에 주선도(朱仙桃)라는 역리학자가 《수산기》의 내용을 읽고 황제가 나올 명당 자리에 묘지를 마련하면 황통(皇統)이 어그러져서 반역 행위가 발생할 것을 우려했기 때문이다.

그래서 엄명을 내린 다음 주선도에게 엉뚱한 죄를 뒤집어씌워 처형(處刑)해 버렸다고 한다.

그 후, 한나라 때에는 장자방(張子房)이 《수산기》를 본따 《청오경(靑烏經)》과 《청낭정경(靑囊正經)》을 썼는데 이 책들에도 역시 풍수설의 비방이 들어 있었기 때문에 일반 백성들에게는 그 내용이 알려지지 않은 채 황실에 관계된 일에만 적용되었다.

그리고 장자방 역시 억울한 누명을 뒤집어쓴 나머지 처형되고 말았다.

풍수설은 진나라 때부터 시작되어 한나라를 거쳐 당나라 때에 들어와서는 전성기(全盛期)를 맞았으며 이 때에도 최성황이라는 사람이 《금낭경(錦囊經)》을 썼으나 역시 황실에서만 사용했었다.

이 책들은 비단으로 만든 주머니에 넣어 대 황제가 대대로 물려받았기 때문에 일반 백성들에게는 그다지 알려지지 않았으나, 당나라 말기부터 많은 도학자(道學者)들이 그들 나름대로의 풍수학을 전하여 일반 백성들에게 널리 알려지게 되었다.

이렇게 풍수설이 보편화되자 마침내 황실에서는 '앞으로 황제가 나올 자리에 묘지를 마련하면 구족(九族)을 멸한다.' 라고 엄명을 내리게 되었다.

이처럼 중국에서 3대에 걸쳐 전해 내려오던 풍수학이 당나라 중엽부터 우리나라에도 들어와 고구려를 비롯하여 신라와 백제로 전해졌으며, 이 때부터 풍수학을 연구한 이름있는 도학자들이 많이 나오게 되어 도읍지(都邑地)를 비롯하여 성곽(城郭)·집터·묘지 등에 명당 자리를 잡는 비결(秘訣)이 생기게 되었다.

2

명당 자리의 존재여부(存在與否)

조상의 산소(山所)를 정성껏 잘 모셔야 자손들이 부귀영화(富貴榮華)를 누리고 발복(發福: 운이 틔어 복이 닥침)한다는 말이 있다.

이는 하나의 전설이라기보다는 역리학에 대한 지상(地相), 다시 말하면 풍수설에서 비롯된 것이다.

우리 나라의 전설(傳說)을 살펴보아도 명당 자리에 얽힌이야기가 많이 나오는데, 한 가지 전설을 소개하고자 한다.

조선시대 때에 어떤 도학자가 인왕산(仁旺山)에 올라가 산책하던 중 산사태가 난 곳에 해골(骸骨)이 굴러다니는 것을 보게 되었다.

이것을 본 도학자는 해골이 있는 자리가 풍수설로 보아서 장차 재상(宰相)이 나올 곳임을 알고 짚고 있던 지팡이를 해골의 왼쪽 눈에 찔러 두고 장안으로 내려왔다.

그런데 이 때 영의정(領議政)으로 있던 사람이 갑자기 왼쪽 눈이 날카로운 쇠붙이로 찌르는 것처럼 아파서 집 안이 소란스러워졌고, 유명하다는 의원(議員)들을 불렀으나 영의정의 눈을 치료하지 못했다.

바로 그 때였다. 해골의 눈을 지팡이로 찔렀던 문제의 도학자가 그 집 앞을 지나가다가 영의정의 이야기를 듣고 환자를 만나 보겠다고 청했다. 그리하여 영의정을 만난 도학자는 무슨 생각에서인지 주머니 속에서 환약(丸藥) 한 알을 꺼내 물에 갠 다음 왼쪽 눈 옆에 바르면서 이튿날이면 통증이 가실 것이라고 말하고 그 집을 나왔다.

그리고 곧바로 인왕산에 올라가 해골의 왼쪽 눈에 찔러 놓았던 지팡이를 뽑은 다음 얼마후에 영의정의 집으로 다시 찾아갔다.

한편, 영의정은 도학자라고 자칭하는 이상한 사람이 찾아와서 환약을 개어 눈 언저리게 발라 주고 간 후부터 신통하게도 통증이 없어지고 시력(視力)도 다시 찾아 생명의 은인처첨 생각하며 잊지 못하고 있던 중에 도학자가 찾아오자 반갑게 맞이했다.

영의정을 만난 도학자는 그 부모의 산소를 한 번 보았으면 좋겠다고 말했다. 이에 영의정은 쾌히 승낙하고 도학자와 함께 호화롭게 꾸며 놓은 그의 부모 산소를 찾았다. 부모의 산소는 왕십리(往十里) 밖에 있었는데, 이 때 도학자는 영의정에게 부모의 산소를 쓰게 된 내력을 조금도 숨기지 말고 자세히 말해 달라고 하자 영의정은 무엇인가를 한참 동안 생각하는 것 같더니 드디어 결심한 듯 말문을 열었다.

영의정은, 자신이 백부(伯父:큰아버지)의 양자로 들어갔기 때문에 백부, 곧 양부(養父)의 묘를 여기에다 썼노라고 말했다.

그러자 도학자는 무릎을 탁 치더니 인왕산의 해골이 바로 영의정의 생부(生父)이며 생부의 해골이 굴러다니는 곳이 정승이 나올 명당 자리라고 일러주었다. 그리고 자기가 인왕산을 산책하다가 해골을 발견했는데, 그 자리가 명당 자리여서 시험삼아 해골의 왼쪽 눈에 지팡이를 꽂아 보았노라고 하였다.

이러한 이야기는 한낱 전설에 지나지 않으나 명당 자리가 있다는 증거이기도 하며, 무학대사가 이성계(李成桂)를 도와 한양(漢陽:지금의 서울)으로 도읍지를 정한 이유도 바로 풍수설에 근거한 역학의 원리를 적용한 것이다.

3

산세(山勢)로 본 명당

이 세상은 하늘과 땅이 처음으로 열린 천지개벽(天地開闢) 이후로 하늘은 양기(陽氣)가 되고 땅은 음기(陰氣)가 되었으니 이것이 바로 음양의 시초인 셈이다.

이 음양의 사이에 산은 위로 솟고 물은 아래로 흐르게 되어 여기에 또한 음양의 이치가 판별(判別)된다. 즉 산은 음이요. 묘하게 얽히고 배합되어 이루어졌으니 이것을 가리켜 조화(造化)의묘(妙)라고 한다.

인간의 몸에 백해구혈(百骸九穴)이 있는 것처럼 넓은 대지에도 만수천산(萬水千山)이 있어서 어느 것은 나타나고 또 어느 것은 서로 얽혀지고 있다. 인간의 몸에 뼈마디가 있고 보이는 구멍과 보이지 않은 구멍들이 있는 것처럼 땅에도 보이는 지맥(地脈)과 그렇지 않은 지맥들이 있는 것이다.

옛 속담에 인걸(人傑)은 지령(地靈)이란 말이 있는데, 신체의 조건이 각각 다르게 태어나는 인간들은 모두가 산천의 수려(秀麗)한 기상과 둔탁한 기상에 의한 것이라고 한다.

산이 높고 물이 깊고 들이 넓으면 인심이 후하고 도량(度量)이 넓으면 훌륭한 인물이 나오고, 산과 물이 작고 좁으면 소견(所見)이 좁고, 산이 높고 험하면 사납고 독살(毒殺)스러운 인물이 나온다고 한다.

또한 산이 높고 물이 맑으면 그 마을이 윤택하여 부자가 많고, 산천이 맑고 수려하면 잘생긴 사람이 태어나는 것이다.

산이 구름 위로 높이 솟아 있으면 법관(法官)에까지 오르고, 흐르는 물구멍을 새와 짐승 모양의 산과 바위가 감싸 주면 한림학사(翰林學士)가 나올 것이며, 산의 생김세에서 왼쪽이 깃발이 펄럭이는 듯하고, 오른 쪽이 북이 울리듯이 솟아 있으면 대장과 장수(將帥)가 나올 자리이며, 산 생김새의 뒤가 병풍을 친 듯하고 그 앞을 강이 막아 주면 재상(宰相)과 문신(文臣)이 나올 땅이다.

산이 구부러져 높낮이가 없이 껴안은 것을 옥막형(玉幕形)이라 하여 명재상이 나올 땅이며, 작은 산이 뾰족하고 그스름한 산형(山形)을 은병이라고 하는데 이런 곳에서는 부자가 나온다.

산형이 초승달처럼 가늘게 미인의 눈썹 같은 모양이면 아미산(蛾眉山)이라고 하는데, 딸이 왕후나 귀비(貴妃)가 될 땅이고, 천마의 형국이 남쪽에 위치하며 머리가 번쩍 들리고 몸체가 조금 낮아서 평평하게 나가다가 꼬리가 되어 툭 떨어지면 틀림없이 왕후가 나올 자리이다.

또 사방으로 기운차게 내려오면서 크고 작은 산봉우리가 천봉만봉(千峰萬峰)으로 호위한 모양은 삼천궁녀의 기상이고, 앞뒤로 벌어진 낮은 산봉우리가 팔백형화(八百炯火)가 떠오르는 듯한 모양으로 이루어진 곳은 제왕이 나올 자리이다.

이렇듯 여러 산이 멈추는 곳에 진혈(眞穴)이 있고 여러 산이 모이는 곳에 명당이 있다.

이와 반대로 산세가 모두 등을 지고 달아나는 모양이면 집안이 파산(破産)될 것이고, 한물이 기울어져 흘러 빠지면 벼슬에서 물러나고 직업을 잃게 되고, 산형이 어지러운 치맛자락 같으면 여자가 음란(淫亂)하며, 물이 땅속 안을 꿰뚫고 나가면 자손이 끊어지게 된다.

계룡산(鷄龍山) 마화위룡(馬火爲龍) 산혈도(山穴圖)

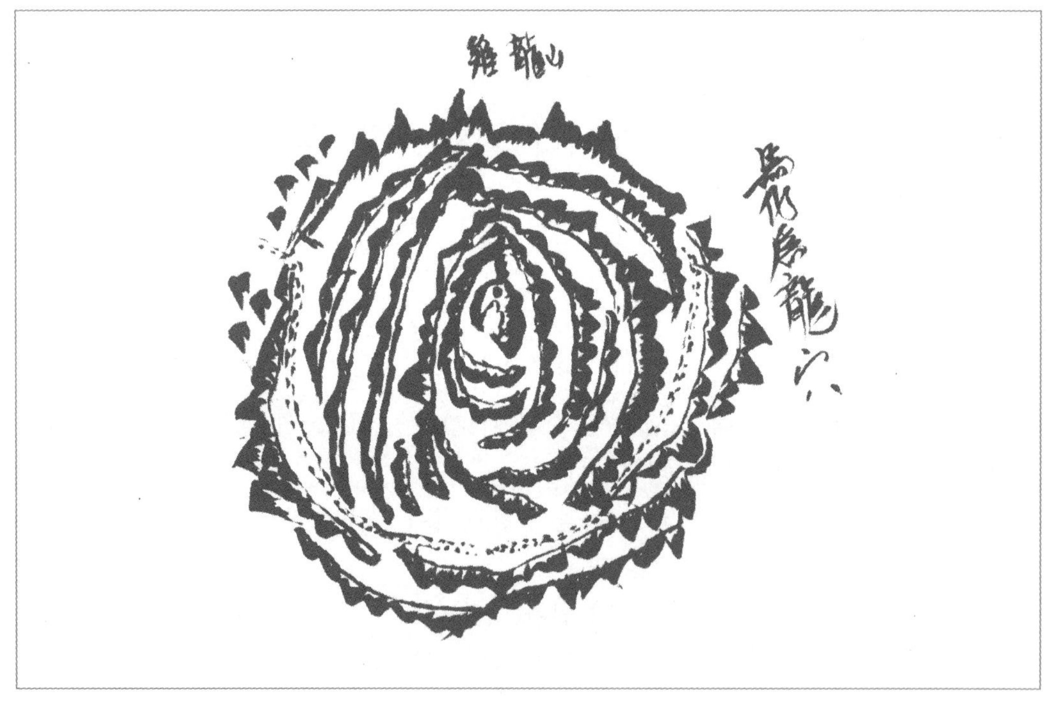

4

태극(太極)과 무극(無極)

혼연(渾然)히 원리(元理)가 충막(充漠)하여 상이 없으나 능히 상(像)이 있고, 수(數)가 없으나 능히 나눠어져 있으니 이것이 바로 천지의 시분(始分)이다.

상이 없으면 이름이 없고 수가 없으면 모든 것을 헤아릴 수가 없는 것이다. 그러나 이 우주는 판단하기 이전에 이름이 없고 도수(度數)를 알지 못하나, 어느 사이에 모르는 도수원자(度數原者)를 이미 집사(執事)해 왔으니 이것을 이른바 자연의 도(道)라 한다.

24방위(二四方位)

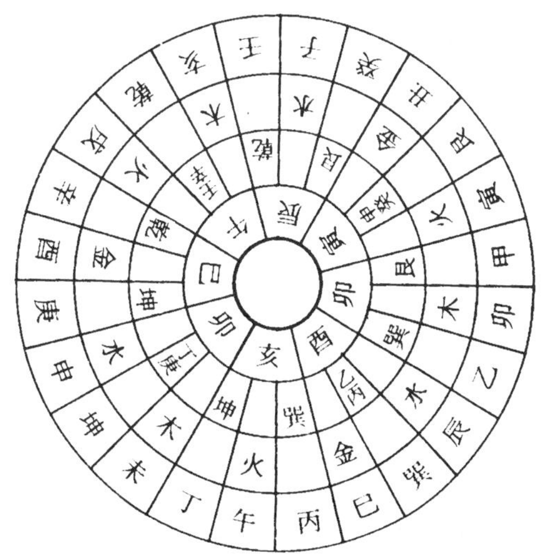

무극자(無極者)는 극이 없으므로 보아도 보이지 않고, 태극자(太極者)는 오직 있되 크게 있으므로 무물부진(無物不盡)이다. 다시 말하면 천지가 생기기 전을 무극이라하고, 무극을 기점(起點)으로 하여 다음 차례로 논하게 되므로, 무극이 태극이며 태극에서 양의(兩儀:양과 음, 하늘과 땅)가 생기고 이것이 사상(四像)을 생기게 하고, 사상이 팔괘(八卦), 즉 건(乾)·태(兌)·이(離)·진(震)·손(巽)·감(坎)·간(艮)·곤(坤)을 생기게 하였다. 무극에서 이미 존재해 있던 음양도 먼저 생기고 음이 뒤에 생긴 것은 아니다. 음만 독립하여 충막할 때가 있을 수 없으며 또한 독립해 있을 수도 없다. 음은 탁(濁)하고 양은 맑으며, 음은 모가 나고 양은 둥글다.

청이원자(淸而原者)는 양 중의 양이고 양 중의 음자(陰者)이며, 탁이방자(濁而方者)는 음 중의 음이며 음 중의 양자(陽者)이므로 이것이 곧 천지의 상(像)이다.

하늘과 땅은 무극으로부터 생긴다. 하늘에도 이(理)와 기(氣)가 있고 땅에도 마찬가지로 이와 기가 있는 것이다.

하늘과 땅이 땅 가운데에 하늘이 있고 위에 또 땅이 있으니 시작(始作)과 끝이 없고, 먼저와 나중이 없으며, 안과 껍질이 없다.

(1) 산수(山水)의 맥(脈)

산이 수직(垂直)이면 물도 수직이고 산이 굽어지면 물도 굽이쳐 흐르며, 산이 급하게 흐르면 물도 급하게 흐른다.

또한, 산이 일어나면 물도 일어나고 산이 끊어지면 물도 끊어지며, 산이 한데 모이면 물도 괸다.

산이 서쪽으로 뻗으면 물은 동쪽으로 흐르고 산이 북쪽이면 물은 남쪽으로 흐르며, 산과 물이 서로 만나는 곳에는 산맥이 끝나고 혈(穴)이 맺어지는데, 이 같은 이치로 미루어 혈처(穴處)가 있는가 없는가를 알 수 있게 된다.

(2) 명당자리

명당에는 내명당(內明堂)과 외명당(外明堂)이 있는데, 어느 것이나 산세가 한 곳에 모인 것을 명당이라고 부른다.

즉 산이 병풍처럼 빙 둘러서 바람을 막아 주고, 앞에는 물이 있어 저절로 멈추어진 것 같아야 한다. 그리고 한 사람이 누울 수 있을 정도의 흙이 있어서 그 흙을 치우면 바로 관(棺)이 들어갈 수 있는 것이 명당 자리이다.

서울의 동작동 국군 묘지는 마치 공작(孔雀)이 도사리고 앉아 알을 품고 있는 모양이며, 여기서 명수대 앞 한강을 내려다보면 우리 나라의 지도 모양에 들어오는 물은 보여도 나가는 물은 보이지 않아 명당 자리로 생각된다.

또한, 서울의 경복궁 앞에서 남산(南山)까지의 평야를 명당 자리로 친다.

(3) 나쁜 묘(墓)자리

묘를 나쁜 자리에 쓰면 집안에 쓰면 집안에 액운(厄運)이 잇따르고 재물(財物)이 빠져 나가며 때로는 흉액(凶厄)을 맞게 되므로 이런 곳에 묘를 써서는 안 된다.

풍수 지리설에 의하면 흙이 별로 없고 바위만 있는 곳에다 묘를 쓰면 집안이 망한다고 한다.

그래서 예부터 '사람은 죽으면 흙으로 돌아간다'고 했으며 바위로 돌아간다고는 하지 않았다.' 시신의 뼈와 흙이 융합(融合)되지 않고 뼈와 바위가 융합되면 그 집안은 기울고 재물이 모이지 않는다.

또한 산맥이 이어지지 않은 독산(獨山)이면 자손이 끊어져서 대를 잇지 못한다.

그러므로 외따로 떨어져 있는 산에다 묘를 쓰는 것은 피해야 한다.

아무리 명당 자리라도 산맥이 끊어진 것에 묘를 쓰면 패가망신(敗家亡身)하며, 풀과 나무가 자라지 않는 곳에 묘를 쓰면 집안이 빈곤(貧困)하게 되고 생계를 제대로 잇기가 어려워지게 된다.

이 세상의 모든 것은 음양 조화가 이루어져 있어야 한다. 예컨대 산이 있는 곳에 물이 있어야 하고, 흙이 있는 곳에 풀이 있어야 하는데, 지기(志氣)가 없으면 나쁜 묘 자리라 할 수 있을 것이다.

(4) 묘(墓)의 장식(裝飾)

묘를 아름답게 꾸미고 싶은 마음은 어느 자손이나 다 가지고 있다. 그러나 묘를 꾸밀 때 묘 가까이에 나무를 심는 것은 피하고 묘에서 멀리 떨어진 곳에 심되 아카시아 같은 나무를 심으면 그 뿌리가 묘에까지 뻗을 우려가 있으므로 심어서는 안 된다.

나무를 심을 때는 묘에서 10여 미터 떨어진 곳에다 겨울에도 잎이 떨어지지 않는 상록수(常綠樹)를 심는 것이 좋고, 꽃나무라면 아무것이라도 괜찮다.

5

명당 자리에는 음덕(蔭德)이 있다.

사람이 이 세상에 태어날 때에는 지기(地氣)도 함께 지니고 태어난다. 이러한 지기가 바로 인체(人體)를 구성하고 지탱하는 뼈이며, 뼈는 지기와 서로 통하여 이 뼈가 산기운이 뭉쳐 있는 곳, 다시 말해서 명당 자리에 묻히면 자손들이 저절로 부귀영화의 음덕(蔭德:조상의 덕)을 보게 되는 것으로서, 이 지기의 이기(理氣)가 결국은 뼈와 온합하여 유전(遺傳)의 법칙(法則)을 이루므로 명당 자리에는 반드시 한 사람이 드러누울 수 있을 정도로 산기운의 뭉침이 있게 된다.

지기에 대해서는 다음과 같은 이야기가 전해진다.

중국 한(漢)나라 때 궁궐의 용마루 끝에 동종(銅鍾)이 매달려 있었는데 이종은 궁궐에서 상당히 멀리 떨어진 동산(銅山)에서 구리를 캐내어 만든 것이었다.

어느 날, 아무도 그 종을 때리지 않았는데도 종이 저절로 큰 소리를 내며 울었다.

그러자 궁중(宮中)에서는 모두들 불길한 징조라며 동종을 두려워하자 황제는 동방삭(東方朔)을 불러 동종이 저절로 우는 까닭을 물어 보게 되었다.

이에 동방삭은 황제에게 종이 저절로 우는 이유는 구리를 캐낸 동산이 무너졌기 때문이라고 대답했다.

그러자 황제는 반신반의(半信半疑)하여 신하를 보내 동산이 정말로 무너졌는가 확인해보도록 했고, 황제의 명을 받고 떠난 신하는 얼마 후에 돌아와서 동산이 정말로 무너졌다고 아뢰었다.

이 때에 동방삭은 황제에게 동산이 무너진 원인을 다음과 같이 설명했다.

지기는 사람으로 치면 모자(母子)의 인연과 같은 것이어서 동종은 어머니격인 동산이 무너지자 그 기운을 받아서 저절로 큰 소리로 우는 것이라고 했다.

다시 말하면 지기는 인간의 인연처럼 일맥상통(一脈相通)하기 때문에 지기를 받고 생겨난 만물(萬物)은 바로 아들과 같아서 그 지기에 따라 성하고 쇠함이 있는 법이라는 사실을 밝힌 것이다.

산기운이 바람을 막아서 뭉치고 물을 만나서 멈추는 지상도(地相圖)는 그림과 같다.

❶은 현무(玄武)라 하여 산꼭대기를 말하고 방향은 북쪽이다.

❷는 백호(白虎)로서 방향은 오른쪽이다.

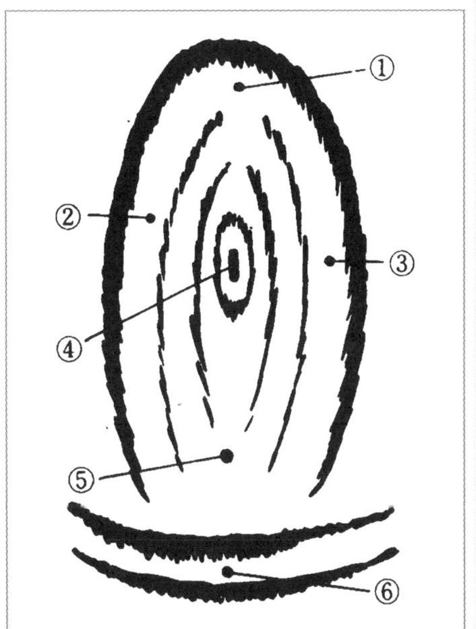

❸은 청룡(青龍)으로서 왼쪽으며, 이로써 좌청룡(左青龍) 우백호(右白虎)라는 지형의 한 형태를 이루게 된다.

❹는 재난혈(災難穴)이라 하여 산기운이 뭉쳐 있는 곳이다.

❺는 주작(朱雀)으로서 산이 병풍처럼 빙 둘러싸서 바람을 막아 준다.

❻은 산기운이 뭉쳐서 멈출 수 있도록 물이 흐르거나 괴어 있는 곳이다.

하지만, 아무리 명당 자리라도 청룡이 없거나 백호가 없으면 가운(家運)이 기울거나 재물(財物)이 없어 가난에서 벗어나지 못한다.

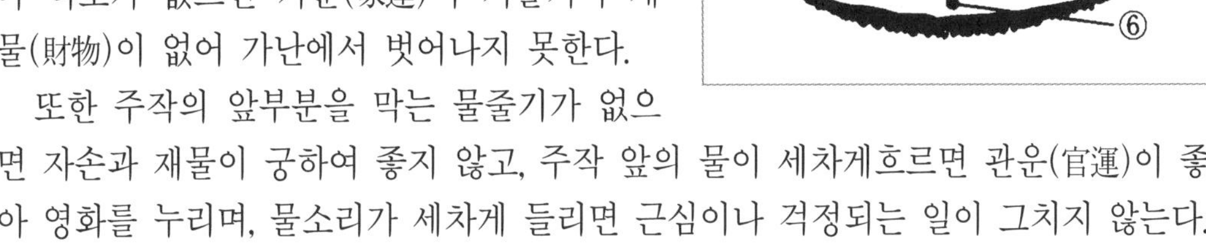

또한 주작의 앞부분을 막는 물줄기가 없으면 자손과 재물이 궁하여 좋지 않고, 주작 앞의 물이 세차게흐르면 관운(官運)이 좋아 영화를 누리며, 물소리가 세차게 들리면 근심이나 걱정되는 일이 그치지 않는다.

6

실질적(實質的)인 명당 자리

역리학적(易理學的)으로 설명한 명당 자리는 매우 어렵고 명당 자리를 찾는 사람들의 공통적인 심리가 자신의 부귀를 꾀하기 위한 것이다.

그러나 실질적인 면에서 생각해 보면 명당 자리는 사람의 얼굴과 같아서, 얼굴 생김새를 보면 그 사람의 인품(人品)을 알 수 있듯이 산소를 마련할 자리도 살펴보면 좋고 나쁨을 알 수 있다.

제일 먼저 양지쪽에 바람이 없고 산이 수려(秀麗)하며 전망이 좋아야 한다. 또한 산소 앞에 저수지나 호수, 연못 같은 것이 있어서 경치가 아름답고 멀리 보이는 앞산이 양쪽으로 봉우리가 져서 툭 틔어 있으면 좋다.

그러므로 부귀 영화를 바라고 풍수설에 따른 명당 자리를 꼭 찾아다닐 필요는 없다는 것이 일반적인 상식이다.

지상 명칭 (地相名稱)의 그림은 아래와 같다.

팔요살(八曜煞: 바람)

조종산(祖宗山)

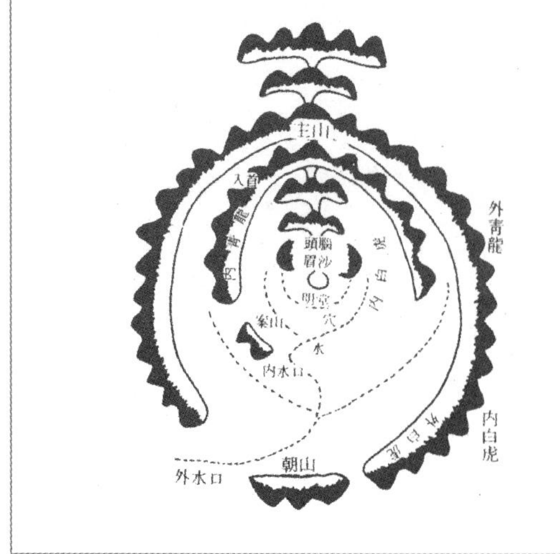

용세도(龍勢圖)

7

지상법(地相法)의 기본용어(基本用語)

(1) 사세통설(四勢統說)

사세란 청룡(靑龍)·백호(白虎)·주작(朱雀)·현무(玄武)를 말한다.

즉, 청룡은 왼편에 둘러싸인 산세(山勢)를 말하며 겹겹이 꿈틀거리며 굽이져 감돌듯 감싸 호위하는 듯한 형국(形局)을 필요로한다. 그러나 곧장 내려가거나 또는 반궁(反弓)의 형상을 이루게 되면 이를 질주(疾走)라고 하는데, 이런 곳에다는 묘를 쓰지 못한다.

백호는 오른편으로 솟아 감돈 산을 말하며 산세가 치닫지 않은 모양으로 순순히 엎드려 혈(穴)을 호위하는 듯한 형국을 필요로 한다. 이에 반하여 난폭한 모양과 도망(逃亡)하는 모양은 좋지 않다.

청룡과 백호는 이중 삼중으로 겹겹이 둘러 있음을 더욱더 필요로 한다.

주작은 앞에 있는 안산(案山)을 말하며 공작(孔雀)이 날개를 펴고 춤추듯 감돌아 있어서 주객(主客)이 상대방에게 다정한 모양으로 되어 있음을 필요로 한다. 이와 반대로 등을 진 승거(勝去) 모양이면 좋지 않다.

현무는 위에 따라온 산맥을 말하며 머리가 곧고 얕게 굽어져서 관기 정통한 모양으로 되어 있음을 필요로 하는데, 이와 반대로 용공이 기복이 없는 모양이면 좋지 않다. 만약 무현무(無玄武)라면 후맥이 풍부함을 필요로 하며 높이 쌓인 것이 혈에서 한층 더 높아야 좋다고 할 수 있다.

(2) 사령통설(四靈統設)

사령이란 관(官)·이·요(曜)를 말하는데, 이와 요는 보이기 때문에 감추지 못하고 관과 귀는 숨어 있어서 나타나지 않는다.

안산의 배후(背後)에 있는 산봉우리를 관이라 하며 관의 형국이 돌려 보이는 회두(會頭)가 혈로 바로 비추어 주는 듯한 상을 조혈(照血)의 상이라 하여 이 곳에는 산소를 쓸 만하다.

만약 득혈(得穴)에 관봉이 없다면 좋은 자리가 못 된다.

귀는 주산(主山)의 배후에 있는 산봉우리를 말한다. 귀상(鬼相)이 배후에 있되 산봉우리 하나가 단정히 있음을 필요로 하며, 크게 솟아 있으면 역시 좋지 않다. 귀봉(鬼峰)이 없다면 귀지(鬼地)가 못 된다.

이는 암석의 작은 산이 수구(水口)의 중간 주위에 있는 것을 말한다.

이봉은 항상 유정하여 서로 바라보는 듯한 모양을 필요로 하며 이가 없으면 불영한 땅으로 본다.

요는 소산암석(小山岩石)이 청룡과 백호 밖에 있는 것을 일컫는다. 요란 서로 뜻이 있어서 바라보는 듯한 형국을 필요로 하며 요봉(曜峰)에 암석이 없으면 그 혈지(穴地)가 오래 가지 못한다.

(3) 조안정설(朝案定設)

조안은 혈 앞에 있는 산을 일컫는다. 앞에 있는 산을 안산(案山)이라고 하며 뒤에 있는 산을 조산(朝山)이라고 한다.

조산이 있으면 당국이 더욱 빛을 발하고 조산과 안산이 함께 있는 것은 격을 갖춘 산이라고 하겠다. 조산은 있으나 안산이 없고 있으나 안산은 있으나 조산이 없는 땅이라도 크게 구애 되지는 않는다.

(4) 나성정설(邏城定設)

동서남북(東西南北)의 주위에 솟아 있는 산을 가리켜 나성이라 한다. 나성은 옛날의 성곽(城郭)과 같고, 사방의 산이 높거나 낮게 부족함이 없이 둘려 있음을 말한다.

성곽에는 곳에 따라 문이 있듯이 나성에도 역시 물이 들어오고 나가는 수구(水口)가 있다.

(5) 논오성정형(論五星正形)

산은 금(金)·목(木)·수(水)·화(火)·토(土)의 다섯 종류가 있고 그 형국이 청아(淸雅)하고 둥그렇게 생긴 것을 금산체(金山體)라 하고, 산두(山頭:산꼭대기)가 약간 둥글고 헌칠하게 솟은 것을 목산(木山)이라 하며, 산봉우리마다 파도처럼 줄기차게 나가다가 머무는 듯한 굽은 형상을 한 산을 수산(水山), 산꼭대기가 뾰족이 솟아서 충천(沖天)하는 듯 한 산을 화산(火山), 사면이 중후(重厚)하고 평평한 모양의 산을 토산(土山)이라고 한다. 행룡낙맥(行龍落脈)에 있어서 오성(五星)의 끝없이 변화하는 양산이 혹은 상극으로 결혈(結穴)되어 있어서 자세히 살피지 않으면 잘못 판단하기 쉽다.

그러므로 지술학자(地術學者)는 세밀히 관찰하여 정확히 판단해야 한다.

1) 금산(金山)

금은 맑고 부드러워서 산의 모양도 역시 밝고 바르다. 그러므로 금성(金星)의 형체를 태양(太陽)이라 하고 나지막이 솟은 형체를 태음(太陰)이라 일컫는다. 금성의 행룡 낙맥이 많이 모이는 혈처(穴處)는 대개 봉(鳳)이 춤추고 새가 나는 듯한 봉무비조(鳳舞飛鳥)의 형국이다.

2) 목산(木山)

목성(木星)은 청수(淸秀)하면서 높이 솟아 있어서 외강내유(外剛內柔)하며 마디마디 결합됨이 삼정혈(三停穴)·퉁소형·일자목형(一字木形)·인형(人形) 등에 낙맥되는 수가 가장 많다.

발복(發福)에 있어서는 반드시 슬기와 재주가 뛰어난 사람이 나타날 것이며 장목성의 진득(眞得)이라 할 것이다.

3) 수산(水山)

수성(水星)은 형세가 부드럽게 굽으며 성질의 변화가 많아서 바른 모양이 드물고 형국의 굽음이 많아 행룡 낙맥에 있어서 용과 뱀 같은 결혈이 많고, 물이 굽이져 흐르는 곳이나 혹은 양양곡수(洋洋曲水)에 낙혈됨이 있다.

결혈처(結穴處)는 평지와 연결된 산맥에 가장 많고 기운(氣運)이 은은하여 형체를 식별하기가 어려우므로 세심히 살펴야 한다.

4) 화산(火山)

화형(火刑)은 항상 위의 끝이 호동(好動)하므로 조종(祖宗)의 산체(山體)가 높이 솟아 하늘을 찌르는 듯한 형세로 밑으로 곱게 깔렸고, 형국이 비겸지류와 같아야 결혈처가 된다.

산의 모양이 수려하며 용혈득국(龍穴得局)은 지극히 좋은 땅이라 할 것이다.

5) 토산(土山)

토형(土形)은 평평하여 형체가 순후하고 행룡 낙맥에 있어서는 면류(冕流)·옥병(玉屛)·금서(金書)·고축이다.

이 같은 형국에 결혈이 되며 각첨(角尖)의 유형에도 결혈되는 수가 있다.

혈처가 높아서 진혈(眞穴)로 득지(得地)한다면 발음(發音)이 대개 청구하게 되고 낮고 작은 자리는 벼슬아치들이 나오고 토성이 이어져 나갔으면 부국(富局:산수가 둘러싸고 있어 좋은 판국)이라 할 수 있다.

(6) 용론(龍論)

용이란 산맥, 즉 지맥을 말한다. 왼쪽으로 뻗어내린 산맥을 좌선룡(左旋龍)이라 하고 오른쪽으로 뻗어내린 산맥을 우선룡(右旋龍)이라고 한다.

직룡(直龍)은 곧게 뻗어나간 산맥을 말하며, 살같이 달리는 듯한 산맥도 직룡이라고 한다.

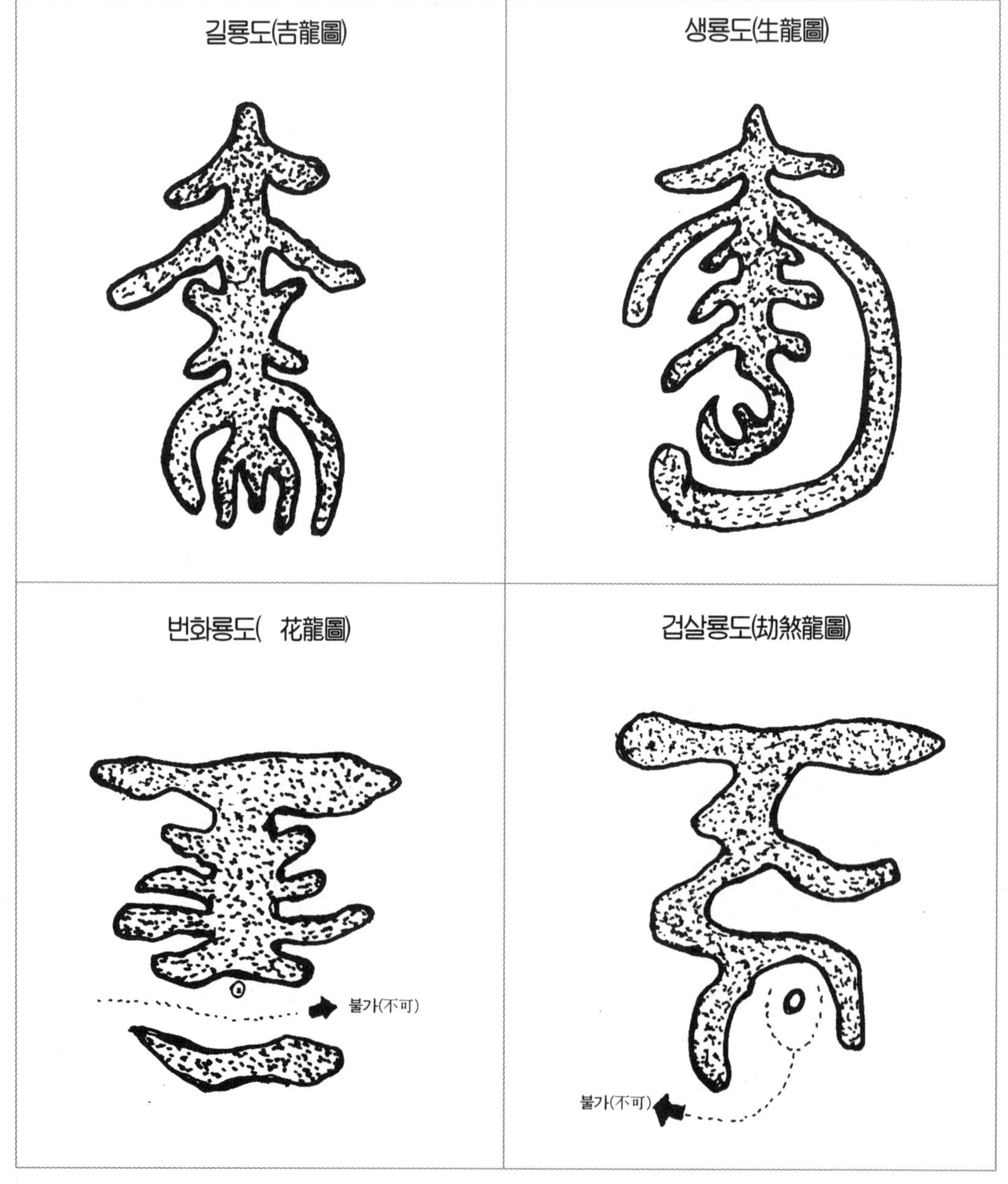

회룡(回龍)은 뻗어나가는 산맥이 방향을 바꾸어 돌아가는 맥로(脈路)를 말하고야산 지대에 순순히 뻗어나간 산맥을 순룡(順龍)이라고 한다.

행룡은 어느 용이나 시발점이 있는데 이것을 조산(祖山)이라고 한다. 조산이 있으므로 분맥(分脈)이 있고 길게 뻗어나간 장룡(長龍), 서리서리 뭉쳐진 반룡(盤龍), 짧게 끊어진 단룡(短龍)들이 혹은 숨거나 혹은 작거나 동쪽이나 서쪽으로 솟아오르거나 끊어져 있다.

또한 행룡은 수십 리 또는 수천 리에서 산맥이 끊어져 있다.

용이란 어느 낙맥(落脈)을 막론하고, 조산, 즉 주산의 낙맥을 중심으로 하여 나타나 어느 것은 일어나고 어느 것은 구부리고 또한 열리고 닫히고 넓고 좁아서 천만가지의 기복이 수려(秀麗)하게 변하며, 생김새가 살이 찌고 원만하며 끝이 단정하고 음양이 분명해야만 진룡진혈(眞龍眞穴)이라 부른다.

이 중에서 길룡(吉龍)은 내룡(來龍)이 첩첩이 겹쳐져서 다른 산세를 억누르고 단아하게 결지(結地)된 형국을 이루는데 길지(吉旨)이다.

생룡(生龍)은 내룡됨이 사생(死生)으로 호환(呼喚)하여 횡룡(橫龍)이거나 순룡이거나 회룡이기나긴에 용필요속기(龍必要束氣)의 진국(眞局)이다.

번화룡은 행룡 낙맥의 세가 거의 양쪽으로 가지를 놓고 달리는 것이 보통 산맥의 형태이다. 이러한 형태를 용의 귀족(貴足)또는 지네발이라고도 한다.

번화룡이란 내룡의 지각(肢脚)이 순하게 뻗지 않고 반대로 뻗어 있음을 말한다. 이처럼 용신을 호위하지 않은 포악한 생김새의 형국에 재혈(裁穴)하면 길하지 않고 패망한다고한다.

겁살룡(劫煞龍)은 행룡의 변화가 심하여 오행(五行)을 알아볼 수 없을 정도로 상행, 상극하다가 정맥(正脈)을 벗어나 산만(散漫)하고 불쑥하며 겁맥탈기(劫脈奪氣)한 용산을 말한다.

이러한 형세는 크게 흉하고 크게 패하는 땅이다.

(7) 수상정설(水相定設)

물은 강물이나 냇물처럼 흐르는 유수형(流水形)과 못과 호수, 바닷물처럼 멈추어 있는 유형(留形)이 있는데, 흐르는 물은 반대 방향으로 도망하지 않으면 관계가 없고, 흐르지 않는 물은 혈후(穴後)만 제외하면 어느 곳이라도 득(得)이다. 물이 정면으로 들어오면 대명혈(大名穴)이고, 횡대(橫隊)도 쓸 만하지만, 흐르는 소리가 요란하면 근심, 걱정이 그치지 않는다.

(8) 토상정설(土相定設)

토질(土質)은 푸석하지 않고 굳어야 좋으며 오색영롱(五色玲瓏)하고 서기(瑞氣)를 내는 것처럼 윤택해야 한다. 또한 지하수맥(地下水脈)이 혈을 침범할 때는 물줄기를 끊어서 다른 데로 돌리면 되고, 물이 솟아오를 때는 샘을 파서 다스리면 된다. 이렇게 하지 않으면 수침(水侵)이므로 좋지 않다.

(9)용신결혈상극(龍身結穴相剋)

용신결혈상극도(龍身結穴相剋圖)

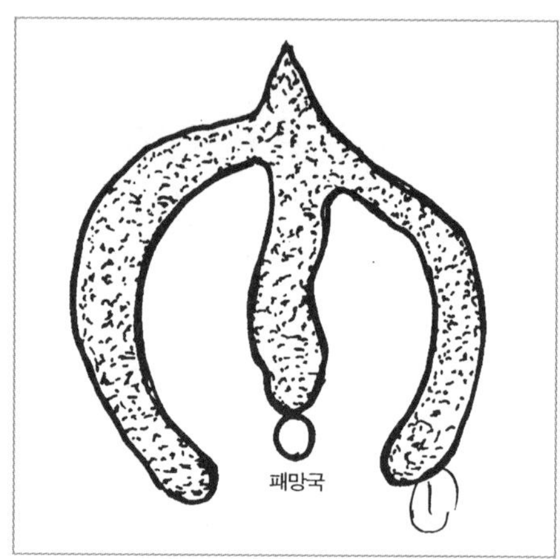

이 형체는 오성(五星)의 용신이 주산으로부터 마디마디 상극되어 결혈되어 있으므로 반드시 패가망신(敗家亡身)하게 된다. 불충불효(不忠不孝)하고 불의한 자손이 생기니 패망의 땅이라고 하겠다.

그러나 상극체에 있어서도 전환 변화가 있어서 금성행룡(金星行龍)이 목성에 혈을 만들면 금극목(金剋木)으로 흉격이나, 좌우로 화성(火星)을 얻어서 화성이 흉격을 제지하여 수성을 얻으면 수성(水星)의 도움으로 흉이 길(吉)로 바뀌어 처음에는 실패하나 나중에는 성공하는데, 이러한 땅이 많으므로 자세히 살펴야 한다.

(10) 오성(五星)

산의 모양을 성(星)이나 요(曜)로 부르는 경우가 있다.

이것은 산형(山形)을 오행(五行)에 짝짓거나 구성(九星)·구요(九曜)에 짝지을 때에 붙이는 이름으로서 목형(木形)·목체(木體)를 이룬 것을 말한다.

금성의 산이란 산형이 금체(金體)에 흡사한 산을 말하며, 이를 성이라고 부르는 것은 오행이 하늘에서는 상(象)을 이루고 땅에서는 형(形)을 이룬다는 천지상형(天地象形)에 상응하는 원리에 따른 것이다.

구성이란 오성의 정형(正形)에서 변형된 것을 말하며, 이러한 형국에 재혈(裁穴)하면 패망한다.

①금성(金星)의 산: 산마루는 둥글고 아래가 넓어서 마치 종(鍾)을 엎어놓은 것처럼 생긴 산을 말한다.

②목성(木星)의 산: 나무가 곧게 선 것처럼 솟은 산을 말한다.

③수성(水星)의 산: 구불구불하며 물결처럼 뻗은 산을 말한다.

④화성(火星)의 산: 불길처럼 뾰족이 솟은 산을 말한다.

⑤토성(土星)의 산: 평평하고 벽돌처럼 생긴 산을 말한다.

(11) 원진수도(元辰水圖)

수직무란도

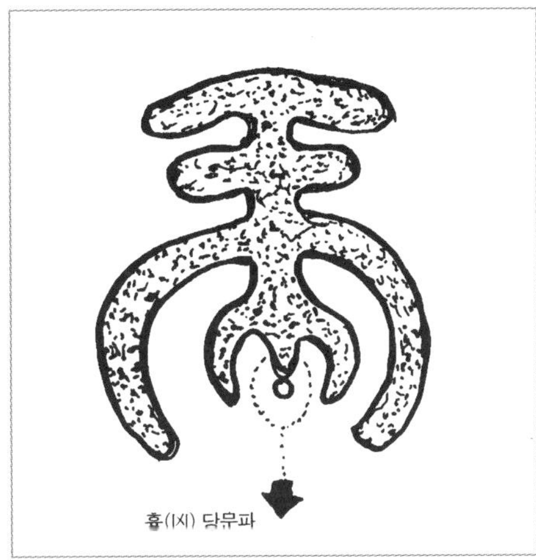

원진자(元辰者)는 혈암의 득수(得水)가 곧게 흘러나가는 것으로서 수직무란(水直無蘭)·수직직거(水直直去) 등의 수로를 말한다.

즉, 흔히 말하는 당문파(堂門破)라는 것으로서 속히 패하고 속히 망하는 충격의 혈지(穴地)이다.

다만, 원진자라도 앞에 산이나 물을 얻어 산수가 만전횡란(彎轉橫蘭)하게 돌아 있으며, 초년(初年)에 발복(發福)하지 않더라도 늦게는 길하여 지령(地靈)대로의 발복이 되어 갈 것이다.

또한 복기낙룡입좌(伏起落龍入坐)의 격은 갖추어 있되 물 한 줄기의 실격으로 인해 결점이 있을 때는 축대(築臺)를 쌓고 흙을 돋우고 재혈하면 격을 낮추게 되어 길지(吉地)가 되는 수도 있다.

(12) 반조수도(反躁水圖)

형체가 미묘하고 삼방(三方)이 주밀하여 형국은 되었다 할지라도 만약 흐르는 물줄기가 혈처를 배반조사하여 흐른다면 천 마디의 좋은 평판(評判)이 한 마디의 가치도 되지 않는다.

(13) 반포수도(反抱水圖)

용형(龍形)의 변화가 헤아릴 수 없으나 생룡에 있어서는 내룡(內龍)됨이 사생으로 호술되어 횡룡이나 순룡이나 회룡이나간에 용필(龍必)·요속기(要束氣)·진국(眞局)으로 되어 이기생왕(理氣生旺)하여 결렬되어 있음을 말한다.

(14) 득(得)과 수구(水口)

혈이나 내명당의 양쪽 또는 청룡과 백호 사이에서 시작되어 흐르는 물의 발원처

(發源處)를 득이라 하고, 그 물줄기가 용호(龍虎)와 서로 껴안은 사이로 흐르는 곳을 수구 또는 파(破)라고 일컫는다.

(15) 조산(朝山)과 대산(對山)

혈 앞에 사(砂)의 일종으로서 안산(鞍山)에 비하여 높고 큰 산으로 마치 손님이 주인에게 절하는 것 같고 구성(九星)의 산 또는 구요(九曜)의 산이라고 일컫는다.

구성은 탐랑성(貪狼星)·거문성(巨門星)·녹존성(祿存星)·염정성(廉貞星)·문곡성(文曲星)·파군성(破軍星)·좌보성(左輔星)·우필성(右弼星) 등으로 오성의 정체(正體)에서 변형된 것이다.

구요란 다시 구성에서 변형된 태양(太陽)·태음(太陰)·금수(金水)·자기(磁氣)·천재(天財)·천강·손요(孫曜)·조토(操土)·소탕(掃蕩) 등을 일컫는다.

(16) 주산(主山)과 후산(後山)

주산과 후산은 내룡맥절(來龍脈節) 중에서 혈 뒤에 높이 솟은 산으로 대개 마을이나 묘뒤에 산이 있으면 마을을 진호(鎭護)한다는 뜻에서 진산(鎭山)이라고 부른다.

(17) 성(城)과 사성(砂城)

두뇌(頭腦)에서 소맥(小脈)이 일어나서 혈의 주위에 둘러쳐진 것을 사성이라고 일컫는다.

(18)간룡(看龍)과 심룡(尋龍)

산맥의 내왕을 답사하고 그 진위(眞僞)와 생사(生死)를 보는 것을 간룡 또는 심룡이라고 한다.

(19) 청룡(靑龍),백호(白虎)

혈이 남쪽으로 향한 것이라면 혈 뒤의 내맥(內脈)에서 나와 혈의 동쪽을 두르고 혈의 앞을 지나 혈의 서쪽에서 그치는 산맥을 청룡이라고 한다.

그리고 혈 뒤의 서쪽을 돌아 혈 앞을 동쪽으로 뻗어서 그치는 산맥을 가리켜 백호라고 한다.

청룡과 백호는 수호신(守護神)인 사신(四神:청룡·백호·주작·현무) 중에서 서쪽(왼쪽)과 동쪽(오른쪽)을 호위하는 것을 말한다.

(20) 맥(脈)

절(節)이라고 하며 산맥이나 지맥(地脈)의 기복을 용이라고 한다면 용신(龍身)에는 음양의 생기(生氣)가 흘러야 한다. 이 음양의 생기는 사람의 몸 속에서 피가 도는 것과 같다.

그리하여 지기(地氣)가 연달아 흐르는 곳을 맥이라고 하며 이 맥의 일기일복(一起一伏)하고 좌절우곡(左折右曲)하는 것을 목간(木幹)이라고도 한다. 또 가지가 뻗어나간 것을 절이라고 한다.

(21) 음택(陰宅)

살아 있는 사람은 양(陽)으로 통하고 죽은 사람은 음(陰)으로 통하므로, 음택이란 죽은 사람의 집이란 뜻으로 묘소(墓所)를 일컫는 말이다.

(22) 혈(穴)

이른바 지룡(地龍)이 머무르고 있는 생기(生氣)가 담긴 곳을 말하며, 흔히 용혈(龍穴)이라고도 한다. 비유하자면 용의 머리나 입에 해당된다고 해도 좋고 용이 물고 있는 구슬에 해당된다고 말해도 좋다. 혈을 찾는 데 10년이 걸린다고 할 만큼 찾아내기가 어렵다.

지현도(之玄圖)

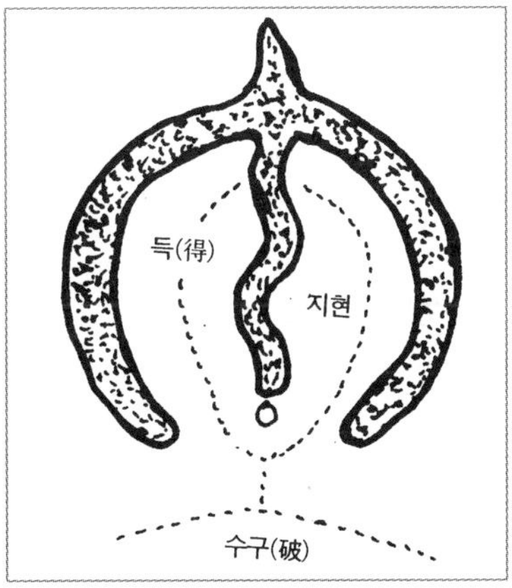

(23) 지현(之玄)

내룡(內龍)이 바로 입수(入首)로 옮겨지려고 하는데 그 맥형(脈形)이 갈지(之)자와 같거나 또는 검을 현(玄)자와 같이 좌우 또는 상하로 꺾어지고 굽은 곳을 말한다.

(24) 안산(案山)

혈(穴) 앞에 사(砂)의 일종으로서 조금 낮고 작은 산을 말한다.

(25) 미사(眉砂)

입수(入首)에서 두뇌를 거쳐 혈로 옮겨지는 조금 높고 긴 둔덕 또는 판막상(瓣膜

狀)을 이룬 곳을 말한다. 생긴 모양에 따라서 월미사(月尾砂)·아미사(峨眉砂)·팔자미사(八字眉砂) 등이 있다.

(26) 낙산(樂山)

산룡(山龍)이 혈을 맞을 때는 반드시 의지할 침락(枕樂)이 필요한데, 이 침라글 낙산이라고하며 혈의 뒤에 있다.

(27)형세(形勢)

용이 혈을 맺을 때 내면적으로 생기(生氣)가 내려와 머무르고 융결(融結)한 곳을 찾으려면 산국(山局)의 형세를 살피고 호위(護衛)와 제사(諸砂)가 갖추어짐을 일컫는다.

(28) 사(砂)

사는 혈지(穴地) 부근의 산이나 언덕, 요지를 말하는 것으로 사지(砂地)의 뜻은 아니고 용혈이 지키고 있는 철지(凸地)를 가리킨다.

(29) 국(局)

혈과 사를 합쳐서 양기(陽基)냐 음택(陰宅)이냐 하는 것을 일컫는 말로서, 양기면 양기국이라 하고, 음택이면 음택국이라 한다.

(30)내룡(來龍)

하나의 국, 하나의 혈에 이르는 용맥에 붙인 이름으로, 맥이 혈에 들어가려는 지점을 말한다.

(31) 조산(祖山)

내룡의 혈에서 가장 멀고 높은 산을 말하며, 이와 반대로 가깝고 높은 산을 종산(宗山)이라고 한다.

제6부

이름 짓는 법(法)

1

이름 짓는 법(法)

(1) 작명의 의미(意味)

옛날의 우리 조상들은 본명(本名)과 함께 아명(兒名)·관명(冠名:관례 때 아명을 버리고 새로 지운 이름)·호(號) 등 여러가지 이름을 가지고 있었다. 이것만 보더라도 예부터 이름을 중요시했다는 것을 알 수가 있다.

성명철학(城名哲學)은 음양설(陰陽說)에 근거하여 성명 판단에 관해 연구하는 학문으로 성명학(姓名學)이라고도 하는데, 이는 통계학적(統計學的)인 입장에서 체계화한 것이며, 오랫동안의 경험에 의하여 얻어지게 된 것이다.

우주(宇宙)의 일체 만물은 음양이기(陰陽二氣)에 의하여 생장(生長), 소멸(消滅)하고 오행(五行)의 소장(消長:쇠함과 성함)으로 재복(財福)과 길흉(吉凶)이 얽히는 만큼, 성명 철학도 그런 원리에서 비롯된 것이다.

따라서 이름은 듣기 좋고 부르기 좋아야 하며 그 이름 속에 들어 있는 뜻이 분명하고, 심원(深遠)한 중에서도 고상(高尙)해야 한다.

또한 웅대(雄大)해야 함을 기본 원칙으로 하고 있다.

그러나 인간의 모든 운명을 이름이 지배하는 것은 아니다. 다만, 선천적(先天的)으로 타고난 운명이 좋지 않을 때 그 운명을 좋은 이름으로써 조금이라도 바꿀 수 있더는 데에 성명 철학의 의미를 두고 있는 것이다.

(2) 성명(姓名)과 운세(運勢)

사람들은 대부분 성명으로 운세를 판단한다는 것은 미신(迷信)이라는 관념을 가지고 있다. 그러나 주위 사람이나 유명(有名)한 사람들의 행불행(幸不幸), 성격 등을 성명 철학으로 풀이해 보고 그 이름이 운세와 일치한다는 것을 알았을 때는 놀라움을 금치 못할 것이다.

그렇게 되면 점점 흥미를 느끼게 되고 자신의 이름에 대해서도 관심을 갖게 될 것이고, 만일 자신의 이름이 좋지 않다고 느꼈을 때는 고치면 된다. 관상(觀相)이나 수상(手相) 등은 나빠도 고칠 수가 없지만 이름은 쉽게 고칠 수 있다.

본명을 법적으로 고치려면 이에 따른 절차가 까다롭고 복잡하므로 아호(雅號)나 예명(藝名) 등을 지어서 사용하면, 나쁜 이름으로 인한 불운(不運)은 차차 사라지고 길운(吉運)이 닥쳐오게 될 것이다.

그리고 이름을 고칠 때에는 구태여 호적(戶籍)에 올라 있는 이름을 고치지 않고도 다른 이름을 본명처럼 사용할 수 있다. 성명 철학의 판단은 관상이나 수상에 비하여 간단하다. 즉 글자의 획을 세어 글자 수의 길흉과 대조해 보면 곧 밝혀지기 때문에 누구나 쉽게 알 수 있다.

성명 철학은 수천만 명의 성명을 조사하고 그 결과 확고부동(確固不動)한 법칙을 찾아서 이루어진 것이기 때문에 수(數)에 대한 운세가 뚜렷하게 나타나 있다.

2

작명(作名)의 비결(秘訣)

(1) 이름은 듣거나 부르기 좋아야 한다.

이름은 듣기에 좋고 부르기가 좋아야 한다. 그런 다음에 길흉을 판단한다.

음(音)은 선고후저(先高後低), 즉 먼저는 높고 나중이 낮은 것보다 선저후고(先低後高), 먼저는 낮고 나중은 높은 것이 좋다. 또한, 선청후탁(先清後濁), 즉 먼저는 맑고 나중이 흐린 것보다는, 선탁후청(先濁後清),먼저는 흐리고 나중이 맑은 것이 좋다는 뜻으로 소리가 순평(順平:온순하고 화평함)하게 들리되 끝에 리듬이 있는 것처럼 들려야 한다.

음이 혼탁(混濁)하고 기운과 힘이 없는 것은, 그 사람의 기질과 인품을 흐리게 하고 기운과 힘이 없게 하는 것이므로 이것은 그 이름이 인간 생활에 보이지 않는 암시(暗示)를 주기 때문에다.

또한 남녀의 이름에도 리듬은 구별되어야 하는데, 남자의 이름은 대체적으로 장중하고 무게가 있어야 하고, 여자의 이름은 맑아야 한다. 그러나 이 같은 것은 대체적인 이론에 지나지 않으며 그 사람과 기질에 어느 정도 적용시키는 일반적이다.

음운에 있어서 주의할 점은 이름이 몹시 천한 느낌을 주거나 이상한 느낌을 주어서는 안된다.

이름은 그 사람의 인품과 기능(機能)에는 결함이 없는데도 불구하고, 사회에는 처세할 때에는 더러 불편한 처지에 놓이는 경우가 있다. 우리 나라에서는 예부터 천한 이름을 붙여 주면 자손이 장수(長壽)한다고 해서 돌쇠・바우・떡쇠・개똥이・간난이 같은 이름을 지어 주는 경우가 허다했다.

하지만, 이런 이름을 가지고 장성(長成)하여 훌륭하게 성공한 사람은 찾아볼 수가 없으며, 또한 성공한 사람 중에서도 이런 이름을 가진 사람은 없다.

(2) 벽자(僻字)나 어려운 글자는 피한다.

동양(東洋)에서는 옛날부터 한문으로 지은 이름을 가지고 있다.

한문은 한 자 한자의 글자마다 뜻을 가지고 있기 때문에 이름을 지을 때는 천하고 흉한 글자를 피하는 동시에 흔히 쓰지 않는 벽자나 어려운 글자도 피해야 한다.

이름은 그 사람을 대표하는 것이므로 성명 전체를 통하여 글자의 뜻이 확실하지 않거나 애매모호(曖昧模糊)해서는 안 된다.

이름은 그 사람의 인격과 풍모(風貌)를 드러나게 하는 것이므로 남성의 이름이 여성적이거나 반대로 여성의 이름이 남성적이어서는 좋지 않다.

따라서, 이름은 그 사람이 선천적으로 타고난 능력의 크고 작음을 헤아려 그 능력에 알맞게 짓도록 한다.

(3) 원격(元格) · 형격(亨格) · 이격(利格) · 정격(貞格)으로 나눈다.

성명 철학에 있어서 성명의 획수는 가장 중요한 부분으로, 성의 획수와 이름의 획수를 계상할 때에는 모든 글자를 모양이 가장 반듯한 해서체(楷書體)에 의하여 획수를 셈해야 한다.

초서체(草書體)나 약자(略字)로 셈하면 큰 차이가 나므로 획수를 정확히 모를 때에는 자전(字典:옥편)을 이용하는 것이 좋다. 획수의 계산은 성명을 감정하는 데에 있어서 중요한 요소이기 때문에 1획이라도 틀리면 운세를 엉뚱하게 감정하는 결과를 가져오므로 신중(愼重)을 기해야 한다.

성명은 원격(元格) · 형격(亨格) · 이격(利格) · 정격(貞格)으로 나누어 다음과 같이 풀이하며, 이 사격(四格) 속에는 각각의 뜻이 있다.

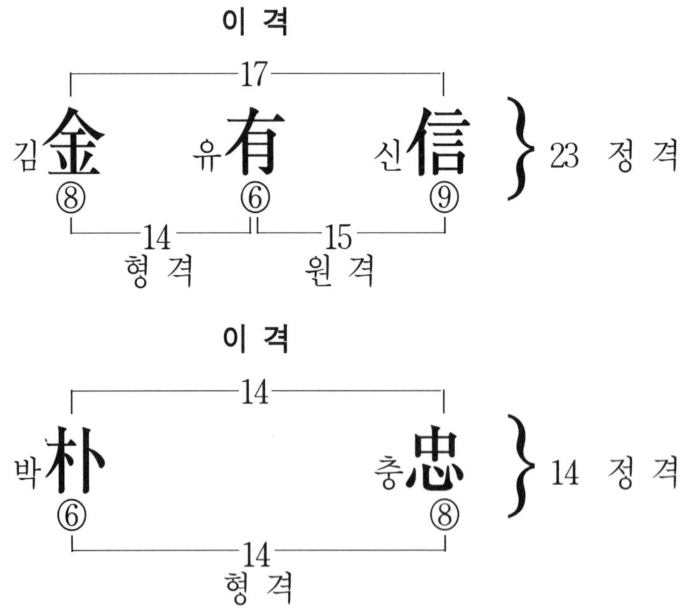

1) **원격(元格)** : 성을 제외한 이름의 합한 숫자를 말하며 기초운이 된다. 주로 어릴 때와 중년 전의 운명을 지배하며 전운(前運)이라고 한다.

2) **형격(亨格)** : 형격은 인위(人位)로서 중심운(中心運)이라 하며 4격 중에서 인간 운명에 가장 강력한 영향을 미친다. 즉 그사람의 일생을 통하여 중심적인 위치에서 운명을 좌우하는 것이다. 형격은 대체로 18세 이후부터 30세까지 강한 운기력을 드러내는데, 이 형격에 수리(數理)가 있고 원격의 방해가 없으며 선천명(先天命)과 합국(合局)하면 저절로 부귀와 행복운을 누리게 된다.

그러나 흉수(凶數)가 있게 되면 그 숫자가 뜻하는 흉재(凶災)는 벗어나기가 어렵게 된다.

만약, 이 형격이 4·9·12·14·19·20·34 등의 수(數)로 되면 거의가 단명(短命)·실패·고독·역경(逆境)·병약(病弱)·처자가 남편과의 생리사별(生離死別: 살아서는 떨여져 있다가 죽어서 아주 이별함)의 흉재를 만나게 된다. 그리고 7·8·17·18 등의 수가 되면 의지(意志)가 강하여 모든 난관을 헤치고 큰 일을 이룰 수가 있다.

3) **이격(利格)**: 형격과 밀접한 관계가 있으며 자기를 중심으로 하여 주위 환경과 대외관계에까지 영향을 미친다. 대개 30세 이후부터 45, 6세까지의 중년(中年)을 지배한다. 이격에 약간의 흉수가 있더라도 형격이 강하면 큰 액운은 벗어나게 된다.

4) **정격(貞格)**: 35, 6세 이후부터 말년까지의 후반운(後半運)을 지배한다. 그러나 인간의 운명은 기복이 많고 복잡미묘하여 죽는 날까지 알 수가 없으나 정격의 획수에 의하여 그 사람의 생애를 행불행 또는 대소흉(大小凶)을 분별하고 있다.

이렇게 4격을 인체(人體)에 비유하면 형격은 몸체이고 원격은 요각부가 되며 이격은 인체의 위풍으로 외부적인 역할을 하며 정격은 인체의 전부를 한데 모아 뭉치는 것이다

(4) 수(數)의 의미(意味)

성명의 주운(主運)이 되는 형격부(亨格部)의 획수에 의해 성격 감정은 운명을 미리 아는 중요한 방법의 하나로, 형격의 획수에 있어서 10수까지는 그대로 하여 다음의 성격에 맞추어 보면 된다.

여기에서 10수가 넘을 때에는 10단위로 빼어 버라고 남는 수만을 가지고 보게 되는데, 예를 들면 성이 10획이고 이름의 첫자가 15획일 때에는 25획이 되므로 20획

을 빼고 나머지 5획으로 보는 것이다. 다음은 나머지 획으로 보는 운세이다.

제1수 : 1수는 만가의 기본이며 일체의 사초이다. 또한 영원이 변하지 않고 절대로 움직이지 않는 기본수이다.

따라서, 이 수는 타고난 성품이 온순 침칙하며 지능과 사고력(思考力)이 풍부하여 모든 일에 서서히 나아가는 노력가이다.

또한 생각이 자세하고 꼼꼼하여 사업에도 큰 실수가 없이 무난하겠고 의기(義氣)를 주장하면서도 약간의 시기심(猜忌心)을 가지고 있는 것이 결점이라 하겠다.

사리 판단력이 분명하고 아량(雅量)이 넉넉한 편으로 종교가·교육자·군인·실

업가(實業家)에 알맞는 성품이며 많은 사람들의 우두머리 역할에 알맞는 성격이라고 하겠다.

제2수 : 1과 1의 합수(合數)이며 양과 양의 집합된 수이다. 이 수는 인내심도 있고 인정도 많으나 그다지 활동적인 편은 아니다. 그렇다고 집 안에만 있을 성질은 아니며 매우 소극적인 반면에 노력형으로 조심성이 많다. 그러나 일단 노기(怒氣)가 폭발하면 물불을 가리지 않는 성질과 질투심이 강하다는 결점을 지니고 있다.

희생적이면서도 자력갱생(自力更生)의 특별한 기질과 견실성(堅實性)이 있으므로

인간적인 면에서의 믿음은 있으나 사업적으로는 소극적이고 중요시하지 않는다.

따라서 협력자는 만나기 힘들고 재물을 모으는 데 힘을 쏟기 때문에 이러한 수는 기술직이나 사무직 등에 적당하다.

제3수 : 3수는 양인 1과 음인2가 합한 수로서 활기(活氣)가 넘치고 활동력이 왕성하며 감정이 날카롭고 재주와 슬기가 뛰어나 과단성이 있다.

그렇기 때문에 어떤 일을 처리하는 능력이 풍부하여 통솔력과 지도력도 갖추고 있으며 대인 관계에도 품격(品格)이 있어서 주위로부터 신망과 인정을 받을 수 있다.

그러나 무서움을 모르고 행동하는 형이므로 실패하기 쉽고 인내심도 모자란다.

이러한 수에는 지도자가 많으며 정치가(政治家)·군인·실업가(實業家)나 활동적인 직업에 알맞다.

제4수 : 이 수는 음수(陰數)인 2와 2의 합수(合數) 또는 양수(陽數)인 1과 3의 합수로서 화합하지 못하는 수이다. 이 수는 분리·분산·파멸 등의 흉조(凶兆)를 밖으로 드러내 파괴와 쇠퇴하여 멸망하는 상으로 되며, 곤고(困苦)·병란 등의 역경적(逆境的)인 흉조의 암시력(暗示力)이 발작한다.

제5수 : 이 수는 양수인 3과 음수인 2의 화합력이 합성된 것으로 중심에 위치하

여 상하좌우를 거느리는 수이다.

성격이 모난 데가 없고 사교가로서도 모자라는 면이 없으나 자신도 모르게 특정인(特定人)을 꺼리는 일이 있어서 그로 인해 불리함을 초래하는 일도 있다. 그러나 모든 일을 처리하는 데에 아량(雅量)이 많아 남의 딱한 사정도 친절하게 돌보아 주무로 주위의 평판도 비교적 좋다. 또한 자기 반성의 신념(信念)이 강하여 스스로 행운을 파괴하는 일은 없으나, 무엇이든 가슴 속에 품어 두고는 참지 못하는 성격이다.

제6수 : 이 수를 보면 1에서 10까지 이르는 수의 낱낱의 음양은 물론 1·3·5·7·9가 양수이고 2·4·6·8·10이 음수인데, 음 가운데에도 양기(陽氣)가 포함하고 있는 것이 우주 진화의 진리(眞理)이다. 따라서 1에서 10까지를 크게 나누면 1에서 5까지가 양이며 6에서 10까지가 음으로서 6은 음의 시초(始初)가 된다.

이 수에 해당되는 성격은 인정미는 있으나 과단성(果斷性)이 부족하여 큰 일보다는 사소한 일에 이상할 정도로 망설이며, 주위 사람들에게 친절하고 책임감도 강하여 신뢰와 존경을 받으나 생각 밖으로 질투심이 몹시 강하다. 또 대인 관계에서는 금전(金錢)을 과단성 있게 쓰나 가정에서는 매사를 따지고 간섭하는 편이다.

제7수 : 이 수는 서양에서 가장 좋아하는 수로서 5의 성운(盛運)과 2의 파괴운(破壞運)이 합한 수이자 3의 성운과 4의 흉운(凶運)이 합한 수이다.

이 수의 성격은 실행력과 인내력이 강하고 농담을 좋아하며, 명예와 권력을 좋아하여 무슨 일에나 윗자리가 아니면 그대로 있지 않는다. 또 호운(好運)의 혜택을 누릴 때에는 많은 사람들로부터 존경을 받으나, 불운(不運)에 허덕일 때에는 감정을 순간적으로 폭발시켜서 주위 사람들을 흩어지게 한다. 그리고 감각이 예민하여 임기응변(臨機應變)에 능하기 때문에 사태를 원만히 해결하는 실력과 지능을 함께 갖추고 있다.

제8수 : 이 수는 파괴수인 4가 둘인 동시에 5와 3의 통솔(統率)과 지덕(智德)이 합한 수이다.

이 수에 해당하는 성격은 어떠한 어려움에도 꺾이지 않는 정신을 가진 활동력과 급진성을 띤 활동가로서 용단력과 과감성이 사태의 파악과 수습에도 실력을 발휘한다.

또한 인내심도 강하여 어떠한 난관에도 굽히지 않고 기회를 노리는 투지(鬪志)가 만만한 형이다. 따라서 여간해서는 남에게 굽히지 않아 논쟁(論爭)을 일으키기 쉬운 것이 단점이나 뭇사람의 중심 인물이 되는 데에는 오히려 단점이 장점으로 될 수도 있다.

제9수 : 9수는 마지막 양수이고 기본수의 종말수(終末數)이다.

이 수의 해당되는 성격은 일관된 신념(信念)이 강하지는 않지만 활동력이 왕성하여 쉬는 일이 없는 노력가이다. 또한 임기 응변에 능하고 집념이 강하여 평상시에 마음먹은 대로 밀고 나간다면 비교적 호운(好運)의 혜택을 받을 것이다.

특히 금전을 다루는 사업에서 자신의 정한 목표만을 향해 꾸준히 노력한면 성공할 수 있는 성격이다. 또한 극(極)과 극의 성질을 지니고 있어 이 점만 조심한다면 이상적인 성격으로 영동력(靈動力)을 발휘할 것이다.

제10수 : 이 수는 종결수로서 서양에서 가장 꺼리는 수이다.

이 수에 해당되는 성격은 매사를 깊이 생각하고 조심하여 안전을 꾀하는 형으로 주위에서 볼 때는 우유부단(優柔不斷)하고 생기(生氣)가 없는 것같이 보인다.

그러나 일단 자신감이 생기면 평상시의 태도를 바꾸어 맹렬해지고, 감정이 폭발하면 호수가 큰 바다의 파도로 변하며, 성난 파도가 헤아리기 어려울 정도로 일어나는 듯하지만 실천력이 부족한 것이 결점이다.

사교적인 면에서는 외유내강(外柔內剛)하여 저절로 주위의 신뢰가 두터워져 성공하는데에 큰 도움을 줄 것이다.

(5) 81수(數)의 영동력(靈動力)

81수의 영동력에는 각각 고유한 유도력(誘導力)이 있으며, 이 유도력이 성명의 각 부분에 들어 있어 밤낮으로 계속해서 인간의 몸과 마음의 생명률(生命律)을 암시 유도한다. 따라서 본인이 알거나 모르거나를 가리지 않고 수의 뜻대로 지배되며 운명이 좌우되는데, 81수를 보면 다음과 같다.

1수 : 태초격(太初格)- 시두운(始頭運)

우주본원의 기초수이며 만물의 시생, 만사의 시작과 출발 등을 나타내는 기본수이다. 최대 길상을 암시하는 수로 저절로 부귀와 명예·장수(長壽)·행복·안강(安康)·발전 등을 발휘하는 운수(運數)이다.

2수 : 분리격(分籬格)-고독운(孤獨運)

분리수로서 일마다 허전하고 조상 때부터 내려오는 가업(家業)은 파산한다. 부부 또는 자녀와 생사이별(生死離別)하고 가정을 잃어버리며 역경과 조난을 당한다. 또한 객지에서 고독과 근심으로 하는 일 없이 세월만 헛되이 보내는 운수이다.

3수 : 명예격(名譽格)- 복록운(福祿運)

남보다 지혜가 탁월(卓越)하며 용감하고 명철한 두뇌로 처세(處世)에 능하니 30세 전에 출세하여 많은 사람을 거느리는 장군격이다. 또한 정치계에서 큰 뜻이 발휘되면 한 나라의 재상(宰相)이 되니 출장입상격(出將入相格:나가서는 장수가 되고 들어와서는 재상이 됨)의 운수이다.

4수 : 사멸격(死滅格)- 파괴운(破壞運)

만물이 죽어 없어지며 모든 일이 이루어지지 않고 한때의 성공도 도중에서 실패하여 패가망신(敗家亡身)하니 객지에서 고독과 근심에 싸이는 격이다. 이 수는 단명(短命)·변사(變死)·병란(兵亂)·조난(遭難) 등이나 부부와 자녀간에 생사이별하는 대흉(大凶)의 운수이다.

더러는 효자나 열녀, 호걸 등의 인물이 나오나 이는 극히 드물다.

5수 : 통어격(統御格)- 성공운(成功運)

사방을 거느리는 수로서 덕과 지혜를 두루 갖추고 크게 성공할 수 있다.

자질(資質)은 일찍 용문(龍門:중국 황허강 중류의 급한 여울목으로, 잉어가 이 곳을 뛰어오르면 용이 된다는 전설이 있음)에 이르는 격이다. 따라서 큰 뜻을 펼치면 크게 성공하여 그 이름을 온 천하에 떨치게 되고 부귀와 안강, 재물(財物), 권위 등이 완전하여 사방을 거느리고 다스리는 우두머리격의 운수이다.

6수 : 계승격(繼承格)-후덕운(厚德運)

온화하고 차분한 성격으로 많은 사람들과 사이 좋게 지내며 확고하고 흔들림이 없는 신념과 참고 견디며 꺾이지 않는 노력으로 가업(家業)이나 사회적인 큰 사업을 이어받아 이를 이룬다.

또한 재산이 많으면 지위가 높고 귀하게 될 운수이다.

7수 : 강성격(剛成格)-발전운(發展運)

몸과 마음이 건전하고 휘거나 굽히지 않는 인내심(忍耐心)으로 꾸준히 노력하여 큰사업을 이룰 수이다. 일시적인 어려움을 이기고 위업(偉業)을 이루며 기반을 튼튼하게 하니 많은 사람들이 우러러보는 강한 운수이다. 하지만 고집(固執)이 너무 세므로 이를 잘 다스려 사람들과 화목하게 지내도록 노력해야 할 것이다.

8수 : 발전격(發展格)- 전진운(前進運)

성품(性品)이 강인하고 의지가 꿋꿋하여 처음에 품은 뜻을 끝까지 밀고 나가 목적을 이루는 기백(氣魄)과, 모든 장애를 극복하고 큰 사업을 이루어 운이 융성(隆盛)하는 전진의 운수이다. 다만 외유내강의 기풍(氣風)과 너그럽고 착한 마음으로 사람둘과 화목하게 지내도록 노력해야 한다.

9수 : 종국격(終局格)- 시휴운(時虧運)

달도 차면 기운다는 끝판의 시운수(時運數)로서 성공이 중도에 좌절하여 비참한 처지에 빠진다. 드물게는 크게 성공하는 예가 있으나 부부 사이의 불행을 벗어나기가 어렵고, 더욱이 불구(不具)나 폐질(廢疾:고칠 수 없는 병)등의 흉운을 맞게 되는 운수이다.

10수 : 귀공격(歸空格)-공허운(空虛運)

모든 일을 잘 이루려고 꾀하나 시작은 있되 끝이 없으므로 일시적인 성공도 중도에 좌절하고 번번이 좋은 기회를 놓쳐서 아무것도 성공시키지 못한다.

친척의 덕을 보지 못하고 객지에서 근심으로 세월을 보내는 격으로서 아내와 자식과의 이별, 질병, 중년에 요절(夭折)하는 등 불운을 당한다. 다만 이 수가 겹치거나 원격(元格)과 정격(貞格) 등이 강하고 이름자의 뜻이 강하며 선천명(先天命)과 잘 어울리면 큰 부자(富者)나 장수(將帥)등이 나오기도 한다.

11수 : 갱신격(更新格)-재흥운(再興運)

두뇌가 명석하고 무든 일에 궁리함이 묘하여 부지런히 배우며 스스로 목적한 바를 이룬다. 진취적인 기상(氣象)과 이지적인 사고력은 소기의 목적을 이루고, 사회적으로 상당한 지위에 올라 많은 사람들이 우러러보며, 평안하고 즐거움 속에서 부귀(富貴)할 운수이다.

12수 : 박약격(薄弱格)-고수운(孤愁運)

기력(氣力)이 굳세지 멋하고 무력(無力)한 운으로 모든 계획을 이룰 수 없어 큰 성공을 기대하기가 어렵다. 비록 한때는 성공하더라도 중도에 실패한다. 몸과 마음이 허약(虛弱)하고 자녀를 잃으며 고독·역경(逆境)·병액(病厄)·불구·횡사(橫死) 등의 흉운을 불러들여 명이 짧거나 객지에서 애를 쓰는 등 흉운의 수이다. 또한 부부의 인연이 좋지 않아 여자는 과부가 되거나 형식적으로만 부부생활을 하는 수이다.

13수 : 총명격(聰明格)-지달운(智達運)

두뇌가 명석하고 지혜가 뛰어난 큰 사업을 이루고, 출세하여 세상에 이름을 떨치며 영예(榮譽)롭고 행복하니 대길수(大吉數)이다.

14수 : 이산격(離散格)-파괴운(破壞運)

지혜가 깊어 모든 일을 쉽게 이루고 상당한 지위(地位)에 오르거나 대개는 오래 가지 못하고, 특히 가정 파탄이 일어나 부부, 자녀와 생사 이별하거나 객지에서 애를 쓴다. 또한 번뇌(煩惱)와 실패, 고독·병약·곤고(困苦) 등을 당하는 흉운의 수이다. 온갖 고난을 이겨 낸 후에 인내심을 키우면 어느 정도 평안해진다.

15수 : 통솔격(統率格)-수복운(壽福運)

원만한 인격으로 많은 사람들의 우러름과 존경을 받으며 인화(人和)에 의하여 큰 사업을 이룰 수 있는 대길수이다. 혹 초년(初年)에는 곤란함을 당할지라도 결국은 스스로 일어서서 큰 성공을 거두며 상하의 신망(信望)이 두텁고 부귀와 수복이 무궁(無窮)하며, 뭇사람들을 다스려 위덕(威德)을 갖출 수이다.

16수 : 덕망격(德望格)-부귀운(富貴運)

굳셈과 부드러움을 함께 지니고 윗사람의 신망을 받아 부귀와 영화를 한몸에 누리고 큰 사업을 이룰 수 있는 대길운이다. 특히 여성은 현모양처(賢母良妻)의 격으로 오복, 즉 수(壽)·부(富)·강녕(康寧)·유호덕(攸好德:도덕 지키는 것을 낙으로 삼음)·고종명(考終命:제 명대로 살다가 편하게 죽음)을 불러들이는 대길수이다.

17수 : 용진격(勇進格)-창달운(暢達運)

큰 뜻과 큰 계획을 세우고 모든 어려움을 이겨 내고 힘써 나아가 처음에 목적한 바를 이룸으로써 큰 일을 마친다. 인내와 노력으로 대성(大成)하여 이름을 떨치고 뭇사람들의 존경을 받는다. 그러나 고집이 세어서 뜻밖의 재앙을 불러들일 염려가 있으므로 인화(人和)에 힘써 수양(修養)을 쌓아야 대길이다.

18수 : 발전격(發展格)-융성운(隆盛運)

비록 한때의 어려운 고비가 있으나 군센 의지로 큰 사업을 이루어 부귀영달(富

貴榮達)하며 많은 사람들로부터 존경을 받아 사회적으로 상당한 지위에 올라 이름을 떨칠 대길수이다. 특히 이 수는 사업을 하면 틀림없이 발전하는 운수이다. 그러나 완강(頑强)하면 가정 불화나 사회적으로 화목하게 지내는 데에 흠이 되므로 온유(溫柔)한 성품을 지니도록 노력해야 한다.

19수 : 성패격(成敗格)-병난운(病難運)

슬기로운 계책(計策)으로 큰 사업을 이룰지라도 오래 가지 못하고 중도에 실패하고 만다.

부부의 인연이 약하고 조난이나 처자의 생사이별, 과부 등의 흉운(凶運)을 불러들인다. 특히 신병(身病)·불구·단명·폐질(廢疾)등의 불길한 징조가 많은 운수이다.

20수 : 공허격(空虛格)-허망운(虛妄運)

큰 사업을 이루어 한때의 성공이 있더라도 모든 일이 허무하고 육친의 덕도 없다. 몸과 마음이 허약(虛弱)하고 재앙이 따르는 운수로, 다소 경제적인 여유도 보이나 오래 가지 못하여 빈곤하게 되며, 단명(短命)할 흉수이다.

21수 : 자립격(自立格)-두령운(頭領運)

큰 사업을 완수하여 재산이 많고 지위가 높으며 공을 세워 이름을 떨칠 대길운이다. 슬기로운 계책이 뛰어나고, 어질고 너그러운 마음씨는 사람들의 신망(信望)을 받아 모든 사람들을 거느려 지도하는 지위에 오르게 된다. 그러나 여성은 과부가 될 운수이다.

22수 : 중절격(中折格)-단명운(短命運)

좋은 계획(計劃)을 세워 일시적으로 성공을 꾀하나 모든 일이 중도에서 좌절되는 운수이다. 또한 곤고·조난·실패·역경(逆境)에 처하며 가정을 잃어버리거나 육친의 덕이 없고 더욱이 병난(病難), 단명하는 흉수이다. 여성은 과부가 많은 운수이다.

23수 : 혁신격(革新格)-왕성운(旺盛運)

명석한 두뇌와 어질고 너그러운 마음씨로 비천(卑賤)한 중에서도 출세하여 영도자(領導者)의 지위에 올라 권세를 손에 넣으니, 권위가 왕성하여 많은 사람들이 존경하는 마음으로 우러러보는 운수이다. 다만, 이 수가 겹치면 너무 강하여 중도에서 꺾이거나 조난의 위험도 있으며, 여성은 남편을 여읠 운수로서 불길하다.

24수 : 입신격(立身格)-축재운(蓄財運)

처음에는 빈약(貧弱)하나 슬기로운 계책과 재략(才略)이 뛰어나 굴하지 않는 분투 노력으로 서서히 성공하여 큰 사업을 완수하고 그 이름을 천하에 떨치는 대길수이다. 특히 아무것도 갖지 않고 점점 재물(財物)을 모아 부귀 영달하는 대길운(大吉運)이다.

25수 : 안전격(安全格)-재록운(財祿運)

능란한 수완으로 자수성가(自手成家)하여 큰 사업을 이루고 온갖 일이 뜻대로 된다. 명예와 재물을 아울러 얻는 행복의 대길수로서 재물과 복이 풍부(豊富)한 운수이다.

26수 : 영웅격(英雄格)-만달운(晩達運)

이 수는 영웅 영웅괴걸적(英雄怪傑的)안 운으로서 감정이 풍부하고 재주가 많으며 온화(溫和)한 기품과 용맹(勇猛)한 기질이 있어 한 나라를 호령하는 영도자(領導者)에까지 오를 수 있다. 그러나 불운이 시작되면 만년(晩年)에 조난이나 횡사·피화(被禍) 등을 벗어나기 어려우며, 특히 가정의 불운으로 처자와 생사이별하는 운수이다.

27수 :중길격(中吉格)-중절운(中折運)

길흉(吉凶)이 상반되므로 소심하면 흉액이 없을 수이다. 상건하고 자부심이 지나치며 완고한 성격으로, 대인 관계에 있어서 성의(誠意)를 다하면 큰 실패가 없이 높은 지위에 오르거나 부(富)를 누릴 수 있다.

28수 : 풍파격(風波格)-파란운(波瀾運)

파란곡절(波瀾曲折)이 많은 조난운(遭難運)으로 한때의 성공과 영달도 물거품으로 되고 가정 파탄이 잦아 여러 가지 흉운을 불러들인다. 또한 육친의 덕이 없으며 여성은 과부가 될 우수이다.

29수 : 성공격(成功格)-수복운(壽福運)

왕성한 활동력과 투쟁 정신으로 큰일과 큰 사업을 이루어 부귀와 장수, 안락(安樂)등의 복을 누릴 수 있고, 사회적으로는 상당한 지위에 오르며 명망(名望)을 얻은 운수이다.

30수 : 불측격(不測格)-불안운(不安運)

일시적으로 크게 성공은 할 수 있으나 불운이 시작되면 그것을 미리 헤아리기가 어렵다. 모든 일이 분명(分明)하지 못하고 갈팡질팡하다가 수난(受難)을 면하기 어려우며 객지(客地)에서 고독과 근심에서 벗어나기 힘든 수이다.

일확천금을 꿈꾸나 헛일이고 한 가지 일에만 마음을 쏟으면 작은 성공을 이룰 수는 있다. 이 수는 갑자기 뜻밖의 방향으로 발전(發展)하는 등 길흉이 상반되는 운수이다.

31수 : 세찰격(世察格)-흥가운(興家運)

세상일을 밝혀서 살피며 굳센 의지로 남의 간섭을 받거나 남에게 기대지 않고 일을 처리한다. 또한 맨손으로 큰 사업을 일으켜 부귀영화를 누리는 대길수이다. 이 수는 은근한 지도적 위치를 확립(確立)하고 학문과 예술이 큰 발전이 있으며, 여성은 재주와 덕을 아울러 갖추는 대길운이다.

32수 : 순풍격(順風格)-왕성운(旺盛運)

순풍에 돛을 달고 항해(航海)하는 격으로 때를 만나면 생각 밖으로 재물을 늘려 생활의 기반(基盤)을 튼튼히 하며, 모든 일이 뜻대로 일루어져 수복강녕(壽福康寧: 장수하고 행복하며 건강하고 평안함)을 누리는 대길운으로서 윗사람의 도움을 받아 어려움이 없이 성공한다. 이 수는 매우 귀한 반면에 흉운이 숨어 있는 수로서 정격(貞格)에 있을 때에는 선천명과 어울리지 않으면 재앙의 우려가 있다.

33수 : 등용격(登龍格)-왕성운(旺盛運)

욱일승천(旭日昇天:떠오르는 아침 해처럼 세력이 성대함을 비유함)의 형세로서 판단력이 뛰어나고 특이하게 두각(頭角)을 나타내며, 큰뜻과 큰 사업을 이루어 권세가 하늘을 찌를 듯하니 뭇사람이 우러러 받들고 그 이름이 천하(天下)를 뒤흔든다. 다만 이 수는 극왕(極旺)과 극쇠(極衰)를 내포하고 있으므로 선천운과 어울려야 하며, 여성은 남편을 세 번이나 맞이할 과부 운수이다.

34수 : 변란격(變亂格)-파괴운(破壞運)

파멸의 운수로서 생각 밖으로 재화(災禍)가 잇따라 나타나서 모든 일에 방해가 되며, 미리 헤아릴 수 없는 화란(禍亂)을 불러 들인다. 한때의 성공도 실패로 끝나고 부부와 자녀가 서로 헤어지며, 패가망신 등의 흉운이 뒤를 잇는 운수이다.

35수 : 평범격(平凡格)-안강운(安康運)

하늘이 내려 준 자기 분수에 맞게 부지런하고 성실(誠實)하게 착한 마음으로 처음부터 끝까지 이로운 사업을 아무 탈 없이 이끌어 가고 행복과 부귀, 장수(長壽)를 누리는 길상수(吉祥數)이다. 특히문예와 기술, 학술(學術) 쪽으로 발전하여 성공하는 대길수이며, 여성은 현모양처가될 운수이다.

36수 : 영걸격(英傑格)-파란운(波瀾運)

의협적(義俠的)인 영웅 호걸운 으로 곤란이 많고 변화가 심하여 재난이나 어려운 일이 많아 불안하며, 간혹 뭇사람이 부러워하는 권세(權勢)를 누리나 자만하면 대변동과 극쇠를 벗어나지 못하는 무상운(無常運)이다.

37수 : 인덕격(仁德格)-출세운(出世運)

과단성으로 모든 어려운 일을 능히 적절하게 처리(處理)하고 큰 사업을 이루어 이름을 온 세상에 떨칠 영웅운(英雄運)이다. 또한 행복과 부귀 영화를 누리는 대길수이다.

38수 : 복록격(福祿格)-문예운(文藝運)

문학적인 소질(素質)과 기술 방면에 깊은 인연이 있는 수로 인내심을 갖고 한 방면으로 꾸준히 전진(前進)하면 출세를 하고 이름을 크게 떨치고 부귀공명(富貴功名)을 누리는 대길수이다.

39수 : 장수격(將帥格)-지휘운(指揮運)

인격과 위품(威品)이 당당하여 모든 일을 능히 다스리며, 한 번 때를 만나면 크게 성공하여 권위를 떨치는 수이다. 덕망(德望)이 사방으로 떨쳐 부귀와 영예가 따르며 한 번의 명령으로 많은 사람을 다스리는 장수격이다.

하지만 비참한 흉운이 들어 있는 수이므로 선천운(先天運)과 잘 어울리는 것이 절대로 필요하며, 여성은 과부가 될 운이어서 불길하다.

40수 : 변화격(變化格)-공허운(空虛運)

일시적으로 대성(大成)은 기할 수 있으나 운기(運氣)가 공허하고 변화가 많거나 심하여 종잡을 수가 없다. 온갖 일이 헛되이 애만 쓰고 공을 들인 보람이 없으니 아깝다. 가업(家業)은 지키기 어렵고 투기(投機)에 헛된 욕심을 부려 패가망신하는 운수이다. 선덕(善德)을 쌓고 보시로 도를 닦으면 길운이 온다.

41수 : 고명격(高名格)-제중운(濟衆運)

뛰어난 재주와 총명(聰明)한 인품으로 모든 사람을 구제(救濟)하려는 큰 희망을 품고 이를 실천하는 운수로, 세상일에 대하여 남보다 먼저 깨닫고 똑똑히 살피니 능히 많은 사람들의 스승으로 제도중생(濟度衆生)하여 그 이름을 오래도록 전하는 지도적 중심운이다.

42수 : 고행격(苦行格)-실의운(失意運)

학문이 넓고 여러 가지 예능(藝能)에 소질을 타고났으나 노력과 정력이 흩어지는 흠이 있어 과감한 실천력이 약하여 좋은 기회를 놓치는 경우가 많다. 따라서 안정(安定)된 생활을 못하고 가족간의 이별과 병고(病苦), 조난 등을 불러들이는 운수이다.

43수 : 성쇠격(盛衰格)-산재운(散財運)

일시적으로 성공하여 행복한 것처럼 보이나 곤란과 괴로움을 겪으며 정신착란

(精神錯亂)으로 실망하여 뜻밖의 재난이나 재산을 흩뜨려 없애는 결과를 맞게 된다. 여성은 방탕한 생활에 빠지기 쉬운 운수이다.

44수 : 마장격(魔障格)-파멸운(破滅運)

파란이 많아 모든 일이 이루어지지 않고 캄캄한 길을 정처없이 해매다가 객지에서 죽을 비참한 결과를 불러들일 흉수이다.

그러나 어쩌다가 위인(偉人)이나 효자·열사(烈士)·열녀(烈女)·발명가(發明家) 등이 나오는 수가 있으나 이는 매우 드물다.

45수 : 대각격(大覺格)-형통운(亨通運)

위로는 천문(天文)을 잘 알고 아래로는 지리(地理)에 밝아 천재적인 재능과 어질고 너그러운 마음씨는 큰 뜻을 지니고 사업을 이루며, 모든 일이 뜻한 바대로 이루어지니 이름을 떨치고 영예(榮譽) 또한 비할 데가 없는 운수이다.

46수 : 미운격(未運格)-비애운(悲哀運)

영웅(英雄)과 재주 있는 사람이 때를 만나지 못하여 헛되이 세월만 보내니 진흙 속에 박힌 옥격이다. 모든 일이 뜻대로 되지 않으니 깊은 밤에 홀로 방 안에 앉아 근심에 싸여 한 숨을 쉬는 운수이다. 병약이나 단명(短命), 정신력의 결핍 등을 겪는다.

47수 : 출세격(出世格)-권위운(權威運)

영웅이 때를 만나 명성과 권세를 온 세상에 떨치는 길운으로 모든 일이 순조롭게 나아가 재산이 풍부하고 자손들이 남에게 착한 일을 많이해 그 보답(報答)으로 기쁜 일들을 맞는 대길수이다. 앞으로 나아가거나 뒤로 물러남에 있어서 이로움은 있은 손해(損害)는 없으며 큰 사업을 무난히 이루고 큰 행복을 누릴 길상수이다.

48수 : 복덕격(福德格)-영달운(榮達運)

슬기롭고 재능(才能)이 뛰어나 덕망이 높으며 가엾고 불쌍한 사람을 보면 인정(人情)을 베풀어 많은 사람들의 존경을 받는 지도지로 활동할 운수이다.

49수 : 변화격(變化格)-성패운(成敗運)

크게 성공하면 실패하고, 실패하면 다시 성공하는, 길흉(吉凶)의 변화가 상반하는 수로서 길하면 크게 길하고 흉하면 크게 흉하는 운수이다.

50수 : 상반격(相半格)-길흉운(吉凶運)

의지가 약하고 자주성(自主性)이 없어서 한때 성공하여 부귀영화를 바랄 수 있으나 실망(失望)하여 패가망신, 곤란과 재액(災厄), 병난 등을 끌어들이는 운수이다.

51수 : 길흉격(吉凶格)-성패운(成敗運)

초년 중에 힘써 노력하여 큰 사업을 이루어 아무 탈없이 편안히 지내나 도중에 저절로 재물(財物)이 없어지는 소흉(小凶)을 끌어들이는 운수이다.

52수 : 총명격(聰明格)-공명운(功名運)

슬기로운 계략이 뛰어나고 용기와 총명함이 있으며 깊고 너그러운 도량(度量)도 있어서 크게 성공하겠지만, 자신의 운명을 너무 지나치게 믿으면 몸을 망칠 수도 있는 운수이다.

53수 : 내허격(內虛格)-반길운(半吉運)

겉으로 보기에는 부자인 것 같지만 사실은 구차하고 가난한 격으로, 외적(外的)으로는 항복하나 내적(內的)으로는 재액이 매우 많다. 운기를 미리 헤아릴 수가 없어 행복했다 하면 흉운(凶運)이 닥쳐와 패가망신하는 운수이다.

54수 : 무공격(無功格)-패가운(敗家運)

어떤 일에 있는 힘을 다하는 성질과 완강함은 한때의 성공을 바랄 수 있으나, 헛되이 애만 쓰고 공을 들인 보람이 없다. 운세(運勢)가 불행하여 근심과 고난에서 벗어날 사이가 없으니 패가망신이나 불구, 횡사 등을 불러들이는 흉운이다.

55수 : 미달격(未達格)-불안운(不安運)

매우 융성한 운인 것 같지만 용이 하늘에 오르지 못하고 물 속에서 움직이는 격으로, 다 갖추어지지 않아 한도에 이르지 못할 운수이다. 마음 속으로는 걱정 때문에 괴로워하고, 재화(災禍)가 있어서 모든 일이 불안정하며, 이별 등의 수난(受難)을 당할 운수이나 참고 견디는 힘을 기르면 성공할 수 있다.

56수 : 한탄격(恨歎格)-패망운(敗亡運)

재주가 있어도 귀인(貴人)을 만나지 못하여 모든 일이 이루어지지 않아 출세(出世)할 수도 없고, 노력을 기울여도 공들인 보람이 없으니 흉운을 한탄하는 운수이다.

57수 : 노력격(努力格)-왕성운(旺盛運)

때가 되어 운이 돌아오는 강운으로서 겨우내 가지만 남아 있던 초목(草木)에도 봄이 돌아오면 잎이 나고 꽃이 피는 것이다. 한때는 매우 어려운 지경에 처하더라도 앞으로 광명(光明)이 있는 수로 모든 일이 아무 어려움이나 괴로움이 없이 제대로 이루어질 운수이다.

58수 : 선곤격(先困格)-후복운(後福運)

성공과 실패, 파란이 심하여 길흉이 겹치는 운으로 꾸준한 인내와 노력으로 결국은 성공하고 영달(榮達)하는 운이다. 먼저 큰 실패와 어려운 고비에 바닥친 후에 가정을 일으켜 복록(福祿)이 찾아드는 운수이다.

59수 : 재화격(災禍格)-불성운(不成運)

의지(意志)가 약하고 인내력이 모자라서 모든 일이 이루어지지 않고, 재화가 잇따라서 어려움에 빠지며 가산(家産)을 다 써서 없애 버리는 불행한 운수이다.

60수 : 동요격(動搖格)-불안운(不安運)

모든 일이 계획과 중심이 없는 격으로서 하는 일이 이루어지지 않아 재앙(災殃)과 세상의 어지러움을 헤아리기 어려운 수이다. 이 수는 실패와 단명, 피화(被禍)·곤고 등의 흉재(凶災)를 불러들이는 운수이다.

61수 : 이지격(理智格)-득재운(得財運)

지혜가 묘해서 명예와 재물(財物)을 함께 얻는 큰 행복을 누리는 길사의 수이다. 그러나 한편으로는 겸손하지 못하여 부부 사이의 불화와 가족 사이의 반목(反目) 등으로 말미암아 외적으로는 행복하나 내적으로는 불행한 면도 있는 운수이다.

62수 : 화락격(花落格)-쇠퇴운(衰退運)

운기가 쇠퇴하여 모든 일이 이루어지지 않고 사회적인 권위와 신용(信用)도 땅에 떨어져 패가망신하고 병약(病弱), 곤고 등이 있는 흉한 운수이다.

63수 : 길상격(吉祥格)-발전운(發展運)

경영하는 일이 순조롭게 발전하여 어렵지 않게 목적(目的)을 이루고, 명예와 행복을 누리는 행운의 운수이다.

64수 : 봉상격(逢霜格)-침제운(沈濟運)

가을철의 풀이 서리를 만난 격으로 일이 잘 진전되지 않아 좋은 계획을 세워도 모두 실패한다. 재난이 끊일 사이가 없고 단명(短命)이나 병난(病難)등을 당하는 흉수이다. 하지만 형격(亨格)이 길운이면 이 운수 또한 반하여 길운이 된다.

65수 : 휘양격(輝陽格)-흥가운(興家運)

모든 일이 뜻대로 되어 부귀영화를 누리고, 사회적으로 상당한 지위에 올라 많은 사람들을 지휘(指揮)하며, 가문이 번창하는 대길상(大吉祥)의 운수이다.

66수 : 암야격(暗夜格)-실등운(失燈運)

캄캄한 밤중에 등불을 잃어버린 격이어서 앞으로 나아갈 수도 뒤로 물러날 수도 없이 꼼짝할 수 없는 궁지(窮地)에 빠져 앞길이 막연하다. 재화(災禍)가 계속되고 가정이 불안하며 패가망신, 곤고, 병약(病弱) 등이 따르는 운수이다.

67수 : 영달격(榮達格)-통달운(通達運)

모든 것이 막힘없이 통하는 수리로 타고난 성품이 고결(高潔)하여 참을성이 많고 경영하는 일이 순조롭게 발전한다. 집안이 일어나고 부귀와 행복을 누리는 길상의 행운수(幸運數)이다.

68수 : 부흥격(復興格)-발명운(發明運)

가문(家門)의 부흥과 사물에 대한 연구와 창의력(創意力)이 뛰어난 발명에 대성을 기한다. 가정의 기초를 튼튼히 하여 행복을 누리는 길상의 운수이다.

69수 : 종말격(終末格)-정체운(停滯運)

앞으로 나아가지 못하고 사물(事物)의 끝판을 고하는 수로서 모든 일이 멈추며 조난과 질병·불구(不具)·단명 등의 흉수이므로 고치는 것이 좋겠다.

70수 : 공허격(空虛格)-암야운(暗夜運)

캄캄한 밤중에 마귀(魔鬼)가 돌아다녀 모든 일이 흉하닌 망할 조짐이다. 근심이 끊이지 않으며, 모든 일이 쇠퇴하여 비애에 빠지는 곤경운(困境運)이다. 단명이나 불구, 횡액(橫厄) 등의 흉운수이나.

71수 : 현롱격(見籠格)-발전운(發展運)

길상이 내부에 들어 있어 앞으로 부귀와 영예를 얻는 행운수로서 착실히 발전하는 길운이다. 고난을 무릅쓰고 힘차게 앞으로 나아가면 기상을 크게 떨치며 대성공(大成功)을 거두는 대길운의 수이다.

72수 : 상반격(相半格)-상반운(相半運)

길흉이 반반으로 엇갈리게 되어 좋은 일이 있으면 그만큼 나쁜 일이 있고, 곤경에 빠지면 우연한 기회에 그것에서 벗어나게 되니 큰 뜻을 한 번도 펴보지 못하는 흉수이다. 천신만고(千辛萬苦)끝에 중년 후에 이르면 길운이 돌아오는 운수이기도 하다.

73수 : 소성격(小成格)-평복운(平福運)

겉으로는 살림이 넉넉하게 보이나 사실은 비어 있으며, 큰 뜻을 이루기는 어려워도 분수를 지키면 별다른 걱정이나 근심이 없이 그저 편안하게 지낼 상으로, 복운(福運)은 웬만큼 있으니 허영심을 버리면 여생을 편하게 보낼 운수이다.

74수 : 우매격(遇昧格)-불우운(不遇運)

어리석고 사리(事理)에 어두워 모든 일에 실천함이 없고 아무것도 이룰 수가 없으니, 하는 일 없이 밥만 없애는 격이다. 인간 폐물로서 뜻밖의 재액과 곤고, 불행한 처지에 직면하여 탄식(歎息)하는 운수이다.

75수 : 왕성격(旺盛格)-수분운(守分運)

자기의 능력과 분수를 알고 지켜 행하면 일생을 평화롭고 안락하게 보낼 수 있으며, 자손에게 유덕(遺德)이 끼쳐 좋은 생애를 마치게 될 대길수이다.

76수 : 선곤격(先困格)-후성운(後盛運)

전반에는 모든 일이 중도에서 좌절(挫折)하는 불길한 운이 있으나, 차차 생활의 기초를 확립(確立)하여 후반에는 평복(平服)을 누리는 운수이다.

77수 : 전후격(前後擊)-길흉운(吉凶運)

전반은 성공 발전하여 일가가 안정(安定)되고 사회적인 가반도 확립되나, 후반은 흉운을 맞게 된다. 그렇지 않으면 반대로 전반은 흉하고 후반은 길할 운수이다.

78수 : 선길격(先吉格)-평복운(平福運)

전반에는 성공 발전하여 편안하게 탈없이 지내나, 중도 이후에는 얼마쯤 쇠하는 수이다.

그러나 비교적 평복을 누리는 운수이다.

79수 : 종극격(終極格)-불행운(不幸運)

모든 일과 모든 물건의 끝판의 수로서 운기가 쇠퇴하여 임종(臨終)할 때만을 기다리는 운수이다.

80수 : 종결격(終結格)-종지운(終止運)

천지의 모든 도수(度數)가 끝을 맺으니 음흉(陰凶)하고 기운과 뜻이 없는 기류(氣流)가 감돌고 있는 수로서, 병마(病魔)와 목숨이 다하는 등 흉운수이다.

81수 : 환원격(還元格)-갱생운(更生運)

최극수(最極數)에서 다시 1로 되돌아가는 수로서, 81의 최극수요 천지개벽(天地開闢)한 후에 원소(元素)의 1로 되돌아가는 수이니 만물이 다시 살아나는 수의(隨意)로, 자연의 영동운기력(靈動運氣力)이 왕성하여 크나큰 행복을 맞이하게 되는 길상의 운수이다.

(6) 성명의 음양론(陰陽論)

1) 음양의 구분(區分)

세상에 있는 모든 물건은 음과 양으로 나뉘어져 있다. 예컨대 하늘이 양이면 땅은 음이 되고, 해가 양이면 달은 음이며 봄・여름이 양이면 가을・겨울은 음이 된다.

또한 남자가 양이면 여자는 음이요 큰 것이 양이면 작은 것은 음, 긴 것이 양이면 짧은 것은 음이 된다. 그리고 선(善)이 양이면 악(惡)은 음이요 강(强)이 양이면 약(弱)은 음이 되는 것이다.

천간(天干)에서는 갑(甲)・병(丙)・무(戊)・경(庚)・임(壬)은 양이고 을(乙)・정(丁)・기(己)・신(莘)・계(癸)는 음이된다.

지지(地支)에서는 자(子)・인(寅)・진(辰)・오(午)・신(申)・술(戌)은 양이고 축(丑)・묘(卯)・사(巳)・미(未)・유(酉)・해(亥)는 음이 된다.

또 중국 상고 시대에 복희씨(伏羲氏)가 지었다는 팔괘(八卦)에서는 '-'은 양효(陽爻)이고 '-- ' 음효(陰爻)라 하여, 건(乾≡)・감(坎)・진(震)・간(艮)괘는 양이고, 곤(坤)・이(離)・태(兌)・손(巽) 괘는 음이 된다. 숫자에서는 홀수는 전부 양수(陽數)이며 짝수는 전부 음수(陰數)가 된다.

2) 음양의 표시방법(表示方法)

음양은 글자를 셈하여 그 수가 2・4・6・8・10이면 음격 획수라 하여 '●'로 표시하고, 1・3・5・7・9이면 양격 획수라 하여 'ㅇ'로 표시하되 10이상인 때에는 10을 덜어 버린 나머지 수만을 계산하여 음과 양으로 구분하면 된다.

ㅇ 1・11・21・31・41・51・61・71

● 2・12・22・32・42・52・62・72

ㅇ 3・13・23・33・43・53・63・73

● 4・14・24・34・44・54・64・74

ㅇ 5・15・25・35・45・55・65・75

● 6・16・26・36・46・56・66・76

ㅇ 7・17・27・37・47・57・67・77

● 8・18・28・38・48・58・68・78

ㅇ 9・19・29・39・49・59・69・79

● 10・20・30・40・50・60・70・80

3) 성명과 음양

성명학에서는 음양의 배합(配合)이 있기 때문에 음양을 다음과 같이 구분한다. 또한 성명에는 삼재(三才)를 이루는 천(天:하늘)・지(地:땅)・인(人:사람)의 변화가 있어서 음양의 획수(劃數)가 잘 어우러져야 한다.

즉, 음양의 배합이 서로 어긋나게 되면 모든 일들이 깨어지거나 실패(失敗)하고, 일생동안에 온갖 풍파(風波)가 일어날 뿐만 아니라, 자식이 없거나 있다고 해도 일찍 잃게 되며, 부부 사이에도 이별수나 사별수(死別數)가 있고 하는 일마다 순조롭지가 못하다.

❶ 3자(子)성명의 음양상교(陰陽相交)

손대철(孫大喆:10・ 3・ 2) ●○●
강인남(姜仁南: 9・ 4・ 9) ○●○
나준식(羅俊植:19・ 9・12) ○○●
이원창(李元昌: 7・ 4・ 8) ○●●
고경자(高京子:10・ 8・ 3) ●●○
김영재(金英載: 8・ 9・13) ●○○

❷ 2자 성명의 음양상교

박 신(朴信: 6・ 9) ●○
이 철(李哲: 7・10) ○●

❸ 3자 성명의 음양불상교(陰陽不相交)

황광철(黃光哲:12・ 6・16) ●●●
장현각(張玄珏:11・ 5・ 9) ○○○

❹ 2자 성명의 음양 불상교

마 희(馬羲:10・16) ●●
설 찬(薛燦:17・17) ○○

(7) 성명의 오행론(五行論)

오행이란 우주간에 운행하는 금(金)・목(木)・수(水)・화(火)・토(土)의 다섯 원기(元氣)를 말하는데, 세상의 물건에는 음양과 같은 이치로 오행에 속하지 않은 것은 하나도 없다. 오행은 상생(相生)・상극(相克)・상비(相比)의 원리로 구분하게 되는데, 성명학에 관계되는 오행은 다음과 같다.

1) 지지(地支)

육십 갑자의 아래 단위를 이루는 요소(要素)로서, 해(亥)와 자(子)는 목(木)에 속하며 이(離)는 화(火), 곤(坤)과 간(艮)은 토(土), 건(乾)과 태(兌)는 금(金), 감(坎)

은 수(水)에 속한다.

2)오시(五時)

봄은 목(木)에 속하며, 여름은 화(火), 가을은 금(金), 겨울은 수(水), 3·6·9·12월은토(土)에 속한다.

3) 오방(五方)

동쪽은 목(木)에 속하며, 서쪽은 금(金), 남쪽은 화(火), 북쪽은 수(水), 중앙은 토(土)에 속한다.

4) 오색(五色)

청색(青色)은 목(木)에 속하며, 황색(黃色)은 토(土), 적색(赤色)은 화(火), 백색(白色)은 금(金), 흑색(黑色)은 수(水)에 속한다.

5) 오음(五音)

궁음(宮音)은 토(土)에 속하며, 상음(商音)은 금(金), 각음(角音)은 목(木), 치음(緻音)은 화(火), 우음(羽音)은 수(水)에 속한다.

(8) 오행의 생극비화(生克比和)에 따른 구분(區分)

오행에는 상생(相生)하는 것 상극(相克)하는 것이 있으며, 서로 비화(比和)하는 것이 있는데, 상생은 '도와 준다' 또는 '낳는다' 는 뜻이고 상극은 둘 사이에 어울리지 못하고 항상 맞부딪치는 것을 뜻하며, 비화는 생과 극을 서로 피하고 같은 것끼리 만나는 것을 뜻한다.

1) 오행상생(五行相生)

금(金)은 수(水)를 생(生)하고, 목(木)은 화(火)를, 수(水)는 목(木)을, 화(火)는 토(土)를, 토(土)는 금(金)을 생한다. 오행은 상생이 될 수 있게 배치해야 하는데, 성명에 붙는 오행은 위에서부터 내려오면서 생하는 것과 아래에서부터 올라가며 생하는 것이 있다.

다음은 오행 상생격의 배치로서 모두가 상생하는 길조(吉兆)의 배치이다.

- 금금수 · 금금토 · 금수금 · 금수목 · 금수수 · 금토금 · 금토화 · 금토토
- 목목수 · 목목화 · 목목금 · 목수목 · 목수수 · 목화목 · 목화화 · 목화토
- 수금금 · 수금수 · 수금토 · 수목목 · 수목수 · 수묵화 · 수수금 · 수수목
- 화목목 · 화목수 · 화목화 · 화목토 · 화화목 · 화화토 · 화토금 · 화토화 · 화토토 ·
- 토금금 · 토금수 · 토금토 · 토화목 · 토화화 · 토화토 · 토토금 · 토토화

2) 오행상극(五行相剋)

오행이 서로 이기는 이치로서 곧 금(金)은 목(木)을 극하고, 목(木)은 토(土)를, 수(水)는 화(火)를. 화(火)는 금(金)를, 토(土)는 수(水)를 극한다.

오행상극의 배치를 보면 다음과 같다.

- 금금금 · 금금목 · 금금화 · 금목목 · 금목수 · 금목화 · 금목토 · 금수화 · 금수토 · 금화금 · 금화목 · 금화수 · 금화화 · 금토수 · 금금수
- 목금토 · 목금목 · 목금화 · 목목금 · 목목토 · 목수화 · 목화금 · 목토금 · 목토목 · 목토수 · 목토화 · 목토토
- 수금목 · 수금화 · 수목토 · 수수수 · 수수화 · 수수토 · 수화금 · 수화목 · 수화수 · 수화화 · 수화토 · 수토금 · 수토목 · 수토수 · 수토화 · 수토토
- 화금금 · 화금목 · 화금수 · 화금화 · 화목금 · 화수목 · 화수화 · 화수토 · 화화금 · 화토수
- 토금목 · 토금화 · 토목금 · 토목목 · 토목수 · 토목화 · 토목토 · 토수금 · 토수목 · 토수수 · 토수화 · 토수토 · 토화수 · 토토목 · 토토수

3) 오행비화(五行比和)

성명이 모두 똑같은 오행으로 금(金)이 비화이고, 목(木)은 목(木)이, 수(水)는 수(水)가, 화(火)는 화(火)가, 토(土)는 토(土)가 비화로서 예컨대 금금금(金金金), 목목목(木木木), 수수수(水水水), 화화화(火火火), 토토토(土土土)로 배치된다.

(9) 생일(生日)에 따라 피하는 것이 좋은 글자

이름을 지을 때에는 생일의 간지(干支)에 따라 피하는 것이 좋은 글자가 있는데, 만약 이러한 글자를 피하지 않으면 단명(短命) · 불구(不具) · 횡사(橫死) · 무자(無子) · 재혼(再婚) · 병고(病苦) · 역경(逆境) · 수술(手術) · 조실부모(早失父母) 등의 재액(災厄)을 당할 수가 있다. 생일에 따라 피해야 좋은 글자를 보면 다음과 같다.

⊙갑일생(甲日生): 경(敬 · 庚 · 慶)이나 무(戊 · 武 · 茂)등으로 발음되는 글자.

⊙을일생(乙日生): 신(信 · 新 · 莘)이나 기(己 · 氣 · 基)등으로 발음되는 글자.

⊙병일생(丙日生): 임(壬 · 任 · 妊)이나 경(敬 · 庚 · 慶)등으로 발음되는 글자.

⊙정일생(丁日生): 계(啓 · 桂 · 癸)이나 신(信 · 新 · 莘)등으로 발음되는 글자.

⊙무일생(戊日生): 갑(甲 · 匣)이나 임(壬 · 任 · 妊)등으로 발음되는 글자.

⊙기일생(己日生): 을(乙)이나 계(啓 · 桂 · 癸 · 溪 · 契)등으로 발음되는 글자.

⊙경일생(庚日生): 병(丙·炳·秉)이나 갑(甲·匣)등으로 발음되는 글자.

⊙신일생(莘日生): 을(乙)이나 정(貞·楨·政)등으로 발음되는 글자.

⊙임일생(壬日生): 병(丙·炳·秉)이나 무(戊·武·茂)등으로 발음되는 글자.

⊙계일생(癸日生): 경(敬·庚·慶)이나 기(己·氣·基)등으로 발음되는 글자.

⊙자일생(子日生): 오(吾·五·午·悟·俉)등으로 발음되는 글자.

⊙축일생(丑日生): 미(味·美·未·米)등으로 발음되는 글자.

⊙인일생(寅日生): 신(信·新·莘)등으로 발음되는 글자.

⊙묘일생(卯日生): 유(有·裕·唯·兪)등으로 발음되는 글자.

⊙진일생(辰日生): 술(述·戌·術)등으로 발음되는 글자.

⊙사일생(巳日生): 해(偕·海·解·奚)등으로 발음되는 글자.

⊙오일생(午日生): 자(子·者·玆·仔)등으로 발음되는 글사.

⊙미일생(未日生): 축(軸·筑·蹴)등으로 발음되는 글자.

⊙신일생(莘日生): 인(仁·忍·人)등으로 발음되는 글자.

⊙유일생(酉日生): 묘(昴·錨·卯)등으로 발음되는 글자.

⊙술일생(戌日生): 진(眞·秦·晋)등으로 발음되는 글자.

⊙해일생(亥日生): 사(思·似)등으로 발음되는 글자.

1) 이름에서 불길하게 여기는 글자

이름을 지을 때에는 뜻이 깊고 밝은 글자를 고르는 동시에 재해(災害)·단명(短命)·죄악·병약(病弱) 등의 불길함이 느껴지는 글자는 될 수 있는 대로 피하였다.

예를 들면 화(花)자는 꽃이 빨리 떨어지므로 명이 짧다고 했고, 춘(春)자는 잠깐 지나가는 봄에 비유(比喩)했으며, 로(露)자 역시 풀 끝에 맺힌 이슬처럼 덧없다고 하여 피했다.

그리고 추(秋)자는 인생을 쓸쓸한 가을에 바유했고, 설(雪)자는 햇볕에 빨리 녹는 눈처럼 흔적이 없는 인생에 비유했다. 이와 함께 동물(動物)의 이름도 좋지 않다고 피했는데, 웅(熊:곰)자는 무지(無知)로, 호(虎: 범)자와 랑(狼: 이리)자는 거칠고 사나움으로, 사(蛇:뱀)자는 모든 사람들이 싫어하여, 표(豹:표범)자는 포악(暴惡)하여, 원(猿:원숭이)자는 경솔하여 남의 흉내를 잘 내기 때문에, 학(鶴)자와 귀(龜:거북)자는 지나치게 길조라서 역운(逆運)으로 변할 수 있다고 하여 피했던 것이다.

이처럼 될 수 있으며 글자가 지닌 뜻을 생각하여 불길하거나 추잡하거나 불쾌한 뜻을 지닌 글자는 피하며, 재해의 느낌을 주거나 신앙(信仰)의 대상이 되는 글자는 피하도록 하는 것이 좋을 것이다.

2) 이름에 함부로 쓰지 않는 글자

글자 중에는 선천명(先天命)과 어울리지 않으면 불길한 것이 있으므로 이름자도 쓰지 않는 것이 좋은데, 그 글자들은 대강 다음과 같은 것들이다.

⊙구(九): 숫자의 종말을 고하는 수로서 뛰어난 재주가 쓸모없는 격이며 조난(遭難)을 당하기 쉽다.

⊙귀(龜): 이 글자를 쓰면 대부분 명이 짧다.

⊙길(吉): 천한 격이며 인품이 고결(高潔)하지 못하다.

⊙광(光): 글자의 뜻과 반대로 어두움의 조짐이 따른다.

⊙극(極): 부모의 덕이 없고 가난해지기 쉽다.

⊙금(錦): 일생이 외롭고 고난(苦難)이 따른다.

⊙남(南): 남자는 괜찮으나 여자는 이혼수가 있고 과부(寡婦)가 될 조짐이 따른다.

⊙대(大): 형은 이름자에는 괜찮으나, 아우의 이름자에 쓰면 천한 인상을 주게 되고 명이 짧을 조짐이 따른다.

⊙덕(德): 초년·중년은 평탄하지만 말년에 이르러 외롭게 된다.

⊙돌(乭): 돌이므로 천한 느낌을 주며 명이 짧기 쉽다.

⊙동(董): 인품이 보잘것없다.

⊙동(冬): 꾸준히 노력하나 대가(代價)는 물론 이루어지는 일이 없다.

⊙룡(龍): 사주(四柱)에 용이 필요할 때에는 괜찮으나, 그 밖에는 불길(不吉)하며 특히 개띠와 돼지띠에는 절대로 쓰지 않는 것이 좋다.

⊙마(馬): 말처럼 경솔하고 천한 대우를 받게 된다.

⊙만(滿): 달이 차면 기우는 것처럼 처음에는 부유하나 나중에는 가난하다.

⊙말(末): 사물의 끝판 격이다.

⊙매(梅): 과부나 화류계 여성이 될 글자이다.

⊙명(命): 일생을 의지할 곳이 없어 외로움이 따른다.

⊙명(明): 성품이 부드럽고 순하며 명석(明晳)한 두뇌로 언제나 남보다 앞서려고 하나 굴곡이 심하여 변수가 많다.

⊙미(美): 성품은 무던하지만 허영심이 남보다 많고 언제나 외로움이 따른다.

⊙민(敏): 성격이 날카롭고 하는 일마다 이루어지기가 어려우며 불화(不和)가 많다.

⊙복(福): 복덕성(福德星:목성)이 사주에 들어 있을 때 쓰면 괜찮으나, 그 밖에는 복을 받는 것이 아니고 깨뜨리는 것과 같다.

⊙분(分·粉): 팔자가 사나우며 과부가 많다.

⊙사(四): 우리나라에서는 사(死)자에 비유하여 극도로 싫어하는 글자로서 역시 명이 짧거나 조난을 당할 글자이다.

⊙석(石): 천한 격으로 중간에 뜻을 꺾고 실망(失望)하기 쉽다.

⊙설(雪): 모든 일이 빨리 이루어지나 햇볕에 눈이 녹듯이 실패(失敗)도 빠르고 망하는 것도 빠르다.

⊙성(星): 명이 짧은 사람이 많다.

⊙소(笑): 하는 일마다 이루기가 어렵고 재난이 따른다.

⊙수(壽): 오래 살기를 바라는 뜻에서 쓰이나 그와는 반대로 단명(短命)을 암시한다.

⊙순(順): 여성이 이름자에 많이 쓰이나 눈물과 슬픔 속에서 지내며, 부부간의 이별수가 많다.

⊙신(新): 새로운 것이 있으면 낡은 것이 있는 것처럼, 모든 일에 시작은 있어도 결과(結果)는 없다.

⊙실(實): 부부간에 서로 헤어지거나 과부가 될 조짐이다.

⊙애(愛): 많은 사람에게 사랑받고 남편의 사랑을 한몸에 받기를 원하여 여성들이 좋아하는 글자이나 이와는 반대로 슬픔의 표본(標本)이 되기 쉽다.

⊙영(榮): 근심과 걱정이 떠날 날이 없고 모둔 일이 뜻대로 이루어지지 않는다.

⊙옥(玉): 수려한 인품에 총명하여 길운을 지나고 있으나 명이 짧거나 암에 걸리기 쉽다.

⊙완(完): 형일 경우는 괜찮으나 아우가 쓰게 되면 형을 누르는 경우가 많고 또 불구가 되거나 질환(疾患)이 따른다.

⊙운(雲): 형제간에 우애(友愛)가 없으며 재물이 모여졌다가 흩어지는 일이 많다.

⊙은(銀): 성품이 따뜻하고 착실하나 인덕(人德)이 따르지 않으며 생활에 변화가 심하게 일어난다.

⊙이(伊): 여성이 많이 쓰는 글자로 남편과 별거(別居)하거나 천대를 많이 받아 저절로 천하게 된다.

⊙인(仁): 고치기 어려운 병이 잦아 불행하게 지내는 암시가 있는 흉한 글자이다

⊙인(寅): 사주에 이 글자가 필요할 때는 괜찮으나 그 밖에는 쓰지 않는 것이 좋다. 특히 말띠와 염소띠에 함부로 써서는 안 된다.

⊙일(日): 모든 일을 하는 데에 장해물(障害物)이 많으며, 건강에도 불길한 글자이다.

⊙자(子): 사주에 이 글자가 필요할 때는 괜찮으나 그 밖에는 쓰지 않는 것이 좋고, 특히 말띠와 염소띠에 함부로 써서는 안된다.

⊙지(地): 기반이 약하여 모든 일이 무너지고 실패하는 암시가 있는 글자이다.

⊙진(珍):모든 일이 중도에서 좌절되어 그만두며, 여성은 남편의 덕이 없고 과부로 지낼 수가 따른다.

⊙진(眞): 모든 일이 공들인 보람도 없이 물거품으로 돌아가는 암시가 따르는 글자이다.

⊙천(千): 아버지의 덕과 인덕이 없어 고단함이 따르는 흉한 글자이다.

⊙철(鐵): 항상 외롭게 지내며 가난에서 벗어나지 못하여 주위 사람들로부터 업신여김을 당하는 수가 따른다.

⊙춘(春): 한 때 성공할 수 있으나 허영심(虛榮心)이 많아 하는 일이 모두 실패로 돌아간다.

⊙풍(風): 아버지로부터 물려받은 재산(財産)을 지키지 못하고 없애 버린다.

⊙학(鶴): 성품이 따뜻하고 부드러우며 고결하여 많은 사람들의 존경(尊敬)을 받으나 재물은 모아지지 않고 항상 외로움이 따른다.

⊙해(海): 일평생을 살아가는 길에 파란(波瀾)이 많다.

⊙호(虎): 사주에 필요하지 않은 데 쓰면 겸손하지 못하며, 특히 원숭이띠와 닭띠에 써서는 절대로 안 된다.

⊙화(花): 화류계(花柳界) 여성이 되거나 부부 운이 좋지 않다.

⊙효(孝): 부모를 일찍 여의게 되며 언제나 외로움이 떠나지 않는다.

⊙희(憙): 글자의 뜻과는 반대로 슬픔과 외로움이 따르며 재산을 잃어버리는 수까지 있다.

3)이름에 좋은 글자

이름에 좋은 글자에는 두(斗)·정(正)·병(秉)·수(秀)·철(哲)·환(煥)·승(承)·수(洙)·훈(勳)·상(相) 등이 있다.

제 7 부

족보(族譜) 및 성씨(姓氏)에 대한 상식

1

한국인(韓國人)의 성씨(姓氏)

(1) 성씨(姓氏)의 의의(意義)

혈연을 바탕으로 이루어진 우리 민족은 어느 누구나 부계(父系)를 중심으로한 각기의 성씨(姓氏)를 갖고 있으며, 각 성씨 별로 씨족의 역사를 갖고 서로 융화하며 협동·발전하여 왔다.

특히 조상숭배사상(祖上崇拜思想)과 애족사상(愛族思想)이 강한 우리들은 성씨를 통해 선조들의 유현(幽玄)한 여운(餘韻)을 느끼고, 면면히 내려오는 가통(家統)의 맥락을 더듬으며 조상의 얼과 체취를 느끼는 동시에 가문에 대한 강한 긍지를 느끼게 되는 것이다.

또한 성씨의 성장과정(成長過程)은 문명의 발달과 밀접한 관계가 있으며, 사회적·심리적·정치적 역할에 깊은 영향을 주고 있다.

(2) 성씨(姓氏)의 유래(由來)

성씨의 발생근원은 정확한 기록이 없어 상세히 알 수 는 없으나, 대략 중국 성씨제도의 영향을 받아 고조선(古朝鮮)시대에 왕족(王族)에서부터 사용한 것으로 전해온다.

고대씨족사회로 접어들면서 그 집단을 통솔하는 지배자가 나타나는데, 통솔에 필요한 정치적 기능을 부여함에 있어서 다른 씨족과 구별하기 위한 호칭(呼稱)이 성(姓)으로 나타나고, 점차적으로 지방세력이 중앙귀족화 되면서 다수의 부족을 통솔하기 위한 칭호이며, 정치적 신분을 표시하는 중요한 의미로 나타났다.

따라서 성(姓)은 초기에 왕실(王室)이나 귀족(貴族)에서만 국한되어 사용하다가, 국가에 공이 큰 공신(功臣)들이나 귀화인(歸化人)들에게 세거지역(世居地域)이나 강·산의 명칭을 따라 사성(賜姓)을 하면서 확대되어 나가기 시작하였다.

그러나 일반서민들의 성씨 사용은 과거제도(科擧制度)가 발달되는 고려 문종(文宗 1047) 이후에서부터 보편화 되었으며, 상민(常民)과 노비(奴婢)를 포함한 모두가 성(姓)을 갖게 된 것은 조선말 개혁정치가 시행되면서 부터이다.

(3) 성씨(姓氏)의 득성과정(得姓過程)

삼국사기 제13권 고구려 본기 1(三國史記弟十三卷高句麗本紀一)에 고구려 시조 주몽(朱蒙)은 고구려를 건국하고, 고(高)씨를 자기성으로 하였으며 건국공신(建國功臣)인 재사(再思)에게는 극(克)씨를, 무골(武骨)에게는 중실(仲室)씨를, 묵거(默居)에게는 산실(山室)씨를 사성한 기록이 있다.

삼국사기 23권 백제본기 1(三國史記二十三卷百濟本紀一)에는 백제의 시조(始祖) 온조(溫組)가 부여계통에서 나왔다 하여 부여(扶餘)씨로 하였으며, 신라 시조 혁거세(赫居世)는 기원전 57년경 양산(陽山) 기슭 나정(蘿井)옆에 있는 숲속에서 표주박 같은 커다란 알에서 탄생 했다하여 표주박 박(朴)씨를 성으로 삼았다는 기록이 있고, 김씨의 시조인 김알지(金閼智)는 65년 탈해왕 9년에 금성(金城) 서쪽 시림(始林) 숲속에서 금함으로부터 나왔으므로 김(金)씨라 하였으며, 가야국 시조인 수로(首虜)도 42년(신라 유리왕 19년) 금관국(金官國) 북쪽 귀지봉(龜旨峰)에 떨어진 6개의 황금알에서 나왔다 하여 김(金)씨라 하였다.

삼국사기 제1권 신라본기(三國史記第一卷新羅本紀)에는 신라 3대 유리왕 9년(서기 32년)에 6부를 개정하여 알천 양산촌(閼川楊山村; 양부)장 알평(謁平)에게는 이(李)씨를, 돌산 고허촌(突山高墟村)장 소벌도리(蘇伐都利)에게는 최(崔)씨를, 무산 대수촌(茂山大樹村; 점량부)장 구례마(俱禮馬)에게는 손(孫)씨를, 취산 진지촌(취山珍支村; 본피부)장 지백호(智伯虎)에게는 정(鄭)씨를 금산 가리촌(金山加利村; 한기부)장 기타(祇陀)에게는 배(裵)씨를 명활산 고야촌(明活山高耶村; 습비부)장 호진(虎珍)에게는 설(薛)씨를 사성했다고 기록되어 있다.

북사(北史)의 백제열전(百濟列傳)에 보면 사(沙)·연(燕)·예·해(解)·직(直)·국(國)·묘(苗)씨 등 8대성이 기록되어 있으며, 김수로왕(金首露王)의 두 아들이 어머니 아유타국(阿踰他國)공주 허황옥(許黃玉)의 성씨를 따서 허(許)씨라 하였고, 고려 왕건은 고려 건국 개국공신인 홍술(弘述)에게 홍(洪)씨를, 삼능(三能)에게 신(申)씨를 복사귀(卜沙貴)에게는 복(卜)씨를 사성하고 백옥삼(白玉衫)에 사관하여 각각 홍유(洪儒)·배현경(裵玄慶)·신숭겸(申崇謙)·복지겸(卜知兼)으로 개명하였다.

또한 많은 외국인들이 우리나라에 귀화(歸化)하여 성을 얻었는데, 주로 중국계통이 많았다. 괴산점씨(槐山占氏)와 김해김씨(金海金氏) 우록(友鹿)계는 일본계통이고, 화산이씨(花山李氏)는 안남(安南)계통, 연안인씨(延安印氏)는 몽고(蒙古)계, 덕수장씨(德水張氏)는 아랍계이며, 태씨(太氏)의 일부는 발해(渤海) 계통이고, 임천이씨(林川李氏)와 경주설씨(慶州　氏)는 위글계통이다.

흥미있는 사실은 충주어씨(忠州魚氏) 시조 어중익(魚重翼)은 원래 지씨(지氏)였는데, 태어 날 때부터 체모(體貌)가 기이하고 겨드랑 밑에 비늘(鱗) 셋이 있어 고려 태조가 친히 불러, 보고나서 어씨(魚氏)로 사성했다 한다.

동국여지승람(東國與地勝覽)의 목천현 성씨조(木川縣姓氏條)에 보면, 태조가 고려를 건국한 후 목천 사람들이 자주 반란을 일으키자 태조의 미움을 사서, 각기 우(牛; 소)·마(馬; 말)·상(象; 코끼리)·장(獐; 노루)·돈(豚; 돼지)씨 등의 짐승이름으로 사성했는데, 후에 우(于)·상(尙)·돈(頓)·장(張)씨 등으로 변성(變姓)했다고 기록되어 있다.

(4) 성씨(姓氏)의 성장과정(成長過程)

성씨의 수(數)와 종류(種類)는 시대의 변천에 따라 많은 차이를 보이고 있는데, 이는 우리나라 역사의 흥망성쇠(興亡盛衰)를 대변해 주는 것이라 할 수 있다.

세종실록지리지(世宗實錄地理志)에는 265성이 기록되어 있고, 조선 영조(英祖) 때 도곡(陶谷) 이의현(李宜顯)이 지은 「도곡총설(陶谷叢說)」에는 298성이, 조선 정조 때 아정(雅亭) 이덕무(李德懋)가 쓴 「앙엽기(　葉記)」에는 486성이, 영조 46년에 편찬되어 정조(正祖) 6년에 증보(增補)를 시작한 「증보문헌비고(增補文獻備考)」에는 조선초에 무려 496성이었던 것이 임진왜란과 병자호란을 겪은 후에는 289성으로 줄어들었으며 다시 496성으로 기록되어 있다.

이외에도 성씨에 관한 문헌으로는 「동국여지승람(東國與地勝覽)」과 양성지(梁誠之)의 「해동성씨록(海東姓氏錄)」, 조중운(趙仲耘)의 「씨족원류(氏族源流)」, 정시술(丁時述)의 「제성보(諸姓譜)」 등이 있었다.

근대에 들어와서는 1930년 총독부 국세조사(總督府國稅調査)에는 250성으로 조사됐고, 1934년 중추원(中樞院)에서 펴낸 「조선의 성명 씨족에 관한 연구조사」에는 326성으로 나타났다.

1960년 국세조사에서는 미확인(未確認) 11성을 포함하여 258성이었으며, 1975년 국세조사에서는 249성으로 나타났다.

또한 1985년 경제기획원(經濟企劃院)에서는 본관별 분류를 처음으로 시도하여 다각적으로 대대적인 조사를 하였다.

이와같이 시대별 또는 자료별 차이가 큰 것은 대개 실제조사에 의한 것이 아니고, 옛 문헌(古文獻)에 산재해 있는 것을 조사한 것이기 때문이며, 가구주와 호적별의 조사차이로 나타났다. 75년도 인구 조사에 의한 성씨 분포도(姓氏分布圖)를 살펴보면, 김씨가 전체인구의 21.9%, 이씨가 14.9%, 박씨가 8.5%, 최씨가 4.8%로 4대성이 총인구의 반을 차지하고 있으며, 순위 20위 안에 드는 성이 80%를 차지하고 35여개

성이 90%, 90여개 성이 전체의 99%를 차지하여, 실제적으로 우리나라에는 249개 성(姓) 중에 90여 성이 존재한다고 볼 수 있다.

나머지 160여개 성은 총인구의 1%에도 못 미치는데, 심지어 비(丕)·선(先)·간(間)·응(應)·포(鮑)·방(旁)·은(恩)씨 등은 전국을 통하여 1가구 밖에 되지 않는다.

2

본관(本貫)

시대의 흐름에 따라 성씨가 점차적으로 확대되면서 같은 성씨(姓氏)라 하더라도 계통(系統)이 달라, 그 근본을 명확하게 구분하기가 어려웠으므로 동족여부(同族與否)를 가리기 위해 필연적으로 등장하게 된 것이 본관(本貫)이다.

본관이란 본(本)·관향(貫鄕) 또는 관(貫)이라고도 하는데, 원래 관(貫)은 돈(錢)을 말하는 것을 돈을 한줄에 꿰어 묶어 가지고 다니는 것과 같이, 친족(親族)이란 서로 관련성을 갖고 있다는 뜻(貫錢見之貫)이며, 여기에 더 나아가 본적(本籍)이란 뜻(本官鄕也)으로 사용되었다.

이는 시조(始祖)나 중시조(中始祖)의 출신지 혹은 정착세거지(定着世居地)를 근거로 호칭하는 것이 대부분이고, 봉군(封君; 고려 때 종 1품, 조선 때 2품이상의 공로자에게 주는 작위) 칭호를 따라 정하는 경우, 그리고 성씨와 같이 임금이 공신(功臣)이나 귀화인(歸化人)들에게 특별히 하사하는 경우가 있는데 이를 사관(賜貫)이라고 한다.

고려 개국공신 신숭겸(申崇謙)은 곡성사람이었지만, 고려 태조와 함께 평산(平山)으로 놀러가 그곳이 좋았으므로 평산을 본관으로 하사 받았으며, 하동 쌍계사(雙溪寺) 비문(碑文)에 진감선사(眞鑑禪師)의 본관이 황룡사(黃龍寺)라고 적혀 있는데 이는 선사가 황룡사 출신이라는 것을 말하는 듯 하다. 따라서 성씨만이 같다고 해서 전부 같은 혈족이 아니며, 본관까지 같아야 같은 혈족(血族)으로 볼 수 있는 것이다.

여기에서 성씨와 본관과의 관계를 살펴보면 다음과 같다.

⊙첫째 : 동족동본의 동성(同族同本同姓)인데, 근친혼(近親婚)의 불합리성과 윤리적 가치관 때문에 혼인을 절대 금지하고 있으며 최근들어 많은 사회적 문제가 제기되자 점차 해소(解消)시킬 방침이다.

⊙둘째 : 이족동본의 동성(異族同本同姓)관계인데, 이는 성(姓)과 본(本)이 같지만, 그 근원은 전혀 달라 사실상 혈통문제가 전혀 없는 것이다. 예를 들면 남양홍씨(南陽洪氏)는 당홍(唐洪; 당나라로부터 온 홍은열(洪殷悅)을 시조로 함)과 토홍(土洪; 홍선행(洪先幸)을 시조로 함)으로 구분되어, 전혀 공통점이 없이 계통(系統)을

달리하고 있다.

⊙셋째 : 동족이본의 동성(同族異本同姓)인데 이는 시조도 다르고 본도 다른 경우이다. 예를 들면 강릉김씨(江陵金氏)와 광주김씨(光州金氏)는 시조와 본이 다르지만 같은 김알지(金閼智)계통이며, 고부최씨(古阜崔氏)와 경주최씨(慶州崔氏)도 만찬가지로 시조와 본을 달리하지만 같은 최치원(崔致遠) 계통이다.

⊙넷째 : 이족이본의 동성(異族異本同姓)관계인데, 이는 대성(大姓)에서 주로 볼 수 있으며, 한 예로 김해김씨(金海金氏)와 경주김씨(慶州金氏) 등과 같이 같은 성을 쓰면서도 조상이 달라 아무런 계통관계가 없는 것이다.

⊙다섯째 : 동족의 동본이성(同族同本異姓)인데, 이는 조상과 본을 같이 하면서도 성씨만을 다르게 사용하는 것이다. 예로 김해김씨(金海金氏)와 김해허씨(金海許氏)의 경우인데, 같은 김수로왕(金首露王)의 후손으로서 성만 달리하므로 혼인이 금지되어 있다.

⊙여섯 : 이족의 동본이성(異族同本異姓)인데 이런 경우는 허다하다. 예를 들어 경주이씨(慶州李氏)와 경주김씨(慶州金氏), 그리고 안동강씨(安東姜氏)와 안동권씨(安東權氏), 안동김씨(安東金氏) 등의 경우이다. 아울러 우리나라 성씨에 나타난 본관의 수를 살펴보면, 동국만성보(東國萬姓譜)에는 김(金)씨가 120본·이(李)씨가 116·박(朴)씨가 51본·최(崔)씨가 43본·정(鄭)씨가 35본 등으로 나타나 있다. 1930년 국세조사의 기록에 보면 김(金)씨가 85본·이(李)씨가 103본·박(朴)씨 34본·최(崔)씨 34본·정(鄭)씨가 35본 등으로 되어 있다.

예로부터 우리나라에는 같은 본을 중심으로 이루어진 동족부락(同族部落)이 있었는데, 이들은 문벌(門閥)을 소중히 여기고 자치적으로 상호 협동하여 집안일을 해결해 나가는 특이한 사회조직의 한 형태를 이룬다.

수많은 본관을 가지고 있으면서도, 분파를 지양하고 한 민족의 핏줄이라는 것을 자랑스럽게 여기는 동족동본의식은 오천년 역사를 이끌어 온 원동력이 되었다.

3

족보(族譜) 및 성씨(姓氏)

족보(族譜)의 의의

(휘자(諱字)……돌아가신 어른의 이름을 높여 이르는 뜻)

족보(族譜)는 시조(始祖)부터 역대 조상(祖上)의 얼이 담겨있는 귀중한 보감(寶鑑)이므로 반드시 가보(家寶)처럼 소중히 간직하여야 하고 이를 대할 때는 상(床) 위에 모셔놓고 정한수를 떠서 절 이배한 연후에 경건(敬虔)한 마음으로 살아계신 조상을 모시듯 하여야 한다. 우리 소상들께서는 이를 소중히 하기를 보옥(寶玉)처럼하고 만일에 보관한 곳에 화재가 발생했을 때는 아무리 어려워도 족보와 신주를 모셔 나오려다 화염에 싸여 귀중한 목숨을 잃은 일이 왕왕 있었다.

이처럼 소중히 여겨온 족보가 해방후 밀어닥친 양풍(洋風)에 휘말려 왔고 지금은 핵가족 제도가 되면서부터 봉건사상의 유물로만 생각하고 도외시하는 경향이 일고 있다.

조상에 대한 고마움을 망각하고 일가간의 친목은커녕 부모마져 저버리려는 폐습이 있으니 실로 개탄을 금할 길이 없다. 우리 선조께서 지으신 명심보감(明心寶鑑)에 다음과 같은 글월이 생각난다. 「자기가 부모에게 효도(孝道)하지 아니하고 어떻게 하여 자식에게 효도를 바라겠나」 이 얼마나 깊이 있는 말씀인가 우리 모두가 족보를 자주 살펴 조상들이 목숨을 바쳐가면서 가문(家門)을 빛내고 지켜온 숭조사상(崇祖思想)의 자랑스러운 전통을 이어야 할 것이다.

(1) 족보(族譜) 보는 법

1) 족보를 보려면 「나 자신」이 어느 파에 속해 있는지 알아야 한다.

2) 파(派)를 알지 못할 경우는 조상(祖上)이 어느 지역에 살았고 어떤 파(派)가 살았던가를 알아야 한다.

3) 그래도 파(派)를 모를 때는 씨족(氏族) 전체가 수록된 대동보(大同譜)를 찾아 확인하는 외에는 도리가 없다.

4) 시조(始祖)로부터 몇 세대(世代)인지를 알아야 한다. 족보(族譜)는 가로(橫)로 단을 갈라서 같은 세대(世代)에 속하는 혈손(血孫)을 같은단(段)에 횡(橫)으로 배열하였으므로 자기 세대(世代)의 단만 보면 된다. 만일 세수(世數)를 모르면 항렬자(行列字)를 헤아려야 한다.

5) 파(派)의 명칭은 흔히 파조(派祖)의 관작명(官爵名) 시호·아호(雅號) 등을 따서 붙인것이다.

6) 파를 찾으려면 족보 계보도(系譜圖) 위에 세계도(世系圖)를 보아야 한다. 세계에는 대략 분파(分派)계도를 그려놓고 무슨 파는 몇권 몇면이라고 표시되어 있다. 이 표시가 옛날에는 천자문(千字文)의 글자로 장(章)을 표시했다. 지금은 대개 숫자순으로 쓰고 있다.

7) 열(悅)을 기두(起頭)라 한다. 우측에 자전과 소(逍)는 열의 아버지와 할아버지를 표시한 것이다. 그 옆에 사첩(四疊)은 횡으로 네 번 바뀌었다는 뜻이 된다.

(2) 성씨(姓氏)

처음 만나게 되면 으레 통성명(通姓名)부터 하는 것은 동서양(東西洋) 사람마다 마찬가지다. 그러나 우리는 서양사람들에 비해 훨씬 번거롭게 마련이다. 서양 사람들은 자기 이름을 밝히고 악수를 하는 것으로 끝내 버린다. 그에 비해서 우리의 수인사(修人事)는 자랑스런 점이 있다. 상대방이 종씨(宗氏)인 경우 본관(本貫)을 따지고 항렬을 비교해 보기도 한다. 다음으로 파(派)를 따져 고향(故鄕)마져 알게 되며 친근감을 느끼게 되는 것과 상(常)정(精)이다.

우리 사회에는 씨족관념과 성(姓)의 의식이 아직도 뿌리깊이 남아 있는게 사실이다. 호적(戶籍)에 본관(本貫)을 적어 부계혈통(父系血統)을 밝힌다든가, 동성동본(同姓同本) 사이의 혼인을 터부 (tabao)한다든가 다투어 문중(門中)에서 족보(族譜)를 편찬(編纂)한다든가 하는 일이 그 단계적인 표현(表現)이다. 이름을 작명할 때 항렬(行列)을 중요하게 여기는 데에서도 뿌리깊은 성명(姓名)의식이 한 측면을 엿볼 수 있다. 한편 사성(賜姓)은 왕(王)이 성을 내려주는 일인데 이를테면 안동권씨(安東權氏)의 시조 권행(權幸)은 본디 김씨(金氏)였는데 태조(太祖)가 권씨성을 내려준 것이며, 수성최씨(隋城崔氏)의 시조 최영규(崔永奎)도 본디 김씨(金氏)였는데 고려 충렬왕이 최씨로 하사한 것이다. 또 일직(一直) 안동 손씨(孫氏)는 본디 순씨(旬氏)였고 예천권씨(醴泉權氏)는 원래 흔씨(昕氏)였는데 왕(王)의 이름자 자(字)와 같다는 이유로 손씨와 권씨로 개성케 했다.

고려시대에 사성이 빈번하여 국가(國家)에 공(功)이 있는 사람에게는 왕씨성(王氏姓)을 곧잘 주곤했다. 아마도 이런일이 최고의 영예로 생각했던 모양인데, 거부한 사람들도 허다 하였던 모양이다. 이를테면 고려 고종 6년(1219)년 3월 최충헌(崔忠獻)의 경우를 보면 (고려사(高麗史) 참조) 왕씨(王氏)성을 사성했는데, 그해 9월에 사성한 것을 거부했다는 기록이 있다.

(3) 이름과 항렬

우리나라 사람들은 대체로 이름에 돌림자를 가지고 있다. 형제(兄弟)들은 형제들대로 아버지의 형제나 할아버지의 형제는 이름자 속에 돌림자를 가지고 있으며, 세계상(世界上)에 속하면 4촌, 6촌, 8촌이든 같은 돌림자를 씀으로써 형제 관계를 표시하고 있다. 그래서 그 사람의 이름자를 보면 그가 그 혈족(血族)의 방계(傍系)에 속한 대수(代數)를 나타내는 돌림자가 곧 항렬자(行列字)이다.

그런데 항렬은 장손(長孫) 계통일수록 낮고 지손(支孫) 계통은 높은 것이 통례(通例)이다. 장손계통은 지손계통에 비하여 세대의 교체가 빠르기 때문이다. 가령 같은 형제라도 일찍 태어나서 장가들고 막내는 나이차만큼 늦게 결혼하게 마련이다. 심하면 맏이가 손자(孫子)를 볼때쯤 막내는 겨우 장가를 들게 되는 일도 있다. 따라서 맏이에게 만이로 이어지는 장손(長孫)계통은 지손(支孫)계통보다 세대의 교체가 빠르고, 항렬자의 사용 진도(進度)도 그 만큼 앞당겨지므로 항렬이 낮아지게 된다.

흔히 배(임신중)안에 할아버지라는 말을 듣는다. 아직 태어나지도 않은 아이가 항렬은 높아서 할아버지 뻘이 된다는 뜻이다. 항렬은 단순히 이름의 돌림자만을 뜻하는 것이 아니라, 조상(祖上)의 몇 대손(代孫)이 되는가를 표시하는 구실을 하는 것이다. 집안에 따라서는 항렬을 나이에 우선(優先)시키고 있다. 나이에 관계없이 항렬이 높은 사람에게는 웃사람 대접하고 또 항렬이 낮은 사람에게는 말을 놓는 경우를 볼 수 있다. 이른바 「長幼有序」라는 것도 동족(同族)간에는 항렬이 높은 사람이 「長」이며 낮은 사람은 「幼」가 되는 것이다. 그러기 때문에 선인들이 정해놓은 항렬자는 원칙적으로 중도에 변개(變改)할 수 없다. 다만 글자가 조상의 이름에 저촉(抵觸)될 경우에 한해서만 변경이 용인하다. 그러나 때로는 당대(當代)에 와서 뜻하지 않은 사고로 바뀌는 수가 있었다. 옛날 전제정치(專制政治) 아래서는 자칫 잘못하면 역적(逆賊)으로 몰리기도 일쑤였다. 심한 경우에는 그런 사람의 이름을 아예 족보(族譜)에서 빼어 버리기도 했고 또 항렬자를 바꾸기도 했다. 저 유명한 갑신정변(甲申政變) 1884년의 주동자들의 경우가 그랬다.

김옥균(金玉均)·홍영식(洪泳植)·박영효(朴泳孝)·서광범(徐光範)·서재필(徐載弼) 등을 주축으로 한 개화당(開化黨)의 혁명이 3일 천하로 끝나면서 그들은 사대당(事大黨)인 민정권(閔政權)에 의해 역적으로 몰리게 된 것이다. 그래서 金玉均(안동김씨)의 均자 항렬자는 규(圭)로 洪泳植(남양홍씨)의 식(植)자 항렬은 표(杓)로 朴泳孝(반남박씨)의 영(泳)자 항렬은 승(勝)으로 徐光範(달성서씨)의 광(光)자 항렬은 병(丙)으로 徐載弼(달성서씨)의 재(載)자 항렬은 정(廷)으로 각각 바꾸고 말았다. 그러면 이름에 항렬자를 쓰게 된 것은 문헌상으로 기록이 없어 확실하지 않으나 각 성씨의 족보를 통하여 짐작할 수 있다.(참고문헌 高麗宗族의 類型과 構成, 韓國典執제 3집에서)

그리고 선조(先祖)의 이름자는 피하는 것이 좋다. 자기(自己)의 선조이든 남의 선조인든 이미 돌아간 이의 이름은 휘(諱)라고 해야 한다. 살았을 때는 名(生則名)이요, 돌아간 상책이다. 이를 기휘(忌諱)라고 한다. 옛날에는 조상의 이름자에 저촉될 경우 변통할 수 있다고 했으며 이런 금휘(忌諱)의 법이 매우 엄중해서 조상의 이름자와 똑같은 글자는 물론이고 음(音)이 같은 글자도 쓰지 않는다. 조선조(朝鮮朝)때의 명신 유관(柳寬)의 처음 이름은 관(觀)자였다. 그의 둘째 아들 유계문(柳季問)이 경기도 관찰사(觀察使)란 직함에 아버지의 관(觀)자가 들어 있으므로 직(職)을 맡을 수 없다고 아들이 마다한 것이다. 그러자 아버지 유관(柳觀)은 임명의 명을 어길수 없다고 생각한 나머지 자식의 이름자를 음(音)만 같은 觀자로 바꾸고 아들의 부임을 종용했다는 얘기다.

효도하자는 노릇이 도리어 불효가 되었는지도 모르지만 옛날 사람들의 기휘(忌諱)관념은 이렇게 엄했다.

(4) 성씨에 대한 전설

1) **고 · 양 · 부씨(高 · 梁 · 夫氏)** 고씨는 양씨, 부씨와 함께 탐라 지금의 제주도는 이들 3성의 시조탄생에 대해서는 삼성혈(三姓穴) 전설이 알려져 있다. 옛날 한라산 북쪽 기슭 모흥혈(毛興穴)에서 세 신인(神人)이 솟아났다. 양을라, 고을라, 부을라 그들은 수렵을 하여 살았는데, 하루는 바다에 이상한 상자가 떠 내려와 건져보니 세미녀와 오곡의 종자, 망아지, 송아지가 들어있었다.

세 신인은 세미녀와 각각 결혼하여 농사를 지으며 살게 되니 그로부터 탐라는 개척 되었다 한다.……탐라(지금의 제도도)

2) **안동권씨(安東權氏)**의 시조는 권행(權幸)이라고 한다. 권행은 원래성이 김씨(金氏)였다고 한다. 권행은 고창(古昌)…지금의 안동……의 수령이었는데, 고려와 후백제가 충돌하자 고려편을 들어 공로가 컸었다. 이로 인하여 권행은 삼한벽상공신(三韓壁上功臣)이 되고 왕건에게 권(權)이라는 성을 받기까지 하였다. 그러니 안동 권씨는 따지고 보면 그 집안이 안동김씨라는 것이다. 그렇기 때문에 안동권씨와 안동김씨는 같은 혈족이라하여 서로 혼사하지 않는다. 성이 다르면서도 혼사할 수 없는 집안이다.

3) 김해김씨와 김해허씨

가락국(駕洛國)의 김수로왕에 대하여 다음같은 설화가 있다. 수로왕의 왕비는 허황옥(許黃玉)이었고, 그 사이에서 아홉아들이 태어났는데, 둘째 아들은 왕비의 소원을 따라 어머니의 성을 따라 허씨(許氏)가 되었다는 것이다. 그러니 이 설화대로라면 김씨와 허씨는 비롯 성이 다르더라도 같은 혈족이 되는 것이다. 그러기에 김혜김씨와 김해허씨는 한집안이라고 전한다. (朝鮮女俗考 第二章 十二의 九에)

4) 천씨(天氏)

천씨의 본관은 연안(延安), 우봉(牛峯)인데, 설화에 의하면 연안지방에서 냇가에 버려진 한 아이가 있어 동네사람이 거두어 길렀는데, 이 아이가 보통 아이가 아니므로 성을 천(天)으로 삼았다고 전한다.

5) 제갈씨(諸葛氏)

제갈씨는 원래 중국에서 우리나라 신라 덕흥왕때 건너와 살기 시작했다고 한다. 그뒤 고려 고종때에 이르러 제갈황(諸葛泓), 제갈형(諸葛瀅)의 두형제가 복성(復姓)을 서로 한자씩 나눠 쓰기로 하여 형은 제씨 아우는 갈씨로 분종했다 한다. 그러다가 구한밀(舊韓末)에 이르러시 성씨 환원운동이 일어나 일부 제씨와 길씨가 다시 제갈씨(諸葛氏)로 복성했다 한다.

6) 우씨(禹氏)

목천(木川)우씨에 전하는 재미있는 이야기가 있다. 왕건이 고려를 세울 무렵 목천(木川)……지금의 충청남도 천원군 지방 백제 유민들이 백제 부활을 간했다는 이유로 몹시 노한 왕건이 이 지방민에게 소(牛), 코끼리상(象), 돼지돈(豚), 노루장(獐)등의 성을 억지로 붙여 주었다는데, 그중 우(牛)씨가 뒷날 우(于)씨로 다시 우(禹)씨로 성이 바뀐다는 것이다. 옛날 책을 보면 목천상씨(木川尙氏), 목천돈씨(木川頓氏), 목천장씨(木川張氏)가 나와 있는 것을 보면 같은 음의 다른 글자로 성을 바꾼게 아닌가하는 신빙성을 주기도 하지만 믿을 수는 없다.

7) 승씨(昇氏)

고려 공민왕때 중국의 황족(皇族)이었으며, 그의 어머니와 더불어 망명해 왔다. 그는 망국 황족으로서 고개를 들고 하늘을 보기 부끄럽다 하여 명자(明字)떼도 승자(昇字)를 성으로 삼았다고 한다. 그의 어머니는 우리나라 신부 예복(원삼·족도리)을 보급한 사람으로 전한다.

승씨의 시조는 명승(明昇)이라는 사람인데, 그의 시조의 유언에 따라 벼슬길에는 일체 나가지 않았다. 승씨에 의하면 명씨와 승씨는 같은 조상이므로 지금까지 서로 혼사하지 않는다고 전한다.

8) 안씨(安氏)

안씨의 시조는 당나라 사람인 안원(安瑗)이며, 그는 원래 이씨였는데 신라 애장왕(哀莊王)때 귀화하여 그의 아들이 왜구를 무찌른 안씨를 하성 받았다.

안씨는 죽산, 광주, 순흥 등 3본이 대본으로 절대다수를 차지하여 특히 순흥안씨가 전체 안씨 인구의 과반수 이상을 차지한다.

9) 문씨(文氏)

감천문씨(甘泉文氏)와 정선문씨(旌善文氏)는 원래가 타성으로 성만 같을 뿐 본관은 다르고 조상도 다른 것으로 전해온다. 감천문씨의 시조 문원길(文元吉)은 원래 김알지(金閼智)의 후손으로 경주 김씨(金氏)였는데, 그의 선대(先代)에서 중국에 갔다가 이름을 날려 문씨 성을 사성받아 문씨로 갈았다고 전한다.

정선문씨(旌善文氏)의 시조 문임간(文林幹)은 본래 全氏였다고 한다. 그도 중국에 들어가 글로 이름을 날리게 됨으로써 문씨(文氏)성을 얻어 귀국하였다고 전한다.

10) 남씨(南氏)

남씨의 시조는 남민(南敏)인데 본명은 김충(金忠)이다. 원래 당나라 사람인데 사신으로 일본으로 가다가 풍랑을 만나 경북 영덕군 바닷가에 표착, 신라 사람이 되었다 한다. 신라 임금은 그에게 「남쪽에서 왔다」는 뜻으로 남씨의 성을 사성 호를 내리고 영양현(경북영양땅)을 중심으로 살게 되었다고 전한다.

11) 차씨(車氏)

차씨의 원조 무일의 33세손 승색은 신라 애장왕 때 충신이었다. 애장왕의 숙부가 왕과 왕자를 죽이고 스스로 왕위에 오르자, 좌승상의 벼슬을 버리고 전왕의 원수를 갚으려 했다. 그러다가 사전에 발각되어 몸을 숨기지 않을 수 없었다. 그는 왕의 체포령을 피해 황해도 구월산에 들어가 성을 유씨(柳氏)로 바꾸고 이름도 색으로만 했다. 차씨와 유씨는 윗대에서 이처럼 한 집안이었다.

12) 왕씨(王氏)

해주 왕씨의 시조 왕유는 본성이 박씨였는데 왕건(王建)이 박유에게 왕(王)이라는 성을 내린 것이다. 이조가 생기고 왕씨들에게는 대대적인 멸족의 위기와 고난을 받게 되었다고 전한다.

13) 서문씨(西門氏)

본관은 안음(安陰) 단본인데, 이성은 중국 정나라 대부(大夫)가 살던 지명을 따서 지은 성씨다. 시조 서문담은 고려 공민왕때 원나라 위왕(衛王)의 딸 노국공주를 따라 우리나라에 들어와 살게 되었다고 전한다.

14) 덕수장씨(德水張氏)

장씨의 본관은 안동인데 고려 공민왕 때 노국공주(魯國公主)를 따라온 아라비아 사람 장백창(張伯昌)이 우리나라에 귀화함으로써 덕수장씨가 하나 더 생기게 된 것이다.

15) 능성구씨(綾城具氏)

시조는 검교상장군인 구재유다. 그는 송나라 한림학사 주잠(朱潛)의 사위인데 주잠이 우리나라에 귀화할 때 사위인 그도 따라온 것으로 전한다.

16) 일본계인(日本系人), 우록김씨(友鹿金氏)……賜姓金海金氏의 시조 김충선(金忠善)이다. 우록김씨세보(友鹿金氏世譜) 및 묘하당전집(묘夏堂全集)에 의하면 그는 일본사람으로 본래의 성(姓)은 사씨(沙氏)요. 이름은 야가(也可)이며 아버지의 이름은 익(益)이요. 조부는 옥국(沃國)이며 임진왜란 때 가등청정(加藤淸正)의 우선봉장(右先鋒將)이 되어 3천의 군사를 거느리고 침공해왔으나 조선의 문물과 인정풍속을 흠모한 나머지 경상도 병마절도사 박진(慶尙道兵馬度節使朴晋)에게 귀순한 후 귀화하였다.

그는 1597년 선조(宣祖) 30년에 왜군이 재침하였을 때와 1627년 인조(仁祖) 5년의 정묘호란(丁卯胡亂) 때에 도원사(都元師), 권율(權율)과 어사 한준겸(御使韓浚謙)의 간으로 성명을 하사 받고 정이품(正二品), 자헌대부(資憲大夫)에 승진하였다. 그의 무덤은 경북 달성군 가창면 우록동 삼정산에 그의 부인의 무덤과 나란히 있다. 그의 묘비앞에 (贈正 憲大夫兵曺判書 金海公 諱忠善之墓)라고 쓰여져 있음.

4

촌수계산법

(1) 친족(親族)

친족(親族)이라 함은 혼인(婚姻)과 혈연(血緣)을 기초로 하여 상호간에 관계를 가지는 사람을 말하며, 일반적으로 친척(親戚)이라고도 한다.

법률상으로 친족의 범위는 8촌이내의 부계혈족(父系血族)과 4촌이내의 모계혈족(母系血族), 그리고 배우자(配偶者)와 그 부모로 한정되고 있다.(민법 777조)

그러나 친족에는 혈통(血統)이 직상·하로 연결되는 직계친(直系親; 부모·자녀·손자)과, 혈통이 공동시조(共同始祖)에 의해 갈라져 연결되는 방계친(傍系親; 형제자매·백숙부·종형제·조카)이 있다.

또 부모를 포함하여 부모와 같은 항렬이상에 속하는 존속친(尊屬親)과, 자녀를 포함하여 자녀와 같은 항렬이하에 속하는 비속친(卑屬親)이 있다. 그러나 자기와 같은 항렬에 있는 사람. 즉 형제·자매·종형제는 존속도 비속도 아니다.

그밖에 배우자와 혈족의 관계가 있는 인척(姻戚)도 친족에 포함되며, 아내의 부모와 고모(姑母)의 관계·외가(外家)의 관계·이모(姨母)의 관계 등을, 인척(姻戚) 혹은 인족(姻族)이라고 한다. 민법 777조에는 처의 부모만을 인척의 범위로 한정하고 있다.

(2) 촌수(寸數)와 호칭(呼稱)

촌수라함은 자기와 직계혈족간의 관계를 수(數)로 나타난 것이다. 부부지간(夫婦之間)은 무촌(無寸; 촌수가 없음)이고, 부자지간(父子之間)은 1촌(寸)이며 형제지간(兄弟之間)은 2촌(寸)이다.

먼저 부계(父系)를 살펴보면, 아버지의 형제는 3촌간으로 특히, 큰아버지를 백부(伯父)와 중부(仲父; 아버지의 형)라 하며, 아버지의 동생을 숙부(叔父)라 한다. 이를 총칭하여 종부(從夫)라 하고, 백부의 부인을 백모(伯母)·숙부의 부인을 숙모(叔母)라 한다.

아버지의 누님이나 여동생은 고모(姑母)이며 고모의 남편을 고모부(姑母夫) 또는 고숙주(姑叔主)라 하며, 자기의 형제・자매의 자녀들을 조카라 부른다.

아버지의 형제의 자녀들은 4촌으로 종형제간(從兄弟間)이며, 사촌형을 종형(從兄)・사촌동생을 종제(從弟)라 한다.

고모아들은 내종사촌(內從四寸)・고종사촌(姑從四寸) 형제라 하며, 내종사촌은 자기 보고 외종(外從)이라 하고 관계는 내외종간(內外從間)이 된다.

할아버지(祖父)의 형제를 종조부(從祖父)라 하며, 그의 아들은 5촌으로서 종숙(從叔) 또는 당숙(堂叔)이라 하고, 그의 부인을 종숙모(從叔母) 또는 당숙모(堂叔母)라 한다.

종숙(從叔)의 아들은 6촌간인데 재종형제(再從兄弟)라 하며, 자기보다 연상(年上)을 재종형(再從兄)・연하(年下)를 재종동생(再從同生)이라 한다.

증조부(曾祖父; 할아버지의 아버지)의 형제는 종증조부(從曾組父)인데, 그의 아들이 자기로는 할아버지뻘이므로 재종조부(再從祖父)가 된다. 재종조부의 아들은 숙부(叔父) 항렬이므로 재종숙(再從叔)이며, 재종숙의 아들은 같은 항렬이므로 삼종형제(三從兄弟)로 8촌간이 된다.

흔히 동고조 8촌(同高組八寸)이라 하는데, 증조부의 형제이하는 자기대에 와서 삼종간(三從間) 즉 8촌이 된다.

10촌이상의 조부(祖父) 항렬은 일반적으로 대부(大夫)라 한다.

모계(母系)를 살펴보면, 어머니의 집안을 외가(外家)라 하고, 촌수는 아버지 계열과 같다.

어머니의 남자형제들은 외숙(外叔) 또는 외삼촌(外三寸)라 하고, 촌수는 아버지 계열과 외숙모(外叔母)라 한다.

외숙의 아들은 외종형제(外從兄弟) 즉 외사촌(外四寸)이며, 외사촌형 또는 외사촌동생이라 하며, 외숙은 자기를 생질(甥姪)이라 부른다.

어머니의 여자형제들을 이모(姨母) 또는 종모(從母)라 하고, 그녀의 남편을 이모부(姨母父) 또는 이숙(姨叔)이라 하며 자녀들은 이종남매(姨從男妹)간이 되는데, 관계 앞에 이종사촌(姨從四寸)을 붙여서 호칭한다.

이외에도 부인의 오빠 또는 남동생은 처남이고 그의 부인은 처남댁이라 하며, 자매는 처형 또는 처제라 한다. 자매의 남편과는 동서간이 되며, 누님의 남편은 매형이고 여동생의 남편은 매제이다.

친척관계 ○은 촌수

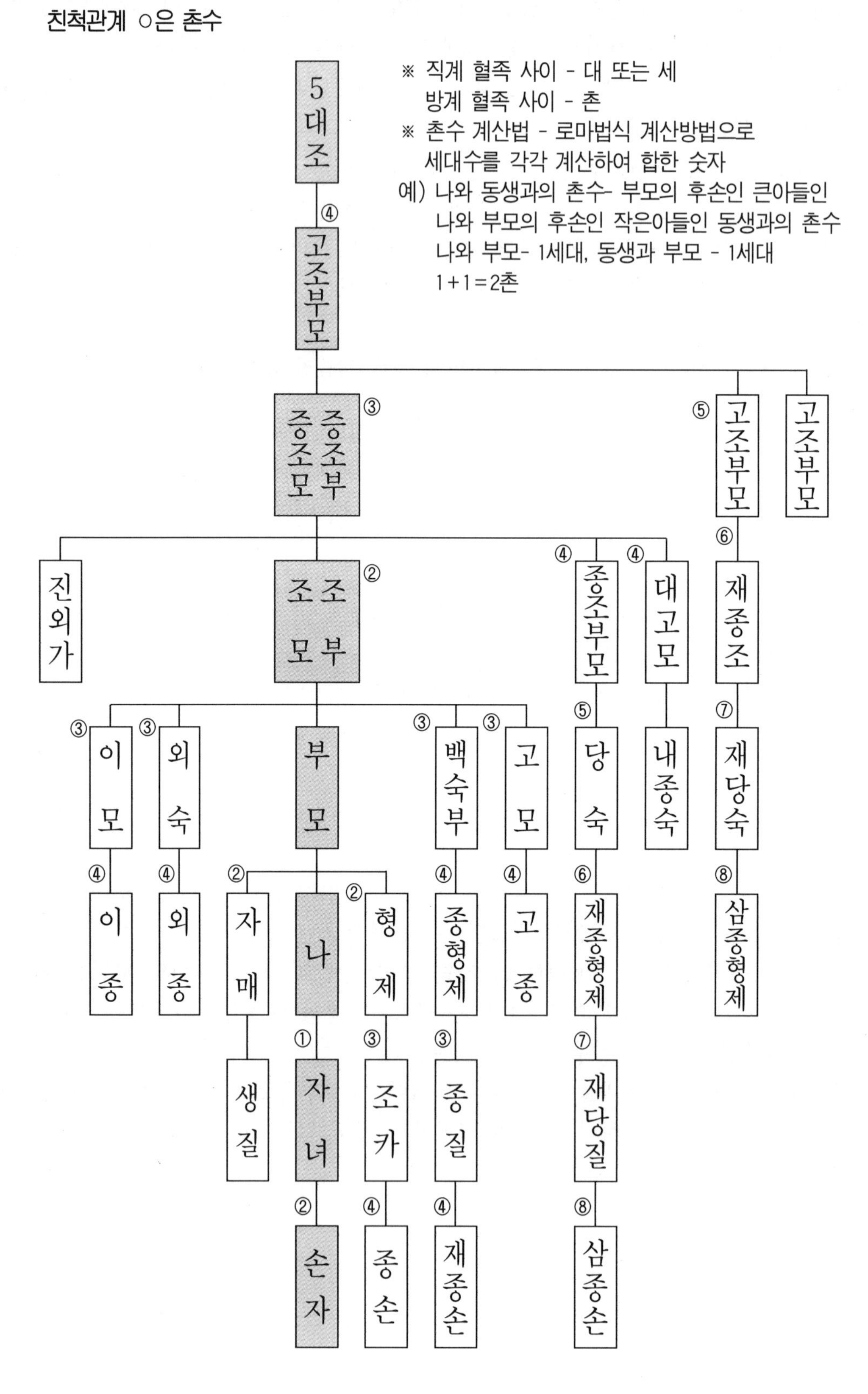
※ 직계 혈족 사이 - 대 또는 세
방계 혈족 사이 - 촌
※ 촌수 계산법 - 로마법식 계산방법으로
세대수를 각각 계산하여 합한 숫자
예) 나와 동생과의 촌수- 부모의 후손인 큰아들인
나와 부모의 후손인 작은아들인 동생과의 촌수
나와 부모- 1세대, 동생과 부모 - 1세대
1+1=2촌
5대조
④ 고조부모
③ 증조부 증조모
⑤ 고조부모
고조부모
② 조부 조모
진외가
④ 종조부모
④ 대고모
⑥ 재종조
③ 이모
③ 외숙
부모
③ 백숙부
③ 고모
⑤ 당숙
내종숙
⑦ 재당숙
④ 이종
④ 외종
② 자매
나
② 형제
④ 종형제
④ 고종
⑥ 재종형제
⑧ 삼종형제
생질
① 자녀
③ 조카
③ 종질
⑦ 재당질
② 손자
④ 종손
④ 재종손
⑧ 삼종손

'나'를 중심으로 한 직계 계보

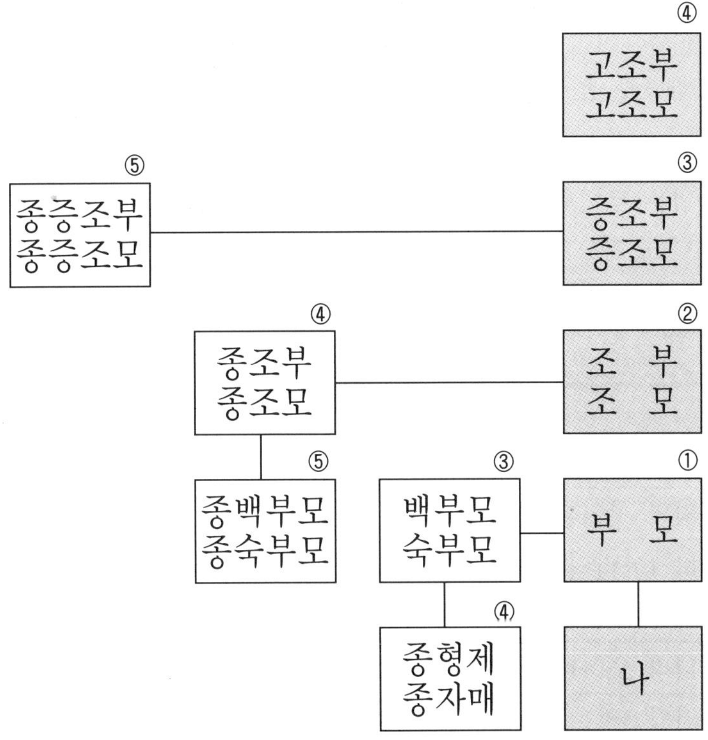

'나'를 중심으로 한 외가에 대한 계보

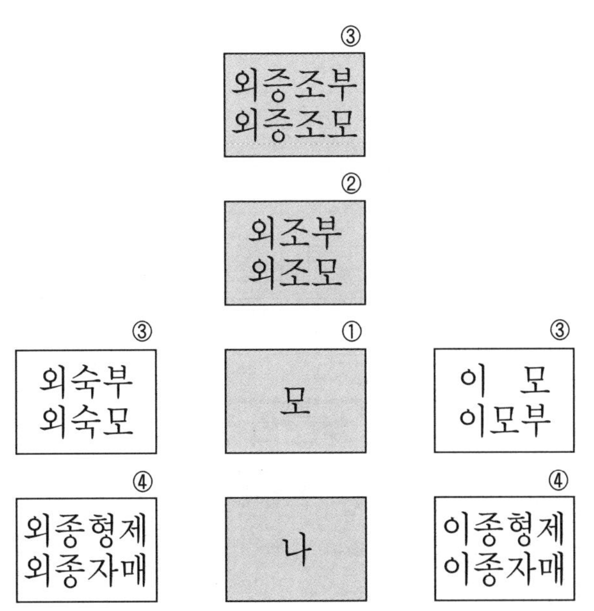

직계 혈족 사이의 촌수를 대(代), 성씨 시조를 1세로 하여 나에게 이르기까지의 단계수를 세(世)라고 하는데, 세는 자기를 넣어서 계산하고, 대는 자기를 빼고 계산하는 것으로 40세손이라면 39대손이 된다.앞의 표에서 직계 친족 명칭을 살펴보면 1대는 부모, 2대조는 조부모, 3대조는 증조부모, 4대조는 고조부모, 그 위는 명칭없이 5대조, 6대조라 한다.

촌수 계산법은 로마법식 계산 방법으로 상하 종일 조상에 이르는 세대수를 각각 계산하여 합한 숫자를 촌수로 하는데, 예를 들면 나와 동생과의 촌수는 부모와 나 1세대, 동생과 부모 1세대 합하여 2촌이 되는 것을 알 수 있다.

그리고 그 내용을 다음과 같이 알기쉽게 표로 만들었다.

관 계	호 칭
• 할아버지의 할아버지는 누구인가?	고조부
• 아버지의 할아버지는 누구인가?	증조부
• 큰(작은)아버지의 아들, 딸들은 나에게 몇 촌이며 무엇이라 부르는가?	4촌, 종형제, 종자매
• 어머니의 오빠나 남동생은 나에게 누구인가?	외삼촌
• 아버지의 4촌은 나에게 몇 촌이며 호칭은?	5촌, 당숙(종숙부)
• 아버지의 누님이나 누이동생은 나에게 누구인가?	고모
• 고모의 아들, 딸은 ( ), 즉 내종 형제자매, 반대로 고종이 나를 볼 때 무엇인가?	고종, 외종
• 선조 때부토 장손으로 계승되어 오는 자손을 ( )	종손, 종가
그집안을 ( )라 한다.	
• 나의 할아버지의 누님이나 누이동생은 누구인가?	대고모
• 어미니의 아버지는 누구인가?	외할아버지
• 아버지의 6촌은 나에게 몇 촌이며 호칭은?	7촌, 재당숙
• 아버지의 4촌 자매는 나에게 누구인가?	당고모, 종고모
• 할아버지의 자매(아버지의 고모)는 나에게 누구인가?	대고모

부모의 칭호

	다른 칭호	사 후	작고 후 남에게 말할때	남의 부모를 부를 때
아버지	가친 엄친	현고	선친 돌아가신 선고 저의 아버지	춘부장 자네 아버님 대인 (친구나 손아래)
어머니	모친 자친	현비	선자친 돌아가신 선모친 저의 어머니	자당님 자네 어머님 대부인 (친구나 손아래)

숙질간의 호칭(지칭어)

구 분 / 상황	호칭어	지칭어		
		화자의 자식에게	당사자의 자식에게	타인에게
아버지의 형	큰아버지	○○큰할아버지 증조할아버지 종조부 ○○할아버지	큰아버지 아버지	큰아버지 백부(맏형만) 중부
아버지의 형의 아내	큰어머니	○○큰할머니 증조할머니 종조모 ○○할머니	큰어머니 어머니(엄마)	큰어머니 백모
아버지의 남동생	미혼-삼촌,아저씨 기혼-작은아버지	○○작은할아버지 (작은)증조할아버지 (작은)증조부 ○○할아버지	작은아버지 아버지	미혼-삼촌, 아저씨 기혼-작은아버지 숙부
아버지의 동생의 아내	작은어머니	○○작은할머니 (작은)종조할머니 (작은)종조모 ○○할머니	작은어머니 어머니(엄마)	작은어머니 숙모
아버지의 누이	고모, 아주머니	대고모 왕고모 (고모할머니) (○○할머니)	숙모 어머니	고모
아버지의 누이의 배우자	고모부, 아저씨	대고모부 왕고모부 (고모할아버지) (○○할아버지)	고모부 아버지	고모부 고숙
어머니의 남자형제	외삼촌, 아저씨	진외할아버지 진외종조부 ○○할아버지	외삼촌, 외숙 아버지	외삼촌 외숙
어머니 남자 형제의 배우자	외숙모, 아주머니	진외할아버지 ○○할머니	외숙모 어머니(엄마)	외숙모
어머니의 자매	이모, 아주머니	이모할머니 ○○할머니	이모(님) 어머니(엄마)	이모(님)
어머니 자매의 배우자	이모부, 아저씨	이모할아버지 ○○할아버지	이모부(님) 아버지	이모부, 이숙

구분/호칭			남자 조카	조카의 아내	여자 조카	조카사위
호칭어			미성년-이름 성년-조카, ㅇㅇ아범, ㅇㅇ아비	아가, 새아가, ㅇㅇ어멈, ㅇㅇ어미, 질녀, 생질부 조카며느리, 질부	미성년-이름 성년-조카, ㅇㅇ어엄, ㅇㅇ어미	ㅇ서방, ㅇㅇ아비, ㅇㅇ아범
지칭어	타인에게	친조카	조카	생질부	조카딸, 질녀	조카사위, 질서
		누이의 자식	생질		생질녀	생질서

동기와 그 배우자의 호칭, 자칭어

남자의 경우

상황/관계		형	형의 아내
호칭어		형, 형님	아주머님, 형수님
지칭어	당사자에게	형, 형님	아주머님, 형수님
	부모에게	형	아주머니, 형수
	동기, 처가쪽 사람에게	형, 형님	아주머니(님), 형수(님)
	자식에게	큰아버지(님)	큰어머니(님)
	타인에게	형, 형님	형수님 ㅇㅇ큰어머니

여자의 경우

상황/관계		오빠	오빠의 아내
호칭어		오빠, 오라버니(님)	(새)언니
지칭어	당사자에게	오빠, 오라버니(님)	(새)언니
	부모에게	오빠, 오라버니	(새)언니, 올케
	동기에게	오빠, 오라버니(님)	(새)언니, 올케
	시댁쪽 사람 및 타인에게	(친정)오빠, (친정)오라버니 ㅇㅇ외삼촌	새언니, 올케
	자식에게	외삼촌, 외숙	외숙모

상황/관계		남동생	남동생의 아내
호칭어		ㅇㅇ(이름), 동생, ㅇㅇ아버지(아빠)	올케, ㅇㅇ어머니(엄마)
지칭어	부모에게	ㅇㅇ(이름), ㅇㅇ아범, ㅇㅇ아비	올케, ㅇㅇ어머니(엄마)
	동기에게	ㅇㅇ(이름), 동생, ㅇㅇ아버지(아빠)	올케, ㅇㅇ어머니(엄마)
	시댁쪽 사람에게	친정동생, ㅇㅇ외삼촌	올케, ㅇㅇ외숙모
	자식에게	외삼촌, 외숙	외숙모
	타인에게	ㅇㅇ(이름), ㅇㅇ외삼촌 (친정)동생	올케, ㅇㅇ어머니 (엄마) ㅇㅇ외숙모

상황/관계		언니	언니의 남편
호칭어		언니	형부
지칭어	친정쪽 사람에게	언니	형부
	시댁쪽 사람 및 타인에게	언니, ㅇㅇ이모	형부, ㅇㅇ이모부
	자식에게	이모(님)	이모부(님)

상황/관계		여동생	여동생의 남편
호칭어		ㅇㅇ(이름)동생 ㅇㅇ어머니(엄마)	ㅇ서방(님) ㅇㅇ아버지(아빠)
지칭어	당사자에게	ㅇㅇ(이름), 동생 ㅇㅇ어머니(엄마)	ㅇ서방(님), ㅇㅇ아버지(아빠)
	부모에게	ㅇㅇ(이름), ㅇㅇ어멈, ㅇㅇ어미	ㅇ서방, ㅇㅇ아버지(아빠)
	동기에게	ㅇㅇ(이름), 동생, ㅇㅇ어머니(엄마)	ㅇ서방, ㅇㅇ아버지(아빠)
	시댁쪽 사람에게	친정여동생, ㅇㅇ이모	ㅇㅇ이모부, 동생의 남편
	자식에게	이모(님)	이모부(님)

처부모와 사위의 호칭

⊙ 처부모를 부르거나 가리킬 때 '장인어른, 장모님' 또는 '아버님, 어머님'이라 부르며 '아버지, 어머니'는 곤란하다.

⊙ 다른 사람의 처부모를 높여 가리킬 때 '비장어른, 빙모님'이라 칭하며 자신의 처부모를 부를 때에는 사용하면 안된다.

⊙ 아내에게 처부모를 가리킬 때 '장인' '장인어른' '아버님' '당신 아버지' '장모' '장모님' '어머님' '당신 어머니'로 칭한다. 'ㅇㅇ외할머니'는 간접 호칭이므로 권장하지 않는다.

⊙ 친부모나 친척에서 처부모를 가리킬 때 '아버님' '어머님'이라고 해서는 안되며 '장인' '장모'라 하고, 친부모보다 처부모가 훨씬 나이가 많을 경우에는 '장인어른' '장모님'이라고 할 수도 있으며 'ㅇㅇ외할아버지' 'ㅇㅇ외할머니'라 하는 것도 허용된다.

⊙ 아내의 동기와 그 배우자들에게는 '장인어른' '장모님' '아버님' '어머님'으로 부른다.

⊙ 저녀에게 처부모를 지칭할 때 '외할아버지' '외할머니'로 칭한다.

⊙ 타인에게 처부모를 지칭할 때 '장인' '장모'라 하고 처부모를 높여서 이야기해도 되는 상대라면 '장인어른' '장모님'이라 할 수 있다.

⊙ 처부모가 사위를 지칭할 대 'ㅇ서방' 'ㅇㅇ이'라 하고 'ㅇㅇ아'는 곤란하며, '해라'체가 아닌 '하게'체로 한다.

⊙ 처부모가 사위에게 사위를 지칭할 'ㅇ서방' '자네'라고 한다.

⊙ 딸에게 그 남편인 사위를 지칭할 때 'ㅇ서방'과 이름을 불러 지칭하며 '네 남편'이라 하지 않는다.

⊙ 장인, 장모가 대화하면서 사위를 지칭할 경우 'ㅇ서방' 'ㅇㅇ'라 한다.

⊙ 사위의 부모인 사돈에게 사위를 지칭할 경우 'ㅇ서방' 'ㅇㅇ'라 한다.

⊙ 사위를 아들에게 지칭할 때 'ㅇ서방'으로 한다.

⊙ 장인, 장모가 사위의 처형이나 처제에게 사위를 지칭할 때 'ㅇ서방' '형부' 'ㅇㅇ남편'으로 부른다.

⊙ 타인에게 사위를 가리킬 경우 이쪽 집안 사정을 잘 아는 사람에게는 '(우리) 사위' 외에 'ㅇ서방' 'ㅇㅇ아버지'라고 지칭한다.

⊙ 처와 오빠나 남동생을 처남, 그의 처를 처남의 댁이라 하며, 부르기는 '처남, 처남의 댁(ㅇㅇ외숙모, ㅇㅇ어머니)'이라고 한다. 처남이 10세 이상 연상일 때에는 '하소말'을 하고, 그 아래는 모두 '하게말'을 한다. 처남의 댁에게는 존대말을 써야 한다.

아내의 동기호칭 – 지칭표

상황/관계			아내의 오빠	아내의 남동생	아내의 언니	언니
호칭어			형님, 처남(연하)	처남, 이름	처형	처제
지칭어	당사자에게		형님, 처남(연하)	처남, 이름	처형	처제
	아내에게		형님, 처남(연하)	처남, 이름	처형	처제
	부모에게		처남	처남	처형	처제
	장인, 장모에게		형님, 처남(연하)	처남, 이름	처형	처제
	당사자의	손위동기와 배우자에게	형님, 처남(연하)	처남, 이름	처형	처제
		손아래 동기에게	그들이 부르는 대로	그들이 부르는 대로	그들이 부르는 대로	그들이 부르는 대로
	자신의 동기와 배우자에게		처남	처남	처형	처제
	자식에게		외삼촌, 외숙(부)	외삼촌, 외숙(부)	이모	이모

아내 동기의 배우자 호칭 – 지칭표

상황/관계			아내 오빠의 부인	아내 남동생의 부인	아내 언니의 남편	아내 여동생의 남편
호칭어			아주머니	처남의 댁	형님, 농서	농서, ㅇ서방
지칭어	당사자에게		아주머니	처남의 댁	형님, 동서	동서, ㅇ서방
	아내에게		처남의 댁	처남의 댁	형님, 동서	동서, ㅇ서방
	부모에게		처남의 댁	처남의 댁	동서	동서
	장인,장모에게		처남의 댁	처남의 댁	형님, 동서	동서, ㅇ서방
	당사자의	손위동기와 배우자에게	처남의 댁	처남의 댁	형님, 동서	동서, ㅇ서방
		손아래 사람에게	그들이 부르는 대로	그들이 부르는 대로	그들이 부르는 대로	그들이 부르는 대로
	자신의 동기와 배우자에게		처남의 댁	처남의 댁	동서	동서
	자식에게		외숙모	외숙모	이모부	이모부

사돈간의 호칭

항 렬	명 칭	호 칭
상급사돈	사장(남) 사대부인(여)	사장어른(남) 사대부인(여)
동급사돈	사돈(남) 사부인(여)	사돈(연하), 사돈어른(연상)(남) 사부인, 사돈마님(여)
아랫사돈	사하생	사돈 도령(남) 사돈 아씨(아가씨)(여)

사돈의 명칭과 호칭위항렬

위 항렬

관 계	자녀 배우자(며느리, 사위)의 조부모, 동기 배우자(형수, 올케 등)의 부모
호칭어 및 당사자에게 지칭	사장어른
당사자 이외의 사람에게 지칭	사장어른【관계말】

아래 항렬

관 계	자녀 배우자(며느리, 사위)의 동기 및 조카동기 배우자(형수, 올케 등) 조카	
호칭어 및 당사자에게 지칭	사돈, 사돈도령, 사돈총각	사돈, 사돈처녀, 사돈아가씨
당사자 이외의 사람에게 지칭	사돈, 사돈도령, 사돈총각	사돈, 사돈처녀, 사돈아가씨
	【관계말】	【관계말】

같은 항렬

관 계	자녀 배우자(며느리, 사위)의 부모 및 삼촌 항렬	
	남:남	남:녀
호칭 및 당사자에게 지칭	사돈어른, 사돈	사부인
자기쪽 사람에게	부모:사돈, ㅇㅇ(외)할아버지	사부인: ㅇㅇ(외)할머니
	삼촌:사돈어른, 사돈【관계말】	사부인【관계말】
사돈쪽 사람에게	부모:사돈어른, 사돈, ㅇㅇ(외)할아버지	사부인, ㅇㅇ의 (외)할머니
	삼촌:사돈어른, 사돈【관계말】	사부인【관계말】
	여:여	여:남
호칭 및 당사자에게 지칭	사부인: 사돈	사돈어른(밭사돈)
자기쪽 사람에게	사부인: ㅇㅇ(외)할머니	사돈어른(밭사돈) ㅇㅇ(외)할아버지
	사부인【관계말】	사돈어른【관계말】
사돈쪽 사람에게	사부인: ㅇㅇ(외할머니) 사부인【관계말】	사돈어른ㅇㅇ(외)할아버지 사돈어른【관계말】
관 계		
호칭 및 당사자에게 지칭	사돈, 사돈도령, 사돈총각	사돈, 사돈처녀, 사돈아가씨
당사자 이외의 사람에게 지칭	사돈, 사돈도령, 사돈 총각【관계말】	사돈, 사돈처녀, 사돈 아가씨 【관계말】

5

보첩(譜牒)

(1) 보첩의 의의(譜牒意義)

보첩이란 한 종족(種族)의 계통을 부계(父系)중심으로 알기 쉽게 체계적으로 나타낸책으로, 동일혈족(同一血族)의 원류를 밝히고 그 혈통을 존중하며 가통(家統)의 계승을 명예로 삼는 한 집안의 역사책이다.

(2) 보첩의 기원(起原)

보첩은 원래 중국의 6조(六朝)시대부터 시작되었는데 이는 제왕연표(帝王年表; 왕실의 계통)를 기술한 것이었으며, 개인적으로 보첩을 갖게 된 것은 한(漢)나라 때 관직 등용을 위한 현량과(賢良科)제도를 설치하여 응시생의 내력과 그 선대(先代)의 업적등을 기록한 것이 시초가 된다. 특히 북송(北宋)의 대문장가인 3소-소순(蘇洵)·소식(蘇軾)-에 의해서 편찬된 족보는 그 후 모든 족보편찬의 표본이 되어왔다.

우리나라에는 고려 왕실의 계통을 기록한 것으로 의종(毅宗) 김관의(金寬毅)가 지은「왕대종록(王代宗錄)」이 그 효시(嚆矢)라 할 수 있다. 또한 사대부의 집에서는 가승(家乘)이 전해 내려왔는데, 체계적으로 족보의 형태를 갖춘 것은 조선 성종 7년(成宗7; 1476)에 발간된 안동권씨 성화보(安東權氏成化譜)로 알려졌으며 지금까지 전해온다.

(3) 보첩의 종류(譜諜種類)

가) 대동보(大同譜)

같은 시조(始祖) 밑의 중시조(中始組)마다 각각 다른 본관을 가지고 있는 씨족간에 종합 편찬된 족보이다. 즉 본관은 각기 다르되, 시조가 같은 여러 종족이 함께 통합해서 만든 보책이다.

나) 족보(族譜)

관향(貫鄕)을 단위로 같은 씨족의 세계(世系)를 수록한 보첩으로, 한 가문의 역사를 표시하고 가계(家系)의 연속을 나타내는 보책(譜冊)이다.

다) 세보(世譜)와 세지(世誌)

한 종파(宗派)이상이 동보(同譜)·합보(合譜)로 편찬되었거나, 어느 한 파속(派屬)만이 수록되었을 경우이며, 이를 세지(世誌)라고도 한다.

라) 파보(波譜)

시조로부터 시작하여 어느 한 파속(波譜)만의 명·휘자(名·諱字; 이름자)와 사적(事蹟)을 수록한 보책이다.

마) 가승보(家乘譜)

본인을 중심으로 편찬하되, 시조로부터 시작하여 자기의 직계존속(尊屬; 자기의 윗대)과, 비속(卑屬; 자기의 아랫대)에 이르기까지 이름자와 사적(事蹟)을 기록한 것으로 보첩편찬의 기본이 되는 문헌이다.

바) 계보(系譜)

한 가문의 혈통관계를 표시하기 위하여 이름자만을 계통적으로 나타내는 도표(圖表)로서, 한 씨족 전체가 수록되었거나 어느 한 부분이 수록된 것이다.

사) 가보(家譜)와 가첩(家牒)

편찬된 형태나 내용의 표현이 아니라 집안에 소장되어 있는 모든 보첩을 말한다.

아) 만성보(萬姓譜)

만성대동보(萬姓大同譜)라고도 하며, 모든 성씨의 족보에서 큰 줄기를 추려 내어 집성(集成)한 책으로 족보의 사전(辭典) 구실을 하는 것이다.

(4) 보첩의 간행과정(譜牒刊行過程)

족보를 간행하고자 계획을 세우면 먼저 종친회(宗親會)를 조직하여 족보편찬위원회(族譜編纂委員會)를 구성하여 종친들의 분포사항을 파악하고, 이를 널리 알려 일가(一家)의 호응을 받아야 한다.

(5) 보첩(譜諜)을 보는 방법(方法)

족보를 보면 서문(序文)이 나오는데, 이는 머리말로 자랑스러운 가문과 조상의 숭고한 정신을 고취시키고 족보 간행의 중요성 및 긴요성을 강조하는 것이며, 보통 00보(譜)라 하여 족보간행연도를 앞에 붙여 족보의 명칭으로 삼는다.

본문에는 시조(始祖)와 비조(鼻祖)로부터 시작하여 1간을 같은 대(代)로 하여 보통 6간으로 되어 있는데, 처음에 이름자가 나오고 이어서 출생(生)과 사망 연도가 표시된다. 20세 이전에 사망하면 요절(夭折)이란 뜻의 조요(早夭)라 표시하고 70세가 되기전에 사망하면 향년(享年), 70세가 넘어 사망하면 수(壽)라 하고 방서란(芳書欄)에 기록한다.

시호(諡號)와 관직(官職)이 기록되고 비필(妃匹)이라 하여 배우자를 표시하는데 보통 배(配)자 만을 기록하며, 본관과 아버지의 이름자와 관직이 기록된다.

또한 묘소(墓所)가 기록되는데 소재지(所在地)와 방위(方位) 그리고 석물(石物) 등을 표시하며, 합장(合葬) 여부 등도 기록하는 것이 보통이다.

혹간 출후(出后) 출계(出繼)라 하는 것은 다른 집으로 양자(養子)로 간 경우이고, 양자로 들어온 사람은 계자(繼子) 또는 계자(系子)라 기록되며, 서얼(庶孼)로 입적(入嫡)되었을 경우에는 승적(承嫡)이라고 표시한다.

(6) 보첩의 형태(譜牒形態)

각 족보마다 그 형태를 달리하고 있어 정설(定說)을 내세우기는 어려우나, 대략 행용줄보라 일컫는 종보(縱譜)와 일반적으로 볼 수 있는 횡간보(橫間譜)가 있다.

이 횡강보 방식은 5대를 1첩(疊)으로 하는 일반적인 방법으로, 지면은 6간식으로 꾸미는 것이 대부분이다.

요즘 들어 7~8간 이상으로 꾸미거나 그 이상으로 하는 방식도 있다. 그러나 인구가 늘어남에 따라 보기에 불편한 점이 많아, 현대감각에 맞는 새로운 방법이 필요시 되고 있다.

(7) 보첩의 제반상식(용어해설)

1) 시조(始祖) · 비조(鼻祖) · 중시조(中始組)

시조(始祖)란 제일 처음의 선조(先祖)로서 첫 번째 조상이며, 비조(鼻祖)란 시조 이전의 선계조상(先系祖上) 중 가장 높은 사람을 일컫는다.

중시조(中始組)란 시조 이하에 쇠퇴한 가문을 일으켜 세운 조상을, 모든 종중(宗中)의 공론(公論)에 따라 정하여 추존(追尊)한 사람이다.

2) 선계(先系)와 세계(世系)

선계(先系)란 시조이전 또는 중시조 이전의 조상을 일컫는 말이며, 세계(世系)란 대대로 이어가는 계통의 차례를 말한다.

3) 세(世)와 대(代)

시조를 1세(世)로 하여 아래로 내려 갈 경우에는 세(世)라 하고, 자신을 빼고 아버지를 1대(代)로 하여 올라가며 계산하는 것을 대(代)라 한다.

또한 자기의 조상을 몇 대조(代祖) 할아버지라고 하고, 자신은 시조 또는 어느 조상으로부터 몇세손(世孫)이라고 한다.(예; 고조할아버지(高祖父)는 나의 4대조 할아버지가 되고, 나는 고조할아버지의 5세손이 되는 것이다.)

4) 이름자

요사이는 이름을 하나로 부르지만 옛날에는 여러 가지로 불렀는데, 어렸을 때 부르는 이름은 아명(兒名)이고 우리가 익히 아는 자(字)는 20세가 되면 요즘의 성년식과 같이 관례(冠禮)를 행하는데 여기에는 식을 주례하는 주례자가 있어, 예식을 거행함과 함께 지어준 것이다.

또한 가문의 항렬자(行列字)에 따라 족보에 오르는 항명(行名)과 특별히 따로 부르는 별호(別號)가 있다.

우리는 보통 옷어른들의 이름자(名字)를 말할 때 결례(缺禮)를 하는경우가 많은데, 살아 계신 분에 대하여는 함자(銜字)라 하고 돌아가신 분에 대하여는 휘자(諱字)라고 하며, 여기에는 이름자 사이에 자(字)를 넣어서 부르거나 글자 뜻을 풀어서 말하는 것이 예의이다.

(예; 양(陽)규(奎); 양(陽)자, 규(奎)자 또는 볕양(陽)자에 별규(奎)자를 쓰십니다.)

5) 항렬(行列)과 항렬자(行列字)

항렬이란 같은 혈족사이에 세계(世系)의 위치를 분명히 하기 위한 문중율법(門中律法)이며, 항렬자란 이름자 중에 한 글자를 공통적으로 사용하여 같은 혈족·같은 세대임을 나타내는 것으로 돌림자라고도 한다.

선조들은 자손들의 항렬자와 배합법(配合法)까지를 미리 정해놓아 후손들이 그것을 따르도록 관례로 만들어 놓았다.

항렬은 가문과, 파(派)마다 각기 다르나 그것은 대략

1. 십간(十干)순으로 쓰는 경우

갑(甲)·을(乙)·병(丙)·정(丁)·무(戊)·기(己)·경(庚)·신(辛)·임(壬)·계(癸)를 순서적으로 쓴다.

2. 십이지(十二支)순으로 쓰는 경우

자(子)·축(丑)·인(寅)·묘(卯)·진(辰)·사(巳)·오(午)·미(未)·신(申)·유(酉)·술(戌)·해(亥)를 순서적으로 쓴다.

3. 숫자를 포함시키는 경우

일(一; 丙·尤)·이(二; 宗·重)·삼(三; 泰)·사(四; 寧) 등으로 쓰는 경우

4. 오행상생법(五行相生法)으로 쓰는 경우

금(金)·수(水)·목(木)·화(火)·토(土)의 변을 사용하여 순서적으로 쓰는 경우인데, 이를 가장 많이 사용한다.

항렬은 장손(長孫)계통일수록 낮고 지손(支孫)계통일수록 높아서, 자기보다 나이가 적어도 할아버지뻘이 되는 경우가 있어 존대어를 쓰는 경우가 허다하다.

우리는 흔히 자기와 성(姓)이 같은 사람을 만났을 때, 먼저 본관을 물어보고 같은 본이면 서로 항렬을 비교하여 촌수(寸數)를 따져 쉽게 친숙해질 수 있다.

6) 사손(嗣孫)과 사손(祀孫)

사손(嗣孫)이란 한 집안의 종사(宗嗣), 즉 계대(系代)를 잇는 자손을 말하며, 사손(祀孫)이란 봉사손(奉祀孫)의 준말로, 조상의 제사를 받드는 자손을 말하는 것이다.

7) 후사(後嗣)와 양자(養子)

후사(後嗣)란 뒤를 잇는다는 뜻으로, 계대(系代)를 잇는 자손을 말한다.

만약 계대를 이을 후사가 없을 경우에는 「무후(无后)」, 양자(養子)로 출계(出系)하였을 때에는 「출후(出后)」, 서얼(庶孼; 첩의 자손)로서 입적(入嫡; 적자로 들어옴)되었을 경우에는 승적(承嫡; 서자가 적자로 됨), 그리고 후사가 확실치 않아 확인할 수 없을 때에는 「후부전(后不傳)」 등으로 그 사유를 보첩의 이름자 밑에 작은 글짜로 표시한다.

옛날에는 양자(養子)로 계대를 승계(承系)하려면 예조(禮曹)에 청원을 하여야 하는데, 자손은 하늘이 점지하는 것이라 하여 예조에서 입안(入案)한 문서를 동지사(冬至使)가 중국 황제에게 가져가면, 황제가 하늘에 고유(告由)한 다음 예조에서 허가하게 되는 것이다.

그러나 큰 아들은 양자로 출계(出系)할 수가 없도록 하였는데, 종종 관(官)의 허가를 받지 않고 출계하기도 하였다.

6

보첩의 현황(譜牒現況)

1) 우리나라의 족보현황

우리나라의 족보는 세계에서 부러워 할 정도로 가장 발달된 족보로 정평이 나 있으며, 보학의 종주국(宗主國)으로 꼽힌다. 따라서 우리나라보다 외국에서 더 많은 관심을 갖고 연구하는 실정이다.

현재 국립도서관의 계보학 자료실에는 600여종에 13,000여권이 소장되어 있으며, 많은 사람들이 관심을 갖고 열람하고 있다.

그런데 한국세대가 자라나면서 한문으로 된 족보가 읽혀지기 어렵게 되자, 각 가문에서는 족보의 한글화 작업을 서두르고 있으며, 아울러 간지(干支)를 서기(西紀)로 환산하거나 사진의 컬러화와 체재의 단순화 작업에 심혈을 기울이고 있다.

또한 여러 뜻있는 학자들이 학회(學會)를 결성하여 외국과의 교류를 통해 체계적인 학문으로 발전시키고 있으며, 한글세대에 맞는 현대감각으로 족보를 개편하여 모든 이들이 실용적으로 열람할 수 있도록 활발한 연구를 하고 있다.

2) 외국의 족보현황

족보는 한국이나 동양의 일부국가에만 있는 것으로 아는 이가 많은데, 사실은 세계 거의 모든 나라에 족보제도가 있다. 많은 나라들에 족보학회(族譜學會)가 있으며, 족보만을 전문으로 취급하는 도서관이 있는 나라도 있다.

미국의 족보전문 도서관에는 마이크로 필름화가 되어 있으며 족보학회가 창립된 지도 80년이 넘어, 많은 학자들이 국제회의를 통하여 족보에 대한 여러 가지 세미나를 하고 있다.

특히 하버드 대학에서는 한국의 족보제도를 연구하기 위하여 한국의 족보들을 모두 필름으로 촬영하여 보관하고 있다.

미국의 유타주의 각 대학에서는 계보의 작성법을 학과에 편성해놓고, 교과(教科)로 배우고 있으며 연구발표회로 활발히 진행중이다.

이외에도 일본의 동경대학과 경도대학, 중국의 남경도서관과 중국과학원·북경도서관·프랑스의 극동학원·베트남의 국립도서관 등에 동양의 족보가 보존되어 있다.

명칭에 있어서, 중국에서는 종보(宗譜)라 하며, 상류계층에만 족보가 보급되어 있는 일본에선 가보(家譜)라는 이름을 많이 쓰고, 서구에서는 「가족의 나무」라는 말로 표현하고 있다.

또한 지금까지 족보가 없는 민족 가운데는 잃어버린 조상을 찾으려는 운동이 일어나고 있으며, 유럽의 민족주의 국가에서는 지난날의 잡혼(雜婚)에 의한 질(質)의 저하를 막기 위해 혈통을 존중하는 운동이 일어나고 있다.

이와같이 오늘날에 있어서 족보는 세계 각국 널리 보급되어 있을 뿐 아니라, 매우 큰 관심을 갖고 연구하고 있는 실정이다.

7

시호(諡號)

시호란 왕 또는 종친(宗親), 정 2품 이상의 문무관(후에는 정2품 이하에까지 확대), 국가에 특별히 공이 많은 신하들, 또는 학문이 뛰어나 존경을 받은 유학자(儒學者)들에게 그들이 죽은 뒤, 생전(生前)의 행적(行蹟)을 칭송하여 국가에서 추증(追贈)하는 이름을 말하는 것이다.

그 기원은 확실치 않으나, 중국에서부터 시행된 듯 하며 요(堯)·순(舜)·우(禹) 등도 시호로 해석된다.

그러나 시법(諡法)의 제도가 정해진 것은 주(周)나라 때인 듯 하며, 후에 진시황(秦始皇)의 명에 따라 일시 폐지하였다가 한(漢)나라 때에 다시 사용하였다.

우리나라에서는 514년(신라 법흥왕)왕이 죽자, 지증왕(智證王)이라는 시호를 준 것이 시초가 되며 조선 때까지 계속되었다.

절차는, 이에 해당하는 사람이 죽으면 그의 자손들이 모여서 선조(先祖)의 행실과 공적 등을 의논하여 예조(禮曹)에 제출하면, 예조에서는 봉상사(奉常寺: 국가의 제사나 시호에 관한 사무를 맡아 보던 조선의 시관청)을 거쳐 홍문관(弘文館)에 보내어, 봉상사정(奉常寺正; 정3품)과 홍문관의 응교(應教; 정4품)이상이 한자리에 모여 결정한다.

한편, 임금의 특별한 교시(教示)가 있을 때는 자손들의 신청을 기다리지 않고 홍문관과 봉상시에서 직접 시호를 정했는데, 이는 퇴계(退溪) 이황(李滉)에게 「문순(文純)」이란 시호를 내려준 데서 비롯됐다.

시호를 정하는 법으로는 「주공시법(周公諡法)」·「춘추시법(春秋諡法)」에 따랐으며, 시호에 사용된 글자는 120여자에 달했다. 이는 글자마다 뜻이 들어 있어 생전의 행적에 알맞은 글자를 조합(組合)하여 만들고, 시호 아래 「공(公)」자를 붙여 부른다.

숭문주의(崇文主義)사회에서는 문(文)자가 최고의 영예였으며, 이외에도 정(貞)」공(恭)」양(襄)」정(靖)과 무관에게는 충(忠) 무(武) 의(義) 등이 자랑스러운 글자였다.

시호를 받는다는 것은 가장 영예로운 표창으로 족보에는 물론, 묘비(墓碑)에도 기입되는데 그 중요성 때문에 글자문제로 시비(是非)와 논란(論難)이 많았으며, 뒷 날에 개시(改諡)를 요구하는 일도 많았다.

한편 김굉필〈金宏弼; 문경공(文敬公)〉·정여창〈(鄭汝昌; 문헌공(文獻公)〉·서경덕〈徐敬德; 문강공(文康公)〉·조광조〈趙光組; 문정공(文正公)〉·김장생〈金長生; 문원공(文元公)〉 등은 정2품의 벼슬이 못되었어도 시호를 추증받았다.

무인(武人)의 시호로 가장 영예스러운 충무공(忠武公)은 이순신(李舜臣)장군의 대명사로 널리 알려져 있지만, 남이(南怡)·김시민(金時敏) 등 8명이나 있다.

또한 연산군(燕山君)이나 광해군(光海君)은 시호를 못 받은 임금들이다.

8

분묘(墳墓)

영혼불멸의 신앙을 지녀 온 우리민족은 이미 석기시대(石器時代)부터 시체를 매장하는 풍습이 있어 분묘의 형태가 나타났으며, 중국에서는 주(周)나라 때부터 비롯된 것 같다.

분묘의 형태를 시대와 나라·지방 또는 문화상태·계급에 따라 그 양상을 달리하는데, 대체적으로 풍수지리설(風水地理說)에 의거한다. 즉 산을 뒤로 업고 남쪽을 향하며 주산(主山)의 약간 높은 부위에 위치하고, 앞은 몇층의 단상(壇狀)을 이루면서 주위에 호석(護石)을 두르고 있는 것이 일반적인 형태이다.

사대부(士大夫)의 무덤 주위에는 망주(望柱; 무덤 앞에 세우는 한쌍의 돌기둥)를 세우고 석인(石人; 돌로 만든 사람의 형상)을 배치하였으며, 분묘 앞에는 상석(床石; 제물을 놓기 위하여 돌로 만든 상)과 묘표(墓表)를 두고 신도비(神道碑) 또는 묘비(墓碑)·묘갈(墓碣)을 세우는 것이 보통이다.

고려시대에는 불교의 영향으로 화장(火葬)이 성행했으나, 조선시대에는 유교로 말미암아 중(僧)을 제외하고는 토장(土葬)을 하여 분묘가 많이 발달하였다.

중국에서는 반드시 부부(夫婦)를 함께 묻었는데 남편은 왼쪽에 아내는 오른쪽에 묻었으며(男左女右), 처녀도 약혼을 했으면 약혼자 무덤에, 약혼을 하지 않은 경우에는 총각과 명혼(冥婚; 저승에서 하는 결혼)을 시켜 합장(合葬)하는데, 우리나라도 이러한 중국의 영향을 많이 받았다.

1) 묘소(墓所)

묘소란 분묘(墳墓)의 소재지(所在地)를 말하는 것으로 족보에는 "묘(墓)"자 만을 기록하고, 좌향(坐向; 묘자 위치한 방향; 방위(方位)〉 과 석물(石物) 등이 있을 경우에는 이를 표시(表示)하며 합장의 여부 등도 기록한다.

좌향(坐向)은 대개 'ㅇ좌(坐)'로 표시하는데 예를 들어, '자좌(子坐)'라 하면 자(子)는 정북(正北)을 나타내며 북(北)을 등졌다는 뜻이므로, 정남(正南)을 가리키는 것이다.

또 '좌우(左右)'는 사자(死者)를 중심으로 하는 것이므로, 묘를 바라보는 사람의 좌우에는 정반대가 되며 좌는 동(東)·우는 서(西)가 되는 것이다.

「합봉(合封)·합묘(合墓)」는 두 부부를 한 봉분으로 합장(合葬)했다는 말이고, 쌍봉(雙封)은 같은 묘소에 약간 거리를 두고 두 봉분을 나란히 만들었다는 것이다.

2) 묘계(墓界)

묘계는 무덤의 구역으로 품계에 따라 무덤을 중심으로 1품(品)은 사방 100보, 2품은 90보, 3품은 80보, 4품은 70보, 5품은 50보, 생원·진사는 40보 그리고 서민은 사방 10보로 제한하였다.

3) 묘표(墓表)

표석(表石)이라고도 하며 죽은 사람의 관직(官職)이름과 호(號)를 앞면에 새기고, 뒷면에는 사적(事蹟) 또는 비석을 세운 날짜와 비석을 세운 자손들의 이름을 새겨 무덤 앞에 세우는 비석이다.

4) 묘지(墓誌)

지석(誌石)이라고도 하며, 천재지변 또는 풍우(風雨)나 오랜 시간이 흐름에 따라 묘를 잃어버리는 것에 대비해, 금속판이나 돌·도편(陶板)에 죽은 사람의 원적(原籍)과 성명(姓名)·생년월일·행적·묘의 위치 등을 새겨서 무덤 앞에 묻는 것이다.

5) 묘비(墓碑)와 비명(碑銘)

무덤 앞에 세우는 비석의 총칭이며, 비명이란 비에 새긴 글로서 명문(銘文)·비문(碑文)이라고도 하는데, 여기에는 고인(故人)의 성명·본관·원적·성행(性行)·경력(經歷) 등의 사적(事蹟)을 서술한 것이다.

6) 신도비(神道碑)

임금이나 고관의 무덤 앞 또는 길목에 세워 죽은 이의 사적(事蹟)을 기리는 비석이다. 대개 동남쪽에 위치하며 남쪽을 향하여 세우는데, 신도(神道)라는 말은 사자(死者)의 묘로(墓路) 즉 신령(神靈)의 길이라는 뜻이다.

원래 중국 한(漢)나라에서 종2품 이상의 관리들에 한하여 세워진 것으로, 우리나라에서는 고려시대에 3품이상의 관직자의 묘에 세운 것으로 보이나 현존하는 것은 없으며, 조선시대에 와서 2품이상의 관리들에게 세우는 것을 제도화 하였다.

왕의 신도비로서는 건원릉(健元陵)의 태조 신도비와 홍릉(洪陵)의 세종대왕 신도비가 있으며, 문종(文宗)은 왕릉에 신도비를 세우는 것을 금지하여 그 이후에는 왕의 신도비는 세우지 않았다.

7) 묘갈(墓碣)

신도비와 비슷하나 3품 이하의 관리들 무덤 앞에 세우는 머리부분이 동그스름한 작은 돌비석으로 신도비에 비해 그 체재와 규모가 작고 빈약하다.

중국에서는 진(秦)나라에서 비롯됐으며, 당나라에서는 5품 이하의 관리들에게 세워졌다.

사당(祠堂)

조상의 신주(神主)를 모시는 곳으로 가묘(家廟)라고도 한다.

고려 말엽 정몽주·조준 등이 시행을 역설하였으나 불교가 성행하던 때라 실천하지 못하다가, 주자학(朱子學)을 정교(政敎)의 근본으로 삼은 조선시대에 들어와 시행되었으며, 그 근원은 주자가례(朱子家禮)에 의한 것이다.

조선초기에는 일부 사대부(士大夫)에서만 시행하다가, 선조(宣祖) 이후부터 일반화되고 서인(庶人)들도 사당을 갖기 시작했다.

사당에는 3년상을 마친 신주(神主)를 모시는데, 옛날에는 집을 지으려면 반드시 사당을 먼저 세워야 한다. 그 위치는 정침(正寢) 동편에 3간으로 세워 앞에 문을 내고, 문 밖에는 섬돌 둘을 만들어 동쪽을 조계, 서쪽을 서계라 하여 모두 3계단으로 하였다.

사당안에는 4감(龕; 신주를 모셔놓은 장)을 설치하여 4대조(代祖)를 봉안하며, 감 밖에는 장(帳)을 드리우며 각 위패(位牌)마다 제상(祭床)을 놓고 그 위에 촛대 한쌍씩을 놓으며 최존위(最尊位)는 향상(香床)을 놓는다.

가정의례 서식보감

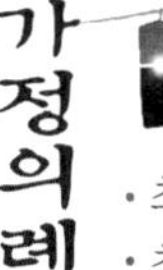

• 초판1쇄 인쇄 2014년 5월 20일
• 초판3쇄 발행 2019년 8월 20일

• 엮 은 곳 가정생활 연구회
• 기 획 예지미디어

• 펴 낸 이 박효완
• 펴 낸 곳 아이템북스

• 출판등록 2001년 8월 72일 제2-3387호
• 주 소 서울특별시 마포구 서교동 444-15

※ 파본이나 잘못된 책은 교환해 드립니다.